龙口年鉴

2020

LONGKOU YEARBOOK

中共龙口市委党史研究中心
龙口市地方史志研究中心 编

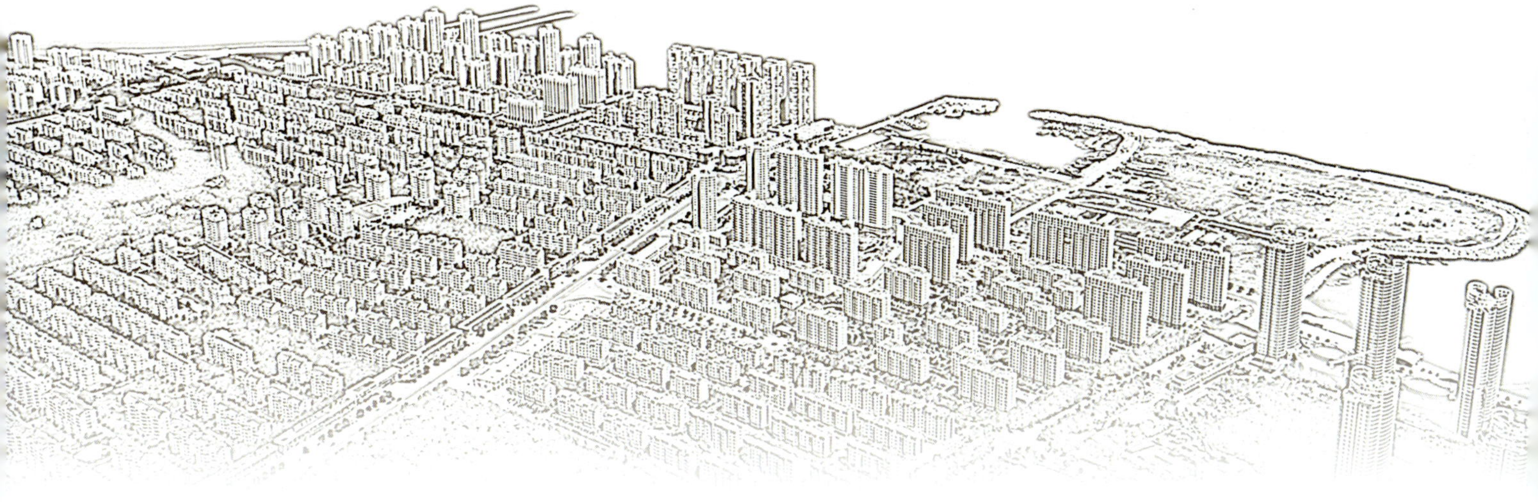

方志出版社
Publishing House of Local Records

图书在版编目（CIP）数据

龙口年鉴. 2020 / 中共龙口市委党史研究中心，龙口市地方史志研究中心编. -- 北京 ：方志出版社，2020.9
ISBN 978-7-5144-4480-3

Ⅰ. ①龙… Ⅱ. ①中… ②龙… Ⅲ. ①龙口－2020－年鉴 Ⅳ. ①Z525.24

中国版本图书馆CIP数据核字（2020）第251600号

龙口年鉴（2020）

编　　者：中共龙口市委党史研究中心 龙口市地方史志研究中心
责任编辑：梅中英

出 版 者：方志出版社
地址　北京市朝阳区潘家园东里9号（国家方志馆4层）
邮编　100021
网址　http://www.zgfzcb.cn
发　　行：方志出版社图书经销中心
电话（010）67110500
经　　销：各地新华书店
印　　刷：山东黄氏印务有限公司

开　　本：889×1194　1/16
印　　张：22.5
字　　数：475千字
版　　次：2020年9月第1版　2020年9月第1次印刷
印　　数：0001～1000册

ISBN 978-7-5144-4480-3　定　价：200.00元

龙口市地方史志编纂委员会

《龙口年鉴（2020）》编审人员

龙口名片

◎ 全国文明城市
◎ 中国优秀旅游城市
◎ 国家园林城市
◎ 国家卫生城市
◎ 全国文化先进市
◎ 全国绿色小康市
◎ 全国绿化模范城市
◎ 全国科普示范城市
◎ 全国科技进步示范市
◎ 全国科技进步先进市
◎ 全国节水型城市
◎ 全国城市环境综合整治优秀城市
◎ 全国平安畅通县区
◎ 国家可持续发展实验区
◎ 国家新型工业化产业示范基地
◎ 全国持续高效农业示范区
◎ 国家级绿色农业示范区
◎ 全国创建无公害农产品（水果）生产示范基地县

数字龙口

◎ 面积：906平方千米

◎ 户籍人口：63.5万人

◎ 全市地区生产总值：1074.8亿元

◎ 第一产业增加值：33.6亿元

◎ 第二产业增加值：530.1亿元

◎ 第三产业增加值：511.1亿元

◎ 一、二、三、产业结构比：3.1∶49.3∶47.6

◎ 公共财政预算收入：101.0亿元

◎ 公共财政预算支出：100.7亿元

◎ 社会消费品零售总额：309.7亿元

◎ 出口总额：177.6亿元

◎ 实际到账外资：1.8亿美元

◎ 居民人均可支配收入：40590元

◎ 农村居民人均可支配收入：24134元

◎ 城镇居民人均可支配收入：51445元

龙口（深圳）招商引资招才引智推介会

◎ 华为（龙口）城市产业云正式上线

◎ 2019年6月28日，举办山东龙口（深圳）招商引资招才引智推介会

签约本

◎ 签约现场

山东龙口（深圳）招商引资招才引智推介会
龙口市情况简介

相约世界湾区 筑梦智慧滨城
山东龙口（深圳）招商引资招才引智推介会

◎ 大会会场

深入开展新时代文明实践中心建设

唱响最美海岸线

◎ 2019年9月20日，国庆70周年千名青年唱响最美海岸线

◎ 唱响最美海岸线活动现场

董家洼大槐树农民运动会

◎ 2019年3月5日，董家洼村新时代文明实践农民运动会

◎ 运动会现场

习语润心百姓宣讲

◎ 2019年4月18日，在兰高镇欧头孙家村宣讲红色文化

◎ 2019年12月11日，“习语润心”理论轻骑兵走进东莱街道泉水疃村

学雷锋志愿服务大集

◎ 学雷锋志愿服务大集活动现场

◎ 爱心义卖

阳光助残摘樱桃

◎ 志愿者采摘樱桃

◎ 志愿者为环卫工人发放樱桃

助残活动“我是你的眼”

◎ 帮助残疾人参加活动

◎ 助残活动现场，志愿者陪同残疾人

◎ 2019年4月27日，今日龙口慈善义工队开展“我是你的眼　南山欢乐行”活动

文旅节庆活动

“烟台人游烟台”暨尹村粉丝民俗文化旅游节

◎ 启动仪式

◎ 节目表演

◎ 现场体验

桑岛海参捕捞季暨槐花旅游节

◎ 歌唱表演

◎ 锣鼓表演

◎ 产品展示

◎ 活动现场航拍

南山景区紫藤节

◎ 南山景区紫藤节活动现场

七甲镇朱家村梨花节

◎ 传统服饰摄影

◎ 游客观赏

◎ 朱家村一隅

龙口市第八届孝德文化节

◎ 文化节活动现场

◎ 太极扇表演

◎ 开幕式现场

◎ 开幕式歌舞表演

◎ 文化节舞蹈表演

2019龙口国际马拉松

◎ 2019年10月20日，2019龙口国际马拉松于在龙口市人民政府南广场人民公园鸣枪起跑

◎ 赛场上的小选手

◎ 奔跑中的参赛选手

◎ 参赛选手冲过终点

◎ 男子颁奖仪式

◎ 女子颁奖仪式

◎ 现场俯拍

编辑说明

一、《龙口年鉴2020》以马克思列宁主义、毛泽东思想、邓小平理论、“三个代表”重要思想、科学发展观、习近平新时代中国特色社会主义思想为指导，坚持辩证唯物主义和历史唯物主义的立场、观点和方法，记述龙口的年度发展情况。

二、《龙口年鉴2020》采用分类编辑法，年鉴主体内容分为类目、分目、条目3个层次，以条目为基本记述单元，个别条目下设子目。

三、《龙口年鉴（2020）》记述时限为2019年1月1日至12月31日，各类目使用了较多的数据资料，个别内容适当上溯或下延。

四、《龙口年鉴（2020）》稿件由各镇街区、市直各部门和单位、烟台市属以上驻龙口市有关单位及各大企业提供。图片由龙口市摄影家协会、《今日龙口》报社等提供。数据以统计部门的统计数据为准。

龙口市行

审图号：烟台S(2019)001号

山东省地图院编制

目　录

特　载

Special Records

大事记

Chronicles of Events

龙口概览

Overview of Longkou

中国共产党龙口市委员会

Longkou Municipal Committee of the Communist Party of China

龙口市人民代表大会

Longkou Municipal People's Congress

龙口市人民政府

Longkou Municipal People's Government

中国人民政治协商会议龙口市委员会

Longkou Municipal Committee of the Chinese People’s Political Consultative Conference

纪检监察

Discipline Inspection and Supervision

民主党派

Democratic Parties

群众团体

Mass Organizations

法 治

Rule of Law

军　事

Military Affairs

经济管理

Economic Management

口岸管理

Port Administration

农业和农村工作
Agriculture and Rural Work

工　业
Industry

商贸服务 · 投资促进

Commerce & Trade Service · and Investment Promotion

旅　游

Tourism

金　融

Finance

城乡建设

Urban and Rural Construction

自然资源 · 环境保护

Natural Resources and Environmental Protection

交　通
Transportation

科学技术
Science and Technology

教育·体育

Preschool education

文 化

Culture

卫生健康

Hygiene and Health

社会生活

Social Life

镇·街·区

Towns， Streets and · Districts

2019 年荣誉榜

2019 Honor List

索　引

Index

特　　载

坚定发展信心　矢志攻坚突破

——在全市重点工作攻坚动员大会上的讲话

（2020年3月20日）

中共龙口市委书记　韩世军

继省、烟台市会议之后，我们召开全市重点工作攻坚动员大会，主要任务是深入贯彻落实上级会议精神，纵深推进我市各项工作落地落实，确保2020年经济社会发展取得长足进步、实现新的跨越。

正当我们准备在2020年大干一场之时，新冠肺炎疫情这个“不速之客”来势汹汹。面对疫情，全市各级以“内防扩散、外防输入”为方向，迅速行动、“硬核”落责，万众一心、众志成城，牢牢守住“零疑似、零确诊”的“双零”底线。

在这场战“疫”中，全市上下反应迅捷、出击果断，牢牢掌握战胜疫情的主动权。市疫情防控指挥部勇于担当、大胆决策，相继发出一道道关乎疫情防控走势的“命令”，“120微信阵地群”高效运转，宣传攻势全域增强，市镇村三级干部“闻令而行、应声而动”，严格做到第一时间到岗到位、开展工作、全面履责，扎紧织密疫情防控“隔离网”，攥指成拳、集成发力，以“铁板一块”的“战时”状态守护美好家园、守护广大群众的生命健康。

在这场战“疫”中，全市上下各司其职、配合联动，致力构建战胜疫情的大格局。各市级领导履职尽责、沉到一线抓部署、促落实，各部门单位主要负责人听从指挥、靠在一线谋推进、强保障，各镇街区主要负责人守土尽责、盯在一线勇担当、落举措，各条战线上的干部职工严阵以待、坚守一线重实为、护平安，真正做到了态度给力、措施给力、行动给力、效果给力。

在这场战“疫”中，全市上下迎难而上、甘于奉献，充分展现战胜疫情的群英像。广大医务工作者义无反顾、日夜奋战，展现了救死扶伤、医者仁心的崇高精神。广大公安干警、基层干部恪尽职守、任劳任怨，展现了坚守初心、忠诚履职的崇高品质。卫生健康、市场监管等各条战线的同志主动担责、全心投入，展现了一心为民、真情付出的崇高境界。芦头派出所王传彬，医疗卫生系统吕慧、姜宁宁、王耀辉、刘馨霞，石良镇机关干部吕霞等一批同志的先进事迹就是全市各条战线英雄群像的“典型缩影”。

在这场战“疫”中，全市上下统筹兼顾、科学应对，深度奏响战胜疫情的主旋律。在战胜疫情过程中，各级各部门单位不忘帮扶企业、发展经济，按照上级部署，结合我市实际，全力全速推进“四上”企业复工复产，通过流程再造、上门服务、网上办公和派出“驻企特派员”等系列举措，帮助企业做好疫情防控和复工复产，相继为企业解决了用工、资金、运输等诸多难点问题，最大限度地恢复社会生机与发展活力。

关键时刻显忠诚、见担当。全市党员、干部、群众在疫情防控中经受住了考验，用优良作风和实际行动践行初心使命、体现“两个维护”。这场疫情耗费了我们大量的时间和精力，经济社会发展必须尽快满功率回归“正轨”，全市各级在严守疫情防控底线的前提下，要迅速把精力和重心转移到谋发展促突破上来，树牢时间观念和效率意识，保持攻坚精神、攻坚姿态和攻坚节奏，争分夺秒抢工期、紧跟快上拼进度，全力全速保障各项工作快推进、快落实、快见效。在这里，我强调一点：今年确立的各项经济指标不变、各项具体任务不变、各项发展预期不变，必须实打实地落到实处、取得实效。

刚才，我们通报了2019年度表现优异的先进单位名单，旨在表扬先进、宣传典型，在全市倡树“担当者光荣、有为者有位”的鲜明导向，引领全市各级对标先进、见贤思齐，苦干实干、奋勇争先，在新起点上实现新突破、新提升。回首2019年，全市上下以市委、市政府“一五五七”工作思路为引领，担当作为、奋力拼搏，经济社会发展呈现稳中向好的良好态势。

过去一年来，我们锁定转型升级不放松，高质量发展迈上新台阶。裕龙石化产业园筹建办会同相关部门和各镇街区统筹发力、积极作为、攻坚克难，顺利完成山东裕龙石化园区环评、项目稳评和海洋环评公示，开工前各项准备工作稳步推进。南山铝业入选省“十强”产业集群领军企业，道恩高分子、隆基机械被认定为国家级“绿色工厂”，联合化学、恒源生物、中宇机械等4家企业跻身省制造业“单项冠军”。发改局准确把握国家政策导向和资金投向，全年累计对上争取资金8465万元。工信局强化对上争请，为企业争取技术改造项目补助资金5166万元，位居烟台市第一。市场监管局大力实施“品质品牌”战略，以品牌引领产业转型升级，制修定标准数量位居烟台各县市前列。统计局强化执法检查，做实统计数据，为市委、市政府科学决策提供翔实参考。商务局全力推动外贸转型升级，我市成功入选“省级外贸转型升级试点县（市、区）”。投资促进中心在外资形势严峻、压力较大的情况下，圆满完成上级下达任务。财政局、税务局等部门全面贯彻落实减税降费政策，依法依规、多渠道扩源增收，一般公共预算收入实现可比增长5.6%。海渔局重抓主责主业，海洋经济发展取得重大突破。科技局通过强化技术创新、搭建科技平台，助推企业转型升级。开发区、高新园大胆创新、主动作为，园区体制机制改革取得突破性进展。徐福街道紧盯“双招双引”不放松，项目建设和招才引智工作实现“双提升”。黄山馆镇突出发展特色产业，规划布局五大板块，着力构建集约高效、宜居宜游的乡村发展新格局。高新区专注小微企业发展，推动向“专精特新”转型。总工会主动服务、积极作为，全力支持企业抓好职工技能培训提升。海关、海事处、公路养护中心等部门心系龙口、扎根龙口，为全市发展积极贡献力量。

过去一年来，我们强化为民服务不懈怠，民生事业得到新提升。全年完成民生投入70.6亿元，人社局扎实做好就业再就业工作，认真做好社会保险，推行社会保障卡省内异地通用服务，真正让“数据多跑路，群众少跑腿”。民政局积极探索推进社区长者食堂建设，10处长者食堂投入使用，直接服务老年人万余人次；创新基层服务模式，乡镇政府服务能力建设经验被民政部推广。教体局扎实推进新民学校等教育基础设施建设，进一步提升教育教学质量，群众满意度较上年提升4个位次。残联规范完善系列惠残扶助政策和办法，获国务院残工委颁发的“残疾人之家”称号。扶贫办聚焦“两不愁三保障”和饮水安全核心要求，认真抓好政策落实，扎实开展督查督导，有效巩固脱贫成果。宣传部以新时代文明实践为统领，纵深推进文明城市提升工程，新时代文明实践试点工作走在全省全国县域前列。行政审批局科学确定审批决定权限，减少层级、压减环节，“拿地即开工”工作机制效力彰显。住建局矢志抓好棚户区、老旧小区改造等重点民生工程，城乡面貌持续改善。应急管理局完善联动机制，常态化开展隐患排查治理，有效保证群众生命财产安全。农业农村局以实施乡村振兴战略为牵引，狠抓农产品质量提升，获“国家农产品质量安全县”称号。石良镇致力山区农民增收，鼓励发展花椒产业，拓宽群众致富新路径。下丁家镇依托新时代文明实践工作，深入推进农村人居环境整治，群众生产生活环境全面改善。

过去一年来，我们聚焦精准整治不散光，综合治理取得新成效。政法委、法院、检察院等部门单位强化线索核查，保持高压态势，扫黑除恶专项斗争取得明显成效。公安局全警动员、冲锋在前，圆满完成中华人民共和国成立70周年大庆安保维稳任务，获集体三等功。信访局等部门单位狠抓初信初访和积案化解，全市信访形势被动局面得到有效扭转，进京越级访总量退至烟台市第11位。自然资源局会同北马镇等相关乡镇高标准完成全市石材行业综合整治任务。综合行政执法局强化城市精细管理，加大马路市场、占道经营等综合整治力度，有效助推文明城市形象提升。新嘉街道、东莱街道、龙港街道等镇街不打折扣、不讲价钱，强力推动拆违、大棚房整治等任务落实到底。交通局扎实开展农村公路“三年集中攻坚”专项行动，提前一年完成全部农村客运站点建设任务。金融服务中心持续加大资本市场运作和金融风险处置力度，丛林集团破产重整取得实质性突破，有力维护全市经济健康稳定发展。统战部妥善化解信访积案，得到烟台市委领导表扬。与此同时，改革工作步履稳健，信访人信用管理体系做法作为山东省20个地方改革案例之一上报中央改革办。

过去一年来，我们紧扣夯基固本不松劲，干事生态呈现新风貌。组织部牵头扎实开展“不忘初心、牢记使命”主题教育，成效明显；人才队伍建设走在烟台、全省前列；纵深推进党支部领办合作社，进一步夯实基层基础；考核评价体系进一步完善，有效发挥“指挥棒”作用。东江街道创建“红润锦里 同心家园”党建品牌，获评烟台基层党建观摩“十佳项目”，新时代文明实践站开展的“农民运动会”成功连线央视。七甲镇干部干事作风扎实，推动工作提档升级。审计局不断加大预算执行、领导干部自然资源资产、投资和村居等领域审计力度，有效增强各级干部遵规守矩意识。市纪委监委机关从严正风反腐肃纪，深入推进机关作风集中教育整顿活动，为干事创业提供了坚强的作风保障。机关事务服务中心全面抓好办公用房、公务用车及行政中心的各项规范管理。巡察办积极配合开展市县联动巡察，有效发现问题并督促整改。机关工委大力推进机关党建品牌创建，会同有关部门组织开展“不忘初心、牢记使命”人居环境治理主题实践活动，党建引领氛围日益浓厚。市委办、市府办紧扣中心抓督查、聚焦落实抓协调，牵头抓好“三重”和省委巡视反馈意见整改等难点工作，有力推动各项决策部署落到实处。人大办、政协办不断强化民主监督、政治协商效力，为市委、市政府科学民主决策提供有力支撑。档案馆、党校、妇联、编办、气象局等部门单位创造性开展工作，取得较好成效。

回首过往，我们之所以能够保持经济社会持续向好势头，离不开全市各级和广大党员干部的拼搏付出、不懈努力。

实践证明，龙口的干部是讲政治、识大体、顾大局的。面对经济下行压力依然较大、各种复杂局面相互交织的状况，全市广大党员干部不畏困难寻突破、不讲条件重奉献、不计得失强作为，铆足干劲力争上游、锐意进取冲锋在前，圆满完成了年初确立的各项任务目标，有力推动全市经济社会发展始终保持良好向上态势，全力开创我市高质量发展的新局面、新高度。

实践证明，龙口的干部是拉得出、冲得上、打得赢的。过去一年来，各种大事要事难事接踵而至，无论是违建拆除还是大棚房整治，抑或山东裕龙石化园区环评、项目稳评和海洋环评公示服务保障等，全市各级干部能够招之即来、来之能战、战之必胜，攻克了一道道艰难险阻，完成了一系列看似难以完成的任务，唱响了一曲曲拼搏实干的时代赞歌。

实践证明，龙口的干部是重团结、求实效、作风优的。全市各级干部积极响应市委、市政府的号召，面对卫生城市巩固、文明城市提升、新时代文明实践和脱贫攻坚等各项工作任务，全员上阵、集群冲锋，攥指成拳、协同发力，用实际行动践行“一声令下、三军听命”，以过硬作风和过硬实绩诠释初心使命，尤其是在信访方面一举扭转了被动局面，为“团结就是力量”作下了生动注解。

实践证明，龙口的干部是讲廉洁、满正气、形象佳的。全市各级干部始终将“知敬畏、守规矩、明法纪”内化于心外化于行，坚守底线、不触红线，有力形成清正廉洁的干事主流；树牢宗旨观念，强化服务意识，主动参加农村人居环境整治和为贫困群众“查政策、抓落实、解难题、暖民心”主题实践等系列活动，实打实参与环境整治劳动，心贴心扶贫救困，进一步密切了党群干群关系。

在总结成绩的同时，我们也要清醒地看到发展进程中存在的困难和问题：发展质效还不够高，传统动能提升、新兴动能培育的速度与预期有差距；“双招双引”成效还不够好，招引项目落地速度慢，新的经济增长点培植较为乏力；个别企业生产经营困难，经济下行压力较大；环保整治、企业融资、社会稳定等方面存有薄弱环节，发展不平衡不充分问题依然突出；作风建设任重而道远，营商环境有待进一步优化，等等。对此，全市各级要高度重视、追根溯源，拿出务实管用的措施解决问题、补齐短板，用实打实的举措推动我市在高质量发展的“航程”中“满节”前行。

同志们，2020 年是“十三五”规划的收官之年，是全面建成小康社会的决胜之年，是“三大攻坚战”的大考之年，也是省市县各级重点工作的攻坚之年。全市各级要高度聚焦上级各项决策部署，高度聚焦“一五五七”年度工作思路，高度聚焦政府工作报告所作具体安排，拼搏实干、加压奋进，坚决昂起县域高质量发展强劲“龙头”，全面开创动力充足、活力充沛、和谐充盈的发展新局面。具体工作中，重点做好“九个合力攻坚强势突破”：

一要在保障经济运行上合力攻坚、强势突破。增强“拿第一”的气魄。秉持“起步就是冲刺、开局就是决战”的工作理念，所有定量指标必须锁定烟台县域“第一”矢志发力，所有定性指标必须锁定烟台县域“第一方阵”重力实施，所有工作任务必须锁定“对标夺标、争先进位”方向全速推进，持续巩固好我市高质量发展的率先领先优势。保持“稳第一”的状态。坚决摒弃“夜郎自大”、“得过且过”和“妄自菲薄”三种不良倾向，撸起袖子加油干，咬定目标不放松，切实将功夫下在平时，将力量贯穿于日常，一锤跟着一锤敲，一环紧着一环拧，真正做到超前而为、主动而为、鼎力而为，牢牢掌握工作主动权。

二要在促进项目建设上合力攻坚、强势突破。牢固树立“以项目看发展论英雄”的干事理念，全力推动项目建设大提速，确保早日见到大成效。要扭住关键集中发力。将裕龙岛炼化一体化项目作为当前和今后一个时期龙口的重中之重来推进，举全市之力、下必胜决心抓好项目建设，扎实做好对上争取、配套服务和“邻避”稳定等各项工作，竭尽全力为项目顺利开工建设“保驾护航”；一把不松地抓好中海油 LNG、中石化 LNG 等高端优质项目建设，力促尽早释放发展红利；统筹抓好 20 个烟台市级重点项目和 54 个我市重点项目建设，切实形成“项目集群开工、集群跟进、集群落成”的生动局面。要干在一线集中发力。深入践行“一线工作法”，严格落实“指挥部”作战机制，卡实责任、明确节点，倒排工期、挂图作战，真正做到情况在一线掌握、问题在一线解决、工作在一线推进，确保项目建设“时时有进展、天天见行动、月月出形象”，切实以项目建设的加速度催生我市经济发展的大提效。

三要在提升“双招双引”上合力攻坚、强势突破。在招商引资方面，立足解决好“招引什么”，围绕高端铝材料、汽车及汽车零部件、港口及临港等主导产业，依托重大优势项目，聚焦高端化工、现代信息技术、生物与新医药等新兴产业，做足做好建链补链、强链延链文章；立足解决好“到哪招引”，瞄准三类500强、跨国公司和行业领军企业，突出招引的针对性、精准化，抢抓中国（山东）自由贸易试验区烟台片区建设有利契机，切实在提高对韩对日招商层次和水平上实现大作为；立足解决好“由谁招引”，综合用好领导干部带队招商、园区招商、小分队招商、专业招商、以商招商和平台招商等方式，探索实行以“标准地”方式进行精准招商，致力提升招商引资“落地率”。在招才引智方面，深入实施“聚才兴龙”工程，广泛开展高端化工新材料产才对接会、高层次人才创业大赛等系列活动，持续推行“专员式”服务机制，统筹做好引才、留才、用才等各项工作，扩容高端人才储量，提升科技人才储备，壮大技能人才规模。

四要在做强“两型城市”上合力攻坚、强势突破。围绕技术密集型城市创建，要以实施创新驱动战略为牵引，加大工业技改投入力度，严格落实各项科技政策，持续优化科技创新环境，大力培育各类创新主体，积极引导企业建立或与高校院所共建国家级、省级和烟台市级技术创新中心、重点实验室和企业技术中心等各类科技创新平台，进一步增强企业自主创新能力，加快科技成果产业化步伐；聚焦以“四新”促“四化”，加快培植新一代信息技术、生物技术与大健康、新能源、新材料、节能环保、高端装备制造等产业，大力支持工业设计、现代物流、夜间经济、文化旅游等业态发展，推动“四新”经济加速规模化、集群化。围绕资本密集型城市创建，筛选符合产业政策、产品竞争力强、具备良好发展前景和增长潜力的企业，纳入上市企业后备资源库，推动具备条件的企业多渠道上市（挂牌），已上市企业做好再融资工作，进一步做大做强资本市场“龙口板块”；深度强化政银企合作，充分发挥中小企业转贷基金作用，加强金融行业监管和金融风险防控，帮助困难企业化解金融风险，共渡发展难关；严厉打击逃废债行为，坚决杜绝恶意抽贷、断贷、压贷现象，确保不发生区域性系统性金融风险。

五要在深化改革开放上合力攻坚、强势突破。一方面，要通过深化改革激活力。抓好在手各项改革任务落地落实，深入推进流程再造、园区体制机制等关键领域和重点环节改革，积极探索自身可改能改事项，聚焦教育、医疗卫生、养老服务等领域强化改革创新，切实让广大群众共享改革红利。另一方面，要通过高水平对外开放扩张力。充分发挥大进大出外贸骨干企业辐射带动作用，着力打造有色金属材料、汽车及汽车零部件、食品加工及存储、纺织服饰等外贸特色产业集群，引导外贸进出口企业由单纯制造向设计、研发、品牌、服务等领域延伸，不断提高出口商品技术含量和竞争力；支持外贸进出口企业依托“一带一路”建设等有利契机，加大多元市场开发力度，降低出口市场风险。与此同时，要深耕海洋经济，在加强海洋生态保护的基础上，做好做精港口、产业发展文章，致力提升海洋经济附加值。

六要在提升民生事业上合力攻坚、强势突破。深入践行“以人民为中心”的发展思想，持续加大民生投入力度，用心用力提升民生福祉。要坚决打赢脱贫攻坚战。坚持问题导向和结果导向，全面开展“回头看”，严格做到逐村逐户进、逐人逐项查，以刀刃向内的姿态把短板找全、问题找准，确保每一村、每一户、每一项扶贫措施都经得起检验；紧紧扭住“两不愁三保障”和饮水安全核心标准，全力抓好产业项目健康运营、帮扶措施持续跟进和保障政策兑现落实，确保在脱贫攻坚的道路上不让“一村一人”掉队。要着力提升社会保障水平。统筹做好教育、医疗、养老、低保、五保等领域社会保障提标扩面工作，全面落实稳就业措施和积极就业政策，用力打造与经济地位相匹配的民生事业。要进一步优化公共服务供给。重点抓好新民学校新建、培基学校扩建、镇街公办幼儿园建设，积极推进中医医院改扩建、全国健康促进市和省市县三级示范标准卫生室创建，启动中心敬老院及养老服务中心项目，抓好长者食堂、日间照料中心和农村幸福院等社区居家养老设施建设，深度完善“学有所教、病有所医、老有所养”的社会公共服务体系；大力实施文明城市提升工程，确保顺利通过第二轮全国文明城市测评大考。要突出精准导向惠及民生。针对 2019 年度全省群众满意度测评中较上年度位次下降的内容，深入反思自查，强化分析研判，做到举一反三，采取有针对性的措施着力加以解决，真正做到群众“吹哨”、部门“报到”，不断提升广大群众的幸福感满意度。

七要在实施乡村振兴上合力攻坚、强势突破。以创建乡村振兴齐鲁样板示范市为目标，持续推进黄山馆镇省级齐鲁样板示范区创建工作，重力实施诸由观镇齐鲁样板示范区提升，着力打造乡村振兴示范带，突出典型引领，以点串线、以线带面，推动全市乡村振兴走深走实。要牢牢抓实产业振兴这个“龙头”。紧盯粮食生产底线不放松，扎实开展苹果产业高质量发展工作，纵深推进“资本、技术”齐下乡，大力发展现代农业，持续推进农村一二三产业融合发展，加快特色农业高质量发展步伐，鼓励发展农村电商、休闲农业等新业态，让农业成为“有奔头”的产业。要牢牢抓实人才振兴这个支撑。持续开展高层次人才返乡来龙口创新创业活动，扎实做好新型农民培育、“三农”培训等工作，着力破解乡村人才资源短缺问题，进一步壮大农业人才队伍。要牢牢抓实文化振兴这个内涵。纵深推进新时代文明实践，广泛建设“习语润心”雷锋驿站，深入实施乡村文明行动，着力提升文化惠民、乡村记忆等工程，纵深开展百姓宣讲、志愿服务等系列活动，全力做好移风易俗工作，切实让文明新风吹遍龙口城乡大地。要牢牢抓实生态振兴这个关键。巩固提升国家农产品质量安全县成果，加快推进绿色循环农业进程，扎实抓好清洁取暖改造和农村公厕建设，聚力实施农村人居环境整治和美丽乡村建设，真正让农村美起来、靓起来。要牢牢抓实组织振兴这个根本。以提升党建引领乡村治理能力为重点，统筹抓好党支部领办合作社、软弱涣散村整顿帮扶、村级规范化管理、村干部队伍优化提升等工作，充分发挥基层农村党组织的战斗堡垒作用和农村党员干部的先锋模范作用，真正汇聚在农村领域“大干一场、大有作为”的强大合力。

八要在强化综合治理上合力攻坚、强势突破。要持续加大社会环境治理力度。健全完善基层社会治理体系，深度落实网格化管理运行机制，纵深推进扫黑除恶专项斗争，持续巩固扩大专项斗争“战果”；坚持“遏增量、减存量”，带着感情、带着责任抓好初信初访和信访积案化解，推动全市信访形势持续向好。要持续加大生态环境治理力度。打好“1+1+8”污染防治攻坚战，严格落实“河长制”“湖长制”，全面实行“林长制”，一把不松地抓好护林防火工作，扎实开展农村乱占耕地建房问题专项整治和违建别墅清理清查整治，进一步卡实各级生态环保责任，持续加大督导检查和环境执法力度，尤其要加快上级挂牌督办的重点河流整治速度，采取有力措施尽快实现“摘牌”。要持续加大生产环境治理力度。压紧压实安全生产党政领导责任、属地管理责任、部门监管责任、企业主体责任，持续完善应急管理、防灾减灾及防汛抗旱体制机制，强化食品药品安全管理，切实将安全措施贯穿生产经营全过程。要持续加大营商环境治理力度。纵深推进“放管服”改革，紧盯“流程再造”“一次办好”，聚焦涉企审批、为民服务、城市管理、项目落地等领域，深入推进体制机制创新，优化简化审批流程，大力推行“一窗办理”“一链办理”“一网办理”“容缺办理”等举措，坚决拆除为民服务、为企办事的“玻璃门”“旋转门”“弹簧门”，积极构建服务最优、成本最低、百姓满意的政务服务流程，致力打造全优无忧的一流营商环境。

九要在从严管党治党上合力攻坚、强势突破。要绷紧全面从严治党之弦。严格履行全面从严治党主体责任和“一岗双责”，常态化抓好全面从严治党工作的部署安排、阶段研判、过程调度；牢固树立“抓好党建是最大政绩”理念，统筹推进机关单位、城市社区、基层农村和“两新”组织等各领域党建工作，致力打造更多的党建典型亮点；从严加强党员干部教育监督管理，以优良党风促政风带民风。要铆足重典治乱去疴之劲。严格落实“不忘初心、牢记使命”长效机制，纵深推进省委巡视反馈意见整改落实，巩固深化机关作风集中教育整顿成效，严肃查处行政不作为慢作为乱作为假作为和形式主义、官僚主义、好人主义问题，坚决惩治发生在群众身边的不正之风和腐败问题，大力整治四类行为，全面倡树先进典型，动态开展警示教育，深度营造“见贤思齐、见不贤而自省”的干事氛围。要强化激发激励推进之效。健全完善“亮诺践诺评诺”工作机制，突出亮诺具体化、践诺项目化、评诺严肃化，督促各级“言出必行、有诺必践、取信于民”；认真执行关心关爱干部健康成长各项政策，严格落实容错纠错、澄清正名等工作机制，真正做到为敢于担当者担当、为敢于负责者负责，用力营造一心一意谋发展、心无旁骛干事业的良好氛围。

对上述九项重点工作，全市各级要目标一致聚心气、同心同力向前促，致力将美好蓝图转化为现实成效。组织领导要挺起来。各级领导干部要叫响“跟我上”的口号，充分发挥好“关键少数”的关键作用。各市级领导要结合分管领域和包联乡镇工作，切实把责任扛在肩上、将压力传导下去；各部门单位、各镇街区主要负责人就是抓好本领域、本辖区工作落实的“施工队长”，对各项工作任务要全部拉出单子、建立台账，真正在履责中增强干劲、在尽责中施展作为。全市各级党员、干部要坚持做到“决心一次下足、标准一次定高、措施一次定实、效果一次彰显”，全面汇聚“千军万马干事业、众志成城促发展”的强大正能量。宣传氛围要浓起来。深入挖掘在急难险重任务现场、关键时刻紧要关头涌现出来的先进人物和先锋团队，深入挖掘肯吃苦、重实干、成效佳、口碑好的模范人物和模范团队，深入挖掘各部门单位、各镇街区、各条战线上涌现出来的优秀人物和优秀团队，大张旗鼓地予以宣传，全面倡树“有为者最光荣”的干事导向。督导考核要严起来。突出重奖重罚导向，坚决拉开档次，坚决摒弃平衡照顾，真正让干事成事者有荣誉得实惠，让不担当不作为者“没前途”“失市场”；加强过程督导，强化节点意识，将督导贯穿于日常工作始终；敢于动真碰硬，坚持做到存在问题的不放过、问题不解决的不放过，该亮“黄牌”的亮“黄牌”，该亮“红牌”的亮“红牌”，切实督出压力、考出实效。

政府工作报告

——2020年1月7日在龙口市第十八届人民代表大会第四次会议上

龙口市市长　吕　波

一、2019年工作回顾

过去的一年，是我市发展史上极不平凡、极其特殊的一年。风险挑战前所未有、困难压力前所未有。全市上下高举习近平新时代中国特色社会主义思想伟大旗帜，在中共龙口市委的坚强领导下，坚持稳中求进工作总基调，坚定践行新发展理念，沿着“一五五七”总体思路，沉着应对、担当作为，攻坚克难、砥砺奋进，保持了经济稳健发展、社会和谐安定，全面建成小康社会取得了新的重大进步。

——县域综合实力持续提升。预计全市生产总值增长6.8%左右；一般公共预算收入可比增长5.6%；固定资产投资增长8%以上。以优异成绩通过国家卫生城市复审，获评“全省中华人民共和国成立70周年安保维稳工作先进县”，在全国综合经济竞争力百强县中的领先地位不断稳固。

——重大项目推进持续提速。山东裕龙石化项目以超常速度推进，华为“一体一园”项目正式落户，新一轮跨越式发展大幕即将拉开。中海油LNG接收站开工建设，中石化LNG接收站正式启动，总投资190亿元的15个烟台市级重点项目和总投资300亿元的39个龙口市级重点项目全部按计划顺利推进。

——新旧动能转换持续提势。2家企业被认定为国家级“绿色工厂”，2个项目入选山东省新旧动能转换重大项目库，1家企业列入省“十强”产业集群领军企业库，2家企业获评省“瞪羚”企业，4家企业跻身省制造业“单项冠军”，30家企业实现“上云”。

一年来，我们主要做了以下工作：

（一）全力保障实体经济运行，发展质效迈上新台阶。坚定不移把发展的着力点放在实体经济上，以供给侧结构性改革为主线，加快建设现代化经济体系。推动制造业高端化迈进。全年完成工业技改投入150亿元，预计规上工业增加值增长7.5%，战略性新兴产业营业收入增长10%，高新技术产业产值占比达到59%。化工产业加快转型升级，成功申报设立1处化工园区和4处重点监测点，完成86家企业评级评价。推动服务业品质化提升。总投资62.3亿元的7个烟台市级服务业重点项目加快推进，南山养生谷小镇列入烟台市服务业特色小镇，新农贸市场建成投用。预计全年服务业增加值增长6.5%。社会消费品零售总额达到423.7亿元，电子商务交易额达到180亿元，分别增长5.5%和5.9%。旅游业总收入达到90亿元，增长5.9%。推动农业现代化转型。市财政全年支持“三农”资金6.1亿元，统筹整合涉农资金2.8亿元。完成5.5万亩粮食生产功能区划定，新增生态循环农业5万亩、农业科技试验示范基地6个、循环农业基地2个、优特新农产品基地5个，获批省级以上海洋牧场示范创建项目2个，新认证“三品”农产品5个，农作物耕种收综合机械化水平达到96.9%，石良镇农业产业强镇示范创建有序推进。推动企业高质量发展。出台了《关于支持民营经济高质量发展的实施意见》，全年为企业减税降费7亿元、出口退税17.8亿元、争取上级扶持资金2.3亿元，累计为135家民营中小企业清理欠款9511.6万元，为28家企业提供转贷资金6.3亿元。全年新增各类市场主体18374户，其中企业3195户；1家上市企业实现再融资，2家企业发行公司债和可交债，3家企业在齐鲁股权交易中心挂牌，全年从资本市场融资55.5亿元；处置金融机构不良资产47.2亿元，不良贷款率下降至2.96%。

（二）全力深化改革开放创新，内生活力得到新提升。激发改革活力。新增省级以上改革试点13项。党政机构改革顺利完成，事业单位改革分步实施，园区体制机制改革全面深化，镇街管理体制有效理顺，被民政部认定为“第一批全国乡镇政府服务能力建设典型经验”。“放管服”改革取得新进展，“一枚印章管审批”模式正式启动，工业项目“拿地即开工”机制成功试行，通过流程再造办理时限平均压缩4个工作日。公共资源交易中心建成运行，3个政府投融资公司顺利组建，政府采购电子化交易系统正式上线。农村集体产权制度改革和农村土地确权登记颁证基本完成。社会信用体系加快建设，信访管理体系作为省改革典型案例上报中央改革办。医疗、医保、医药“三医联动”改革顺利实施，国企、科技、教育、文化等领域改革迈出新步伐。激发创新活力。持续深化科技创新“三计划一工程”，全年新增国家高新技术企业24家、省级以上科创平台5处，5个项目列入省重大科技创新工程；新设引才工作站9处，引进各类人才2700人，其中高端创新创业人才91人，人才综合竞争力跨入全国县域前列；获中国专利优秀奖1项，申报马德里商标国际注册3件，参与制修订国家标准15项、行业标准1项、地方标准1项、团体标准7项，6家企业入选“山东省国际知名品牌”。激发开放活力。突出“专人、专门、专注、专业”招商，成功举办深圳（龙口）“双招双引”推介会，协议总投资370多亿元的8个项目集中签约。预计全年到账外资1.8亿美元、利用内资170亿元。积极应对贸易摩擦，完成进出口总额260亿元，其中出口167亿元，被认定为省级外贸转型升级试点县。

（三）全力促进城乡海陆统筹，发展空间实现新拓展。城市总体规划获省政府批复，国土空间总体规划加快编制。推动城市有机更新。全年城建投入38亿元，新建城区道路2.2千米，完成17千米雨污分流改造、2.55平方千米海绵城市和1.3千米综合管廊建设，新增集中供热面积50万平方米、城市绿化面积7万平方米、管道天然气用户7000户，拆除违建127万平方米，“西热东进”“东热西输”工程启动实施。新开工棚户区改造项目1个，完成老旧小区改造2个，115个老旧小区引入了物业管理。推动乡村全面振兴。全年完成村镇建设投入12.1亿元，改造农厕1.2万栋、贫困户危房339户。全面提升美丽乡村建设水平，打造省市两级示范村14个，改造提升落后村50个，黄山馆镇成功入选省级乡村振兴齐鲁样板示范区创建名单，诸由观镇和北马镇入选全国综合实力千强镇，芦头镇庵夼村获评中国美丽休闲乡村。推动基础设施不断完善。大莱龙铁路扩能改造工程正式开工，潍烟高铁龙口段前期工作扎实推进，206国道龙口段、五蒋公路北路至蒋家段、黄水公路黄山馆段、石河公路七甲至下丁家段4条公路大中修改造工程竣工通车，农村公路“三年集中攻坚”年度任务顺利完成。开通优化公交线路12条，新增便民出行站点46处。完成界河河堤和24座小型水库除险加固，19个村庄纳入城乡一体化供水网络。推动港口扩容升级。屺㟂岛港2个10万吨级泊位建成投用，龙口港客滚泊位完成改造。预计港口货物吞吐量达到9500万吨，集装箱吞吐量达到78万标箱。

（四）全力推进污染防治攻坚，生态建设见到新成效。纵深推进“四减四增”行动，认真做好环保督察反馈问题整改，全市生态环境质量持续改善。强化污染防治。深入开展燃煤锅炉低氮改造和挥发性有机物治理，积极实施农村清洁取暖改造和国二及以下柴油货车淘汰出清。扎实推进环渤海入海排污口治理，完成王屋水库水源地问题整治，绛水河污水处理厂提标扩能和泳汶河污水处理厂新建工程竣工运行，龙口湾污水处理厂扩建、海岱污水处理厂新建及黄水河生态湿地建设工程加快推进。搬迁拆除禁养区养殖场户146个，规模养殖场粪污处理设施配套率达到100%。强化生态修复。扎实做好自然保护区问题整改，加快推进开发区北部岸线修筑保护一期工程，完成凤凰山矿山复绿主体工程，新增绿化造林面积1.1万亩，诸由观镇获评省级森林乡镇。强化执法监管。严格落实“河长制”“湖长制”“湾长制”，全面实施第二次全国污染源普查。始终保持执法监管高压态势，完成“大棚房”和沿海防护林海水养殖大棚拆除，关停采石场24个、石材加工厂188个、洗砂场44个。全年环保立案108起，行政罚款796.5万元，行政拘留2起，涉嫌犯罪1起。

（五）全力优化公共服务供给，民生事业取得新进展。全年安排民生投入70.6亿元，全力办好各项为民服务实事。民生保障持续改善。新增城镇就业再就业1.46万人，城镇登记失业率降至0.74%，预计城镇和农村居民人均可支配收入分别增长8.3%和8.6%。企、事业单位退休人员基本养老金人均分别月增128.9元和198.2元，城乡低保标准分别提高到每人每月615元和440元。居民大病保险报销比例不断提高，医用耗材实现“零差率”销售。退役军人服务保障体系加快完善。全面开展脱贫攻坚工作大督查，设立扶贫劳动创收奖补基金，脱贫攻坚成果持续巩固。全年发放各类救助金1.5亿元，救助困难群众7万余人次。社会事业全面发展。7所镇街公办幼儿园完成建设，龙矿学校完成改扩建并投入使用，新民学校新建和培基学校扩建工程顺利推进。全国健康促进市创建工作扎实开展，齐鲁医院南山康养中心建成投用，引进医疗“专家工作站”团队2个。社会福利中心顺利建成，新建扩建养老机构7处，新增床位3000张，开办长者食堂10家。新建城市书房1处、文化产业基地2处，升级村居（社区）综合性文化服务中心50个，融媒体中心挂牌成立，龙口国际马拉松赛、首届市民文化节等文体活动成功举办。全国新时代文明实践中心建设试点工作创新开展，“习语润心”品牌影响力不断提升。社会治理不断加强。公安基层基础建设三年攻坚圆满收官，社会组织孵化基地和党建服务中心建成投用，“天网”和“雪亮”工程加快建设，数字化城管高效运行，城乡社区治理能力不断加强，禁毒和反邪教工作扎实开展，扫黑除恶专项斗争取得阶段性成果，涌现出全国“最美基层民警”付绍刚等先进典型。安全生产、信访、森林防火、食药安全形势持续向好，老龄、妇女、儿童、青年、慈善事业健康发展，民族宗教、外事侨务、防震减灾、双拥共建、关心下一代、民兵预备役和边海防等工作取得新成绩。

（六）全力加强政府自身建设，干部队伍展现新作为。认真学习贯彻党的十九届四中全会精神，深入开展“不忘初心、牢记使命”主题教育，扎实推进“两学一做”学习教育常态化制度化，坚决执行上级党委、政府和市委决策部署。持续深化“八型”政府建设，自觉接受市人大的法律监督、市政协的民主监督和社会舆论监督，不断加强审计监督，办理人大代表建议61件、政协委员提案147件，《问政龙口》栏目正式开播。以高度政治自觉抓好省委第六巡视组巡视反馈问题整改，集中开展机关作风教育整顿，力戒形式主义、官僚主义，严肃惩处了一批损害群众利益的不正之风。积极开展“进现场、解难题、促发展”活动，广大干部在“双招双引”、项目建设、脱贫攻坚、创城拆违等一线工作中经风雨、长才干，凝聚起了担当作为、狠抓落实的强大合力。

各位代表，过去的一年，世界经济增长持续放缓，贸易摩擦效应加快传导，日益增多的动荡源和风险点给企业生产经营带来不利影响；国内“三期叠加”影响持续深化，社会主要矛盾发生深刻变化，改革全面进入攻坚期，三大攻坚战都是难啃的“硬骨头”。面对重重困难挑战，在中共龙口市委的坚强领导和市人大、市政协的监督支持下，全市上下、社会各界、广大干部群众不畏难、不言弃、不敷衍、不懈怠，万众一心、同频共振，栉风沐雨、共克时艰，办成了一系列大事、要事，打通了一大批堵点、难点，夺取了高质量发展新的重大胜利。在此，我代表市人民政府，向全市人民，向各位人大代表、政协委员，向各民主党派、工商联、人民团体和社会各界人士，向驻龙口解放军、武警官兵和各驻龙口单位，向各位老领导、老同志，向所有关心支持龙口发展的海内外朋友，表示衷心的感谢并致以崇高的敬意！

在肯定成绩的同时，我们也清醒地认识到，政府工作还存在不少短板和不足：有效投资拉动力不足，招商引资转化率不高，企业运营遇到新的困难，经济行稳向好的基础并不牢固。产业层次提升不快，科技创新能力不强，“四新”经济总体规模偏小，新旧动能转换仍然任重道远。教育、医疗、养老、文化等领域优质供给还不够充分，生态环境、生产安全、食药安全、信访等方面还有许多薄弱环节，农村人居环境还没得到根本性改观，城市和农村还有不少群众生活十分困难。政府职能转变还不到位，少数干部不担当、不作为现象仍然存在，等等。对此，我们将高度重视，采取有力措施加以解决。

各位代表，2019年恰逢中华人民共和国成立70周年。70年风雨兼程，70年筚路蓝缕。传承着浓郁红色基因、浸润着独特商业文化的龙口人民，以坚如磐石的信念、敢为人先的勇气和坚韧不拔的意志，在波澜壮阔的和平建设与改革发展大潮中乘风破浪、披荆斩棘，闯过了无数激流险滩，冲破了无数艰难险阻，创造了一系列“不敢想”的辉煌、“不可能”的奇迹。历史和实践充分证明，龙口干部群众拥有战胜任何困难挑战的勇气、智慧和力量。身处百年未有之大变局，面临千载难逢之机遇期，只要我们坚守初心不动摇、攻坚克难不退缩、开拓进取不止步，一张蓝图绘到底、一年接着一年干，高质量发展的壮丽愿景就一定能够转化为高品质生活的美好现实。

二、2020年政府工作主要目标任务

2020年是全面建成小康社会和“十三五”规划收官之年，做好今年的工作，具有承前启后、继往开来的重大意义。今年的政府工作，坚持以习近平新时代中国特色社会主义思想为指导，全面贯彻中共十九大和十九届二中、三中、四中全会精神，紧扣全面建成小康社会目标任务，坚持新发展理念，坚持稳中求进工作总基调，坚持推动高质量发展，深入落实市委“一五五七”工作思路，统筹推进稳增长、促改革、调结构、惠民生、防风险、保稳定各项工作，全面落实“六稳”要求，坚决打赢三大攻坚战，着力加快新旧动能转换，积极推进治理体系和治理能力现代化，确保全面建成小康社会和“十三五”规划圆满收官，奋力开启社会主义现代化建设新征程。

经济社会发展的主要预期目标是：生产总值增长7%左右，一般公共预算收入增长2%左右，固定资产投资增长7%左右，社会消费品零售总额增长7%左右，实际到位内资、实际到账外资和外贸进出口平稳增长，城镇居民人均可支配收入增长7%左右，农村居民人均可支配收入增长7%以上，全面完成上级下达的节能减排降碳约束性目标。

上述主要预期目标，统筹考虑了全面建成小康社会的目标任务，充分估计了当前复杂的经济形势，符合稳中求进工作总基调和高质量发展要求，符合我市发展实际。具体工作中，主要按以下思路推动全市经济社会发展。产业发展上，坚持规模扩张和内涵提升并举。规模扩张，就是充分发挥投资的关键性作用，坚持以增量带存量，以山东裕龙石化项目为总牵引，持续扩大先进制造业、现代服务业以及基础设施、公共服务等关键领域和薄弱环节的有效投入，突出抓好总投资超过1800亿元的54个市级以上重点项目，保持经济运行在合理区间。内涵提升，就是坚持以“四新”促“四化”，以华为“一体一园”项目为总引擎，大力发展高新技术产业、战略性新兴产业，加快培育互联网、大数据、云计算、人工智能等新业态，通过科技创新

和业态创新“双轮驱动”，快速形成以新动能为主要引领和支撑的内涵式发展模式。城乡建设上，坚持融合东西两城和贯通南北山海并举。融合东西两城，就是以港城大道和黄县大道为横轴，通过城区相向扩容、重要节点村开发和城市业态布局，以点带面推动东西两城相拥发展、融通互联，不断拉伸城市纵深、增加城市容量。贯通南北山海，就是以泳汶河为纵轴，通过水环境治理、沿河景观打造、两侧区片开发和基础设施完善，由线及面推动城、乡、山、海有机串联，不断提升城市功能、增进品质内涵。民生事业上，坚持提标扩面和打造亮点并举。提标扩面，就是本着量力而行、尽力而为的原则，着力提高居民收入、普惠补助、兜底救助、公益服务的标准线，不断扩大幼有所育、学有所教、劳有所得、病有所医、老有所养、住有所居、弱有所扶的保障面，全面缩小城乡区域差距，促进社会公平正义。打造亮点，就是聚力抓好民生热点、堵点、难点，通过点上突破带动全局，确保高质量打赢脱贫攻坚战，高标准通过文明城市创城复评，高水平打造新时代文明实践龙口模式，加快实施“两铁”“天网”“西热东进”“东热西输”和全域生态环境综合治理等工程，力争空气质量改善率、生活污水集中处理率、老旧小区物业覆盖率、无害化厕所普及率、城乡饮水安全率、通户道路硬化率、街面见警率等“民生指数”显著改善，带动群众的“幸福指数”持续攀升。

（一）致力于构建现代产业体系，在转动能中塑造高质量发展优势。紧扣“三大变革”，持续推进产业结构优化升级，确保实体经济实现量的增长和质的提升。改造提升传统制造业。推动石化产业向高端化、国际化迈进，举全市之力加快实施山东裕龙石化项目，力争尽快核准并开工建设，同步做好上下游产业链延伸和现有化工企业转型升级，奋力打造全省新旧动能转换标志性工程、万亿级高端化工产业集群；推动高端铝材料产业持续扩大在汽车、高铁、国防军工、航空航天等领域的市场占有率，加快打造千亿级产业集群；推动汽车及零部件产业提升系统化开发、模块化制造、集成化供货水平，力争更多产品嵌入全球产业链、价值链；推动食品加工及存储、精纺服饰、轻工及文化用品等产业深耕细分市场，打造具有核心竞争力的特色产业集群。加快质量和品牌强市建设，树匠心、育匠人、出精品，提升“龙口制造”美誉度。全年完成工业技改投入150亿元，规上工业增加值增长6.5%以上；新增注册商标800件以上，申报马德里商标国际注册2件。培育壮大新兴产业。顺应新一轮科技革命和产业变革，运用互联网、大数据、人工智能、5G通信等技术推动传统产业升级换代、跨界融合，提升智能化水平和全产业链价值。加快培植新一代信息技术、生物技术与大健康、新能源、新材料、节能环保、高端装备制造等战略性新兴产业，积极引进平台经济、共享经济、数字经济项目，推动“四新”经济加速规模化、集群化。年内，持续扩大恒通无车承运、中储能源交易中心、道恩“化塑云商”等营销规模，密切跟进雅新环保科技产业示范园、生物医药产业园等项目，引进互联网企业30家以上，新增“上云”企业30家，战略性新兴产业营业收入达到235亿元。提质发展现代服务业。全面挖掘城乡消费潜力，提升全域旅游发展水平，做好夜间经济特色街区规划，抓好南山养生谷健康小镇、嘉元艺术小镇、民俗特色商业中心、数码科技大厦、龙福财富广场、道恩商业综合中心等项目建设，推动生活性服务业向高品质和多样化升级。大力发展现代物流、电子商务、会展经济等业态，抓好青岛航空培训中心等项目建设，推动生产性服务业向专业化和价值链高端延伸。年内，服务业增加值增长6%，旅游业总收入达到95亿元。全面推动科技创新。纵深推进“牵手计划”，充分发挥科技顾问团作用，支持大中小企业与高校院所融通创新，加快引进建设一批技术研究院、社会实践基地和成果转化基地，推动创新链与产业链、资金链深度融合。纵深推进“星光计划”，抓好华为（龙口）工业互联网创新中心、嘉元170双创中心、南山科学技术研究院、嘉元梦想公社电商平台、兰高青年工匠创业谷等“双创”载体建设，促成更多优秀成果来龙口落地孵化，推动全社会创新活力竞相迸发。纵深推进“攀登计划”，强化企业技术创新主体地位，引导新活新材料、蓝牙数控、埃迪克自动化设备等科技型中小微企业走“专精特新”发展道路，向“隐形冠军”“瞪羚”“小巨人”“独角兽”企业梯次攀登。纵深推进“聚才兴龙”工程，实施高端人才、科技人才、青年人才“三大突破”计划，办好高端化工新材料产才对接会、全球创新创业大赛等招才引智活动，持续加大人才发现、培养、激励力度。年内，新增国家高新技术企业10家、烟台市级以上各类科创平台6处，引进各类人才3000人，其中高层次人才500人，高新技术产业产值占比提高到60%。

（二）致力于深化改革开放，在强支撑中构建内外联动发展格局。提升全面开放层次。聚焦三类500强、跨国公司和行业领军企业，精准开展以岛招商、以港招商、以园招商、以气招商：发挥好山东裕龙石化项目的先声优势，积极跟进与壳牌、埃克森美孚、巴斯夫、阿美等世界一流石化企业的洽谈合作；发挥好港口的设施优势，大力引进临港制造、临港能源、临港物流等产业项目；发挥好华为大数据产业园的高地优势，吸引华为生态合作伙伴及产业链下游企业进驻；发挥好中石化和中海油LNG接收站的资源优势，引进布局LNG仓储及综合利用项目。年内，突出抓好7个总投资过千万美元的在谈外资项目，吸引外资更多投向高端制造、智能制造、绿色制造领域，参与基础设施、公共服务的投资运营。推动对外贸易稳中提质，鼓励企业加快品牌培育和质量管理，积极开拓“一带一路”国家、自贸伙伴等出口市场，扩大先进技术设备、关键零部件、生产性服务进口，持续推进外贸业态创新，加快培育贸易竞争新优势。推动园区创新发展。深化园区体制机制改革，创新园区建设、运营和招商方式，规划建设一批主导产业鲜明、企业自主运营的“专业园”“区中园”，探索基金招商、股权投资、兼并重组、融资租赁、供应链金融等多元化渠道，加速产业和资本向园区集聚。开发区要借助“一岛两港”优势，着力提升先进制造业、现代服务业发展总量和层次，加快向国家级园区迈进。高新园要突出“高精尖”导向，加快实施园区东扩，不断聚集高层次人才、高端研发机构和高新技术产业。农高区、度假区要利用空间优势和政策优势，大力发展科创、文旅、教育、康养等业态，成为对外开放和产业升级的新高地。深化关键领域改革。突出抓好省级以上改革试点工作，积极争取新的试点，推动各项改革向深处走、向实处做。坚持“巩固、增强、提升、畅通”的方针，持续深化供给侧结构性改革。抓好政府投融资公司运行，积极稳妥发展政府与社会资本合作模式。完成25户国有资本退出企业的清算处置。探索农村集体产权制度改革与土地确权登记颁证成果利用，建立市级农村土地纠纷调解仲裁委员会和农村产权交易中心。全面推开医药采购和医保支付方式改革。纵深推进事业单位、教育、文化、养老等领域改革。

（三）致力于深度经略海洋，在挖潜力中打造海洋经济发展体系。高标准做好经略海洋发展规划编制和龙口港区总体规划调整，在更高层次上谋划和推动海洋经济高质量发展。完善港口基础设施。启动裕龙岛泊位及航道新建和龙口港LNG泊位、港栾陆岛交通码头改造工程，超前谋划裕龙岛综合保税区报批，积极开辟航线、拓展腹地、优化通关，力争港口货物吞吐量突破1亿吨，集装箱吞吐量达到78万标箱。培育海洋产业集群。集中推进中石化、中海油2个LNG接收站以及港华燃气、老虎燃气等项目，打造北方最大的清洁能源应用示范基地。加快龙口港粮食现代物流、齐港罐区、中粮粮油深加工以及4个省级以上海洋牧场等项目建设，密切跟进LNG冷能综合利用、中国海工北方基地、中船海洋经济产业园等在谈项目，培植壮大临港物流、海洋高端装备制造、现代海洋渔业、海水淡化及综合利用等特色海洋产业集群。年内，海洋经济总产值突破560亿元。管护海洋生态环境。全面推行“湾长制”，持续加大近岸海域污染防治力度，抓好入海排污口问题整治，完成东部、北部、桑岛3个岸线生态修复和沿海养殖区综合治理工程，确保入海河流水质和近岸海域水质优良比例达到上级要求。

（四）致力于推动全域统筹，在促融合中拓展城乡协调发展空间。高标准完成国土空间、村庄布局等重大规划编制工作，着力推动新型工业化、城镇化、农业现代化协同发展。加快城市融合升级。全面启动建设包括市民活动中心、会展中心、金融科创中心、华为大厦、佰盛广场、保利广场、港城城市综合体等项目在内的中央商务区，整体提升中心城区内涵和形象。加快推进9个在建棚户区改造项目，确保群众按期回迁。持续加大西城区城市建设投入，规划并适时启动北河片区改造、龙湾渔人码头等项目，打造西海岸靓丽风景线。抓好45个老旧小区改造，确保实现老旧小区物业管理全覆盖。实施明德街、新民街等道路新建改建工程，抓好雨污分流改造、海绵城市和地下管廊建设，新增集中供热面积100万平方米、管道天然气用户5000户。启动智慧城市运营指挥中心工程建设，全面推行城乡环卫市场化运作，持续开展“拆违、治堵、增亮、添绿”行动，不断提升城市精细化管理水平。推动基础设施完善。配合上级做好大莱龙铁路扩能改造施工和潍烟高铁龙口段前期工作。完成农村公路“三年集中攻坚”各项任务，因地制宜有序实施通户道路硬化工作。积极推进城乡一体化供水，抓好王屋水库增容、新水厂建设等工程，农村规模化供水覆盖率达到50%以上。统筹做好城市停车场、人防指挥所、农田水利、城乡管网、冷链物流等设施规划建设，全面增强城乡基础设施服务能力。提升乡村振兴实效。坚持以工业化思路推进农业农村现代化，持续深化“五大振兴”，助推农业全面升级、农村全面发展、农民全面进步。认真落实扶持粮食和生猪生产的各项政策措施，加快推动苹果产业等特色农业高质量发展，持续推进农村一二三产业融合发展，全年新增“三品”认证农产品5个以上，打造特色标准化基地5个以上，改造更新老劣果园3000亩以上。实施农村人居环境综合整治，推动美丽乡村建设提标扩面，高标准打造清洁村庄90个，新建公厕135个，改造农厕3.9万栋，广泛开展美丽庭院创建活动，力争黄山馆镇成功创建省级乡村振兴齐鲁样板示范区。拓展农民增收渠道，继续推进党支部领办合作社，开展“三农”培训7000人次，规模流转土地3000亩以上。

（五）致力于强化污染防治，在补短板中提升生态文明发展水平。巩固扩大中央、省环保督察及“回头看”反馈问题整改成果，扎实做好新一轮中央环保督察迎检工作，高质量打赢污染防治攻坚战。强力推进精准治污。抓好燃煤、扬尘、柴油车、挥发性有机物等大气污染综合治理，完成上级下达的农村清洁取暖改造任务，巩固“散乱污”企业取缔成果，确保空气质量持续改善。实施八里沙河、北河、河口于家河综合整治和王屋水库水源地保护工程，确保龙口湾污水处理厂扩建、海岱污水处理厂新建和黄水河湿地工程竣工投用，启动泳汶河湿地工程建设，完成180个村生活污水治理设施建设，力争黄水河、泳汶河国控断面和饮用水水源地水质稳定达标，农村生活污水治理率达到53.3%。加强农业面源污染防治，全面完成禁养区养殖场户搬迁拆除任务。严格落实永久基本农田保护和节约集约用地制度，做好“三闲”处置工作。积极开展生态修复。以全域生态环境综合治理工程为抓手，系统化推进全市生态环境修复和建设。提升自然保护区管理规范化制度化水平，完成保护区内7个矿业权退出工作，做好废弃采石场治理。实施国土绿化工程，新增绿化造林面积4000亩。全面强化执法监管。严格落实“河长制”“湖长制”“林长制”，扎实做好第二次全国污染源普查收尾工作。坚持“全覆盖”“零容忍”，大力推进智慧环保建设，运用科技化、市场化手段加强对纳管企业、河道水源地、扬尘点位、入海排污口等重点环节的监测监管，确保执法必严、有案必查、违法必究。有效提升环境容量。严格落实污染物排放总量指标替代要求，深入实施“四减四增”三年行动，持续优化产业结构、能源结构、运输结构和农业投入结构，提高发展的“绿色含量”。

（六）致力于增进民生福祉，在奔小康中共享经济社会发展成果。全年安排民生投入72亿元，精心办好为民服务实事，不断提高民生事业的普惠性、基础性、兜底性。实现脱贫攻坚目标。推动政策、资金和公共服务向困难群体倾斜，精准开展社会扶贫、金融扶贫、产业扶贫，做好新发生贫困人口的即时帮扶，确保脱贫攻坚任务如期全面完成。增强社会保障能力。把稳就业摆在更加突出位置，加大援企稳岗和职业技能提升力度，千方百计稳定就业总量、改善就业结构、提升就业质量，全年新增城镇就业1万人以上，城镇登记失业率控制在1.5%以内。继续实施全民参保计划，加强被征地农民社会保障和社会保险基金管理，落实好低保、特困、临时救助等政策。做好职工基本医疗保险和生育保险合并实施工作，把居民高血压、糖尿病门诊用药纳入医保报销。持续做好退役军人优抚安置工作，支持工会、共青团、妇联等群团组织更好发挥作用，确保重点群体合法权益和基本生活得到有效保障。优化公共服务供给。确保6所镇街公办幼儿园和新民学校新建、培基学校扩建工程建成投用，探索与名院名校、专业机构合作办学，带动提升教育教学质量。抓好全国健康促进市和省、市、县三级示范标准卫生室创建，完成中医院改扩建工程建设和系统调试运行，支持有条件的医疗机构开展医养结合服务。启动中心敬老院及养老服务中心项目，抓好长者食堂、综合养老服务中心、日间照料中心、农村幸福院等社区居家养老设施建设，鼓励社会力量兴办养老机构，满足多样化、多层次康养需求。创新推进新时代文明实践，抓好融媒体中心扩容和运转，繁荣文艺创作和文化产业，加大红色文化保护和开发力度，继续办好龙口国际马拉松赛、市民文化节、文化惠民消费季等活动。提升社会治理水平。推动社会治理和服务重心下沉，健全完善立体化社会治安防控、多元化矛盾纠纷排查化解、网格化社区服务管理体系，扎实开展普法宣传，强力推进禁毒和反邪教工作，确保“天网”工程和应急救援指挥平台建成投用。坚持扫黑除恶与“打财断血”“打伞破网”同步进行，进一步扩大专项斗争成果。严格落实安全生产责任制，严管严控食品安全风险，确保公共安全形势持续稳定。加强双拥共建、国防教育、国防动员、民兵预备役、人民防空和边海防工作。全面做好民族宗教、外事侨务、史志档案、气象地震等工作，打造共建共治共享的社会治理新格局。

（七）致力于激发主体活力，在优服务中营造便民利企发展环境。充分发挥市场在资源配置中的决定性作用，更好发挥政府作用，让各类市场主体在阳光雨露下茁壮成长。深度再造审批流程。系统实施涉企审批、为民服务、城市管理、项目落地等四大领域、46个方面流程再造，建立健全“极简审批”“一证准营”“容缺审批”“承诺即准”等9项再造制度，集中推出一批“秒批”“秒办”事项，全面推开工业项目“拿地即开工”模式。结合华为城市智能体项目加快智慧政务建设，实现高频政务服务和民生事项“马上办”“网上办”“掌上办”，努力做到“让数据多跑路、让群众不跑腿”。培大育强市场主体。严格落实各项减税降费政策，加快推进企业欠款清理、综合分类评价、土地房屋产权历史遗留问题解决等工作，以更务实的举措帮助民营企业降成本、增效益、防风险、破难题，推动“个转企、小升规、规改股、股上市”加快提速。全面推行“店小二”“保姆式”“母亲般”服务，常态化开展“进解促”活动，引导企业家提振信心、聚焦实业、深耕主业，坚决维护民营企业和企业家的合法权益，真正把民营企业和企业家当成自己人。年内，新增市场主体1万户以上，其中企业2900户。优化提升金融生态。深入落实烟台市“1+4”金融政策体系，发挥好新旧动能转换专项引导资金和中小企业转贷基金作用，积极引进各类股权投资基金，支持优质企业进行上市融资、发债融资。引导金融机构积极开展无还本续贷、应收账款质押等业务，继续实施小微企业首贷培植行动，持续加大信贷投放和不良贷款处置力度。有序推进担保圈破圈断链，做好相关企业风险化解、破产重整工作，构建更具安全性、普惠性、竞争力的金融生态。年内，新增上市或挂牌企业1家，1家上市企业实现再融资，从资本市场融资20亿元以上。构建完善诚信体系。统筹推进政务诚信、商务诚信、社会诚信和司法公信体系建设，落实行政践诺、诚信“红黑榜”、信用查询、信用评估、守信激励和失信惩戒等制度，搭建公共信用信息交换共享平台，培育发展信用服务市场，提高全社会诚信意识和信用水平，擦亮“诚信龙口”城市品牌。

三、建设担当有为的人民政府

各位代表，站在“两个一百年”奋斗目标的历史交汇点，政府系统深知自身肩负的艰巨责任和光荣使命。我们将加快职能转变、创新工作方式、提升行政效能，努力建设人民满意的廉洁型、服务型政府，确保全面兑现对人民的庄严承诺。

（一）坚持依法履职。深入贯彻落实党的十九届四中全会关于政府治理体系建设的决策部署，自觉运用法治思维和法治方式深化改革、推动发展、化解矛盾。持续深化综合行政执法改革，推动执法重心下移，提升队伍专业化、行为标准化、管理系统化、流程信息化水平。认真执行市人大及其常委会的决议决定，主动加强同市政协的民主协商，自觉接受人大法律监督、政协民主监督和社会舆论监督，推进政务公开标准化规范化，办好《问政龙口》《新闻发布会》等栏目，依法保障群众知情权、参与权、监督权。

（二）坚持为民履职。引导全体公务员对标学习习近平总书记“我将无我、不负人民”的公仆情怀，全心全意为人民服务、对人民负责、受人民监督，凝心聚力解决好人民群众最迫切、最现实、最根本的问题，让改革发展成果更多更公平惠及全体人民，确保全市人民一个不少地共同迈进全面小康社会。

（三）坚持实干履职。持之以恒转作风纠“四风”，特别是力戒形式主义、官僚主义，敢啃“硬骨头”，敢趟“地雷阵”，确保上级党委、政府和市委各项决策部署落地生根、取得实效。强化“以实绩论英雄”的鲜明导向，细化完善激励约束、容错纠错机制，严肃惩处不作为、慢作为、乱作为行为，旗帜鲜明为敢于担当者担当、为敢于负责者负责，让广大干部想干事、能干事、干成事。

（四）坚持廉洁履职。把不忘初心、牢记使命作为终身课题，增强“四个意识”，坚定“四个自信”，做到“两个维护”，始终保持共产党人的政治本色和前进动力。严肃财经纪律，加强审计监督，严控“三公”经费，坚决杜绝一切形象工程、政绩工程，严厉查处损害群众利益的不正之风和腐败行为，巩固发展反腐败斗争压倒性胜利。

大事记

1月

3日 山东道恩高分子材料股份有限公司、山东南山铝业股份有限公司入选山东省第二批制造业单项冠军企业，山东中际电工装备股份有限公司入选全省首批制造业单项冠军企业。山东南山智尚科技股份有限公司入选第三批全国制造业单项冠军示范企业。

4日 市委召开常委会扩大会议暨全面深化改革领导小组会议，学习贯彻中共山东省委、烟台市委关于认真学习宣传贯彻习近平总书记对大众日报创刊80周年重要批示精神的通知，传达烟台市经济工作会议精神，集中研究新时代文明实践试点工作等有关事宜。市委书记韩世军主持会议并讲话，全体市级领导出席会议。

6日 烟台市委副书记、代市长陈飞到龙口调研，龙口市委书记韩世军，市委副书记、市长吕波陪同调研。

7日 省工信厅公布2018年山东省瞪羚企业（第二批）名单，龙口中宇热管理系统科技有限公司入选瞪羚标杆企业，山东新活新材料科技有限公司入选瞪羚企业。

10日 全市机构改革动员大会召开，市委书记韩世军出席大会并讲话，市委副书记、市长吕波主持会议。

11日 烟台市召开标准化综合改革工作会议，龙口市45个标准项目获得资助金额264万元，项目数量和资助额度均列烟台市县域第一。

12日 中石化龙口LNG接收站项目签约仪式在龙口经济开发区举行。市委副书记、市长吕波，中石化天然气有限责任公司总经理段彦修、龙口港集团有限公司董事长付述智、恒通物流股份有限公司董事长刘振东在合作协议书上签字。市委常委、龙口经济开发区党工委书记林阳主持仪式。

14日 市委理论学习中心组进行集体学习研讨，集中学习习近平总书记在庆祝改革开放40周年大会上的讲话、在纪念刘少奇同志120周年诞辰座谈会上的讲话、视察山东、视察烟台重要讲话精神，以及省委、烟台市委《关于认真学习宣传贯彻习近平总书记对大众日报创刊80周年重要批示精神的通知》等文件，开展专题学习研讨，为开好市委常委班子民主生活会打牢思想基础。市委书记韩世军主持会议并讲话，中心组成员进行交流研讨。

16日 科技部发布全国首批52个创新型县（市）建设名单，龙口市以“科技支撑产业发展”为建设主题成功上榜。

21日 市政协举行“四有”委员主题活动表彰会议。市委书记韩世军出席会议并讲话。市领导吕波、吕卫东、马吉嘉、高景波、郝慎强出席会议，市政协副主席周学军主持会议。

21—23日 中国人民政治协商会议龙口市第十四届委员会第三次会议召开。市委书记韩世军，市委副书记、市长吕波，市政协主席吕卫东参加会议。会议听取并审议通过政协龙口市十四届委员会常务委员会工作报告、提案工作情况报告，以及十四届三次会议政治决议、常务委员会工作报告决议和提案工作情况报告决议。

22—23日 龙口市第十八届人民代表大会第三次会议在行政中心会议中心礼堂举行。会议听取审议市长吕波所作的《政府工作报告》、市人大常委会主任孙为富所作的《龙口市人大常委会工作报告》、市人民法院代理院长曲振涛所作的《龙口市人民法院工作报告》、市人民检察院检察长吴新明所作的《龙口市人民检察院工作报告》。

23日　全市民营企业家代表座谈会召开。市领导韩世军、吕波、高景波、李忠维、成宝功、连淑琴和相关部门负责人以及21名民营企业家代表参加座谈，市委副书记、市长吕波主持会议并讲话。

24日　市委常委会召开2018年度民主生活会，烟台市委常委、纪委书记、监委主任岳德川到会指导。龙口市委书记韩世军主持会议，市人大常委会党组、市政协党组主要负责人列席会议。

27日　省自然资源厅厅长李琥到龙口市调研裕龙岛项目、黄河水河口保护区和沿海防护林保护区有关情况。市领导吕波、高景波、王志臣陪同活动。

28日　全市纪念改革开放40周年暨全市四德工程建设颁奖典礼活动在南山大剧院举行，37位新当选的第七届龙口市道德模范先进人物和群体受到表彰。全体市级领导出席活动。

29日　市委召开常委会扩大会议，传达全省新时代文明实践中心试点建设暨县级融媒体中心建设工作会议、烟台市“学习强国”学习平台会议精神，听取市人大、市政府、市政协、市法院、市检察院党组和市纪委监委2018年工作汇报，以及龙口市“学习强国”学习平台运用推进情况，研究全市基层党建等工作。市委书记韩世军主持会议并讲话，全体市级领导出席会议。

☆　市委书记韩世军到东莱街道参加指导东莱街道领导班子2018年度民主生活会，要求坚持以党建为统领，进一步解放思想、担当实干、优化作风、强化作为，不断开创各项工作崭新局面。

☆　新嘉街道召开2018年度民主生活会。市委副书记、市长吕波到会指导，市人大常委会副主任宫本江列席会议。

30日　市委召开2018年度镇街区党委书记履行全面从严治党责任和抓基层党建工作述职评议会议。市委书记韩世军主持会议并作点评，烟台市委组员办副主任徐忠到会指导，市委常委出席会议。

31日　全市安全生产工作会议在行政中心会议中心召开，传达并学习习近平总书记在省部级主要领导干部“坚持底线思维着力防范化解重大风险”专题研讨班开班式上的讲话精神，研究部署全年安全生产工作任务。市委副书记、市长吕波在会上讲话，市委常委、副市长纪寿冕主持会议，相关市级领导出席主会场会议。

☆　市委副书记、市长吕波带队深入部分企业，现场检查安全生产工作，走访慰问坚守生产一线的干部职工，通过他们向春节期间坚守岗位的全市广大干部职工致以美好的新春祝福。

☆　新组建的龙口海关正式揭牌成立。青岛海关关长韩森、烟台市副市长李朝晖为龙口海关揭牌，市委书记韩世军出席仪式并致辞，市委常委、开发区党工委书记林阳出席仪式。

2月

3日　市委召开常委会扩大（全面深化改革委员会）会议，学习贯彻中央、省委深改委和烟台市委深改组会议精神，集中研究深化市场化改革扩大高水平开放加快体制机制创新等工作。市委书记韩世军主持会议并讲话，全体市级领导出席会议。

11日　市委、市政府召开全市2018年高质量发展总结暨2019年改进作风推动落实大会。市委书记韩世军，市委副书记、市长吕波分别讲话。市委副书记马吉嘉主持会议。全体市级领导出席会议。

15日　市委召开常委会扩大会议，传达贯彻上级有关会议精神，研究龙口市贯彻落实意见。市委书记韩世军主持会议并讲话。全体市级领导出席会议。

20日　市工商联举行以“不忘初心，一起拼搏”为主题的新春年会，回顾总结2018年全市广大企业所取得的发展成绩，展望发展未来，鼓舞士气再创发展佳绩。市委书记韩世军出席活动并讲话。市领导吕波、孙为富、马吉嘉、高景波、李忠维出席活动。

25日　市委副书记、市长吕波带领相关部门负责人深入污水处理厂建设现场，就工程推进情况进行检查督导。市委常委、统战部部长高景波参加活动。

☆ 市委书记韩世军带领相关部门负责人，对龙口市重点项目建设情况进行调研。市委常委、开发区党工委书记林阳，市委常委、副市长纪寿冕参加调研。

☆ 市委理论学习中心组进行集体学习，集中学习《习近平新时代中国特色社会主义思想三十讲》有关内容、“学习强国”学习平台文章《习近平：努力造就一支忠诚干净担当的高素质干部队伍》，观看关于纪念改革开放40周年政论专题片《历史之约》。市委书记韩世军主持会议并讲话。

27日 全市农村工作、扶贫开发暨农村干部干事创业大会在南山大剧院举行。市委书记韩世军，市委副书记、市长吕波出席会议并讲话，市委副书记马吉嘉主持会议，相关市级领导、部门和单位负责人参加会议。

29日 市政府与中国建设银行烟台分行在市行政中心会议中心签署全面战略合作协议。市委副书记、市长吕波，中国建设银行山东省分行党委委员、副行长董强出席签约仪式并致辞，市委常委、副市长纪寿冕主持签约仪式，市政协副主席、商务局局长连淑琴出席签约仪式。

3月

2日 龙口市新时代文明实践志愿服务推进会在龙口市新时代文明实践中心举行。市委常委、宣传部部长冯雪梅出席会议并讲话。

6日 省司法厅党委委员、副厅长李端卫一行到龙口调研公共法律服务体系建设工作。市委副书记、市长吕波，副市长杨文平陪同调研。

☆ 市委理论学习中心组进行集体学习，集中学习《地方党政领导干部安全生产责任制规定》、《深入贯彻习近平生态文明思想以生态环境保护优异成绩迎接中华人民共和国成立70周年》以及统计工作有关内容。市委书记韩世军主持会议并讲话。

14日 全市国家卫生城市复审工作动员会议召开。市委副书记、市长吕波出席会议并讲话，市委副书记马吉嘉主持会议，相关市级领导参加会议。

15日 龙口市举行“项目开工月”集中开（复）工仪式，市领导韩世军、吕波、吕卫东、马吉嘉、丛方伟、高景波、林阳、孙永刚分别参加南山铝业高性能高端铝箔生产线、德晋新能源锂离子电池及储能设备、龙口港客货混装物流扩建、嘉元“170”双创中心、黄水河生态湿地工程、龙港街道庄子村棚改等6个市级重点项目集中开工仪式。

18日 龙口市召开创建省级双拥模范城工作动员大会，力争实现“全省双拥模范城”六连冠目标。市委副书记马吉嘉出席会议并讲话，市委常委、人武部政委王永春出席会议，副市长杨文平主持会议。

☆ 市委召开常委会扩大会议，学习传达全国“两会”精神和烟台市领导干部会议精神。市委书记韩世军主持会议并讲话，全体市级领导出席会议。

26日 市委政法工作暨政法队伍建设会议在市行政中心会议中心召开。市委书记韩世军出席会议并讲话，市委常委、政法委书记于建春主持会议，副市长王志臣传达中央、省委、烟台市委政法工作会议精神，市法院院长曲振涛、市检察院检察长吴新明出席会议。

☆ 市委在市行政中心会议中心召开常委会扩大会议暨全面深化改革委员会会议。市委书记韩世军主持会议并讲话。

28日 全市强化边巡边改进一步改进机关作风工作会议召开。市委书记韩世军出席会议并讲话，市委副书记马吉嘉主持会议，全体市级领导参加会议。

☆ 烟台市人大常委会副主任黄永政一行到龙口市开展《中华人民共和国大气污染防治法》《山东省大气污染防治条例》实施情况执法检查和民营经济促进条例立法调研活动。市领导吕波、李顺军、李哲陪同活动。

☆ 国务院妇女儿童工作委员会办公室常务副主任、全国妇联改革办主任王卫国到龙口市调研妇女、儿童发展纲要（规划）实施情况及妇联改革有关工作。市委副书记、市长吕波，市委常委、宣传部部长冯雪梅陪同活动。

29 日 龙口市召开全市城乡违法建设治理工作动员部署会议，会议在行政中心会议中心礼堂设主会场，并通过龙口党建频道在各镇街区分会场进行直播。市委书记韩世军主持主会场会议并讲话，相关市级领导参加主会场会议。

30 日 首届烟台市民文化节龙口分会场开幕式暨“文化服务日”活动启动仪式在市文化广场举行。市委常委、宣传部部长冯雪梅出席仪式并讲话，副市长杨文平主持仪式。

4 月

1 日 市委理论学习中心组进行集体学习，集中学习《习近平总书记在省部级主要领导干部坚持底线思维着力防范化解重大风险专题研讨班开班式上的重要讲话精神》、习近平总书记在中央党校中青年干部培训班开班式上的重要讲话《在常学常新中加强理论修养在知行合一中主动担当作为》、习近平总书记在十九届中共中央政治局第十三次集体学习时发表的重要讲话《深化金融供给侧结构性改革增强金融服务实体经济能力》，以及《中共中央关于加强党的政治建设的意见》。市委书记韩世军主持会议并讲话。

12 日 市委召开常委会扩大会议暨全面深化改革委员会会议，学习传达省委书记刘家义到龙口调研讲话精神以及烟台“双招双引”和“三重”工作调度会、海洋发展委员会第一次会议等有关会议精神，集中研究边巡边改、深化改革等有关事宜。市委书记韩世军主持会议并讲话。全体市级领导出席会议。

16 日 市委理论学习中心组举行以新时代文明实践为主题的集体学习。市委书记韩世军带领理论学习中心组走进龙口市新时代文明实践中心参观学习。

☆ 市委召开常委会扩大会议，集中研究脱贫攻坚、重点项目等有关事宜。市委书记韩世军主持会议并讲话。全体市级领导出席会议。

22 日 市委副书记、市长吕波实地督导 2019 年烟台市高质量发展观摩会相关工作。市委常委、副市长纪寿冕，副市长赵树杰参加活动。

24 日 华为集团政企云副总经理赵峰到龙口洽谈华为“一体一园”项目合作事宜。市委副书记、市长吕波，副市长孙永刚参加座谈会。

28 日 市委召开常委会扩大会议暨全面深化改革委员会会议，学习传达烟台高质量发展观摩会议精神，集中研究龙口市推进全面深化改革等有关事宜。市委书记韩世军主持会议并讲话。全体市级领导出席会议。

5 月

5 日 全市“双招双引”和“三重”工作调度会召开。市委书记韩世军主持会议并讲话，相关市级领导和有关部门单位主要负责人参加会议。

☆ 中国国际工程咨询有限公司专家组组长张薇到龙口参加南山 LNG 接收站一期工程项目申请报告核准评估会议。市委副书记、市长吕波，副市长孙永刚陪同活动。

9 日 市委理论学习中心组举行专题辅导报告会，深入学习 2018 年《中华人民共和国宪法修正案》。市委书记韩世军出席报告会，市委常委、宣传部部长冯雪梅主持报告会，中央党校政法部副教授、龙口市委常委、副市长金成波作专题辅导报告。全体市级领导参加报告会。

10 日 由市政协主办的“文化走亲·乡梓情怀”活动正式启动。市委副书记、市长吕波出席启动仪式，市政协主席吕卫东主持启动仪式，副市长赵树杰致辞。

13日　龙口市2019年全国城市节约用水宣传周启动仪式在市文化广场举行。

16日　在北京举行的第六次全国自强模范暨助残先进表彰大会上，龙口市残联获“残疾人之家”称号，成为山东省唯一获此殊荣的县级单位。

☆　2019年桑岛首届海参捕捞季暨槐花文化旅游节开幕。

☆　市委召开常委会扩大会议，集中研究脱贫攻坚、民营经济、环境保护、山区农民增收等有关事宜。市委书记韩世军主持会议并讲话。全体市级领导出席会议。

18日　龙口市在芦头镇迟家沟水库东侧举行2019年度森林防灭火应急演练。烟台市副市长崔宗涛，龙口市委副书记、市长吕波，市委常委、统战部部长高景波出席演练。

19日　全市“双招双引”工作调度会议召开。市委副书记、市长吕波出席会议并讲话，副市长孙永刚主持会议，相关市级领导出席会议。

21日　烟台市人大常委会副主任潘士友带领烟台市人大常委会安全生产“一法一条例”执法检查组到龙口检查《中华人民共和国安全生产法》和《山东省安全生产条例》贯彻执行情况。龙口市委常委、副市长纪寿冕，市人大常委会副主任李顺军陪同检查。

☆　龙口市“双招双引”上海推介会文化旅游产业专场在上海举行，会上启动“上海人畅游龙口”文化旅游活动。副市长杨文平出席推介会并致辞。

22日　全市解决“两不愁三保障”突出问题和考核整改工作会议召开。市委书记韩世军主持会议并讲话。市领导马吉嘉、丛方伟出席会议。

24日　2019年市直机关运动会开幕式暨全民健身月活动启动仪式在明德学校体育场举行。市委副书记、市长吕波宣布运动会开幕，市委副书记马吉嘉致辞，副市长杨文平主持开幕式。

25日　黑龙江省大学生就业创业指导中心主任张立波到龙口参加“百校千才龙口行”2019对接洽谈会议。市委常委、副市长纪寿冕陪同活动。

27日　市委召开常委会扩大会议，传达贯彻烟台市委常委会会议、全省新旧动能转换项目推进会暨“双招双引”工作表彰会议等会议精神，并对下步工作进行安排部署。市委书记韩世军主持会议并讲话。全体市级领导出席会议。

☆　市委分别召开海洋发展委员会第一次会议、农业农村委员会第一次会议、全面依法治市委员会第一次会议，研究部署相关方面工作。市委书记、市委海洋发展委员会主任、市委农业农村委员会主任、市委全面依法治市委员会主任韩世军主持会议并讲话。

29日　全市脱贫攻坚专题培训会议在市行政中心会议中心礼堂召开，邀请烟台市委副秘书长、市扶贫办主任尹鹏进行专题授课。市委副书记马吉嘉主持培训会。市领导韩世军、郝慎强、赵树杰出席会议。

6月

2日　荷兰温室运营集团有限公司、山东荷标温室农业科技有限公司董事长徐磊到龙口洽谈智慧温室农业项目合作事宜。市委副书记、市长吕波，副市长王志臣陪同活动。

4日　上海红星美凯龙集团公司总裁刘源金到龙口洽谈相关工作。市委副书记、市长吕波出席座谈。

6日　国家发展和改革委员会产业经济与技术经济研究所正局级副所长费洪平到龙口调研裕龙岛炼化一体化项目相关工作。市委常委、副市长纪寿冕陪同活动。

12日　市委书记韩世军带领党政企考察团赴沂水、沂南、兰陵三县，深入村庄和田园综合体实地观摩，并举行总结交流会议。韩世军主持会议并讲话，市委副书记马吉嘉对脱贫攻坚工作进行安排部署，市级有关领导出席会议。

☆ 由龙口市文化和旅游局出品，龙口市吕剧团创作演出的大型现代吕剧《突围》在省会大剧院开演。

21日 烟台市政府与华为技术有限公司在东方海天酒店签署战略合作暨助推烟台重大项目合作协议。在此次活动上，龙口市委副书记、市长吕波代表龙口市政府与华为公司签署《龙口市与华为城市智能体和大数据产业园合作协议》。

28日 山东龙口（深圳）招商引资招才引智推介会暨华为龙口城市产业云上线仪式在深圳五洲宾馆举行。龙口市领导韩世军、李顺军、孙永刚、赵树杰、成宝功、连淑琴以及华为技术有限公司有关领导出席仪式。

☆ 烟台市公布首批“十大”县域特色文化产品和“十强”文化创意产业、“十大”文化企业名录。龙口管乐器入选烟台市首批“十大”县域特色文化产品，山东泰山管乐器制造有限公司入选烟台市“十大”文化企业。

7月

1日 龙口市召开“七一”表彰暨作风建设大会，表彰先进集体和优秀个人，全面部署作风建设各项工作，共庆党的生日。市委书记韩世军出席会议并讲话，市委副书记、市长吕波主持会议，市委常委、组织部部长郝慎强宣读表彰决定。

2日 烟台市委常委、宣传部部长于永信一行调研龙口市文化产业发展情况。市委副书记、市长吕波，市委常委、宣传部部长冯雪梅陪同调研。

☆ 龙口市融媒体中心揭牌仪式在龙口广播电视台举行。烟台市委常委、宣传部部长于永信，省广播电视台融媒体资讯中心副主任谭鲁民，龙口市领导吕波、孙为富、冯雪梅等出席揭牌仪式，并共同启动融媒体中心。

10日 山东龙口航天科普和航天育种院士工作站揭牌仪式在黄山馆镇茂源果蔬专业合作社举行。市委副书记、市长吕波出席揭牌仪式，并与中国工程院院士、国际宇航科学院院士戚发轫一起为工作站揭牌，副市长赵树杰出席并致辞。

☆ 市委召开常委会扩大会议，传达贯彻烟台市“三重”工作调度会、烟台市中央生态环保督察“回头看”反馈意见整改暨大气污染防治工作调度推进会等会议精神，听取市政协关于推进养老服务体系建设的调研情况。市委书记韩世军主持会议并讲话，全体市级领导出席会议。

11日 龙口市与中铁建重庆投资集团有限公司深度战略合作协议仪式在南山国际会议中心举行。中铁建重庆投资集团有限公司党委书记、董事长孙公新，市领导韩世军、吕波、孙为富、吕卫东、纪寿冕、孙永刚、赵树杰出席签约仪式。市委书记韩世军在仪式上致辞，市委常委、副市长纪寿冕主持仪式。

16日 由龙口开发区与美国康威公司共同组织召开的中国龙口·南美洲投资恳谈会在东海月亮湾酒店举行。市领导吕波、孙永刚、连淑琴等参加活动。

17日 山东省工商联十三届四次常委会议公布2019年山东百强民营企业名单。龙口市南山集团有限公司、道恩集团有限公司、隆基集团有限公司三家企业上榜。其中，南山集团位列榜单前三。

23日 烟台市委常委、纪委书记、监委主任岳德川到龙口督导调研“三重”工作。市委副书记、市长吕波，副市长、开发区党工委书记孙永刚陪同活动。

25日 市委副书记、市长吕波带领市应急管理、发改、住建、市消防大队等部门负责人及相关镇街区负责人，现场检查龙口市部分企业燃气安全和消防安全工作。

26日 市公安局刑侦大队案审中队副中队长付绍刚获全国模范退役军人称号。

30日 市委召开常委会扩大会议，传达烟台市生态环境工作会议暨烟台市生态环境保护委员会第一次全体会议精神，集中研究龙口市当前旱情、抗旱工作和专题警示教育活动实施方案。市委书记韩世军主持会议并讲话，全体市级领导出席会议。

8月

4日　市委副书记、市长吕波对老旧小区、“七小行业”等进行检查，现场调度国家卫生城市复审工作。市委副书记马吉嘉参加活动。

5日　市委召开镇（街、区）党（工）委半年工作调度会，听取各镇街区2019年以来重点项目、重点工程、重点工作推进情况，研究制定下一步工作措施。市委书记韩世军主持会议并讲话，市级相关领导出席会议。

9日　全市专题警示教育暨集体廉政谈话会议召开。市委书记韩世军讲话并进行集体廉政谈话，市委常委、纪委书记、监委主任丛方伟主持会议，全体市级领导出席会议。

11日　市委副书记、市长吕波现场指导调度防台防汛工作。市委副书记马吉嘉、副市长孙永刚参加活动。

12日　市委理论学习中心组进行集体学习，集中学习习近平新时代中国特色社会主义思想学习纲要有关内容，观看烟台警示教育专题片。市委书记韩世军主持会议并讲话。

14日　省工信厅公布第十五批山东省“一企一技术”研发中心企业名单，龙口市企业山东中际智能装备有限公司、山东新活新材料科技有限公司成功入选。

24日　龙口—巫山2019年扶贫协作工作联席会议举行。龙口市委书记韩世军、巫山县委书记李春奎出席会议，市委副书记、市长吕波主持会议。

28日　市委召开常委会会议，传达学习省委书记刘家义在济南接访后座谈时的讲话精神、烟台市“双招双引”工作调度会议精神，集中研究招商引资等工作。市委书记韩世军主持会议并讲话。

9月

9日　市委召开常委会扩大会议，传达贯彻烟台市统一战线工作现场会会议精神，组织学习《人民日报》文章《勇做新时代的“劲草真金”》，集中研究省委巡视反馈意见整改等工作。市委书记韩世军主持会议并讲话，全体市级领导出席会议。

11日　市委常委会召开会议，传达上级关于“不忘初心、牢记使命”主题教育有关会议精神，集中研究龙口市贯彻落实意见。市委书记韩世军主持会议并讲话。

☆　全市“不忘初心、牢记使命”主题教育工作会议召开。市委书记韩世军和烟台市委主题教育第四巡回指导组组长陈绍广出席会议并讲话，市委副书记、市长吕波主持会议。

☆　全市教育大会在市行政中心会议中心二楼礼堂召开。市委书记韩世军出席会议并讲话，市委副书记、市长吕波主持会议。

21日　全市“不忘初心、牢记使命”主题教育读书班在市行政中心礼堂开班。市委书记韩世军出席会议并讲话。

22日　全市经济运行调度会议召开，通报全市经济运行总体情况，研究部署下步工作。市委书记韩世军主持会议并讲话，市委副书记、市长吕波通报全市1—8月份经济运行情况，并对下一步工作进行安排部署。

☆　市委理论学习中心组进行集体学习研讨，集中学习《中国共产党宣传工作条例》。市委书记韩世军主持会议并讲话，中心组成员进行交流研讨。

24日　市委国家安全委员会召开第一次会议，传达学习烟台市委有关会议精神，研究市委国家安全委员会《工作规则》《办公室工作细则》和《2019年工作要点》，部署安排重点任务。市委书记、市委国家安全委员会主任韩世军主持会议并讲话。

26日　全市乡村振兴工作专题会议召开，阶段总结龙口市乡村振兴推进情况，安排部署下一步工作。市委书记韩世军主持会议并讲话，市委副书记马吉嘉就相关工作进行部署。

27 日　市委召开常委会扩大会议，传达学习烟台市校地合作第三次联席会议和公安工作会议精神，集中研究省委巡视反馈问题整改工作。市委书记韩世军主持会议并讲话。

☆　市委理论学习中心组进行集中学习研讨。市委书记韩世军主持会议并讲话，烟台市委主题教育第四巡回指导组相关成员到会指导。

30 日　市委召开常委会扩大会议，传达贯彻上级有关会议精神，对相关工作进行安排部署。市委书记韩世军主持会议并讲话。

10 月

7 日　龙口市第八届孝德文化节暨第十九届中国烟台·龙口南山国际长寿文化节在南山旅游景区开幕。市委副书记、市长吕波致辞并宣布文化节开幕，市委副书记马吉嘉主持开幕式，全体市级领导出席开幕式。

8 日　《人民日报》公布 2019 年中国中小城市高质量发展指数研究成果。龙口在 2019 年度全国综合实力百强县市排名中位列第 11 位，继续领跑山东；在 2019 年度全国绿色发展百强县市榜单中排名第 9；在 2019 年度全国科技创新百强县市榜单中排名第 9。

9 日　下丁家镇木厂村成功入选山东省第二批美丽村居建设省级试点名单。

10 日　全市脱贫攻坚暨农村人居环境整治工作会议召开。市委副书记、市长吕波主持会议并讲话，市委副书记马吉嘉就抓好脱贫攻坚工作进行安排部署，全体市级领导出席会议。

15 日　2019 年食安委全体（扩大）会议暨省级食品安全城市创建工作会议召开。市委副书记、市长吕波主持会议并讲话，市委常委、市政府党组成员王志臣安排部署相关工作。

16 日　市委召开常委会扩大会议，传达贯彻上级有关会议精神和于国安副省长到龙口调研指导精神，集中研究经济运行、招商引资等工作。市委书记韩世军主持会议并讲话。

20 日　2019“青创杯”龙口国际马拉松举行。市委常委、副市长纪寿冕致辞，市委常委、市政府党组成员王志臣主持发令式。

21 日　市委召开常委会扩大会议暨全面深化改革委员会会议，集中观看“三重”工作视频，听取脱贫攻坚、农厕改造等情况汇报，传达学习中央、省委和烟台市委深改委会议精神，研究部署下一阶段有关工作。市委书记韩世军主持会议并讲话。

☆　市委理论学习中心组进行集体学习研讨，集中学习《习近平新时代中国特色社会主义思想学习纲要》等有关内容。市委书记韩世军主持会议并讲话。中心组成员根据市委常委会开展“不忘初心、牢记使命”主题教育工作安排，进行专题研讨交流。

22 日　烟台市人大常委会主任王晓敏，副主任徐少宁、张伟、潘士友一行到龙口视察农村人居环境整治工作。烟台市副市长崔宗涛及有关部门负责人参加活动。市领导吕波、孙为富、王志臣陪同活动。

24 日　烟台市举办首届“市长杯”工业设计大赛颁奖典礼，山东南山铝业股份有限公司的“轨道交通用动车组型材”获金奖，烟台南山学院工学院的“烟台站智能手表”获优秀奖，龙口市工业和信息化局和烟台南山学院获优秀组织奖。

☆　全市党的建设暨警示教育大会召开。市委书记韩世军出席会议并讲话，市委副书记马吉嘉主持会议，全体市级领导出席会议。

25 日　市委召开政协工作会议。市委书记韩世军出席会议并讲话，市政协主席吕卫东传达中央、省委和烟台市委政协工作会议精神，市委副书记马吉嘉主持会议。

☆　市委召开人大工作会议。市委书记韩世军出席会议并讲话，市人大常委会主任孙为富报告换届以来市人大常委会工作和下一步工作打算，市委副书记马吉嘉主持会议。

27日　市委财经委员会召开扩大会议。市委书记、财经委员会主任韩世军主持会议并讲话，市委副书记、市长、财经委员会副主任吕波对下步全市经济工作进行安排部署。

28日　省自然资源厅公布首批省级森林城市和森林乡镇、森林村居名单。龙口市诸由观镇入选山东省森林乡镇名单，东江街道南山村、新嘉街道姚家新村、芦头镇麻家村、诸由观镇清汶村、龙港街道和平居委会入选山东省森林村居名单。

30日　全市生态环境工作会议暨市生态环境保护委员会第一次全体会议召开。市委副书记、市长吕波出席会议并讲话，市委常委、统战部长高景波主持会议并通报2019年以来全市生态环境保护工作情况。

☆　全市砂石资源专项治理整顿暨石材加工综合整治“回头看”工作会议召开。市委副书记、市长吕波主持会议并讲话，市委常委、统战部部长高景波对相关工作进行安排部署。

31日　“2019鲁企300强”榜单发布，龙口共有6家企业上榜，其中龙口南山集团排名山东省第八。

11月

4日　市委常委会召开巡视整改专题民主生活会，聚焦省委巡视反馈问题、意见建议和工作要求，深入查摆问题，开展批评和自我批评，在“刀刃向内”、自我革新中提升素质能力和干事作为。市委书记韩世军主持会议，烟台市纪委市监委有关人员到会指导，市人大常委会党组、市政协党组主要负责人列席会议。

5日　市委副书记、市长吕波为市政府全体党员干部讲授专题党课。烟台市第四巡回指导组有关人员到会指导。

☆　市政府党组召开巡视整改专题民主生活会。市委副书记、市长吕波主持会议并讲话。

7日　山东省质量强省及品牌战略推进工作领导小组办公室对2019年度创建山东省优质产品基地和龙头骨干企业进行公示，龙口市创建的山东省优质管乐器基地为烟台县市区中唯一获公示的基地。

☆　市委常委会召开对照党章党规找差距专题会议。市委书记韩世军主持并讲话，烟台市委第四巡回指导组有关人员到会指导。

8日　市委财经委员会召开第三次会议，传达上级财经委员会会议精神，研究相关工作方案和提高自然灾害防治能力。市委书记、市委财经委员会主任韩世军主持会议并讲话。

☆　市委召开常委会扩大会议，传达贯彻中共十九届四中全会和全国、全省新时代文明实践中心试点有关会议精神。市委书记韩世军主持会议并讲话。

12日　2019年赛迪县域营商环境百强县研究成果在北京发布。龙口市上榜“全国营商环境百强县”，列第11位。

13日　龙口市上榜第二批国家农产品质量安全县（市）名单。

☆　全市举行市级层面重点项目集中推进活动。市领导韩世军、吕波、高景波、纪寿冕分别参加嘉元小镇一期、嘉元佰盛广场等主会场活动。

15日　市委召开常委会扩大会议，研究省委巡视反馈意见整改进展情况报告等工作。市委书记韩世军主持会议并讲话。

18日　市委召开常委会会议，传达学习全国学雷锋和志愿服务座谈会会议精神，研究部署下步工作。市委书记韩世军主持会议并讲话。

20日　龙口市举行第五届科技顾问团成立暨2019桑梓人才家乡行活动。市委副书记、市长吕波出席活动并致辞，市委常委、组织部部长郝慎强主持活动。

21日　农业农村部发布2019年中国美丽休闲乡村名单。芦头镇庵夼村入选，为烟台唯一上榜的村庄。

☆ 市委副书记、市长吕波现场检查全市冬季安全生产和供暖工作有关情况。副市长赵树杰参加活动。

23日 全市人居环境整治大检查暨文明城市复审迎检工作会议召开。市委副书记、市长吕波主持会议并讲话，市领导冯雪梅、高景波、郝慎强出席会议。

29日 市委召开常委会议，传达学习上级相关会议精神，听取有关意见制定情况汇报，集中研究党管武装工作。市委书记韩世军主持会议并讲话。

30日 烟台市委副书记吴承丙一行到龙口调研就项目建设、乡村振兴、农村人居环境整治等工作，并开展河长制巡河工作。市领导韩世军、吕波、马吉嘉陪同活动。

12月

3日 省海洋局副局长王仁堂到龙口组织召开裕龙岛消防站项目海域使用论证专家评审会议。市委副书记、市长吕波，副市长邹震田陪同活动。

5日 市委理论学习中心组进行集体学习。市委书记韩世军主持会议并讲话。

6日 市委常委会召开“不忘初心、牢记使命”专题民主生活会。烟台市委常委、市纪委书记、市监委代主任傅逊，烟台市委第四巡回指导组组长陈绍广及有关人员到会指导。市委书记韩世军主持会议，市人大常委会党组、市政协党组主要负责人列席会议。

☆ 市政府党组召开“不忘初心、牢记使命”专题民主生活会。烟台巡回指导组成员到会指导。市委副书记、市长吕波主持会议，市政府党组成员出席会议。

☆ 烟台市委常委、市纪委书记、市监委代主任傅逊到南山学院宣讲中共十九届四中全会精神。龙口市委书记韩世军主持宣讲会，市委常委、市纪委书记、市监委主任丛方伟和南山集团相关负责人、南山学院部分教职工参加宣讲。

☆ 《中国县域经济发展报告（2019）》发布，龙口市综合经济竞争力位居全国第十名。

9日 全市棚户区改造工作现场督导会议召开。市委副书记、市长吕波，市委常委、统战部部长高景波参加会议。

13日 龙口港区27#、28#、29#通用泊位工程获2018—2019年度国家优质工程奖。

18日 山东省爱国卫生运动委员会下发《关于命名2019年山东省卫生乡镇和卫生村的通知》，龙口市有2个镇街、40个村居分别获得山东省卫生镇和卫生村称号。

19日 市人大常委会组织驻龙口省、烟台市人大代表集中视察龙口市经济社会发展情况。市领导吕波、孙为富、纪寿冕陪同活动。

20日 市委召开常委会暨全面深化改革委员会会议，学习贯彻中央全面深化改革委员会第十一次会议精神，集中研究纵深推进省委巡视反馈意见整改工作。市委书记韩世军主持会议并讲话。

25日 市委召开海洋发展委员会第二次全体会议，研究部署相关方面工作。市委书记、市委海洋发展委员会主任韩世军主持会议并讲话。

27日 市委召开常委会扩大会议，集中研究全市2020年工作要点和“两会”筹备有关事宜。市委书记韩世军主持会议并讲话。

30日 山东省质量评价协会在品牌评价实验室发布2019年度山东优质品牌产品，龙口共有11家企业产品榜上有名。

31日 石良镇尹村获得全国乡村治理示范村称号。

龙口概览

建置区划

【位置面积】 龙口市位于胶东半岛西北部，东经120° 13′ ~ 120° 44′，北纬37° 27′ ~ 37° 47′。东与蓬莱市毗邻，南与栖霞市、招远市接壤，西、北濒临渤海，隔海与天津、大连相望。东西最大横距46.08千米、南北最大纵距37.43千米，海岸线长68.38千米，全市总面积906平方千米。

【建置沿革】 秦始皇二十六年（公元前221年），于境内置黄县，治今石良镇黄城集村，隶齐郡，后隶于胶东郡。汉高祖四年（公元前203年）置东莱郡，治掖县，黄县为辖属。高祖六年（公元前201年）于县境置㡉县，治今北马镇古现村。成帝时又置徐乡侯国于黄县境内。王莽新朝时期，改黄县为意母县，徐乡侯国改为徐乡县。意母、㡉、徐乡3县皆隶于东莱郡。东汉时意母县复改为黄县，㡉县改为㡉侯国。东汉建武六年（公元30年）废徐乡县，黄县和㡉侯国仍隶于东莱郡，郡治迁黄县。三国时属魏，郡县如故。西晋初，东莱郡改为东莱国，复迁治于掖县，黄县和㡉侯国属于东莱国。东晋十六国时期先后为后赵、前燕、前秦、后燕、南燕地，㡉侯国改为㡉县。黄、㡉2县隶东莱郡。南北朝时期，黄、㡉2县仍属东莱郡。东魏武定元年（543年）置东牟郡，郡治中郎城（黄城集村东），黄、㡉2县改隶东牟郡。北齐天保七年（556年）废东牟郡，移长广郡于黄县，郡治中郎城，并废㡉县入黄县，县治西迁至今黄城，黄县属长广郡。

隋朝建立后，隋开皇三年（583年）改长广郡为牟州，黄县隶牟州。隋大业二年（606年）废州复郡，黄县改隶东莱郡。唐初，黄县隶东莱郡，后改属登州（治所牟平）。唐神龙三年（707年）黄县治所迁于蓬莱镇，更名蓬莱县，属登州（治所蓬莱）。唐先天元年（712年），分蓬莱重置黄县，迁还原治，仍属登州。唐天宝元年（742年）改登州为东牟郡，黄县属之；唐乾元元年（758年）复称登州，黄县改属登州。宋、金、元、明初，黄县均隶登州。

明洪武九年（1376年）登州升为登州府，黄县属之。清朝，黄县仍隶登州府。

中华民国建立后，1914年黄县隶胶东道（道治烟台）。1925年属东海道。1928年废道，黄县直隶山东省。1934年黄县属山东省鲁东区，1936年属山东省第七区行政督察专员公署，1938年属山东省鲁东行辕第九行政区督察专员公署。

1938年5月，黄县人民抗日政府成立（不久改称黄县抗日民主政府），受中共胶东特委领导。8月，北海区行政督察专员公署于黄县成立，黄县为辖属。10月，龙口特别行政区建立，隶属北海专署。1939年12月，隶属蓬黄掖行政联合办事处。1940年4月北海专署二次成立，黄县属之。1945年9月，城厢特区成立，隶属北海专署。1946年2月撤销城厢特区，辖域复归黄县。是年4月，龙口特区改建为龙口市，隶属不变。1949年6月复设城厢特区，隶属北海专署。

中华人民共和国成立后，1950年6月，龙口市、城厢特区同时撤销，并入黄县，隶属山东省莱阳专区。1958年10月，莱阳专区改为烟台专区，黄县为辖属。同年11月，蓬莱、黄县、长岛3县合并称蓬莱县，隶属烟台专区。1962年1月，黄县复还原治，仍属烟台专区。1967年属烟台地区。1983年11月属烟台市。1986年9月23日，国务院批准撤销黄县建立龙口市（县级市），由烟台市代管。

【行政区划】 2019年底，全市辖东莱、龙港、新嘉、徐福和东江5个街道，黄山馆、北马、芦头、下丁家、七甲、石良、兰高、诸由观8个镇，590个行政村、5个居民委员会。

东莱街道辖50个村民委员会，1个居民委员会；龙港街道辖42个村民委员会，4个居民委员会；新嘉街道辖41个村民委员会；徐福街道辖33个村民委员会；东江街道辖55个村民委员会；黄山馆镇辖12个村民委员会；北马镇辖79个村民委员会；芦头镇辖38个村民委员会；下丁家镇辖20个村民委员会；七甲镇辖37个村民委员会；石良镇辖67个村民委员会；兰高镇辖48个村民委员会；诸由观镇辖68个村民委员会。

自然地理

【地形地貌】 龙口市处胶东低山丘陵北部。地势东南高、西北低，呈台阶式下降，东南部多低山丘陵，西北部为滨海平原。市域状若枫叶，柄在屺㟂岛，尖端在黄城阳犄角。地貌形态可分为山地、丘陵、平原三种类型。境内东南部为低山区，山峦起伏，山谷陡峻，山坡坡度大，坡度角多在30°，山顶趋于浑圆状，山脊呈楔状缓慢起伏。山地面积计155.62平方千米，占全市总面积的17.47%。全市共有大小山头311座，其中海拔600米以上的9座、500～599米的6座、400～499米的8座、100～299米的17座。

【河流】 龙口市地势东南高、西北低，与邻县、市多以山的分水岭为界，故境内河流皆源于东、南部山区，曲折西北行，共有大小23条河流，主要河流有黄水河、泳汶河、南栾河、龙口河、北马河、八里沙河，均为季节性河流。除黄水河、八里沙河外，其余河流皆为境内河流，属季风雨源型。黄水河是流经龙口市的最大河流，发源于栖霞市的蚕山东麓，干流长55.43千米，流域面积1034.47平方千米，境外面积581.5平方千米，境内面积452.97平方千米（含藏英河18.8平方千米）。境内有绛水河、丛林寺河、鸦鹊河、黄城集河等8条一级支流，流经石良、兰高、诸由观等镇入渤海。中游建有王屋水库，中下游建有7座钢筋砼翻板拦河闸，一次性拦蓄水能力达444万立方米。近海建有黄水河地下水库，总库容5359万立方米，最大调节库容3929万立方米。

【海岸海域】 龙口市北部、西部滨临渤海，海岸线全长68.38千米，东起海沿李家与蓬莱后营之间的海边路口，西至龙口与招远之间的界河口，呈绕行之势。龙口湾海域呈半圆状。龙口市海域底质主要为沙质，分布于龙口湾、屺㟂岛以东及桑岛西岸。屺㟂岛西北岬间水湾及桑岛东、南、北为砾石；部分岩礁散布于屺㟂岛西、北，依岛东、西、北，桑岛南700米和龙口港西6.5千米海中。泥质分布在官道沙坝以内的靠岸处，整个海岸以海蚀地貌为主。沿岸无明显长大的泥沙流。龙口湾内有局部的纵向泥沙运动。

【气候】 龙口市属北温带东南亚季风型大陆性气候区，大陆度58.5°。西、北濒临渤海，受海洋的调节和影响，与同纬度内陆地区比较，气温年差较小，气候变化平缓，具有年温适中，气候温和，季风进退明显，四季分明等特点。年平均日照时数为2781.9小时。年平均气温12.8℃，平均最高气温17.2℃、平均最低气温为8.8℃；极端最高气温39.2℃，极端最低气温-17.1℃。全市平均气温总体分布规律是：丘陵高于平原，平原高于山区，山前高于山后。累年平均降水量为583.4毫米，降水时空分布不均匀；年降水量最多与降水量最少的一年相差达555.5毫米，降水量年际变化较大。

自然资源

【土地资源】 2019年，全市土地总面积90594.51公顷，其中农用地62351.98公顷（耕地17393.97公顷、基本农田14813.2公顷），占总面积68.83%；建设用地22739.73公顷，占总面积25.10%；未利用地5502.8公顷，占总面积6.07%。人均耕地0.027公顷。

【矿产资源】 龙口市矿产资源较丰富，矿种和矿床（点）较多。共发现各类矿产（含共伴生）27种，已查明资源储量的矿产13种。其中能源矿产2种，金属矿产9种，非金属矿产2种。全市域范围内发现各类矿产地，即矿床（点）121处，不同程度的分布于各镇区中。查明资源储量小型以上矿产地26处。其中大型矿床2处、中型矿床7处、小型矿床17处。主要查明资源储量的矿产有煤（油页岩）、金、砂金、饰面用花岗岩、建筑用花岗岩、水泥用灰岩、银、铅、锌、萤石、玻璃用砂等，其中以金矿为主。

【水资源】 龙口市的水资源主要来自大气降水，多年平均降雨量为583.4毫米。境内地表水资源量由天然入境客水量和境内自产径流量组成，入境客水有从招远入境的八里沙河、南栾河、北马南河及黄水河支流黑山河；从栖霞入境的有黄水河；从蓬莱入境的有黄水河支流黄城集河及荆家河、丛林寺河。境内由东向西按流域分为黄水河、泳汶河、龙口河、北马河、八里沙河、界河。市境多年自产径流量9669万立方米，天然入境客水量7590万立方米，天然径流总量17259万立方米。地表水可利用量平均7910万立方米。龙口市地下水主要来自降水入渗补给，其次为侧向补给。山丘区地下水主要靠大气降雨入渗补给，平原区除降水入渗补给量外，还有河道及地表水体渗漏补给量、山前侧渗补给量、渠灌入渗补给量等。人均占有水资源量365立方米，为全国人均占有量的16%。按国际公认标准，龙口市属于资源性缺水的水危区。

【动植物资源】 境内有兽类、禽类、两栖类、爬行类、环节类及虫类动物近百种；树木类有乔木灌木50科、88属、213种；海水生物共有24类、306种。

国民经济和社会发展

【综合】 2019年，全市地区生产总值（GDP）1074.8亿元，同比增长6.1%；其中：第一产业增加值33.6亿元，同比增长2.1%；第二产业增加值530.1亿元，同比增长7.4%；第三产业增加值511.1亿元，同比增长5.0%。一、二、三产业结构比为3.1:49.3:47.6。

【农业】 2019年，全市各级党委、政府认真贯彻落实中央文件精神，围绕建设社会主义新农村的目标和任务，以农业增效、农民增收为主题，农业生产全面发展，基础地位进一步巩固。全年粮食总产9.03万吨，比上年减少0.92万吨。粮食作物总播种面积21.65万亩，比上年减少2.02万亩。水果总产量46.47万吨，比上年增加2.74万吨。油料总产0.65万吨，比上年减少0.10万吨。蔬菜和瓜果类总产24.24万吨，比上年增加0.72万吨。

全年共造林440公顷，森林抚育面积500公顷，育苗面积142公顷。

全年禽蛋产量2.64万吨，比上年增加0.04万吨；牛奶产量2.79万吨，比上年增加1.07万吨；生猪存栏19.00万头，比上年增加1.00万头，生猪出栏31.73万头，比上年增加4.26万头；家禽存栏355.85万只，比上年增加4.53万只；出栏1107.47万只，比上年增加147.75万只。

全年水产品产量 4.07 万吨，比上年减少 0.04 万吨；其中：海水产品产量 4.05 万吨，比上年减少 0.06 万吨；淡水产品产量 135 吨，比上年增加 50 吨。

全市农业机械总动力 63.40 万千瓦；农村用电量 6.49 亿千瓦时；全年化肥施用量（折纯）3.46 万吨，比上年减少 0.28 万吨。全市 595 个行政村全部通电和电话。

【工业】 2019 年，全市工业不断加大投入，积极调整结构，着力加大大企业培育力度，充分发挥能源、港口及骨干企业等优势，引进相关产业集群项目；围绕新材料引进高科技项目；围绕天然气、石油、煤炭深加工及船舶制造，引进重化工业项目；围绕产业化升级，引进产品深加工项目，大力开拓市场，经济运行质量不断提高。

全市规模以上工业企业营业收入 898.8 亿元，比上年增长 0.8%；增加值比上年增长 8.7%；利润 22.7 亿元，比上年增长 39.2%。全市规模以上工业产销率 99.99%；高新技术产业产值占总产值的比重上升到 59.96%，比上年增加 2.9 个百分点；全市工业用电量达到 180.3 亿千瓦时，比上年下降 1.4%。

全市机械、有色金属冶炼及压延、化工建材、食品四大产业全年实现营业收入 754.8 亿元，比上年增长 4.1%，占全市工业营业收入的 84.0%。其中，机械工业 100.3 亿元，比上年下降 15.9%；有色金属冶炼及压延加工业 508.6 亿元，比上年增长 12.0%；化工建材业 46.4 亿元，比上年增长 6.4%；食品工业 96.5 亿元，比上年下降 7.9%。

在重点统计的 40 种产品中，比上年增长的有 25 种。其中：铝材 132.8 万吨，比上年增长 42.0%；服装 103 万件，比上年增长 18.4%；氧化铝 176.7 万吨，比上年增长 0.9%。

【固定资产投资】 2019 年，全市各级认真贯彻落实宏观调整政策，优化投资结构，固定资产投资持续增长。全市固定资产投资 587.6 亿元，比上年增长 8.2%。全年房地产开发投资 39.8 亿元，商品房销售面积 107.8 万平方米。全市建筑业总产值 54.7 亿元，比上年增长 13.4%。

【国内贸易】 2019 年，全市积极打造区域性商贸物流中心和全国闻名的旅游度假胜地，继续贯彻扩大消费需求的政策，不断开拓新的消费热点，促进了消费市场的持续繁荣。全年社会消费品零售总额 309.7 亿元，比上年增长 6.0%。

分地区看，城镇和乡村实现零售额分别为 204.5 亿元和 105.2 亿元，分别比上年增长 5.9% 和 6.2%。城镇地区在零售市场中占有优势地位，其零售额占全社会零售总额的 66.0%。

【对外经济贸易】 2019 年，全市大力实施经济国际化战略，主动应对国家宏观调控、出口退税机制改革、人民币汇率调整的新形势，全力抓好境内外招商活动，调整出口战略，促进对外贸易，营造外经贸发展的良好环境，全市对外经济稳步发展。全市合同项目数 44 个；合同外资 4.1 亿美元，比上年增长 48.4%；实际到账外资 1.8 亿美元，比上年下降 9.2%；出口总额 177.6 亿元，比上年增长 6.4%。

【财政金融】 2019 年，全市积极培植税源，进一步加大组织收入力度，不断调整优化支出结构，积极推进财政改革，继续完善财政监管机制。广泛吸收储蓄资金，加大信贷投放力度，提高金融对经济增长的支持力度。财政收入较平稳，全年公共财政预算收入 101.0 亿元，比上年下降 3.3%；公共财政预算支出 100.7 亿元，比上年下降 0.3%。

金融存贷款规模扩大。年末金融机构人民币各项存款余额 947.9 亿元，比上年增加 125.2 亿元；其中住户存款余额 607.5 亿元，比上年增加 69.2 亿元。年末金融机构人民币各项贷款余额 587.7 亿元，比上年增加 22.9 亿元；从贷款期限看，非金融企业及机关团体贷款中：短期贷款307.8亿元，比上年减少0.7亿元；中长期贷款154.6亿元，比上年增加15.8亿元。

【科学技术】 2019年，高新技术产业化发展取得新成就。全年全市规模以上工业企业高新技术产业产值532亿元，比上年增长9.6%；高新技术产业产值占规模以上工业产值的比重达到59.96%，比年初上升2.9个百分点。

【教育体育、广播、文化、卫生】 2019年，教育事业日臻完善。全市普通高中在校学生0.82万人；普通初中在校学生2.42万人；小学在校学生2.91万人。职业教育健康发展，职业中专在校学生0.82万人。全年共取得国家级以上金牌15枚、省级金牌19枚、烟台市级金牌44枚。

广播事业繁荣发展。全市实现了村村通广播、通有线电视，电视发射台1座，数字电视通户数量31.1万户，电视覆盖率100%。

文化事业全面发展。年末公共图书馆25个，馆藏图书228.0万册，文化馆2个，文化科技中心显现出巨大的文化魅力。

卫生服务网络不断完善。拥有卫生技术人员数达到5126人，比上年增长13.8 %；拥有床位数达到4684张，比上年增长1.2%；新农合参合率100%。

【居民生活】 2019年，城乡居民收入水平持续提高，生活水平明显改善。全体居民人均可支配收入40590元，比上年增长8.4%；城镇居民人均可支配收入51445元，比上年增长6.8%；农村居民人均可支配收入24134元，比上年增长9.5%。

中国共产党龙口市委员会

综　述

【概况】 2019年，在上级党委、政府的坚强领导下，龙口市全面倡树“工作落实年”导向，进一步解放思想、开拓创新，务实苦干、加压奋进，全市经济社会保持良好稳健发展态势。全市地区生产总值、一般公共预算收入持续巩固千亿、百亿规模，分别实现增长6.1%和可比增长5.6%。

聚焦经济建设谋突破，高质量发展步伐持续加快。树牢“以项目看发展论英雄”的理念，大力践行“一线工作法”，严格落实指挥部作战机制，着力促使工作在一线推进，问题在一线解决，举全市之力抓好裕龙岛炼化一体化项目，统筹推进15个烟台市级重点项目和39个龙口市级重点项目建设，不断增强县域高质量发展的“硬实力”。重抓“双招双引”，全年累计组织外出招商250余次，对接世界500强、跨国公司、行业龙头等企业200多家，总投资370多亿元的8个项目成功签约，中海油LNG、中石化LNG等一批大项目好项目扎实推进；新引进各类人才2700人，高层次人才总数突破90人。纵深推进“两型城市”创建，大力实施“攀登、牵手和星光”计划，深度培育创新主体，推动产学研合作，完成工业技改投入150亿元，新增国家高新技术企业21家；进一步强化信贷支持，积极推动企业上市和企业再融资，累计从资本市场融资55.5亿元，3家企业在齐鲁股权交易中心挂牌。用力推进改革领域提升，全年新争请烟台市级以上改革试点20个，其中国家级2个、省级11个，乡镇政府服务能力建设经验被民政部推广，信访人信用管理体系做法作为山东省20个地方改革案例之一上报中央改革办。

聚焦民生事业谋突破，高质量发展内涵显著提升。牢固树立以人民为中心的发展思想，以“普惠性民生指标全省县域领先”为定位，将更多财力投向民生领域，全面抓好教育、医疗、养老、低保、五保以及残疾人等领域社会保障提标扩面工作，全年完成民生投入70.6亿元，新增城镇就业1.46万人，长者食堂建设经验被省民政厅转发推广。坚持措施不弱，力度不减，深入落实“双帮扶责任人”工作机制，卡实“三清三明六个一”帮扶责任，扭住“两不愁三保障”和饮水安全核心标准，进一步抓好低保、教育、扶贫特惠险、医疗、孝善养老、公益专岗、住房安全等相关政策落实，脱贫攻坚成果持续巩固。深入推进乡村振兴，启动实施黄山馆镇、诸由观镇乡村振兴齐鲁样板示范区创建工作，以点带面助力全市乡村振兴全面提升，黄山馆镇成功跻身省级乡村振兴齐鲁样板示范区创建名单；按照“重点提升一批、扶持壮大一批、引导新上一批”的工作思路，建成党支部领办合作社200多个，为村级致富增收打下坚实基础。深化文明城市提升工程，高标准打造3处市级实践中心活动场所，16处镇街区文明实践分中心、600处村（社区）文明实践站实现全覆盖，形成以“习语润心”为统领，“党员V行动”“润心坊”“尹村红”等联合发力的市镇村三级实践项目系列品牌，中宣部期刊、央视频道和新华社等分别对龙口市的经验做法予以宣传报道，并得到中宣部点名表扬。

聚焦要素保障谋突破，高质量发展支撑有效厚植。统筹开展农村水环境治理、入海排污口排查整治和违建拆除、“大棚房”整治等系列专项行动，大力实施国土绿化工程，新增造林面积6600

亩，退化林修复5000亩，森林抚育7500亩，超额完成全年任务；严格落实河长制、湖长制等工作机制，加强生态环境日常巡查，持续保持监管执法高压态势，切实以“铁的决心”和“铁的手腕”持续改善生态环境。深入抓好法治平安和谐龙口建设，扎实实施“雪亮工程”，镇级综治中心全部达标；持续强化线索核查，从严抓好“打财断血”“打伞破网”工作，强化行业源头治理，不断将扫黑除恶专项斗争引向深入。聚焦事要解决、案结事了，全力抓好初信初访和信访积案化解，全市信访形势持续好转。深入推进“证照分离”“多证合一”改革，深度构建亲清新型政商关系，着力打造服务全优、企业无忧的营商环境。坚持底线思维，狠抓工作落实，牢牢守住安全生产、食品药品安全、森林防火、金融风险防控等各项工作底线。

聚焦从严治党谋突破，高质量发展根基全面夯实。严格落实主体责任和“一岗双责”，纵深推进机关作风集中教育整顿活动和省委巡视反馈意见整改，驰而不息正风反腐肃纪，干事作风进一步优化。扎实开展“不忘初心、牢记使命”主题教育，“晚自习”制度有关做法被《人民日报》等媒体平台刊发；组织全体机关干部深入开展为贫困群众“查政策、抓落实、解难题、暖民心”和农村人居环境整治主题实践活动，直接进村入户，实打实参与环境整治劳动，心贴心扶贫解困，进一步密切党群干群关系，助推主题教育走深走实。认真落实意识形态工作责任制，纵深推进融媒体中心建设，广泛开展“文艺、理论轻骑兵进基层”等系列活动，传播主流思想，倡树新风正气，持续巩固壮大主流思想舆论阵地，牢牢掌握意识形态领域工作的领导权管理权话语权。实施党建引领社区治理提升行动和非公企业党建“红领行动”，广泛开展“双报到、双提升”工程，党政机关、城市社区、广大农村和“两新”组织等各领域党建工作全面进步、全面过硬。

【市委全体会议】 中国共产党龙口市第十三届委员会第五次全体会议　会议于2019年1月9日举行。市委委员44人、市委候补委员8人出席会议。市纪委监委领导班子成员和有关方面负责人列席会议。会议由市委常委会主持，市委书记韩世军作了讲话。会议审议通过了机构改革有关文件。

中国共产党龙口市第十三届委员会第六次全体会议　会议于2019年2月20日举行。市委委员44人、市委候补委员8人出席会议。市纪委监委领导班子成员和有关方面负责人，以及部分市第十三次党代会基层一线代表列席会议。会议由市委常委会主持，市委书记韩世军作了讲话。会议审议通过《关于进一步深化市场化改革扩大高水平开放加快体制机制创新的决定》和《中国共

2019年12月31日，中共龙口市委十三届七次全体会议召开

产党龙口市委员会工作规则》，学习讨论《中共龙口市委常委会2019年工作要点》。

中国共产党龙口市第十三届委员会第七次全体会议　会议于2019年12月31日举行。市委委员41人、市委候补委员7人出席会议。市纪委监委领导班子成员和有关方面负责人列席会议。会议由市委常委会主持，市委书记韩世军作了讲话。会议听取和讨论韩世军受市委常委会委托所作的工作报告，对2020年经济工作作出全面部署，审议通过《中共龙口市委关于深入学习贯彻党的十九届四中全会精神的实施意见》。

【全市重要工作会议】　全市2018年高质量发展总结暨2019年改进作风推动落实大会　2月11日，市委、市政府召开全市2018年高质量发展总结暨2019年改进作风推动落实大会。会议在市行政中心会议中心礼堂设主会场，在各镇街区、市直各部门及烟台市属以上驻龙口单位设分会场，通过龙口党建生活频道现场直播。全体市级领导出席主会场会议。市委书记韩世军，市委副书记、市长吕波分别讲话。市委副书记马吉嘉主持会议。会上，宣读表彰决定，市纪委、开发区、发改局、行政审批服务局和道恩集团负责人作表态发言。各镇（街、区）党（工）委书记、镇长（主任）、党（工）委副书记；市直各部门主要负责人、班子成员、部分中层干部，烟台市属以上驻龙口单位主要负责人；地方级税收前100名企业、10户重点外经贸企业负责人在主会场参加会议。各镇街区全体机关干部、村“两委”成员、“双管”单位及重点企业负责人；市直各部门及烟台市属以上驻龙口单位全体机关干部参加分会场会议。

全市农村工作、扶贫开发暨农村干部干事创业大会　2月27日，全市农村工作、扶贫开发暨农村干部干事创业大会在南山大剧院举行。市级有关领导参加会议。市委书记韩世军以“讲政治、敢担当、聚民心、强落实”为主题作专题党课辅导，市委副书记、市长吕波安排部署全市农业农村和扶贫开发工作，市委副书记马吉嘉主持会议。会上，宣读《关于表彰“幸福村居奖”“幸福村居进步奖”的决定》。市直有关部门、烟台市属以上驻龙口有关单位主要负责人，部分市直部门班子成员，各镇（街、区）党（工）委书记、镇长（主任）、副书记、组织委员、挂职党建办副主任、工作片片长、第一书记、大学生村干部，各村居党组织书记、村委会主任等参加会议。

全市乡村振兴暨脱贫攻坚工作推进会议　6月12—14日，举行全市乡村振兴暨脱贫攻坚工作推进会议，会议分实地观摩和总结交流两阶段进行。6月12日、13日，市委书记韩世军带领党政企考察团赴沂水、沂南、兰陵三县，深入村庄和田园综合体实地观摩，共谋推进突破之策。14日上午，在市行政中心会议中心礼堂举行总结交流会议，韩世军主持会议并讲话，市委副书记马吉嘉对脱贫攻坚工作进行安排部署，市级有关领导出席会议。会上，观看了乡村振兴观摩学习专题片，东江街道、黄山馆镇、石良镇、诸由观镇4个镇街作典型发言。有关部门单位主要负责人，各镇（街、区）党（工）委书记，各村居党组织书记参加会议。

“七一”表彰暨作风建设大会　7月1日，“七一”表彰暨作风建设大会在市行政中心会议中心礼堂召开，共同庆祝党的生日，表彰先进集体和优秀个人，全面部署作风建设各项工作。全体市级领导出席会议。市委书记韩世军讲话，市委副书记、市长吕波主持会议，市委常委、组织部部长郝慎强宣读表彰决定。会上，市领导为受到表彰的先进集体和优秀个人代表颁奖，与会人员共同观看了《作风建设暗访专题片》。各镇（街、区）党（工）委书记、镇长（主任）、党（工）委副书记、纪委书记、组织委员、党建办副主任，市纪委监委班子成员、归口派驻纪检组组长，市委巡察机构负责人，市直各部门、烟台市属以上驻龙口有关单位主要领导、分管党建领导，部分机关党委（总支）下属党组织负责人，部分机关党务干部参加会议。

全市教育大会　9月11日，全市教育大会在市行政中心会议中心礼堂召开，市级有关领导出席会议。市委书记韩世军讲话，市委副书记、市长吕波主持会议。会上，教师代表、校长代表和尊师重教代表作了交流发言。各镇（街、区）党（工）委书记，市直各部门、烟台市属以上驻龙口有关单位主要负责人，市教育和体育局班子成员及中层以上干部，各学校、幼儿园主要负责人、优秀教师代表参加会议。

2019年9月11日，全市“不忘初心、牢记使命”主题教育工作会议召开

全市“不忘初心、牢记使命”主题教育工作会议　9月11日，全市“不忘初心、牢记使命”主题教育工作会议在市行政中心会议中心礼堂召开，对“不忘初心、牢记使命”主题教育进行动员部署。烟台市委巡回指导组，全体市级领导、副县级以上领导干部出席会议。市委书记韩世军和烟台市委主题教育第四巡回指导组组长陈绍广讲话，市委副书记、市长吕波主持会议。市纪委监委领导班子成员，市委巡察组、市纪委监委派驻纪检组组长，各镇（街、区）党（工）委书记、分管副书记、纪（工）委书记、组织委员、宣传委员、党建办副主任，市直各部门主要领导和分管领导，烟台市属以上驻龙口单位主要领导，全市“不忘初心、牢记使命”主题教育领导小组办公室及巡回指导组全体成员参加会议。

市委人大工作会议　10月25日，市委人大工作会议在市行政中心会议中心一楼报告厅召开。有关市级领导出席会议。市委书记韩世军讲话，市人大常委会主任孙为富报告换届以来市人大常委会工作和下一步工作打算，市委副书记马吉嘉主持会议。各镇（街、区）党（工）委书记、人大主要负责人，市直有关部门主要负责人，市监委副主任，市人大常委会委员、常委会各工作机构主要负责人参加会议。

市委政协工作会议　10月25日，市委政协工作会议在市行政中心会议中心一楼报告厅召开。有关市级领导出席会议。市委书记韩世军讲话，市政协主席吕卫东传达中央及省委和烟台市委政协工作会议精神，市委副书记马吉嘉主持会议。各镇（街、区）党（工）委书记、联络室主任、委员联络组组长，相关部门单位主要负责人，市政协十四届委员会常务委员、市政协秘书长、各委室主要负责人参加会议。

市委办公室工作

【概况】　2019年，市委办公室紧紧围绕市委中心工作、重大决策和重要部署，叫响“优秀才是合格”口号，深度践行“三零六不让”工作理念，谋创新、求突破，抓落实、求实效，服务意识进一步强化，服务能力进一步提升，服务质效进一步彰显，圆满完成各项工作任务。全年共起草领导讲话 70 余篇；把关各类新闻稿件 80 多篇；在烟台市级以上报纸、刊物刊发重点稿件近 20 篇；上报省委办公厅信息 628 条（篇）、烟台市委办公室信息 854 条（篇）；印发督查信息 39 期；牵头组织各种会议 66 次，编发各类会议材料 119 篇；办理领导批示件、群众来信 448 件；撰写调研信息 12 篇。

【政策研究】 坚持“走在前、干在先，当标杆、争一流”，紧扣中心抓调研，高标定位强保障，有效发挥以文辅政和参谋助手作用。强化参谋服务，坚持服务中心、保障全局，全面准确汇总归纳各层面基本情况，全年共起草领导讲话 70 余篇，其中市委主要领导在全市乡村振兴暨脱贫攻坚工作推进会议、全市“不忘初心、牢记使命”主题教育工作会议等多个会议上的讲话得到了市委领导的肯定和各级的好评。强化政策服务，直接参与重要政策性文件起草，并积极借助各类新闻媒体广泛宣传市委重要决策，把关市内各类新闻稿件 80 多篇，在烟台市级以上报纸、刊物刊发《学研查改并举 思悟践行并重 融会贯通推动主题教育纵深开展》《紧扣关键 扭住重点“六力齐发”奋力开创乡村振兴新局面》等重点稿件近 20 篇。强化前瞻服务，始终把调查研究作为提供决策依据的最有效途径，经常性深入基层开展调研活动，撰写《关于在致力高质量发展中干部队伍作风建设的调查与思考》《破解村级集体经济增收难题的调查与思考》等多篇调研类文章，为领导科学决策提供精准的参考依据。

【信息工作】 坚持以服务大局为重，围绕党委中心工作、重大决策部署当高参、献良策，随时掌握政策新动向、工作重点新变化，深度挖掘预见性、前瞻性信息，其中刊发的《近日要情》《领导参阅》等为领导科学决策提供有力、翔实的参考，做到信息工作始终与党委大局同频共振。坚持以深挖提炼为主，围绕领导关注的经济社会发展重点问题、改革发展稳定难点问题、基层干群反响强烈热点问题，紧贴上级出台的重要决策和新政新规，聚焦表象背后深层次问题，广泛收集并及时掌握社情民意和社会动态，形成有情况分析、有对策建议的高质量信息，全年上报省委办公厅信息 628 条（篇）、烟台市委办公室信息 854 条（篇）。坚持以提升水平为要，做活做好信息机制文章，从沟通协商、人员培训、资源整合、督导考核等方面重抓日常信息和紧急信息报送工作，致力实现日常信息质量数量“双提升”和紧急信息工作“零纰漏”。

【督查工作】 贴近中心抓督查，对承担的上级重大决策部署和全市重点工作，分别细化分解，建立督查工作台账进行跟踪调度，并定期对“三重”工作开展现场督查，将有关情况以《市委督查》等形式进行反馈，全年共印发 39 期，有效推动各项任务落实。注重“合拍”抓督查，对市委、市政府的重要会议、重要文件、领导批示件和阶段性重点工作实施专项督查，做到事事有着落、件件有回音。牵头组织市委常委会、市委常委会扩大会议 66 次，编发《会议纪要》等各类材料 119 篇，办理领导批示件、群众来信 448 件。突出调研抓督查，牢固树立“群众利益无小事”的理念，聚焦群众关心关切、反映强烈的热点难点问题，联合相关业务部门开展调研，以督查的视角了解情况、查找问题、分析原因、提出建议，撰写调研信息 12 篇，为市委决策提供科学依据。

【保密工作】 深入贯彻落实习近平总书记关于保密工作的重要指示精神以及中央及省委、烟台市委和龙口市委决策部署，严格落实党管保密原则，牢牢把握新时代保密工作要求，积极推进制度建设，深化保密宣传教育，持续加大保密检查力度，有效提升保密服务质量，全市保密工作整体水平进一步提升。

【改革办工作】 研究制定全市2019年改革工作要点，以台账形式细化分解为62项改革任务，月调度、季通报，及时跟踪督导。出台《市领导领衔推进落实重点改革项目清单》，遴选新旧动能转换重大工程、海洋强市建设、扶贫开发与乡村振兴等15项重要改革事项，全程跟踪谋划、督导落实，力促改革举措精准落地。注重总结推广好的改革典型做法，道路交通事故一体化处理模式走出了一条符合龙口实际的轻微财产损失道路交通事故快处快赔新路子，被烟台市在全市范围推广；新时代文明实践、“党建+”社区治理新模式、开发区体制机制改革等经验分别被《思想政治工作研究》、《烟台改革简报》、省商务厅官网等刊发推广；信访人信用管理做法作为山东改革案例之一上报中央改革办。

撰稿：李　林　审稿：吕正滨

组织工作

【概况】 2019年，市委组织部坚持以习近平新时代中国特色社会主义思想为指导，按照全市“一五五七”总体工作思路，坚持围绕中心、服务大局，开拓创新、奋勇争先，各项工作均取得良好成效。全年共举办各类培训班20期次，培训干部4300多人次；挖掘储备优秀年轻干部185名、选派锻炼100多名、提拔使用27名；建成党支部领办合作社200多个；创建党建服务品牌78个，党员干部服务基层5万多人次；组织开展离退休干部活动300多场次；引进各类人才2700人。年内，龙口市委组织部被授予“2019年度全省组织系统宣传工作先进集体”“全省老干部工作先进集体”称号；龙口市东江街道锦里社区党总支等8家单位被获评2019年度“烟台市基层党建示范单位”；系列电视片《初心·铭记》获2019年度全省优秀党员教育电视片评选一等奖和全省优秀党员教育电视片评选三等奖、最佳制作奖；新媒体课件《以奋斗者的姿态担当作为》获勇做新时代泰山“挑山工”网评大赛一等奖。

【主题教育】 2019年，严格按照上级要求部署，扎实开展“不忘初心、牢记使命”主题教育。坚持系统谋划开局，7月，组织全市党员干部集中学习，排查问题，整改落实；8月下旬，组建主题教育筹备工作专班；9月中旬前，完成全市各级各部门动员部署。坚持突出重点推进，高规格举办为期7天的“读书班”，创新搭建“晚自习”平台，组织开展“农村人居环境整治”等系列主题实践活动，率先制定出台20条长效机制。坚持卡实责任落实，市委成立12个巡回指导组，各基层党委同步成立主题教育指导督导组，实行精准指导督促，确保抓细抓实。相关做法被中央及省

2019年，龙口市“不忘初心、牢记使命”主题教育读书班开班

委《简报》刊发，被《人民日报》、新华社等媒体平台宣传推广。

【干部队伍建设】 2019年，市委组织部坚持选育管用优结构，狠抓干部队伍建设，能力素质明显提高。全年举办各类培训班20期次，培训干部4300多人次。开展重点工作专项调研，大事难事跟踪考察，深入一线对干部精准画像。顺利迎接省委巡视及选人用人专项检查，高质量完成机构改革领导干部配备和公务员职级套转，制定出台加强中层干部管理的规定。牵头开展“不担当不作为”问题专项整治，建立干部经常性教育提醒机制。严格落实关心关爱基层干部文件精神，激励干部干事创业。实施年轻干部培养“213工程”，开展专题考察、专项培训，全年共挖掘储备185名、选派锻炼100多名、提拔使用27名优秀年轻干部。严格落实“基层减负年”要求，实行精准化、差异化考核，镇街区考核项目比上年压减62.5%。组织开展离退休干部活动300多场次，获评“山东省老干部工作先进集体”；2人分别获得“先进工作者”和“先进个人”称号；王军田作为烟台唯一的全省离退休干部代表，受到省委书记刘家义的接见；陈永丽被评为山东省最美老干部志愿者。

【基层组织建设】 2019年，市委组织部坚持聚焦基层抓基础，狠抓精细管理，战斗堡垒全面塑强。农村层面，出台从严管理村干部规定，制定村干部信息管理工作流程，排查确定村干部后备人选；制定党支部领办合作社意见，建成党支部领办合作社200多个，打造示范社30个；稳妥推进软弱涣散村整顿、扫黑除恶专项斗争、受刑罚村干部清退等工作。城市层面，打造锦里社区党群服务中心，创建“红润锦里·同心家园”等党建品牌，在烟台市基层党建观摩中获评“十佳项目”；实施党建引领社区治理提升行动，“润新帮办联盟”等治理项目成效明显；组织60多个单位3000多名党员到社区“报到”，开展读书汇、新国学等系列活动260多场次；建成市“两新”组织党群服务中心，高标准提升恒通物流、中际旭创党建示范点，打造“新时代红色风景线”“五色五洲”等一批党建品牌。机关层面，开展“党建服务品牌”创建活动，共创品牌78个；深化“党员V行动”，党员干部服务基层5万多人次，机关党建效能充分释放。2019年度，共有8个单位获评“烟台市基层党建示范单位”。

2019年10月14日，山东省副省长于国安（前右三）到龙口市考察主题教育开展情况（图为在东江街道锦里社区调研）

【人才工作】 2019年，市委组织部坚持“人才引领发展”理念，纵深推进“聚才兴龙”工程，大力实施高端人才集聚、青年人才储备、技能人才突破、“桑梓人才”回归、人才平台集群升级、人才服务品牌提质6大专项行动。新引进各类人才2700人，省级以上高端人才53人。新申报各级人才工程74人，入选（获奖）22人。举办“国家高层次人才服务行”“百校千才龙口行”“桑梓人才家乡行”等大型招才引智活动8次，赴人才密集城市开展招才引智专题推介会数十场，与浙江大学等知名高校建立“引才直通车”机制，共建创新实践基地和引才工作站。龙口市被省委、省政府授予“2019年度山东省人才工作先进单位”称号。

撰稿：遇 波　　审稿：刘建兴

宣传工作

【概况】 2019年，市委宣传部坚持以习近平新时代中国特色社会主义思想为指导，认真贯彻《中国共产党宣传工作条例》，紧紧围绕中央决策部署和省委及烟台市委、市政府工作部署，坚持守正创新，积极担当作为，各项工作取得新进展新成效，全市理论武装能力进一步增强，主流思想舆论声势进一步壮大，精神文明建设合力进一步提升，文化改革步伐进一步加快，强基固本工作进一步夯实，为建设富美和谐、文明幸福的现代化新港城提供了强大的精神动力和源源不断的舆论支持。全年市委中心组共开展集中学习研讨活动13次，镇街区、部门单位（党组）700多次；学习强国App推广注册量突破7.6万人次；开展基层宣传宣讲活动100余场次、文化下乡1000多场；开展正面网络宣传50期。2019年3月5日，作为全国文明实践试点县市区三个连线地区之一，龙口市亮相央视“文明之光志愿中国”学雷锋志愿服务主题宣传特别节目；10月11日召开的全国深化拓展新时代文明实践中心建设试点工作电视电话会议上，龙口经验受到点名表彰；2019年度全国学雷锋志愿服务“四个100”先进典型，龙口市“习语润心”百姓宣讲志愿服务队获得最佳志愿服务组织，“习语润心”工作法入选全省《基层宣讲100法》案例选编；微信公众号“走进龙口”获评“2019年度烟台（县市区）十佳政务微信”（大众网评选）；龙口市委宣传部被评为“2019年烟台市基层理论宣讲先进单位”。

2019年1月28日，举办第七届四德工程建设颁奖典礼

【意识形态工作】 全面落实意识形态工作责任制，认真对待省委意识形态专项巡视，高标准制定整改措施，整改方案一次性通过。2019年5月23日，省委召开意识形态工作座谈会，龙口市作为唯一一个县级市参会并发言汇报工作。建立意识形态领域风险隐患提报工作机制和重大时间节点全面排查等机制。组织召开意识形态工作联席会议，对各领域意识形态工作进行分析研判，研究推进落实措施。督促基层意识形态工作责任制落

实，对全市 61 个党委（党组）半年、年终两次开展意识形态工作责任制和党委（党组）中心组学习专项督查。服务好党委（党组）中心组学习教育，细致制定学习计划，推进中心组理论学习制度化、规范化，市委中心组全年共开展集中学习研讨活动 13 次，镇街区、部门单位（党组）开展学习研讨活动 700 多次。充分发挥学习强国平台作用，App 推广注册量突破 7.6 万人次。突出抓好网络意识形态工作，发布引导贴文 5 万余条，开展正面主题网络宣传活动 50 期。打造融媒体中心占领意识形态舆论主阵地。积极推进全省县级融媒体中心试点建设，县域舆论主阵地构建成效初显。

【新时代文明实践中心建设】 作为全国、全省试点县市区，瞄准走在全国、全省前列目标，创新趟出了文明实践“龙口路径”、志愿服务“龙口模式”。坚持项目引领，以“漫灌 + 滴灌”“输血 + 造血”推动文明实践热在基层，20 多个市级大项目无缝隙覆盖城乡群众，各具特色的小项目精准解决群众关心关注的实际问题，形成以“习语润心”品牌为统领，“党员 V 行动”“润心坊”“志愿梦三角”“尹村红”等联合发力的市镇村三级项目品牌矩阵。规范体系建设，在镇街区文明实践分中心、村（社区）文明实践站实现全覆盖基础上，进一步规范提升建设体系，省市两级标准化试点工作扎实推进。强化常态长效，开发推广“志愿龙口”网上平台，出台《龙口市新时代文明实践志愿者星级认证、嘉许礼遇办法》，网上注册志愿者 13 万多人，发起项目活动 1.6 万余个，“爱心奶奶”韩思惠、“习语润心”百姓宣讲志愿服务队进入全国志愿服务“四个一百”先进典型候选名单。重抓典型引路，“四个一”文明实践“龙口路径”等工作典型先后在中宣部《思想政治工作研究》、央视综合频道等重头推出，中宣部、省文明办对龙口典型经验予以推广肯定。3 月 5 日，作为全国文明实践试点县市区三个连线地区之一，龙口市亮相央视“文明之光 志愿中国”学雷锋志愿服务主题宣传特别节目。10 月 11 日，在中宣部、中央文明办深化拓展新时代文明实践中心建设试点工作电视电话会议上，龙口经验受到点名表彰。

【文明城市提升工程】 持续巩固深化全国文明城市创建成果，坚持创建为民、创建惠民理念，细化责任分工体系，突出问题导向，引导相关部门单位、镇街区组织实施交通秩序、经营秩序、环境卫生等城市“顽疾”问题专项治理，持续开展一线创城督导，交办整改各类问题 2000 多个，着力提高广大市民对市容市貌的满意度。实施市民文明素质提升工程，继续深化以孝德为先导的“四德”工程建设，举办了第八届孝德文化节；每季度持续开展“好人之星”评选，在此基础上开展道德模范和“新二十四孝

2019 年 2 月 28 日，举办首届新时代文明实践农民运动会

贤”评选，评选出“龙口好人之星”109名，6人当选烟台市道德模范，5人当选“山东好人”。全面推进文明村镇创建，推动文明创建向基层深化、向镇村延伸，持续推进乡村文明建设，文明达标村覆盖率达到90%，大幅领先烟台及全省平均值；突出抓好移风易俗工作，大力营造婚事新办、丧事简办浓厚社会氛围，丧事简办人数持续增加。

【新闻宣传工作】 坚持围绕中心，服务大局，充分发挥新闻舆论的引领推动作用，对内凝聚力量，对外塑造形象。发挥媒体舆论监督功能，首设县级电视问政节目《问政龙口》，先后问政环保、住建等部门，有力促使职能部门转变工作作风，快速整改问题。开展重大主题宣传和舆论引导，围绕市委、市政府重点工作，组织媒体开展加快新旧动能转换、“干在实处、走在前列”、“担当作为、狠抓落实”、“不忘初心、牢记使命”主题教育等大型专题宣传和阶段性重点工作配套宣传报道活动30余次。重新理顺新闻发布工作机制，针对教育、医疗、生态环境、食品安全等社会热点方面，主动发声、积极疏导。积极打造龙口外宣精品，推出新版龙口城市宣传片，并不断加快外宣渠道多样化步伐，持续做大做强“龙腾之地·口碑善城”等城市形象品牌。

【理论宣讲工作】 打造“习语润心”宣讲品牌，围绕学习贯彻落实习近平新时代中国特色社会主义思想和中共十九届四中全会精神，创新组建6支“习语润心”理论轻骑兵和21支“习语润心”文艺轻骑兵，开展双百进基层活动，深受群众好评。“理论轻骑兵”围绕党的创新理论，精心策划宣讲主题，大力开展“五进基层”活动，打通理论宣讲“最后一千米”；“文艺轻骑兵”则突出“爱党爱国爱家乡”主题，重点深入偏远山村丰富乡村群众文化生活，全年开展活动100余场次。12月上旬，在全省理论宣讲基地建设推进会上，龙口市作为县市区代表作典型发言，“习语润心”工作法入选全省《基层宣讲100法》案例选编。东江街道董家洼村被评为山东省理论宣讲基地和山东省理论大众化示范点，东莱街道等4处场所被评为省社会科学普及示范基地，石良镇尹村等5个单位被评为烟台市理论学习实践基地。

【文化惠民建设】 深入实施文化惠民工程，持续开展“文化龙口欢乐行”送文艺、送戏剧下乡活动，结合庆祝中华人民共和国成立70周年，举办书画作品展、摄影大赛、市民合唱大赛、民间剧团大赛、器乐大赛、戏曲展演等一系列市级主题活动，开展各类文化活动1000多场，满足群众日益增长的精神文化需求。加快推动文化产业发展，不断扩大对外影响。指导成立了龙口市管乐器协

2019年9月，“习语润心”文艺轻骑兵送戏下乡

2019 年 9 月，参加第八届山东文博会

会，全面加强管乐器行业扶持引导，龙口管乐器入选烟台市首批“十大”特色文化产品，泰山管乐器入选烟台市“十大”文化企业。5 月，组织文化企业参展第十五届中国（深圳）文博会，是全省唯一连续四年组团参展的县级市；9 月，组织文化企业参加第八届山东文博会，获“优秀展示奖”；10 月，组织 70 余家乐器企业参加上海国际乐器展，生成订单 2.6 亿元。

撰稿：卢 晓　　审稿：姜礼超

统一战线

【概况】 2019 年，龙口市委统战部以习近平新时代中国特色社会主义思想为指导，把握新时代统一战线工作新机遇，紧紧围绕中心，服务大局，全面提升统一战线各领域工作。年内，被评为“全省统战信息工作先进单位”“烟台市统一战线工作先进单位 ”。至年底，全市有民主党派基层组织 5 个、成员 93 人；有党外代表人士 363 名，其中县处级党外领导干部 5 人、县级党外人大代表 84 名、政协委员 147 名；少数民族成分 32 个、人口 1400 人，约占全市总人口的 0.22%；正式登记宗教团体 2 个，分别是龙口市基督教“三自”爱国运动委员会和龙口市佛教协会。

【党外代表人士工作】 龙口市党外代表人士主要涉及民主党派、无党派、少数民族、宗教界、非公经济、港澳台及海外、新的社会阶层等方面。坚持把党外代表人士队伍建设纳入干部、人才队伍及后备干部队伍建设总体规划，坚持备用结合。加强党外代表人士培养，通过学习培训、谈心交流、考察调研等多种形式，为党外人士展示才干、积累经验、参政议政、服务发展提供有效平台。组织各民主党派成员、非公经济人士、新阶层人士、民族宗教人士加入“同心志愿服务队”，开展走访慰问、科技下乡、法律援助等志愿服务。印发《关于龙口市民主党派“五有”“五好”支部创建的指导意见》等文件，组织指导民主党派扎实开展“五有”“五好”支部创建，“五有”，即“有场所、有经费、有制度、有活动、有考核”，“五好”，即“班子好、队伍好、组织生活好、制度落实好、作用发挥好”。各民主党派全部制定实施方案，并初步从“五有”达到“五好”。制定龙口市《关于公布市级领导联系重点非公有制企业情况表的通知》，实行市级领导联系包帮机制，予以重点协调推进，重点扶持发展。开展“送政策上门精准服务民营企业”活动，深入企业讲解龙口市政策，为企业排忧解难。搭建培训交流平台，举办“非公企业高质量发展研修班”“非公经济管理培训班”等，共组织 130 多名非公企业负责人开展专题培训。2019 年，龙口市新的社会阶层人士联谊会分会数量增加到 13 个，会员

2019 年 7 月 19 日，龙口市新的社会阶层联谊会召开第一届第二次理事会议

近 300 人。打造新阶层人士实践创新基地，占地 3 万平方米，包含创业文化街、联谊广场和活动之家 3 大板块，集办公、活动、交友、餐饮为一体，为新阶层人士工作开展和宣传提供坚实的组织阵地保障。年内，新联会举办了近 20 场丰富多彩的活动，新联会的社会影响力和知名度得到显著提升。

【对台统战工作】 积极宣传贯彻国家“31 条”、省“56 条”惠台措施和烟台促进对台经济文化交流 67 条政策，优化投资环境，让台企台胞在生活、学习、就业、创业等方面享受与大陆同胞、企业同等待遇。热情服务台胞台企，利用中秋节等传统节日走访台资企业，看望驻龙口市台胞，对台胞居住证办理情况进行调查，了解办理使用过程中存在的问题，承载功能使用情况。2019 年，为在龙口市台商解决生活困难两起，帮助台商搭建参与烟台台商活动平台，为台商子女入学提供政策支持。推进对台交流交往，年内，邀请接待中国国民党新北市代表参访团和台湾工商建研会到龙口参观考察，介绍龙口市新农村建设和民营经济发展情况，寻求合作，促进两岸经济交流发展；以省应邀赴台审批管理意见为指导，简化赴台办理程序，高效办理了赴台交流申报手续 20 人次；热情接待回乡祭祖台胞，深化两岸同胞精神血脉的传承。

【民族宗教工作】 认真贯彻落实党的民族宗教政策，做好民族团结进步和宗教政策法规宣传教育，积极促进民族团结和宗教领域稳定。深入学习宣传和贯彻新修订的《山东省宗教事务条例》。依法加强对宗教事务的管理，严格落实“四进”（国旗、

2019 年 5 月 29 日，对全市村党组织书记和村委会主任开展宗教法规政策培训

政策法规、优秀传统文化、社会主义核心价值观进宗教场所）活动要求。按照中央及省委、烟台市委的安排和部署，做好宗教工作督查反馈意见的落实整改工作。引导宗教界继续做好宗教慈善活动。

撰稿：赵 妍、于庆辉　审稿：王志广

机构编制

【概况】 截至2019年12月底，龙口市共有行政编制2365名、实有2111人，其中市直机关1031名、实有901人，镇级机关590名、实有512人，政法机关744名、实有698人；事业编制13029名，包括财政拨款9090名、财政补助2584和经费自理1355名，实有10537人；工勤编制101名，实有113人。

【党政机构改革】 2019年，顺利完成党政机构改革，为推进政府治理能力现代化提供了体制保障。改革后，龙口市市委、市政府共设置机构37个，其中党委机构9个，市政府工作部门28个。1月9日，召开市委十三届五次全体会议，审议通过市委、市政府《关于龙口市市级机构改革的实施意见》。1月10日召开全市机构改革动员大会，对改革工作进行部署。1月25日，召开全市“三定”规定制定部署会，下发了《关于制定市直部门“三定”规定有关工作的通知》，全面开展“三定”规定制定工作。成立以市委主要领导为组长的市委深化机构改革协调小组，确保党政机构改革组织更加坚强有力。主要职能方面，以法律法规、责任清单、权力清单及上级有关规定为主要依据，全面梳理部门职责，理顺管理关系，保证部门履职不失位、不越位。内设机构方面，按照“精简高效、综合设置”的原则严格控制内设机构数量，整合职责相近机构，减少部门内部管理机构，保留必要业务机构。人员编制方面，根据部门职责划入划出情况，结合2019年人数，统筹考虑未来3年自然减员情况，按照从严控制编制的原则，重新核定各部门编制数。截止到6月，全市36个行政部门“三定”（定机构、定职能、定编制）工作全面完成，机构改革取得阶段性成果。

【权责清单标准化规范化】 持续推进权责清单标准化规范化，为新旧动能转换提供最优政务环境。充分发挥权责清单制度在转变政府职能、推动政府全面履职尽责方面的基础性、制度性作用，全力推动权责清单标准化、规范化。2019年6月27日，制定印发《中共龙口市委编办关于规范和完善全市政府部门权责清单制度的工作方案》，逐一梳理认领36个部门的权责清单。重点对认领事项完整性、与“三定”规定融合性问题进行审查，

2019年8月，市编办开展机构改革运行评估

确认无误后报司法局备案。分批进行、压茬推进、销号管理，于7月10日率先公布了教体、民政、司法、财政等9家部门权责清单，8月20日，完成并公布剩余27家部门权责清单。针对相对集中行政许可权改革过程中出现的权责清单交叉问题，组织相关部门进行分类认领，切实做到“双向认领、绝不漏项”。行政审批局对已经划转的行政许可事项的实施权限及实施责任中的审批责任进行认领，原部门认领监督责任；对形式层级标注县级认领但龙口市无实施权限的项目，实行先认领后备注，确保“应领尽领、不漏多重”，截至11月底，全市已认领并公布权责清单事项4990项。

【明晰县乡职责规范“属地管理”】 为切实解决“属地管理”运行过程中存在的问题，为基层履职尽责提供最强制度保证，根据上级下发的“属地管理”主体责任清单和配合责任清单目录，对15个镇（街、区）和20个部门涉及的自然资源、生态环境、城乡建设、应急管理、市场监管、综合执法、卫生健康、民生服务和其他重点领域9大类79个具体事项进行规范管理。编制了《龙口市县乡“属地管理”事项主体责任和配合责任清单》，确保相关事项两单对应、权责一致。编制了《龙口市县乡“属地管理”事项说明书》，逐项研究确定清单事项运行流程，“颗粒化”任务分工，明确程序环节，依据相关法律法规，按照制定计划、监督检查、执法处置等环节，详细绘制实用和适用的工作“流程图”“说明书”。2019年9月底，依托协同办公建立“乡呼县应、上下联动”响应平台，确保“呼得准、转得快、应得好”。制定了《龙口市县乡“属地管理”事项清单动态管理办法（试行）》，进一步厘清镇（街、区）“属地管理”与职能部门“谁主管、谁负责”的权责关系，实现科学统筹“属地管理”中责任、权力之间的关系。

【创新园区发展管理模式】 从强化园区经济管理职能入手，精简园区社会管理职能，使园区管委会主要精力用于招商引资、项目建设和服务企业发展。职责的调整为园区高效运行、工作顺利开展增添了组织保障。打破原有机构设置模式，确保机构与职能的“条块”设置既科学合理又与园区发展需求相匹配。在园区推行“大部制”改革，按照“大招商、大审批、大服务”和“一区多园”工作思路，构建起职能界限清晰、机构设置科学、机制运转顺畅的行政体制架构。按照编随事走、人随编走的原则，同步做好人员转隶工作，确保“思想不散、队伍不乱、工作不断”。

【镇街管理体制】 同步理顺镇街管理体制，为基层管理体系顺畅科学打通“最后一千米”。制定了《龙口市镇街行政管理体制改革实施意见》。在经济建设方面，将原来偏重于对经济发展的直接干预转移到为经济发展做示范引导、提供政策服务及营造发展环境上来。在社会管理服务方面，加强镇街便民服务中心规范化建设，逐步将基层行政权力、公共服务事项纳入便民服务中心办理，完善综合便民服务功能。在社会民主法制建设方面，健全城乡社区综合网格化治理体系，全市13个镇街构建了综治中心（平台），整合综治、司法、公安、应急、信访等资源力量，组建专职网格员队伍。坚持用编进人计划优先向乡镇（街道）倾斜，将市直的110名事业编制调剂到镇街事业单位，满足镇街工作需要。

【事业单位改革】 2019年，高效推进事业单位改革，为促进政府履职体系科学化提供有益支撑。对311家事业单位所承担的职能进行全面梳理，对108个承担行政职能的事业单位进行清理规范，优化事业资源布局结构，理顺政事关系，实现政事分开。扎实开展事业单位“九定”工作。按照“政事分开、事企分开、精简效能”的原则，将涉改事业单位“九定”（定机构名称、定隶属关系、定职责任务、定机构规格、定内设机构、定人员编制、定人员结构、定领导职数、定经费形式）

工作同党政机构改革系统推进，对 175 个事业单位机构编制事项进行了重新核定。改革后，龙口市事业单位数量减少 24 个。

【创新监管模式】 以“法制化、清单化、规范化”为要点，积极开展事业单位业务范围清单化管理工作，为事业单位高效履职提供内生动力。厘清政府部门与事业单位，事业单位与市场、社会组织的关系，着力解决事业单位在社会经济发展中越位、错位和公共服务不到位的问题，发挥清单在事业单位监管中的基础性作用，着力提高事业单位公益服务的质量和水平。下发《龙口市事业单位绩效考核办法》和《龙口市事业单位绩效考核实施意见》，按照分类实施的原则，突出对工作实效的考核，引导事业单位向公益性方向发展。创新事业单位登记管理工作，深度融合“放管服”改革，对申报材料存在个别形式欠缺、不影响后续审查和判断的，在申请人承诺限时补正的情况下，先行受理，由具有相应干部管理权限的部门出具意见，先行登记，实行限时办理，大幅压缩办理时限。对符合法定要求、申请材料齐全的申请人，实现立等可取、即时办结。继续夯实“互联网 + 事业单位登记”业务模式，受理、审核、核准、发证、公示，实现全流程全事项网上办理。截至 2019 年底，已完成 262 家事业单位的登记服务工作。

【机构编制评估】 跟进实施机构编制评估，为改革成果顺利落地提供后续动力。在部门自查的基础上，抽调 12 名工作人员，组成 3 个评估组，对部门和镇街机构改革情况进行实地评估。通过开展调研座谈、实地查阅相关资料等方式，重点了解部门改革任务、“三定”规定落实情况；镇街党群中心、便民服务中心、综治中心规范化建设及工作开·······+展情况；综合行政执法办公室人员配备、作用发挥情况；党建工作职责落实情况等，收集了关于部门在协作配合以及需要进一步细化分工等方面问题 23 个。对存在的问题进行反馈，督促部门、镇街抓好整改工作。深入到相关部门，特别是重新组建部门，了解工作运行情况，协调解决职责分工和工作衔接中出现的矛盾和问题，避免出现新的职责交叉和关系不顺。分 3 批次召集综合行政执法局、自然资源和规划局等 7 部门座谈，厘清自然资源、住建、综合执法等方面职责分工，确保相关工作无缝对应，运行流畅。

【机构编制规范化】 加强机构编制管理，提高机构编制管理法定化规范化水平。严格落实机构编制管理法治化要求，坚决做到用《中国共产党机构编制工作条例》指导工作，制定《中共龙口市委机构编制委员会工作规则》《中共龙口市委机构编制委员会办公室工作细则》，保证编委和编办全面规范履行职责，强化机构编制刚性约束。积极盘活机构编制存量，满足全市重点领域编制需求，合理制定编制使用计划，合理确定军转干和退役

2019 年 4 月，市编办调研综合执法改革

士兵安置岗位，切实做好军转干和退役士兵权益保障工作。先后为能源产业服务中心、应急救援保障中心等单位增加事业编制67名。建立高层次人才引进事业编制周转账户，为引进紧缺专业人才提供保障。重新核定中小学编制，建立中小学教师临时周转账户，解决中小学教师结构性超编问题。开展机构编制问题自查，进一步规范机构编制问题台账管理。积极开展编外用人摸底调查，全面掌握机关事业编外用人现状，进一步加强编外人员规范化管理。全面实现人员增减编业务、用编计划申请和批复网上办理，按时报送机构编制“月报”信息，强化机构编制数据统计的严肃性和时效性。

撰稿：孙　科　审稿：李云鹏

2019年10月17日，开展全国扶贫日集中宣传活动

扶贫工作

【概况】 2019年，龙口市扶贫开发工作围绕巩固提升脱贫成效这一目标，坚持焦点不散、靶心不变、力度不减，在全面贯彻落实上级决策部署基础上，进一步压实责任，狠抓整改，强化落实，创新机制，积极探索建立和完善稳定脱贫长效机制。全年共发放孝善养老奖补资金129.62万元；投入330.8万元为贫困人口购买了扶贫特惠保险；对94名中高职贫困学生进行补助共28.2万元；累计安排公益专岗967个；为贫困户发放劳动创收奖补资金59.23万元；开展扶贫业务培训200余次，培训扶贫干部25000余人次；向平原县拨付扶贫协作资金220万元。年内，市扶办获“烟台市最美扶贫集体”称号。

【帮扶救助】 对6473户贫困户深化落实“双帮扶责任人”工作机制和“副科级领导干部网格化联系帮扶责任人”制度，抓紧抓实“三清三明六个一”帮扶责任落实，贫困户脱贫质量持续稳定提升。对5个省扶贫工作重点村继续实行“市级领导牵头、重点部门主导、企业助力包帮”的联合攻坚模式，实现稳定退出。在贫困户帮扶上，所有贫困户均由市财政代缴居民基本医疗保险；5401名60周岁以上建档立卡贫困老人签订了孝善养老协议，全年共发放孝善养老奖补资金129.62万元，政策覆盖率达97.04%；投入330.8万元为6473户10351名建档立卡贫困人口购买了扶贫特惠保险；对94名中高职贫困学生进行“雨露计划”补助28.2万元；累计安排公益专岗967个，直接带动贫困户增收150.5万元；创新性设立扶贫劳动创收奖补基金，为1405户贫困户发放奖补资金59.23万元，撬动增收1095.31万元，有效激发了贫困群众自主脱贫内生动力。全力抓好已建成产业项目跟踪管理，确保项目健康运转，稳定收益，根据贫困户实际情况逐户兑现分红收入。

【业务培训】 各级分别组织开展脱贫攻坚政策业务知识、扶贫对象动态调整、问题排查整改落实、《到户帮扶工作手册》等各类扶贫业务培训200余次，培训市镇村扶贫干部25000余人次，教育引导帮扶责任人吃准吃透扶贫政策业务知识，严格落实帮扶责任，做扶贫工作的“明白人”。抽取全

2019 年 7 月，举行全市脱贫攻坚政策业务知识考试

市 2600 余名帮扶责任人进行扶贫政策业务知识闭卷考试，通过“以考促学、以学促改”，切实提升各级扶贫干部对政策业务知识的了解掌握程度和实践应用能力。结合全市脱贫攻坚工作大督查，对全市所有第一帮扶责任人进行全覆盖电话抽查，确保一一过关。

【督查整改】 采取抽调精干力量、聘请第三方机构等方式，组织开展扶贫产业项目、财政扶贫专项资金、脱贫稳定性三项专项督查，对于督查发现问题双向反馈交办相关镇街区和市直部门进行限期整改落实。建立纪委监委、扶贫办脱贫攻坚问题联查联办机制，组成联合督查组，深入 15 个镇街区，重点针对各镇街区和市直部门前期督查反馈问题整改落实情况进行“回头看”，发现问题随时交办，跟踪整改。

开展全市脱贫攻坚工作大督查，对全市所有建档立卡贫困户脱贫稳定性、档案资料、政策落实、居住环境、满意度等实现全覆盖检查并一一过关，确保脱贫成果经得起检验。

【扶贫协作】 召开龙口市与平原县扶贫协作第四次联席会议，开展互访考察 15 次，互通协作进展，商议合作举措。向平原县拨付扶贫协作资金 220 万元，建设德佳农牧有限公司高标准鸡舍项目，项目分红覆盖贫困人口 1050 人，带动就业 20 人。持续抓好投入 200 万元的汇洋生物 3000 吨海藻糖项目的跟踪运营。组织开展专场劳务招聘会 2 场，提供就业岗位信息 1700 多个，开展劳务培训 2 次，培训 120 余人。选派 3 名干部赴平原县挂职交流，开展教育、卫生等领域人才交流 30 多人次。组织平原县海藻糖、双黄蛋等特色农产品赴烟台参加第

2019 年 12 月，扶贫办工作人员开展脱贫攻坚大督查入户走访工作

二十届国际果蔬·食品博览会，取得良好效果。

【消费扶贫】 组织7个镇街区近30种品质过硬、特色鲜明、与消费扶贫相关联的农副产品，参加第十四届东亚国际食品博览会，集中展示全市农业产业化的勃勃生机和产业扶贫的丰硕成果，现场销售各类农副产品1.4万余元，达成合作意向30余项。组织9个镇街区20余种优质产品和平原县10余种特色产品参加第二十届国际果蔬·食品博览会，设立消费扶贫展区，展示消费扶贫成果，达成合作意向28万余元。按照政府“搭台”、产品“唱戏”原则，以“一村一品”为依托，积极开展农民丰收节、梨花节、采摘游园会等各类节会活动，促进产销精准对接，帮助贫困群众增收致富。

撰稿：梁晓玲　审稿：闫　彪

考评工作

【年度考核】 2019年8月9日，烟台市印发了《2019年度经济社会发展综合考核办法》。8月12日，省考核办召开考核指标培训视频会议，13位省直考核责任部门的领导对16项考核指标进行解读。针对省市两级的会议以及文件精神，考核办立足上下承接，抓紧修订龙口市考核政策。经过数次修订充实，于9月初完成龙口市《2019年度经济社会发展综合考核办法》的制定，经常委会研究通过后于9月16日印发实施。同时，调度各考核责任部门对考核项目、指标进行细化分解，经统一审核把关后于10月18日印发《实施细则》。新的考核办法既承接烟台市重点工作和目标任务，又突出了龙口市委、市政府确定的重点工作，通过层层卡实目标，分解责任，力促各项考核任务落到实处。

【对上迎检工作】 加强对烟台市考核指标的跟踪调度，9—10月，召开2次烟台考核指标分解调度会议，并多次与烟台市考核办搞好工作对接，认真分析龙口市考核优势和可能出现的问题，随时了解烟台市考核动态，强化对部门迎检工作的具体指导。同时，卡实责任，坚持承上启下、上下一致的工作思路，组织指导各部门盯紧烟台市考核指标，按照市委提出的“确保烟台市考核第一名”的工作定位，对烟台市考核的53项考核内容，其中包括定量指标25项、定性指标11项、加分项目3项、减分事项7项以及一票否决事项7项，建立《烟台市经济社会发展综合考核指标责任分工》，对每一项考核指标明确责任部门，防止对上考核工作落空。坚持考核得分不丢不拉的工作底线，协调指导各部门充分挖掘考核优势，帮助部门解读政策，强化工作提醒和协调

2019年5月，在航空学院现场选取观摩项目

服务，积极争取考核上位夺分。建立《承担烟台考核指标工作台账和责任分工》和《烟台考核龙口指标情况分析表》两个台账，实行半月调度机制，相关情况在全市面上印发。持续抓紧抓好对上考核工作，确保龙口市在上级考核中的位次。经过各级的共同努力，龙口市在烟台市2019年经济社会发展综合考核中获一等奖，分别获得“十佳先进集体”“十佳招引标兵”称号，其中南山集团有限公司获得“十佳功勋企业”称号。

2019年12月，实地考核南山污水处理厂项目现场

【项目观摩评议】 按照精减数量、提高质量的原则，组织实施科学发展观摩评议活动。观摩前期，为确保观摩项目依法依规审批，大力推行“一线工作法”，对镇街区、产业部门提报的观摩项目进行实地严格审查，现场对项目建设进行审核指导，对5个因现场形象不好、土地手续不健全的项目，取消观摩资格。同时，督促镇街区和部门针对项目建设中的手续不健全问题实行跟踪服务，帮助项目建设单位解决难题，最终经过审核筛选确定41个观摩项目，于12月组织进行了1次观摩评议。

【年度考核评价】 2019年12月16日至2020年2月，安排近2个月时间，协调镇街区层面29个考核责任部门以及部门层面23个考核责任部门，严格按照考核规定，对2019年度镇街区涉及的67项考核内容以及83项差异化指标、部门涉及的39项考核内容以及146项差异化指标进行全面考核。为了考准考实，在镇街区层面组织4个集中实地考核小组，在部门层面组织2个集中实地考核小组，分别集中9天时间，直接到考核现场进行检查清点和实地丈量、测算，并安排专门监督人员，监督考核全过程。通过严格落实考核结果公示、查询质疑和举报制，切实提高考核结果的透明度，保证考核结果公正、公开。根据考核结果，提报市委、市政府研究通过后，于2020年2月上旬对13个镇街区、46个市直部门、5个驻龙口单位和115个企业进行表彰，树立干事创业的良好导向。

撰稿：吕　洋　审稿：李　飞

老干部工作

【概况】 至2019年底，全市共有离退休干部6626人，其中，离休干部278人，退休干部6348人，分布在全市行政机关、事业、企业等部门和单位。镇街区、市直各部门及烟台市属以上驻龙口单位共有离退休干部党支部37个。年内，老干部工作成绩显著，获得“全省老干部工作先进集体”称号。

【机构变动】 2019年2月，根据《中共龙口市委龙口市人民政府关于龙口市市级机构改革的实施意见》和《中共龙口市委龙口市人民政府关于龙口市市级机构改革涉及的事业单位机构改革实施意见》要求，撤销中共龙口市委老干部局，并入中共龙口市委组织部，组织部保留老干部局牌子。中共龙口市委老干部局（8人，其中退休2人）及下属事业单位龙口市关心下一代工作委员会办公室（2人）、龙口市老干部活动中心（5人，其中退休1人）、龙口市老干部学校（9人）、龙口市老干部休养所（8人，其中退休3人），共32人转隶到龙口市委组织部。

【离退休干部党群服务中心工作】 以创建“东莱桑榆晚霞红”党建品牌为引领，做实离退休干部党建工作。2019年，注重抓好离退休干部党群服务中心高质量运行，梳理筛选出50项重点工作，采取挂图作战的形式，逐一抓好落实。健全完善相关制度，制定考核办法、支部书记轮流坐班、书记述职评议、班子成员管理规定等制度。在规范完善已有的离退休干部党群服务中心6处分中心的基础上，在锦里七号社区建立了第7个分中心。争取市委支持，将市离退休干部党群服务中心运行经费纳入市财政预算大盘子，每年拨付48.6万元，用于中心开展各项工作。各级领导对市离退休干部党群服务中心进行调研时，对龙口市离退休干部党建工作给予充分肯定。注重抓好离退休干部、党员思想政治工作。

【“不忘初心、牢记使命”主题教育活动】 在全市离退休干部中扎实开展“不忘初心、牢记使命”主题教育。在全市退休干部中开展“我和我的祖国”“本色家园主题歌”传唱活动，共有3000多名离退休干部参与传唱，“学习强国”教育平台等多家媒体予以转发。“七一”当天，组织全市离退休干部党支部书记和委员集中参加“坚守初心、银帆护航”主题党日活动，同戴党徽，同温入党誓词，同上党课，同唱国际歌，共同纪念党的诞辰，共同感悟初心和使命。组织全市离退休干部党支部书记赴莱州、莱阳、烟台山党性教育基地、胶东抗战第一枪纪念馆、台儿庄大战纪念馆、孟良崮战役纪念馆等红色教育基地，开展“不忘初心、牢记使命”特色主题党日活动。各离退休干部党支部也结合自身实际，组织400多名党员到爱国主义教育基地接受红色教育，锤炼党性，强化先锋意识。

【“规范化建设年”活动】 注重抓好离退休干部规范化建设。本着“有所为，有所不为”的原则，妥善处理好与离退休干部党支部所在党委（党组）的关系，实现“1+1”大于2的效果。在离退休干部党支部中广泛开展“规范化建设年”活动，制

2019年8月13日，省委组织部领导到龙口参观市离退休干部党群服务中心

定出台《关于加强离退休干部党支部建设意见》等7个规范性文件；指导35个离退休干部党支部进行换届选举，配备好班子。在2个市直部门党组中新成立离退休干部党支部，怡静社区红歌会、京剧票友会新成立2个社团特色党支部，党支部的组织力进一步提升。

【老年资源】 2019年，市老年大学共开设22门课程，有90个教学班，在校学员达1700人次。在巩固完善市老年大学、老干部活动中心主阵地的同时，在镇街区开展“创建示范学习活动阵地”工作，有力推动了基层老干部学习活动阵地建设上档次、上水平。老年教育工作走在全省前列，被评为全省先进集体。为整合现有资源，在锦里社区、林苑等7个离退休干部党群服务分中心设立龙口市老年大学社区教学点，由老年大学统一调配教师，盘活现有资源，方便老同志就近就地学习。

【开展活动】 围绕建党98周年，开展“关爱老党员，健康大讲堂”知识讲座；围绕中华人民共和国成立70周年，举办“我和我的祖国”全市离退休干部庆祝中华人民共和国成立70周年文艺演出、书画摄影展、门球赛等系列活动，唱响主旋律，讴歌新时代；围绕传承红色基因，拍摄《传唱红色经典，引领爱国热潮》《党建引领不断发展》《本色家园MV》《四季同唱一首歌——我和我的祖国》专题片；围绕新时代文明实践活动，组织全市老干部开展“粽香龙口·和谐端午”主题实践活动。组织广大老同志积极参与“幸福龙口欢乐行”“美丽乡村建设”“百姓大舞台”等活动，陶冶情操，愉悦身心。组织近千名太极拳爱好者参加龙口国际马拉松、“孝德文化节”开幕式表演，展现了蓬勃向上的精神风貌。

【扬长优势】 2019年，成立老干部社团组织联合会，影响和带动更多的老干部科学养老、文化养老。阳光艺术团开展“走进革命圣地延安”活动，在壶口瀑布岸边唱响《祖国，我永远热爱你》，到部队、敬老院、乡村送文化演出43次。老干部艺术团、太极拳协会代表烟台市参加全省首届老年大学文艺展演，取得优异成绩。丰富多彩的活动，既让老干部工作迸发出勃勃生机和活力，又提升了广大离退休干部晚年的幸福指数。

【开展送温暖办实事活动】 认真落实《关于进一步规范组织离退休干部开展活动的通知》，从制度上维护老同志的利益。健全完善离休干部医药费保障机制，规范住院出院结算和拿药用药程序，方便老同志看病就医。规范完善老干部健康档案，提高老干部健康查体标准。为纪念中华人民共和国成立70周年，为240多名离休干部发放了慰问金。

【探索推行网格化亲情服务】 坚持从离休干部“双高期”实际出发，在全市老干部工作者中广泛开展“面对面、户户到”大走访大调研活动，通过进家入户拉家常，认真听取老同志的意见和建议，了解他们的所思所想所盼，进一步增强服务工作的针对性和实效性。

【建立退休干部荣休制度】 在市税务局、市行政审批服务局、石良镇等部门进行荣休机制先行试点，规范完善相关工作流程，在全市面上推行。按照市委组织部明确规定，干部在退休时，做到“六个一”，即开展一次组织谈话、举行一场欢送仪式、组织一次专题教育、参加一次先进事迹报告会、推荐一个老干部社团组织、举行一次座谈会，进一步增强退休干部的光荣感、使命感，提高幸福指数，使他们安享晚年生活。

【典型带动】 坚持多层面宣传，扩大老干部典型的示范引领作用。退休干部王军田不顾体弱多病，依然担任度假区福苑社区党委书记，继续践行自己的入党初心，其事迹被《人民日报》等多家媒体报道。总结推广“爱心奶奶团”，全国文明家庭、退休教师张玉振等典型先进事迹被“学习强国”平台相继转发，起到一花引来万花开的作用。2019 年 12 月，全省老干部“双先表彰”大会在济南召开，中共龙口市委组织部被山东省人力资源和社会保障厅、中共山东省委组织部、中共山东省委老干部局授予“全省老干部工作先进集体”称号，市委组织部副部长仲海英被授予“全省老干部工作先进个人”称号，诸由观镇人大原副主席、度假区福苑社区党委书记王军田被授予“全省离退休干部先进个人”称号。会上，王军田作为全省唯一的先进老干部代表做典型发言，并受到省委书记刘家义的接见。11 月，市卫健局原局长、阳光艺术团团长陈永丽被中共山东省委离退休干部工委、中共山东省委老干部局授予“全省最美老干部志愿者”称号。

【关心下一代工作】 2019 年，市委制定出台《关于加强新时代关心下一代工作的意见》，进一步促进了关心下一代工作。12 月，中国关心下一代工作委员会授予龙口市关心下一代工作委员会“关心下一代工作先进关工委”称号，是山东省唯一一个获此殊荣的县市区。

撰稿人：梁　欣　审稿人：于永生

机关党务

【概况】 2019 年，市直机关工委以贯彻“不忘初心、牢记使命”主题教育为主线，以基层党组织标准化建设、机关党建品牌创建为牵引，坚持问题导向，重抓工作落实，机关党的建设取得新成效。全年共接收预备党员 59 人，预备党员转正 75 人，培训入党积极分子 98 人，培训党务干部 217 名；指导机关党组织创建党建品牌 78 个。至年末，市直机关工委下辖机关党委 26 个、机关党总支 14 个、党支部 341 个、党员 8642 名。

【工作机构建设】 2019 年初，全市机关事业单位实施了机构改革，市直机关工委以机构改革为契机，全面加强机关党的建设，严格按程序对部门机关及直属单位党组织完成新建、更名、调整、理顺等工作，同步健全党建工作机构。采取集中培训、分批轮训等方式对 217 名市直部门党务干部进行党建业务培训，完善机关党建工作责任制，实现改革前后党建工作有序无缝衔接。

【党建基础工作】 出台《机关基层党组织标准化规范化实施意见》，细化量化基层党建工作任务目标，落实“三会一课”记录调审常态化、全覆盖，纠正突出问题 176 个，约谈支部书记 6 名。从严加强党组织管理和党员教育，严格党员发展程序，接收预备党员 59 人，预备党员转正 75 人，培训入党积极分子 98 人，处理违规党员 7 人，对 2 名党员进行批评教育。2019 年 7 月，市直机关工委所辖党组织 15 个党支部被龙口市评为基层先进党组织，8 人被评为龙口市优秀党务工作者，31 人被评为龙口市优秀共产党员。

【党建品牌创建】 围绕“建设队伍、提升服务”党建品牌和“服务中心、服务基层”创建目标，牵头制定方案，力促活动贯穿全年，引领带动全局。以综合创新、常态化持续推进、节点式宣传、强化日常测评等方法，指导 73 个机关党组织创建综合创新品牌 61 个、单项品牌 17 个。2019 年 12 月，全市评出综合创新奖 20 个、单项创新奖 4 个、优秀组织奖 10 个，水务局等 34 个单位受表彰，机关党员参与率 80% 以上，机关党建活力充分彰显，党建引领成效显著。

【党建活力提升】 紧盯主题教育“守初心、担使命，找差距、抓落实”总要求，搭建“党员 V 行动”与“理论宣讲”“双报到、双提升”、精准扶贫、村居环境综合整治、卫生城市和文明城市复审深度融合的实践平台，推动 2.7 万人次党员干部上街头、进社区、走农户、访企业，助推全市重点工作、重点任务圆满完成。

【主题教育】 围绕全市“不忘初心、牢记使命”主题教育部署，机关工委按照上级要求，认真组织，周密安排，围绕“理论学习有收获、思想政治受洗礼、干事创业敢担当、为民服务解难题、清正廉洁作表率”的目标，坚持问题导向，领导班子及成员带头剖析查找问题 24 条，建立整改台账，挂牌实施整改，一步一动抓好工作落实，一招一式抓好问题整改，确保主题教育取得实效。认真做好全市主题教育巡回指导工作，在人员少、任务紧、压力大的情况下，克服困难、集思广益，出点子想办法，引导推动全市主题教育有序健康推进，为全市完成主题教育活动做出了贡献。

【机关文化建设】 努力拓展机关文化外延，在抓好传统活动的基础上，积极探索机关文化建设新办法新举措，坚持把主题实践活动纳入文化建设，推进机关文化建设良性发展。2019 年，组织全市机关运动会、党建品牌阶段成果图片展、全市机关篮球联赛、乒乓球比赛等活动，为机关党的建设提供活力。

【党风廉政】 根据中央及省委巡视反馈问题，坚持问题导向，积极认领问题，结合主题教育、民主生活会和组织生活会检视问题清单，制定工作方案，逐条建立整改台账，建立销号制度，压实责任，限时整改。认真组织党员学习《中国共产党廉洁自律准则》《中国共产党纪律处分条例》等文件精神，扎紧制度的“笼子”，让不敢腐、不能腐、不想腐的体制机制落地生根。充分发挥民主集中制，重大事项、重大开支全部上会研究，坚决杜绝“一言堂”。

【意识形态】 严格落实“一岗双责”责任制，将意识形态工作列入重点工作，与业务工作同部署、同督导、同落实、同考核，层层压实意识形态责任制，进一步统一思想，凝聚共识，形成推动工作落实的合力。主要领导到东江街道、建设局、南山集团宣讲中

2019 年 7 月，组织机关党员干部参加全市人居环境综合整治

共十九届四中全会精神，现场500余人接受教育。组织开展机关党建品牌创建评选，微信推送品牌创建经验90余条。主动统揽非党（委）组基层党组织的意识形态工作，加强对意识形态工作的调查研究，打赢意识形态的主动仗。狠抓党委中心组理论学习，增强政治素养，坚定理想信念。

撰稿：张　浩　审稿：吕　峰

市委党校

【概况】 2019年，市委党校按照市委干部教育培训工作的总体安排，讲政治顾大局，围绕做好习近平新时代中国特色社会主义思想宣讲工作，积极做好干部教育培训、教学科研等工作，加强学校内部管理和教职工队伍建设，全面完成了市委干部调训计划和重点培训任务，各方面工作都取得较好的成绩。全年共举办各种培训班11期，培训干部8000余人次；组织教师到40多家单位授课，受众达2000多人次，共完成课题立项10项、课题结项7项；发表论文5篇；入选理论研讨会论文13篇；完成调研报告14篇；获得烟台市党校系统优秀科研奖项2项。年内，被评为“烟台市基层理论宣讲先进单位”。

2019年10月，到南山控股集团宣讲党的十九届四中全会精神

【干部教育培训】 2019年，举办党支部领办合作社专题培训班、全市村党组织书记和村委会主任培训班、新聘用事业单位工作人员培训班、公务员初任培训班、全市青年干部培训班、全市人才工作专题培训班、全市基层党支部书记“不忘初心、牢记使命”专题培训班、全市农村党员初心教育轮训班等各种培训班共11期，培训干部8000余人次。根据市里统一部署，开展“理论宣讲进基层”活动，组织教师到海事处、农商行、中海油等40多家单位授课，受众达2000多人次，得到社会各界的好评；参与宣传部组织的“习语润心”理论宣讲，教师深入村居、社区、企业等开展《改革只有进行时没有完成时》各类主题宣讲17场次；5名青年教师参加全市范围内的各类宣讲比赛7次，获得二等奖5项，三等奖2项。在教学培训过程中努力做到注重现场教学，青年干部培训班采取现场教学的模式，在市内实地观摩2019年度龙口市重点观摩项目以及道恩集团、南山航空产业园，提高学员干事创业的积极性；在市外，赴延安梁家河干部培训学院进行学习，使各位学员身临其境，现场重温历史，心灵受到强烈震撼。注重培养素质养成，针对年轻干部富有激情、可塑性强等特点，市委党校在新聘用事业单位工作人员培训班中开设拓展训练课程，使课内理论教育与课外实践活动有机结合，进一步提高学员的责任意识、服务意识和团队协作精神。注重增强工作本领，青年干部培训班组织学员赴莱山区进行“三同”教育，通过与群众同吃、同住、同劳动，进一步浓厚学员与群众的感情，提高学员做好群众工作

2019 年 9 月，青干班学员到焦裕禄干部学院学习

的能力。注重提高教学档次，严格落实领导干部到党校讲课制度，积极邀请市级领导和重点部门领导结合自身分管工作来校授课，使各参训学员进一步开阔视野，学到本事，为之后工作打下良好基础。

【教学科研】 围绕市委中心工作、社会突出问题，坚持科研为党委决策服务、为教学服务、为社会服务的导向，把提升调研水平作为重要目标，主要领导牵头，以申报省委党校、烟台市委党校课题立项为契机，以课题带动调研。2019 年，共完成课题立项 10 项，包括山东省党校系统课题立项 1 项、烟台市党校系统课题立项 4 项、烟台市社科联课题立项 3 项、龙口市课题立项 2 项；课题结项 7 项，包括山东省党校系统课题结项 2 项、烟台市党校系统课题结项 5 项；发表论文 5 篇；入选理论研讨会论文 13 篇；完成调研报告 14 篇；获得烟台市党校系统优秀科研奖项 2 项，包括一等奖 1 项、三等奖 1 项。许丽萍老师获得“山东省党校（行政学院）系统优秀教师”称号；孙菊老师获得烟台党校系统优秀教学奖；李良老师获得烟台市党校系统精品课比赛三等奖；赵宝龄老师所授课程“改革只有进行时没有完成时”获烟台市“理论宣讲秀”一等奖，姜迎春主任所授课程“深入学习习近平新时代中国特色社会主义思想”、石萍老师所授课程“聚焦新旧动能转换 服务经济健康发展”获烟台市“理论宣讲秀”二等奖。李良、刁清华、曲欣、孙菊 4 位老师参加龙口市民文化节读书朗诵比赛获得二等奖；刁清华、李良、曲欣 3 位老师参加龙口市“薪火相传”红色故事宣讲比赛分别获得 1 个二等奖、2 个三等奖。

【学校内部管理】 按照“从严治校、从严施教、从严管理”的办学方针，把从严治党要求落实到学员管理的报到、食宿、教学、考试、结业等各个环节，形成学习态度严谨、学风严肃、学员管理严格的良好风气。在行政后勤方面，进一步加强党校内部行政管理和后勤保障工作，暑假期间对办公楼内外进行粉刷和清洗，并对屋面做了防水处理。为满足现代化教学需要，下半年对一楼门厅和二楼两个多媒体教室进行改造。同时，以提高服务质量和增强保障能力为目标，不断转变行政后勤人员服务观念，为教学和科研提供保障，为办公和学习创造良好环境和有利条件。

【教职工队伍建设】 2019 年，市委党校认真抓好队伍建设，不断提高教职员工素质能力。积极开展学教活动，按照市里统一部署，组织开展“不忘初心、牢记使命”主题教育，以“主题党日”“固定学习日”为载体，认真组织全体教职员工集体学习，在按要求完成规定动作的同时，着力突出党校特色和优势，开展形式多样的自选动作，切实加强教职员工理论水平和党性修养。严格做好龙口党建先锋平台和灯塔在线数据库上传工作，确保数据传输全面及时准确。狠抓党风廉政建设，严格执行《中国共产党廉洁自律准则》和中央八项规定等党内监督各项制度，狠抓党风廉政建设责任制落实，

2019 年 7 月，党校教职工与锦里社区工作人员共同开展党建活动

坚持领导班子重大事项集体决策制度和重大事项报告制度。抓好校内规章制度的落实，年内，全体教职员工未出现一起违反八项规定及廉政建设问题。提高教师队伍素质，积极创造条件鼓励教师外出培训，帮助教师开阔眼界，丰富知识，全年组织教师参加上级各类进修培训近 30 人次。针对每名教师的选题、教态、课件制作、科研论文等，定期开展教师集体会课和交流学习活动，加强教师之间的沟通与交流，取长补短，全面提高教师的业务能力，不断提高精品课的数量与质量。

撰稿：石　萍　审稿：范基全

档案管理

【概况】　2019 年，龙口市档案馆认真贯彻执行党的路线、方针、政策和档案法律法规，紧紧围绕党和政府中心工作及新时期档案事业发展战略目标，注重发挥档案部门和档案工作者的主观能动性和创造性，克难奋进、求真务实、开拓创新，在服务民生、服务区域经济发展等各个领域成效显著，档案管理、宣传、征集和编研工作亮点突出，取得多项荣誉。全年共接收美术家孙滋溪教授等实物档案 918 件，龙口美术家、书法家、摄影家作品 230 余件；征集整理市 100 个行政村的照片、视频资料，出版《翰墨芝阳》《丹青芝阳》《乡念》等书籍、图册；参与编研的《黄县话》一书获“山东省档案学优秀成果奖”一等奖；共接收 29 个全宗单位档案，2 万余件；完成文件扫描 20915 件，约 20 万页、467G；共接待查阅民生档案资料 318 人次，调阅档案 427 卷次。年内，市档案馆获得山东省档案馆授予的“山东省 2019 年度档案宣传工作先进集体”称号，1 人被评为山东省档案宣传工作先进个人；获得山东省档案学会授予的“山东省档案学会档案文献史料编辑研究先进单位”称号。

【设备及日常管理】　2019 年，市档案馆有库房面积 1500 平方米，办公用房 11 间，建筑规模和质量在全国同级档案馆属一流水平。馆内有安全监控设备，安装有火灾自动报警、温湿度测量和恒温恒湿装置、防盗报警装置、防有害生物设施以及相应的信息公开场所。配备了计算机、移动硬盘、激光打印机、数码扫描仪、摄像机、数码照相机、刻录机及其他现代化办公设备。严格按照《档案库房管理规则》的规定，认真做好库房的安全防范工作，做到每月进库大抽查，天天小检查，及时消除各种安全隐患。重点检查档案有无霉变、破损、虫蛀等情况，定期检查档案数量和保管状况，及时对档案、资料进行除尘、消毒，定期清理库房卫生，控制好库房室内温湿度并做好记录。

【档案征集和编研】　2019 年，市档案馆认真做好档案征集和编研工作。充分发挥档案记忆功能，组织专人进行“村庄记忆”工作，以摄影、摄像、航

2019年9月30日，举行《翰墨芝阳》付梓座谈会

拍三个小组进行村庄拍摄采集，打造“村庄记忆”档案。加大征集力度，全年共接收美术家孙滋溪教授等实物档案918件，龙口美术家、书法家、摄影家作品230余件。征集整理市100个行政村的照片、视频资料，出版《翰墨芝阳》《丹青芝阳》《乡念》等书籍、图册。参与编研的《黄县话》一书获“山东省档案学优秀成果奖”一等奖。与龙口市政协联合举办龙口市七十周年成就展，所有征集的图片及底片全部在档案馆中留存。

【档案宣传】 2019年，市档案馆加大档案工作的宣传力度，通过微信平台、龙口档案信息网、烟台档案工作交流、烟台档案信息网等平台，向广大市民介绍龙口市档案工作情况、工作方法，宣传档案工作法律法规，加大《中华人民共和国档案法》《山东省档案条例》的宣传力度，使全市各级加深对档案工作的了解，增强对档案工作重要性的认识。6月9日，组织档案工作人员到市文化广场开展“国际档案日”宣传活动，组织干部职工到各镇街区、广场、社区等场所开展档案宣传活动，通过制作宣传栏和宣传标语、向群众发放宣传资料、与群众面对面解答所咨询的档案问题等多种方式宣传档案工作，提高全社会对档案的认识，加强对档案工作的了解。规划整合馆藏“重”“特”档案，将整理出的珍贵馆藏档案及征集到的有代表性的物品、资料进行展出，进一步提高群众对于档案的认识，为以后征集档案资料打下良好的基础，有利于在社会上形成有价值、有意义物品和资料存放档案馆的氛围。

【档案接收】 2019年，市档案馆严把档案接收进馆质量关，从档案接收、清点、全宗卷编研、目录装订到档案排列上架，确保准确无误。共接收29个全宗单位档案，2万余件，全部进行数字化归档管理。

【档案数字化】 积极进行档案数字化管理工作，至2019年12月，共完成文件扫描20915件，约20万页、467G。同时做好重要文献资料扫描工作，对馆

档案馆库房

内收藏的年代久远的珍贵文献进行扫描，为文献资料的保管提供新渠道。

【档案服务】 积极为查阅档案人员提供服务，结合机关作风建设，进一步完善档案为民服务工作，对于群众查阅的房产、征地、债权债务档案，按规定出具有关证明，避免矛盾纠纷的产生。提高查阅档案效率，继续为编修史志等机关人员查阅档案提供便利。全年共接待查阅民生档案资料 318 人次，调阅档案 427 卷次，为解决群众在退休待遇、增补工龄、职称资格、土地纠纷等方面遇到的问题提供真实依据。

撰稿：遇 颖　审稿：于艳丽

党史史志研究

【概况】 2019 年初，全市党政机构改革，中共龙口市委党史研究室与龙口市人民政府史志办公室合并，成立中共龙口市委党史研究中心（龙口市地方史志研究中心）。新成立的市委党史研究中心坚持围绕中心、服务大局，开拓创新、求真务实，各项工作均取得良好成效。

【党史工作】《龙口改革开放实录》征编　与全市各镇街区和市直各部门积极对接，加强同撰稿人的交流沟通，经过选题筛选、确立提纲、撰稿编纂各个阶段，至年底，形成 40 篇计 90 余万字实录初稿。

《县委书记口述史》征编　根据工作要求，确定口述史征编范围。改革开放以来在龙口（黄县）任职的 13 位市（县）委书记中，因去世等原因有 4 位不在可采访范围之内。对实际可采访的 9 位书记，通过多个渠道取得联系并发去采访信。其中在烟台、济南工作的 3 位书记已经着手准备口述史采访需要的基本素材，待条件成熟即接受采访。对于目前仍在龙口市居住的 1 位县委书记多次登门拜访，根据本人的意愿，确定口述史基本范围和内容。同时到档案馆协助查阅相关档案资料。其余 5 位书记的采访工作，根据征编工作开展情况及时推进。

红色文化宣传教育　2019 年，结合中华人民共和国成立七十周年，市委党史研究中心开展了一系列红色文化宣传教育活动，取得了良好效果。7 月至 10 月，为庆祝中华人民共和国成立 70 周年，在《今日龙口》开设了“龙口党史上的 1949 年”红色纪事专栏，以党组织和政权建设、抽调第四批干部南下、生产救灾运动、参军支前和拥军优属、打击取缔反动道会门、开展武装斗争痛歼残敌等 6 个事件为主要内容，再现了 1949 年前后，龙口党组织带领人民群众在艰苦卓绝的环境下砥砺奋进的斗争历程。9 月 26 日，在革命老村下丁家镇常胜庄村开展了送红色文化下乡活动，为常胜庄的农家书屋充实了《中共龙口历史大事记》《龙口地方史》《龙口市志》等一批学习了解党史的好书，为促进基层读党史学党史、弘扬优良的革命传统提供了精神食

2019 年 7 月 5 日，市税务局干部职工参观龙口市红色文化展览馆

2019 年 11 月 26 日，在黄城阳抗日根据地开展党史教育

粮；同时为农村党员群众送来了吕剧《唱支山歌给党听》、诗朗诵《庆国庆》、山东柳琴《文明实践咱齐争先》等精彩曲目，为激发基层党员群众的爱国情怀，弘扬中华民族优秀传统文化发挥了积极作用。9 月至 10 月，以庆祝中华人民共和国成立七十周年为契机，联合市委宣传部、市委组织部、市委市直机关工委，在行政中心二楼中厅，举办了以“不忘初心、砥砺奋进”为主题的红色记忆联展活动，以 16 块红色内容展板生动再现了中华人民共和国成立前夕龙口党组织带领人民群众艰苦创业、砥砺奋进的光辉历程。11 月 21 日，组织石良中学 30 多名团员和学生代表，实地参观了黄城阳革命根据地旧址、黄城阳抗战纪念馆和胶东反投降临时指挥所等红色遗址，激发了他们热爱学习、传承红色基因、厚植家国情怀的爱党爱国精神。全年，龙口市红色文化展览馆共接待市委政法委、文旅局、税务局、兰高高职、麻家小学等部门和单位 15 批次 480 多人次参观。

【史志工作】 地方史志研究整理工作　2019 年，在市委、市政府的正确领导下，认真贯彻落实上级地方史志事业发展规划纲要精神，积极开展地方史志的搜集、研究、整理和撰写工作，为市领导、相关部门单位和有关人员提供史志方面的资料和帮助。同时，完成省、烟台市史志办要求的各项供稿任务，为省、烟台市史志部门提供各类资料共 2 万余字。

《龙口年鉴（2019）》编辑出版工作　年初制定并下发了《龙口年鉴（2019）组稿方案及编纂责任分工》，经过修改、整理、编辑、校对、图片筛选、版面编排等大量艰苦细致的工作，于 2019 年 11 月由中华书局正式出版。该年鉴突出年度特色、地域特色和行业特色，装帧精美、图文并茂、言简意赅，涵盖面广，主要收录了 2018 年度龙口市自然、政治、经济、文化和社会事业等方面的基本情况以及发生在龙口行政区域内的大事要闻，为广大读者了解和研究龙口提供了较为翔实的文字图片资料，同时也具有珍贵的鉴戒价值和史料价值。《龙口年鉴（2019）》卷首设彩页 20 余幅，分别从经济发展、社会和谐、城市文明、乡村美丽和风光秀丽等方面对龙口进行全方面展示；正文设特载、大事记、龙口概况、中国共产党龙口市委员会、龙口市人民代表大会等 30 个类目、56.2 万字、200 余张图片，信息量大，实用性强，是一本了解龙口研究龙口的大型综合性资料性工具书。

撰稿：张　虹　高梦婷　审稿：姜　亮

龙口市人民代表大会

综　述

【概况】 2019年，在中共龙口市委的坚强领导下，市人大常委会深入学习贯彻习近平新时代中国特色社会主义思想和中共十九大精神，认真落实各级人大工作会议要求，紧紧围绕全市工作大局，扎实履行法定职责，各项工作都取得新成效。全年共听取审议各项工作报告24项，开展视察检查活动5次，收到备案规范性文件1件，任免地方国家机关工作人员62人次。市人大常委会始终坚持人大工作正确政治方向，不断提高政治站位，着力强化政治担当，自觉把人大工作摆到发展社会主义民主政治的高度来认识和把握，摆到推动全市经济社会发展大局的位置来谋划和推进，确保人大工作符合市委决策部署和群众意愿要求。2019年，市人大常委会紧扣中心依法履职，在助推市委决策部署落实、促进全市经济发展、服务和保障民生改善、推动民主法治建设等方面发挥积极作用，作出重要贡献。坚持代表主体地位，完善代表工作机制，积极搭建履职平台，为全市各级人大代表更好发挥作用提供有力保障。重视加强自身建设，从常委会、人大机关、基层人大三个层面强基固本，切实提升依法履职能力。

【龙口市第十八届人民代表大会第三次会议】 2019年1月22日上午至23日下午，龙口市第十八届人民代表大会第三次会议在行政中心会议中心礼堂举行，出席会议代表223人。会议听取审议市长吕波所作的《政府工作报告》、市人大常委会主任孙为富所作的《龙口市人大常委会工作报告》、市人民法院代理院长曲振涛所作的《龙口市人民法院工作报告》、市人民检察院检察长吴新明所作的《龙口市人民检察院工作报告》，以及市政府向大会提交的《龙口市2018年国民经济和社会发展计划执行情况与2019年计划草案的报告》和《龙口市2018年预算执行情况和2019年预算草案的报告》。会议审议通过以上6个报告，并分别作出相应的决议。会议审议通过关于增设龙口市第十八届人民代表大会社会建设委员会和更名内务司法委员会为监察和司法委员会的决定，表决通过龙口市第十八届人民代表大会专门委员会组成人员人选名单。会议以无记名投票的方式，选举曲振涛为龙口市人民法院院长，郑建波为龙口市第十八届人民代表大会常务委员会委员。大会收到代表议案11件，建议、批评和意见47件。

【常委会会议】 2019年1月4日，市十八届人大常委会第十三次会议在市行政中心举行，市人大常委会领导孙为富、张学林、张之建、李顺军、吴小平、初元民、宫本江，党组成员王桂东和委员出席会议，孙为富、宫本江分别主持第一次和第二次全体会议。市政府副市长孙永刚，市人民法院院长杜纪挑，市人民检察院检察长吴新明，市人大专门委员会组成人员，市人大常委会各工作机构、市监察委员会、市政府相关部门负责人，各镇街区人大负责人和部分市级及以上人大代表列席会议。会议听取审议市政府关于市十八届人大二次会议以来代表所提建议、批评和意见办理情况的汇报、龙口市2019年预算草案安排意见的汇报。会议审议市人民政府关于落实市人大常委会审议全市铝产品深加工产业发展情况所提建议整改情况的汇报。会议对4名驻龙口市的烟台市人大代表履职情况进行评议。会议审议并原则通过市人大常委会工作报告稿、市人大常委会2019年工作要点。会议审议通过关于召开市十八届人大三次会议的有关事项。会议还以无记名投票的方式，通过有关人事任免事项，并组织有关人员向宪法宣誓。

2019年1月18日，市十八届人大常委会第十四次会议补选烟台市第十七届人民代表大会代表1名。

2019年1月21日，市十八届人大常委会第十五次会议审议通过召开市十八届人大三次会议的有关事项，以无记名投票方式通过有关人事任免事项，并组织有关人员向宪法宣誓。

2019年1月23日，市十八届人大常委会第十六次会议以无记名投票方式通过有关人事任免事项，并组织有关人员向宪法宣誓。

2019年5月30，市十八届人大常委会第十八次会议召开

市十八届人大常委会第十八次会议与会人员视察诸由观镇中心幼儿园

2019年3月28日，市十八届人大常委会第十七次会议在市行政中心举行，市人大常委会主任孙为富，副主任张学林、张之建、吴小平、宫本江，党组成员王桂东和委员出席会议，孙为富、张学林分别主持第一次和第二次全体会议。市政府分管负责人赵树杰，市人民检察院检察长吴新明，市人大专门委员会组成人员，市监察委员会、市人大常委会各工作机构、市直相关部门、市人民法院负责人，各镇街区人大负责人和部分市级及以上人大代表列席会议。会议听取审议全市税务工作情况的汇报、市人民政府关于落实市人大常委会审议“天网”工程建设情况所提建议整改情况的汇报。会议还以无记名投票的方式，通过有关人事任免事项，并组织有关人员向宪法宣誓。

2019年5月30日，市

2019 年 7 月 31 日，市十八届人大常委会第二十次会议召开

十八届人大常委会第十八次会议在市行政中心举行，市人大常委会主任孙为富，副主任张学林、张之建、李顺军、吴小平、宫本江，党组成员王桂东和委员出席会议，孙为富、吴小平分别主持三次全体会议。市委常委、市政府副市长金成波，市人民检察院检察长吴新明，市监察委员会、市法院和市直相关部门负责人，市人大有关专门委员会组成人员，各镇街区人大负责人和部分市级及以上人大代表列席会议。与会人员实地观摩诸由观镇中心幼儿园等现场，并详细听取有关情况介绍。会议听取审议市人民政府关于全市学前教育工作情况的汇报、市人民政府关于全市基本农田保护工作情况的汇报。部分驻龙口烟台市人大代表向会议作书面述职，并接受评议。会议还以无记名投票方式，通过有关人事任免事项，并组织有关人员向宪法宣誓。

2019 年 6 月 20 日，市十八届人大常委会第十九次会议通过有关人事免职事项。

2019 年 7 月 31 日，市十八届人大常委会第二十次会议在市行政中心举行，市人大常委会领导孙为富、张之建、李顺军、吴小平、初元民、宫本江，党组成员王桂东和委员出席会议，孙为富、张之建分别主持一、二次全体会议。市政府副市长孙永刚，市人民法院院长曲振涛，市监察委员会负责人，市人民检察院负责人，市人大有关专门委员会组成人员，相关部门负责人，各镇街区人大负责人和部分市级及以上人大代表列席会议。会议听取审议市人民政府关于全市律师工作情况的报告、市人民政府关于龙口市 2018 年财政决算草案的报告、市人民政府关于 2018 年度龙口市市级预算执行和其他财政收支情况的审计工作报告。会议审议市人民政府关于落实市人大常委会审议税务工作和视察人才工作所提建议整改情况的报告。部分驻龙口市烟台市人大代表向会议作书面述职，并接受评议。

2019 年 10 月 11 日，市十八届人大常委会召开第二十一次会议，市人大常委会主任孙为富，副主任张学林、张之建、李顺军、吴小平、宫本江，党组成员王桂东和委员出席会议，孙为富、宫本江分别主持第一次和第二次全体会议。市委常委、副市长王志臣，市人民检察院检察长吴新明，市监察委员会、市人民法院和市直有关部门负责人，市人大有关专门委员会成员，各镇街区人大负责人，部分市级及以上人大代表列席会议。会议听取审议市人民政府关于 2019 年上半年国民经济和社会发展计划执行情况的报告、市人民政府关于 2019 年上半年财政预算执行情况的报告、市人民政府关于农民增收工作情况的报告、市人民政府关于《中华人民共和国城乡规划法》贯彻实施情况的报告、市人民政府关于全市水利工作情况的报告。会议审议市人民政府关于落实市人大常委会审议学前教育工作、审议基本农田保护工作所提建议整改情况的报告。会议还以举手表决的方式，通过有关人事免职事项。

11月27日，市十八届人大常委会第二十二次会议在市行政中心举行，市人大常委会领导孙为富、张学林、张之建、李顺军、吴小平、初元民、宫本江、王桂东和委员出席会议，孙为富、李顺军分别主持第一次和第二次全体会议。市委常委、市政府副市长金成波，市人民法院院长曲振涛，市监察委员会、市人民检察院和市直相关部门负责人，市人大有关专门委员会组成人员，各镇街区人大负责人和部分人大代表列席会议。会议听取审议《2018年度全市行政事业性国有资产管理情况的专项报告》、全市环境保护工作情况的报告、龙口市贯彻实施《信访条例》情况的报告、市政府关于2018年度市级预算执行和其他财政收支审计查出问题整改情况的报告。审议《2018年度全市国有资产管理情况的综合报告》。会议还以无记名投票的方式，通过有关人事任免事项，并组织有关人员向宪法宣誓。

人大工作

【监督工作】 2019年，市人大常委会共组织开展调研活动2次、视察活动4次，有效发挥监督机关作用。

开展《中华人民共和国大气污染防治法》《山东省大气污染防治条例》实施情况执法检查和民营经济促进条例立法调研活动 3月28日，烟台市人大常委会副主任黄永政一行，开展《中华人民共和国大气污染防治法》《山东省大气污染防治条例》实施情况执法检查和民营经济促进条例立法调研活动。检查（调研）组实地查看九北棚改项目扬尘治理、龙口港扬尘治理和东海热电超低排放改造等工作现场，并详细听取有关情况汇报。市委副书记、市长吕波，市人大常委会副主任李顺军，副市长李哲，有关部门、单位的负责人陪同执法检查活动。之后在市行政中心召开民营经济促进条例立法调研座谈会，广泛征求龙口市各方面意见建议。与会的相关部门负责人、部分人大代表和民营企业家结合各自工作实际，围绕更好地促进民营经济持续、健康、快速发展和保护民营经济组织的合法权益等方面作交流发言，提出有价值的建议。黄永政强调，要加强改革创新，加快推进民营企业诚信体系建设，进一步创新服务举措，努力为民营企业发展排忧解难，切实为民营经济营造更好的发展环境。市人大常委会主任孙为富、副主任张学林，副市长王志臣参加座谈活动。

【调研视察】 视察全市人才工作 4月2日，市人大常委会组织对全市人才工作情况进行视察。市人大常委会领导孙为富、张学林、张之建、李顺军、吴小平、初元民、宫本江、王桂东，部分常委会委员和人大代表参加视察。市委常委、市政府副市长纪寿冕及相关部门负责人参加活动。视察组一行实地查看道恩集团、隆基集团、市高级技工学校等现场。之后，在市行政中心召开座谈会，听取市政府关于全市人才工作情况的汇报及市人大常委会调研组关于全市人才工作情况的调研报告。座谈讨论中，与会人员围绕促进全市人才工作发展提出意见、建议。孙为富在总结讲话中指出，人才是第一资源，是一个地区经济社会发展的重要支撑。当前龙口市正处于加快新旧动能转换的关键时期，更需要大量高层次、高技能人才的集聚。市政府及相关部门要进一步深化对人才重要性和紧迫性的认识，强化政策引导和扶持，大力实施“聚才兴龙”“双招双引”战略，不断优化人才发展环境，以“不求所有、但求所用”的新思维新理念，多方式引进各类人才为龙口发展助力；同时，要引导全社会正确认识职业教育，大力推动职业教育发展，深化校企合作，有针对性地培养更多深受企业欢迎的实用型技能人才，为全市经济社会发展提供有力的人才支撑和智力支持。

视察龙口市当前部分重点整治工作　4月24日，市人大常委会组织驻龙口省、烟台市人大代表对龙口市当前部分重点整治工作进行观摩。市委副书记、市长吕波，市人大常委会主任孙为富，市委常委、纪委书记、监委主任丛方伟，市委常委、统战部部长高景波，市人大常委会副主任张学林、张之建、李顺军、吴小平、宫本江，党组成员王桂东参加活动。代表们实地观摩东海高尔夫球场整治项目、开发区海水养殖区域综合整治现场，听取有关情况汇报。随后，在行政中心召开会议，听取龙口市当前重点整治工作情况汇报，并进行座谈讨论。吕波在讲话中指出，贯彻落实习近平总书记新时代生态文明建设思想，是重大的政治责任，是发展的需要，是群众的热切期盼。要深刻认识集中整治环境突出问题的重要性和紧迫性，切实增强思想自觉和行动自觉，提高政治站位，强化责任担当，压实工作责任，确保按期、按要求完成整治任务，不断提高群众幸福感和满意度。孙为富强调，市政府及相关部门要善始善终抓好当前的各项整治工作，不断完善体制机制建设，持续保持整治效果。各级人大代表要心怀大局，找准履职切入点和结合点，积极参与生态环境综合治理工作，通过自身实践，为党委政府分忧解难。

开展“质量兴农，统筹推进农产品质量安全工作”专题调研　5月22日，烟台市人大常委会委员、农委主任委员赵作军一行到龙口市开展“质量兴农，统筹推进农产品质量安全工作”专题调研。市委常委、市政府副市长金成波，市人大常委会副主任宫本江陪同活动。调研组实地查看龙口益康苑家庭农场、嘉元市场、诚信植保服务中心和格瑞富德农牧科技有限公司等现场，详细听取有关情况汇报，并就农业全产业链融合、强化农业科技支撑、培育新型职业农民和农业经营主体等课题与相关人员进行深入交流。调研组要求，要进一步加强宣传引导工作，全面提升农户安全生产和质量兴农意识；进一步加大监管力度，以高标准、严要求做好做强龙口自己的农业品牌；要完善质量安全监管长效机制，走好质量兴农、品牌强农之路。

视察龙口市文明城市提升工程　6月17日，市人大常委会组织部分常委会委员和人大代表对龙口市文明城市提升工程进行视察。市人大常委会主任孙为富，副主任张学林、李顺军、吴小平，党组成员王桂东参加视察，市委常委、宣传部部长冯雪梅和相关部门、单位的负责人陪同视察。视察组一行实地查看数字化城管监督指挥中心、嘉元市场和北马南河绿化等工作现场，沿途查看交通秩序和经营秩序情况。之后，在行政中心召开座谈会，听取市提升办专题情况报告。与会的常委会委员和人大代表结合视察和日常调研掌握的情况，对文明城市提升工程提出意见建议。市人大常委会副主任李顺军针对工作中存在的薄弱环节，有针对性地提出改进工作的建议。市人大常委会主任孙为富强调，各部门、单位要进一步提高认识，突出问题导向，补齐工作短板，全力以赴抓好整改提升；要树立长期抓、抓长期的意识，杜绝脏、乱、差问题反弹，推动城市管理向精细化、长效化转变；要搞好工作结合，将卫生城创建、拆违、环保整治、“美丽乡村”建设、“河长制”等相关工作统筹谋划、合力推进，保证文明城市提升工程有序、有效推进。

视察2018年代表建议办理情况　7月15日，市人大常委会组织部分人大代表对2018年代表建议办理情况进行视察。市人大常委会主任孙为富，副主任张之建、吴小平、宫本江，党组成员王桂东参加视察。市委常委、副市长纪寿冕参加视察活动。视察组一行实地查看矫家河改造、永秋农场、新民学校3处现场，听取相关部门的现场汇报。之后，在市行政中心召开座谈会，听取市政府关于2018年代表建议办理情况的报告，部分人大代表进行座谈交流，就代表建议办理工作谈自己的意见建议。孙为富在总结讲话中指出，对2018年代表建议办理情况进行“回头看”，是人大常委会年初就确立的一项重点工作。人大代表依法提出建议，是宪法和法律赋予代表的一项重要职权，办好代表建议是必须履行的法定职责。他强调，每一件代表建议包含的都是民情民意，反映的都是群众的诉求和心声，把群众的事办好，让代表真心满意，是我们共同责任。他要求，市政府及相关部门要深化思想认识，提高政治站位，从尊重民情民意、积极回应百姓关切的高度，高质量办好代表建议，以实际行动取信于民。要一以贯之、持之以恒抓好以往代表建议办理，对一些需要跨年度办理的工作，要善始善终完成好。对那些暂时不具备条件、尚未解决的建议，要开展好“回头看”，争取条件成熟一个解决一个，兑现承诺，给代表一个满意的交代，不断提高人民群众的满意度。

视察龙口市农村人居环境整治工作　10月22日，烟台市人大常委会主任王晓敏，副主任徐少宁、张伟、潘士友一行对龙口市农村人居环境整治工作进行视察。烟台市政府副市长崔宗涛及有关部门的负责人参加活动。市委副书记、市长吕波，市人大常委会主任孙为富，市委常委、市政府党组成员王志臣陪同活动。视察组实地查看黄山馆镇馆前后徐家村垃圾治理和乡村记忆工程开展情况，馆前于家村美丽庭院和生态宜居家园建设等工作现场。随后召开视察总结会议，听取专题情况汇报，并进行座谈交流。王晓敏在总结讲话中指出，改善农村人居环境是新时代贯彻习近平“三农”思想和生态文明思想的生动实践。要聚焦短板弱项，打好组合拳，扎实推进村容村貌提升、农村厕所革命和生活污水治理等工作；要用好用活浙江“千万工程”经验，凝聚各方合力，强化整治力度，确保各项目标任务落实到位；要结合“不忘初心、牢记使命”主题教育，创造性开展工作，以改革创新、真抓实干的工作举措，推动农村人居环境整治工作取得显著成效。

视察龙口市经济社会发展情况　12月19日，市人大常委会组织驻龙口市省、烟台市人大代表集中视察龙口市经济社会发展情况。市委副书记、市长吕波，市人大常委会主任孙为富，市委常委、副市长纪寿冕，市人大常委会副主任张学林、张之建、李顺军、吴小平、宫本江，党组成员王桂东，驻龙口省、烟台市人大代表参加活动。视察组一行实地查看裕龙岛炼化一体化项目、黄山馆镇馆前后徐家村农村人居环境整治、市公安局民警训练基地等工作现场，并进行座谈交流。吕波从经济发展、城市布局、民生实事、环境保护等多个方面向代表介绍龙口市之后一个时期发展的规划和方向，纪寿冕向代表通报全市经济社会发展总体情况。代表们对龙口市近年来经济社会各

2019年12月19日，驻龙口省、市人大代表视察市公安局民警训练基地

项事业取得的成绩给予充分肯定，并结合工作实际提出一些合理化建议。

【人事任免】 坚持党管干部与人大常委会依法任免干部相统一的原则，不断加强工作规范，认真组织被任命人员参加法律知识考试，按照规定对任命人员进行初审和任前公示，依法组织新任命人员向宪法庄严宣誓。2019 年，共任免国家机关工作人员 62 人次。

【代表工作】 市人大常委会始终坚持代表主体地位，不断完善代表工作机制，积极搭建代表履职平台，为全市各级人大代表更好发挥作用提供有力保障。

完善代表工作机制 重视代表履职学习，9 月中旬，召开届内第三次全市人大代表培训会议，从履职意义、履职重点、应如何正确履职等方面对 300 多名代表进行专题培训；组织部分驻龙口烟台市人大代表分 2 期参加全国人大举办的集中培训，有效提高代表的政治素质和履职能力。为代表订阅人大报刊，定期向代表送阅常委会公报，保障各级代表及时了解人大工作动态。组织代表列席常委会会议和参加调研、视察等活动 185 人次，保障代表知情知政。每季度下发代表小组活动意见，指导各代表组围绕市镇两级重点工作、群众关心关注热点，开展调研、视察等活动。分层面组织各级人大代表向所在选区选民报告履职情况，接受评议监督。注重发挥典型的示范引导作用，借助各级各类新闻媒体，从不同层面宣传代表先进事迹，让各级各层面代表学有目标、赶有方向。

提高代表建议处理质量 围绕提高代表建议质量，常委会多次专题研究部署，出台规范意见，指导各级代表围绕全市发展大局和群众所期所盼，广泛开展调研，提出意见和建议。常委会特别重视代表建议处理工作，专题研究具体工作措施，进一步完善代表建议处理机制，将其中代表反映集中、群众愿望强烈、涉及面较广的 5 件建议列为重点建议，实行重点督办，对其他建议，召开专题会议进行交办，并提出要求。常委会一年两次听取市政府对代表建议的办理情况。同时，开展跨年度跟踪视察，组织代表对 2018 年代表建议办理情况进行“回头看”，推动代表建议得到持续有效解决。市政府及承办部门高度重视，主动加强与代表的沟通联系，积极改进工作。市十八届人大三次会议以来代表提出的 61 件建议已全部答复代表。其中，33 件建议所提问题已经解决或基本解决，15 件建议所提问题正在解决或列入计划逐步解决，13 件建议所提问题因政策原因等暂时未能解决。

增强代表履职实效 继续在全市各级人大代表中广泛开展“为发展助力，为民生献计”主题实践活动。常委会把抓督导、促落实贯穿到实践活动全过程，主任会议集中研究，半年总结调度，年底集中观摩，激发各级代表干事创业、奋勇争先的履职热情和工作干劲。各级代表以“双为”活动为载体，主动担当，积极而为，共完成承诺事项 1345 件，结对帮扶 161 个村（居）、270 多个贫困户、300 多名困难学生，为各项公益事业及弱势群体捐款 900 多万元。为激励先进、鞭策后进，推动活动持续深入开展，常委会对“双为”活动开展情况进行阶段性总结，通报表扬履职成效突出的 6 个先进单位和 36 名优秀人大代表。

【办公室工作】 2019 年，市人大常委会办公室在常委会党组的领导下，深入学习贯彻习近平新时代中国特色社会主义思想、中共十九大和十九届三中、四中全会精神，以及习近平总书记对地方人大及其常委会工作作出的重要指示精神，围绕落实市委和市人大常委会总体工作思路，开拓进取，积极作为，各项工作都取得新进展。充分利用党员学习日和主题党日活动，加强政治理论和业务知识积累，每月至少两次集中学习交流，以学促思、以学促干。认真开展“不忘初心、牢记使命”主题教育，读原文、悟原理、谈体会，广泛走访调研，深入剖析问题，全面强化理论武装。开展“一法一章程一条例”集中学习月活动，教育引导党员干部求真理、明法理、守纪律。按照“团结合作、务实创新、正派自律”的目标要求，健全工作机制，完善工作制度，强化工作规范，机关各项工作有序高效。依法按程序筹备召开人代会会议、常委会会议、主任会议，配合常委会开展视察、执法检查5次。各专门委员会、各委室充分发挥职能作用，加大跟踪监督、检查督办和问效力度，确保常委会各项监督工作有始有终，取得实效。为全面提升服务代表质量，开展以“服务代表、凝聚代表”为名称的党建品牌创建活动，积极为代表履职尽责搞好服务。深入基层加强工作联系，切实发挥好基层人大作用。强化宣传工作，2019年，在党报党刊和上级人大报刊发表宣传稿件110多篇，有效提升龙口市人大工作的对外影响力。

【山东省、烟台市、龙口市人大代表名单】

驻龙口省人大代表名单

于晓宁　王珍海　吕　波　程仁策

驻龙口烟台市人大代表

于俊田　马玉岳　马　林　王伟修
王兆铭　王　英　王建生　王春燕
王清业　王　鹏　孔凡平　付述智
吕少梅　曲振涛　朱之方　刘维波
丛方伟　纪寿冕　孙月红　孙为富
杨作强　李秀梅　吴金海　吴新明
宋维刚　张海燕　陈家忠　苑春丰
呼勋光　战永广　姜春华　姜常娥
高赫男　戚永茂　崔晓林　麻名萱
隋荣庆　韩世军　傅继东　薛　磊

龙口市人大代表

高新区（8人）
马晓萍　王应胜　王基年　车　静
孙培玉　迟明多　陈延霞　霍树春
新嘉街道（12人）
王利辉　毛文强　曲伟亮　刘云生
孙丽萍　李　超　吴小平　胡翠芬
姚殿奎　姜立波　徐国会　栾伟伟
徐福街道（13人）
马　妮　王　辉　王耀梅　田世超
田深春　丛益顺　孙娅妮　李树波
李祥基　宋明德　郝慎强　姜　兰
栾思东
东莱街道（20人）
于春娜　马鸿川　王　勇　王　辉
田德昌　孙桂艳　李维江　李裕贤
李　磊　杨　红　张之建　张巧丽
张琨善　张景旗　单春荣　赵强斌
姜洪飞　徐宝勤　高经宇　慕艳凤
东江街道（13人）
王　艳　由雪莲　吕卫东　曲迎春
李朋光　宋运军　迟乃佳　赵书江
战永嘉　徐永明　殷　波　曹玉彬
智树军
龙港街道（34人）
刁　永　刁秋娜　于英杰　马吉嘉
王国祥　王　春　王相孟　王树来
王德超　史殿晓　吕荣广　曲庆祥
仲跻波　刘启海　刘　鹏　孙艳敏
孙耿加　李　华　李　健　李　群
张　伟　张　杰　迟德社　陈月花

陈　杰　邵云飞　范德成　周艳妮
逄永波　姜海庆　郭　伟　韩世军
韩殿明　程兴谟
诸由观镇（19人）
王之文　王运涛　王桂东　王晓东
卞凤华　吕　波　曲建波　刘开斌
杨新江　苏振佳　李明娟　邹　鹏
张存国　张秀芬　张　琳　赵焕印
姜志华　姚树国　黄运廷
石良镇（18人）
马永晖　王　成　王珍江　曲翠燕
朱广孟　仲　红　刘玉祥　刘　峰
李凤芹　张希顺　张岱山　金钊玉
郝明贤　姜喜荣　贾世君　郭志栋
韩存波　温　华
兰高镇（14人）
刁淑霞　山其英　吕家修　孙裕江
杨淑华　张祥利　林淑仙　范建利
周吉伟　赵日凯　胡英姿　战永臣
姚晓蕾　殷志强
七甲镇（13人）
王淑娜　王福胜　史丙前　冯艳艳
孙为富　张基利　迟丽萍　郑建波
孟祥前　姜云强　徐丰建　徐国翠
栾吉寨
下丁家镇（7人）
孙述超　李成梁　李顺军　李　娟
张世会　张名贤　单承瑞
芦头镇（13人）
刁彦龙　史殿坤　刘文刚　刘德兵
孙丰刚　孙立安　李志刚　李　娜
郇树玲　宫本江　姜　毅　栾吉良
臧玉志
北马镇（18人）
于艳丽　马瑞悦　王兰涛　王　娜
乔　波　刘广安　刘培江　李广亮
李小霞　李方正　李秀英　张学林
尚德勃　周景祝　栾元勇　崔建军
韩阿红　魏克义
黄山馆镇（5人）
王艳宁　张基松　赵永信　姜玉珍
麻冰冰
党政群和教科文卫口（11人）
于　妮　王延成　吕吉声　乔　丽
孙立波　郑绪鹏　胡英善　陈洪福
崔生武　焦强林　温孚恩
经贸口（11人）
马怀铎　王义良　丛方伟　曲　艳
吕晓光　孙砚田　孙景海　李春华
刘德成　初元民　赵　娜
财贸和农口（8人）
王晓丽　刘尔尊　刘立杰　刘勋章
杨新利　李玉洁　柳国宾　姜晓娜

撰稿：陈　超　李　静　审稿：姜建志

龙口市人民政府

重要会议

【市政府常务会议】 1月11日上午，市委副书记、市长吕波主持召开本届政府第23次常务会议。市政府领导班子、相关部门主要负责人参加会议，市委副书记马吉嘉，市人大常委会副主任张之建，市政协副主席、经信局局长成宝功列席会议。会议研究讨论《烟台华大纳米有限公司施工工地“2010.10.19”塔吊倾斜一般事故调查报告（讨论稿）》。

3月19日上午，市委副书记、市长吕波主持召开本届政府第24次常务会议。市政府领导班子、相关部门主要负责人参加会议，市人大常委会副主任宫本江，市政协副主席、商务局局长连淑琴列席会议。会议研究讨论了《关于推进防灾减灾救灾体制机制改革的实施意见（讨论稿）》《关于鼓励社会力量兴办教育促进民办教育健康发展的实施意见（讨论稿）》《关于加快构建政策体系培育新型农业经营主体的实施意见（讨论稿）》《扫黑除恶专项斗争工作情况》《龙口市2019年城乡违法建设治理实施方案（讨论稿）》《2019年龙口市级重点工程情况》《2019年龙口市级重点项目情况》《加强和完善城乡社区治理的实施意见（讨论稿）》《龙口市贯彻落实国家海洋督察反馈意见整改方案（讨论稿）》《龙口市创新型县（市）建设方案（讨论稿）》《全市退役士兵专项岗位工作情况》《君澜福地项目审计、评估情况》，传达学习《烟台市生态环境保护督察整改推进暨渤海排污口整治部署工作会议精神》和《中共中央办公厅、国务院办公厅关于统计改革发展各项决策部署的相关文件精神》。

4月30日上午，市委副书记、市长吕波主持召开本届政府第25次常务会议。市政府领导班子、相关部门主要负责人参加会议，市人大常委会党组成员、人事代表工作委员会主任王桂东，市政协副主席、工信局局长成宝功列席会议。会议研究讨论《华为城市智能体和大数据产业园项目情况》《关于支持民营经济高质量发展的实施意见（讨论稿）》《龙口市工业企业分类综合评价实施办法（试行）（讨论稿）》《关于全面加强生态环境保护坚决打好污染防治攻坚战的实施意见（讨论稿）》《龙口市打好渤海区域环境综合治理攻坚作战实施方案（讨论稿）》《龙口市渤海地区入海排污口排查整治专项行动工作方案（讨论稿）》《全市“四减四增”工作开展情况》《全市违法建设治理工作开展情况》《关于进一步促进山区农民增收的意见（讨论稿）》《关于进一步促进山区农民增收的推进方案（讨论稿）》《关于创新体制机制推进农业绿色发展的实施意见（讨论稿）》《龙口市清理整治非法养殖用海专项行动工作方案（讨论稿）》《全市石材加工企业综合整治工作情况》《龙口市2018年法治政府建设情况报告》《扫黑除恶工作情况》《关于加大对我市招商引资工作政策支持力度的报告》。

6月9日下午，市委副书记、市长吕波主持召开了本届政府第26次常务会议。市政府领导班子、相关部门主要负责人参加会议，市人大常委会副主任张之建，龙口法院院长曲振涛，市政协副主席、工信局局长成宝功，市政协副主席、商务局局长连淑琴列席会议。会议研究讨论了《关于坚持农业农村优先发展进一步做好“三农”工作的实施意见（讨论稿）》《龙口市人民政府中铁建重庆投资集团有限公司深度战略合作协议（讨论稿）》《自然资源和规划领域扫黑除恶工作情况》《开发区北部沿海防护林保护区养殖大棚拆除情况》，传达学习《烟台市违法建设治理工作调度会议精神》。

7月25日上午，市委副书记、市长吕波主持召开了本届政府第27次常务会议。市政府领导班子、相关部门主要负责人参加会议，市人大常委会副主任张之建，龙口法院院长曲振涛，龙口检察院检察长吴新明，市政协副主席、工信局局长成宝功，市人武部部长苏如国列席会议。会议研究讨论了《违建别墅问题清查整治专项行动工作情况》《国家卫生城市复审工作情况》《2018年和2019年全市人大代表建议和政协委员提案办理情况》《关于社区工作者薪酬待遇调整有关情况的报告》《建筑领域扫黑除恶专项斗争情况》《龙口市参改部门（单位）定点租赁汽车服务试行方案（讨论稿）》《龙口市第二人民医院改革情况》。

9月10日上午，市委副书记、市长吕波主持召开了本届政府第28次常务会议。市政府领导班子、相关部门主要负责人参加会议，市人大常委会副主任张之建，龙口法院院长曲振涛，市政协副主席、工信局局长成宝功，市政协副主席、商务局局长连淑琴列席会议。会议研究讨论了《龙口市迎接中华人民共和国成立70周年安全生产工作总体部署》《龙口市实施〈地方党政领导干部安全生产责任制规定〉办法（讨论稿）》《关于推进全市城市安全发展的实施意见（讨论稿）》《渣土车及大货车整治情况》《农业农村领域扫黑除恶专项斗争工作》《龙口市环境质量综合整治指挥部各专业组组长、成员单位及工作职责安排方案（讨论稿）》《关于加强数字化城市管理工作的实施意见（讨论稿）》《龙口市建筑领域综合整治工作方案（讨论稿）》《全市人防系统腐败问题专项治理活动问题整改情况》《龙口省级农业高新技术产业开发区总体规划（2016—2020年）调整情况》《龙口市国有资产统一监管调整整合方案（讨论稿）》《中科烟台（龙口）大数据产业研究院项目情况》。

10月21日上午，市委副书记、市长吕波主持召开了本届政府第29次常务会议。市政府领导班子、相关部门主要负责人参加会议，市人大常委会副主任李顺军，市政协副主席、商务局局长连淑琴，市人武部部长苏如国列席会议。会议研究讨论了《关于加快推进装配式建筑发展的实施意见（讨论稿）》《农厕改造工作开展情况》《龙口市2019年农村清洁取暖实施方案（讨论稿）》《龙口市砂石资源专项治理整顿工作暨石材加工综合整治“回头看”工作实施方案（讨论稿）》《全市农村生活污水收集处理情况》《龙口市打击整治食药环假违法犯罪专项行动方案（讨论稿）》《关于进一步加强和规范退役士兵专项公益性岗位管理的意见（讨论稿）》《关于全面深化新时代全市教师队伍建设改革的实施意见（讨论稿）》《交通运输领域扫黑除恶工作》，传达学习了《全省农村改厕规范升级和后续管护长效机制工作现场会议精神》。

12月3日下午，市委副书记、市长吕波主持召开了本届政府第30次常务会议。政府领导班子、相关部门主要负责人参加会议，市委常委、组织部部长郝慎强，市人大常委会副主任宫本江，市政协副主席、工信局局长成宝功，市政协副主席、商务局局长连淑琴列席会议。会议研究讨论了《我市食品安全工作情况》《关于调整龙口市食品安全委员会组成人员的意见（讨论稿）》《龙口市实施质量及知识产权战略助力高质量发展专项资金管理办法（讨论稿）》《苹果产业高质量发展有关情况》《全市外贸外资工作情况》《全市违法建设治理工作情况》《关于2019—2020年度冬季供暖工作有关情况的报告》《全市棚户区改造进展情况》《老旧小区物业管理全覆盖工作情况》《海洋和渔业领域扫黑除恶专项斗争情况》，传达学习《地方党政领导干部食品安全责任制规定》《中共中央国务院关于深化改革加强食品安全工作的意见》《烟台市违建别墅问题清查整治专项行动等重点工作调度部署会议精神》《烟台市农村无害化卫生厕所改造现场观摩会议精神》。

12 月 31 日晚，市委副书记、市长吕波主持召开了本届政府第 31 次常务会议。政府领导班子、相关部门主要负责人参加会议，市人大常委会副主任张之建，市政协副主席、工信局局长成宝功，市政协副主席、商务局局长连淑琴列席会议。会议研究讨论了《政府工作报告（讨论稿）》《2020 年为民服务实事（讨论稿）》《龙口市 2020 年国民经济和社会发展计划安排意见（讨论稿）》《烟台市大气污染防治驻点督查情况》《龙口市农村房地一体不动产确权登记工作方案（讨论稿）》《扫黑除恶工作情况》《龙口市污水处理费征收使用管理办法（讨论稿）》《龙口市全域生态环境综合治理工程项目情况》《龙口市 2020 年财政预算安排意见（讨论稿）》《关于龙口市 2019 年预算执行情况和 2020 年预算草案的报告（讨论稿）》。

【市长办公会议】 2 月 11 日下午，市委副书记、市长吕波在市行政中心 1508 会议室主持召开市长办公会议。市政府领导班子成员、相关部门负责人参加会议。会议听取市政府办公室副主任荣焕君关于落实《政府工作报告》重点工作部门分工意见的汇报，对相关工作进行安排部署。

办公室工作

【政府信息调研】 2019 年，共起草领导讲话、发言、汇报、工作报告等综合文字材料 300 余篇；起草各类会议纪要 49 期；编发《政务参阅》4 期；上报政务信息 800 余条，其中被省政府办公厅采用 40 余条，被国务院办公厅采用 1 条；组织编写调研文章 10 余篇。

【重点工作落实】 2019 年，市政府督查室围绕全市中心工作、市政府领导批示、重要决策部署、《政府工作报告》重点工作、重点工程、重点项目、为民服务实事和热点难点问题开展督查督导，全力推动市政府决策部署落实。全年共督办市政府主要领导批示指示 849 件，下发《重要事项督查交办单》30 期，编发《政务督查》37 期，围绕《政府工作报告》重点工作和为民服务实事落实，集中组织开展督查调度 79 次，承办人大代表建议、政协委员提案 191 件，参与组织市内项目观摩 1 次、烟台市观摩 1 次。

【公文运转】 2019 年，组织召开市政府常务会议 9 次、市长办公会议 7 次、市政府党组会议 13 次、市政府廉政工作会议 1 次；组织协调专题会议 180 多次、各类调研活动 50 多次。办理请销假 1100 多人次。协调市政府领导出席各类会议活动 2800 多人次。严格落实《党政机关公文处理工作条例》，加强文件传阅、保密、档案管理。全年处理上级来文来件 7600 多件，请示件 434 件，领导批示 731 件。

【政府信息公开】 2019 年，龙口市认真贯彻新修订的《中华人民共和国政府信息公开条例》精神，坚持以公开为常态、不公开为例外，加强政策解读，回应社会关切，扩大公众参与，优化公开平台，全面推进决策、执行、管理、服务和结果“五公开”。2019 年，全市各级各部门和有关单位主动公开政府信息 8900 条。其中，各镇街区公开政府信息 1800 条，部门公开政府信息 7100 条。年内，全市各级各部门和有关单位共收到政府信息公开申请 32 件，均在规定时间内予以答复，答复率 100%。

【职能转变】 2019 年，研究制定《关于深化放管服改革优化营商环境实施意见》和《龙口市深化“一窗受理·一次办好”改革的措施》，对160个政务服务事项建立台账、定期督导、销号管理，切实解决企业和群众反映强烈的突出问题，努力营造“审批事项少、办事效率高、服务质量优、群众获得感强”的一流营商环境。牵头开展“放管服”和“一窗受理·一次办好”改革方面存在的问题和线索逐项检查工作，对存在问题进行逐项分解解决。

【政务服务热线】 2019年，龙口市按照“12345”一个号码对外、省市两级受理、各级各部门依责办理”的建设运行模式，进一步强化本级“12345”政务服务热线制度建设，理顺工作机制，完善平台管理，对群众反馈的政务服务领域的政策咨询、服务诉求、意见建议和举报投诉，第一时间联动处置，提高分办、转办、督办和跟踪回访工作实效，有效解决与群众利益和社会公益密切相关的热点、难点和突发问题，更好地发挥“12345”政务服务热线听民声畅民意、解民忧纾民困的桥梁纽带作用。全年承办工单41236件，办结率100%。

撰稿：李金浩　审稿：曲洪顺

行政审批服务

【概况】 2018年12月27日，龙口市行政审批服务局正式挂牌。2019年3月1日，市行政审批服务局正式对外办公，开启“一枚印章管审批”服务模式，全年共办理各类审批业务20917件。

【创新服务】 围绕事项划转承接，按照“批管分离、有序划转、权责明晰”的原则，行政审批服务局与原实施部门全部签订《事项划转交接备忘录》，对承接运行的市场监管局等19个部门的132项行政许可事项逐项明确办理流程、制式证照及表格、审批档案、业务专网、审批用章、勘验服务、专家论证、信息互联互通、业务指导培训及对上协调等事宜。出台《龙口市相对集中行政许可和事中事后管理办法》和《龙口市行政审批与监管协调联动工作机制》，建立审批与监管的联络会商、信息互通、业务协同、责任追究等工作制度，确保审批与监管无缝衔接、配合密切、联系顺畅。3月1日，颁发首张加盖行政审批服务局印章的新版营业执照，正式开启“一枚印章管审批”服务模式。

【事项审批】 按照“一事一权限”的原则，编制《行政审批事项决定权限目录》，减少审批层级，压减审批环节，部分事项直接授权窗口审批，材料齐全，做到即来即办，当场办结。以“材料更简、环节更少、出证更快”为目标，把之前分布在不同部门的事项进行整合融合，将“一事一流程”整合为“多事一流程”，推行“证照联办”“一链办理”。按照上级“一次办好”改革要求，共梳理营利性校外培训机构设立许可等“一链办理”事项13个，医疗机构执业许可、印刷经营许可等“证照联办”事项25个，办理时限较以前平均压缩4个工作日，申报材料精减150份，实施“证照联办”后办证平均提速25%。龙口市开展审批服务便民化的做法先后被烟台市委《决策参考》和烟台市政府《营商环境工作简报》转发，被烟台市确定为流程再造“十佳实践案例”。

【推进“互联网+政务服务”】 行政审批服务局会同市职能办牵头组织龙口市政务服务事项标准化梳理及上网运行工作，各相关部门对政务服务事项目录、实施清单及办事指南等进行全面梳理，通过山东政务服务事项管理系统完成认领发布工作、完成信息完善、流程配置等工作。推进网上服务向基层延伸，梳理出12个市直部门向镇（街）延伸政务服务事项159项（村居延伸办理事项18

项），其中，行政权力事项122项、公共服务事项37项。龙口市被烟台确定为“全市乡镇（街道）村（社区）政务服务事项标准化梳理及上网运行工作”试点单位。

24小时自助政务服务区

【自助服务机制】 出台《关于建立项目“拿地即开工”推进机制的实施意见（试行）》，在投资建设领域推行“拿地即开工”工作机制。对自愿申请、未取得土地使用权但主体相对明确的工业投资项目，形式上视同取得土地批文，实施容缺受理、并联办理、模拟审批，待项目土地权属明确后，补充完善相关资料，将模拟批复转换为正式批复。重推政务自助服务，改造税务自助服务区、商事登记自助服务区和全天候政务自助服务室，实现部分政务服务“24小时不打烊”；建立延时预约、帮办代办、“找茬吐槽”、“码”上服务、“好差评”等系列服务制度，推行“窗口无否决权”“找茬吐槽”“好差评”机制，拓宽便民服务渠道，提升政务服务便利化。

撰稿：王　鹏　审稿：吕春强

信访工作

政务服务大厅自助办税服务区

【概况】 2019年，市信访局在市委、市政府和上级业务部门的坚强领导和大力支持下，紧紧围绕市委、市政府“三重”工作，坚持“以人民为中心”的发展理念和“与群众坐在同一条板凳上”的工作模式，以“事要解决”为根本目标，不断规范信访秩序，畅通诉求渠道，化解群众难题，完善制度机制，全市信访形势稳定向好，积案化解率达到90.7%，基础业务规范

2019年8月，全市信访工作培训会议召开

化水平稳步上升，为全市经济社会发展营造了和谐稳定的社会环境。年内，在“人民满意窗口”创建活动中，被省信访局授予第一批“人民满意窗口”荣誉称号。

【积案化解】 2019年4月，省、烟台市陆续交办龙口市一批信访积案，市信访局全部卡实市级包案领导、责任单位和责任人，要求责任单位逐案制定化解计划和阶段性目标，严格落实案件化解“六项原则”和“三不限、三重新”原则，集中力量全力化解。针对跨辖区、跨部门，情况复杂、影响较大的信访案件，由市信访联席会议牵头召集相关市级领导和责任单位主要负责人共同研究案件化解方案和具体工作措施。年内，上级交办龙口市的积案化解率达到90.7%。

【创建人民满意窗口】 2019年，为深入推进服务型机关建设，不断激发信访工作新动力，展示信访部门新气象，进一步提升服务群众水平，市信访局牵头在全市范围开展来访接待“人民满意窗口”创建活动。市信访局层面，以市联合接待大厅为基础，进一步完善“五统一、五规范”县级人民来访接待大厅建设；镇街区层面，依托党群服务中心或综治办，进一步完善乡镇“三统一、三规范”来访接待场所标准化服务品牌。通过活动的逐步开展，全市信访工作力量进一步充实，结构进一步优化，素质进一步提升。

撰稿：吕　品　审稿：于晓丽

机关事务服务

【安全保卫】 2019年，市机关事务服务中心严格加强对进出行政中心人员、车辆的登记、检查，规范车辆停放管理；安装指纹识别系统、车速测试仪，加强人员及车辆出入管理；严格消防、设备设施运行、食品卫生等安全生产和治安防范管理，按操作规程施工；落实值班、巡查、巡更制度，加大检查抽查力度，强化日常考核监督，做好突发

2019年8月21日，组织消防员开展行政中心消防应急处置演练

情况报告、应急情况处置等。2019年，组织各类值班、巡查、检查500多次；开展各类安全生产大检查16次，发现问题222处，及时进行处理；组织消防演练2次、消防培训2场；协助处理各类信访事件67起，接访人数1434人，有力保障行政中心安全运行。

【物业管理】　抓好设备设施的安全运行管理，强化维修人员24小时值班巡查，确保供水、供电、电梯、照明、空调等重点设备设施正常运转。按照科学合理、厉行节约、保证质量的原则，抓好重点设施设备修缮改造、消防安全管理，根据设备设施老化周期及时更换线路、电池等用电设备，强化日常消防检查和消防报警系统的检修维护，确保消防安全。年内，完成对高低压配电、电梯、制冷机组、换热站、空调、消防报警设施等重点设备的隐患排查。对老化的电梯配件进行更换。制冷前对出现漏气的制冷机组进行查漏维修，并对压缩机铜管进行探伤保养。供暖结束后对换热站的换热片进行全面清洗。对损坏的消防泵、排污泵、消防控制主机以及消防水箱、水带等进行全面维修，为行政中心的平稳高效运行提供保障。高标准做好卫生保洁工作，以更高的标准、更精细的服务，为广大干部职工提供整洁的办公环境。全年共进行各类简单维修服务5760次。

【会议服务】　认真做好会议室的使用安排，实行提前预约制度，确保会议室预定使用不冲突、不遗漏；协调做好会议保障工作，建立工作群，将每次会议的召开时间、参加人员、与会领导等相关内容在群里公告，确保各科室人员按职责分工做好现场会议保障；加强会议室卫生检查以及设备设施运行维护，定期进行卫生检查，及时督促清理卫生死角，维护维修话筒、音响、桌椅等设备设施；强化会议服务人员的培训管理，抓好服务人员的会场布置、礼仪知识培训，更好地做好会议服务。全年共提供各类会议服务1210场次。

【公共机构节能】　深化落实“厉行节约，反对浪费”工作要求，切实抓好全市公共机构节能工作。6月上旬，面向全市各级公共机构组织开展“节能宣传周”和“低碳日”等活动，不断强化节能宣传、浓厚节能氛围。及时准确地完成全市公共机构能耗统计上报工作，切实抓好节水、节电、节能管理，进一步提高能源使用效率。在国管局节能司开展的公共机构生活垃圾分类“随手拍”摄影活动中，龙口市机关事务服务中心作为牵头单位认真组织，经评选委员会最终评定，龙口市机关事务服务中心获山东省县级市唯一优秀组织奖。

【办公用房管理】　年初，全市机构改革，部分单位和部门合并重组，市机关事务服务中心对行

2019年6月，志愿者在行政中心开展节能宣传

政中心的房间进行全面调整，共涉及27个单位部门、147个房间，有效保障各部门工作顺利开展。从4月3日开始，由市机关事务服务中心牵头，从相关部门抽调精干力量组成5个清查小组，深入全市各单位开展拉网式全面清查，逐单位逐房间进行现场测量、人员核实，实行实名制登记管理，对存在问题的办公用房迅速制定整改措施。着眼于巩固成果、建立健全动态管理机制，制定《龙口市办公用房规范管理办法》，对办公用房使用标准、台账登记备案、动态调配管理等制度进行细化完善，以制度规范促进管理规范。8月中旬，结合全省党政机关办公用房信息系统统计报告工作部署要求，对全市71个党政机关的办公用房的使用面积和建筑面积、技术业务用房使用面积和建筑面积、利用率等信息进行摸底，并抽查5个镇街区、8个市直部门办公用房的实际使用情况，未发现违规问题。10月25日，由市机关事务服务中心牵头，从市委办、市府办、纪委抽调精干力量组成5个督查小组，在全市组织开展下半年办公用房集中覆盖检查，经过为期10天的实地督查发现龙口市办公用房整改成果保持良好，无违规使用情况。

【公务用车管理】 将2016年党政机关公务用车制度改革后，所有保留车辆统一纳入“山东省公务用车管理平台”统一监管，除有保密要求的车辆外，均安装定位终端。为贯彻落实厉行节约、减少公务用车运行成本，机关事务服务中心对龙口市事业单位公务用车改革取消的76辆车辆进行封存确认，同时对部分公车进行调剂及置换。7月下旬，为强化日常监督做好公务用车规范管理工作，市机关事务服务中心成立2个督查组，对全市16个镇街区的公务用车使用管理情况进行实地督查。为落实政府购买社会服务政策要求，满足公务用车制度改革后参改部门（单位）车辆租赁需求，根据《龙口市公务用车制度改革实施方案》的要求，10月下旬，委托龙口市政府采购办公室通过公开招标确定龙口市部门（单位）定点汽车租赁服务企业，并制定出台《龙口市党政机关租用社会车辆管理暂行办法》。

撰稿：石晶莹　审稿：牟　磊

应急管理

2019年10月30日，组织开展全市办公用房使用管理检查

【安全生产监管】 2019年，龙口市应急管理局以开展“安全生产责任落实月”活动为切入点，认真贯彻《地方党政领导干部安全生产责任制规定》及山东省实施细则、烟台市实施办法，研究制定《龙口市〈地方党政领导干部安全生产责任制规定〉实施办法》，完善市级领导和市直部门包镇街区督导安全生产工作制度；结合机构改革进程，调整充实市政府安委会及15个专业委员会，明确市长任主任、各行业分管市

级领导及应急局局长任副主任的组织架构，制定政府领导干部年度安全生产工作责任清单。按照“管行业必须管安全、管业务必须管安全、管生产经营必须管安全”的要求，在“三定”方案中明确各部门的安全生产职责，健全安全生产“权力清单”和“责任清单”，卡实安全生产监管范围和对象。组织各镇街区、部门、企业层层签订安全生产目标责任书、承诺书15万份，建立自上而下、环环相扣的责任落实体系。

【双重预防体系建设】 将双重预防体系作为2019年“一一过关”工作开展的核心主题，聘用第三方服务机构对企业建设运行情况逐个评估，对“建而未用”“建用两张皮”的企业，一律不予“过关”，并及时启动执法问责，落实行政处罚。认真落实“安责险＋双重预防体系建设”工作要求，采取“投保企业自查自纠、承保公司帮扶诊断、监管部门督促指导”的方式，集中解决企业的难点和问题。5月，省应急厅在山东福尔公司召开现场观摩会，总结推广双重预防体系建设运行经验。先后组织、承办烟台市级以上双重预防体系建设观摩会8次，组织专题集中培训5次，帮扶企业200余家，培训人员超过2000人次。

2019年2月6日，开展春节护节行动对相关企业进行督导检查

【开展执法检查】 制定《龙口市应急管理局行政公示实施办法》等三项制度，推动透明执法、专业执法；由市安委办牵头，组织22个行业主管部门先后开展交通、建筑、矿山、石材、化工、烟花爆竹、工贸等11个行业的百日攻坚集中整治，治理安全隐患960余处，打击各类违法行为20余起。深入开展安全隐患大体检大排查大整治。汲取江苏天嘉宜公司“3·21”爆炸事故教训，市政府组织召开全市警示教育大会，对照事故企业问题清单，对全市化工、涉爆粉尘等行业企业进行对标排查和执法检查，共立案处罚企业9家，责令停产停业企业12家。全力以赴抓好迎接中华人民共和国成立70周年专项整治行动。以“防风险、保安全、迎大庆”为工作主线，按照“两严”“七盯”“四派驻”要求，对发生过事故、存在重大安全风险的22家不放心企业派驻驻企干部126名，对化工企业聚集区、采矿区、各建筑工地和龙口港港区等重点区域开展巡回检查256次。1—12月，累计检查生产经营单位2560家次，查改各类隐患和问题1596处，立案查处安全生产案件48起，行政处罚突破220万元，事故防范和安全管理能力得到显著提升。

【问题隐患督办整改】 针对省委第四督查组暗访发现的3处安全问题、烟台市政府安委会督导组检查发现的249处安全问题及烟台市重点交办的2处安全隐患，成立整改督办专班，专职负责核查取证和跟踪督办；对群众多次举报的非法停车场、违规售卖烟花爆竹、违法动火作业等问题，按照“挂牌督办”规定，下达《整改指令书》，建立督办台账，严管、严控、严格销号，实现事故隐患治理工作闭环。

2019 年 6 月 28 日，对玉龙纸业有限公司进行安全生产检查

截至年底，254 处问题隐患已全部完成整改，年内实现“隐患清零”。

【防灾减灾救灾】 整合原应急办、地震局、民政局等 11 个部门的应急职责，抽调业务骨干组建应急救援科作为全市应急力量指挥中枢；调整防灾减灾委员会成员架构，印发《关于推进防灾减灾救灾体制机制改革的实施意见》，组织起草《龙口市提高自然灾害防治能力主要任务工作方案》，有力地推进全市防灾减灾救灾体制机制改革。紧贴机构改革进程，对市总体预案及各专项预案进行重新修订，从严从难设置模拟情况，强化市级预案与各类专项预案间上下衔接、部门衔接、政企衔接；扎实开展企业生产安全事故应急预案备案工作，牵头开展广泛的应急演练、演习活动，有力地夯实企业应急管理基层基础，先后开展各类演练 543 次，覆盖人员达 5 万余人，修订各类预案 765 份，生产经营单位预案备案率达 100%。市政府设置安全生产专项资金 400 万元用于隐患排查治理；积极推进安责险投保工作，2019 年新增投保企业 230 余家，新增保费 270 余万元。认真落实烟台市“三重”工作部署，在东西两城区分别完成 1 处应急直升机停机坪建设工程；建立完善灾害民生综合保险制度，组织开展灾害民生综合保险信息采集和保费缴纳工作，全市近 64 万居民实现民生兜底。在市委、市政府坚强领导下，全市众志成城、严阵以待，有效抵御“利奇马”“玲玲”等台风灾害侵袭，保障群众生命财产安全。

【应急管理宣教】 围绕“国家防灾减灾日”“安全生产月”等活动，结合“防风险、除隐患、遏事故”等主题创新安全宣教形式，在明德中学组织开展“5·12”防震自救示范演练，推动防灾

2019 年 6 月 14 日，开展火灾疏散演练和消防安全常识培训活动

减灾“小手拉大手”；联合龙口电视台开展安全生产应急管理宣传教育活动，制作警示短片4条，在龙口电视台滚动播放1个月，在全市营造浓厚的安全氛围；组织召开“安全献礼”主题文艺会演等活动，以群众喜闻乐见的演出形式创新安全生产知识普及方式；开展安全生产“一线行”报道，将生产一线的优秀管理经验和应急避险措施推广普及，促进各类企业互亮互学、共同提高。共发放各类安全生产资料2.5万余份，组织各类现场活动32场，覆盖全市群众10万余人。将危险化学品生产经营单位负责人、安全生产管理人员、烟花爆竹零售经营人员等作为重点，进行有针对性的培训，全面提高从业人员的安全业务素质。共举办各类安全生产培训班14期，培训人员1600余人。

撰稿：张泽光　审稿：曹政强

【消防安全管理】　年内，全市共接处警1192起，其中火警1002起、抢险救援190起，出动车辆2400余台次，出动警力1.4万余人次，疏散抢救被困群众170余人次，完成“两节”、“两会”、龙口粉丝节、建党98周年、国际马拉松赛事等大型活动消防安全保卫任务以及增援潍坊、滨州抗洪排涝任务。深入排查整治火灾隐患，火灾防控水平不断提升。先后组织开展生产加工企业排查整治、“防风险保平安迎大庆”消防安全执法检查、火灾隐患排查整治、“雷霆”行动、“大起底、大整治”百日攻坚等9个专项活动。深入排查整治火灾隐患，排查单位3万余个次，整改火灾隐患3万余处，临时查封18家，责令“三停”20家，罚款150余万元，拘留64人次。综合保障能力逐步增强，2019年，市财政投入消防业务经费1796.93万元，其中265万元用于车辆装备购置，139万元用于通海路中队训练塔建设，9.2万元用于消防宣传；2019年3月，龙口市消防大队特勤消防站项目开工建设，工程当年先期预算经费1811万元，12月，综合楼和公寓楼主要施工项目完工。新增市政消火栓42具。

2019年8月14日，“利奇马”台风登陆山东省，市消防大队成立防汛抗洪突击队连夜奔赴滨州增援

2019年8月26日，成功救出一名因工地突发坍塌被掩埋工人

撰稿：谢燕杰　审稿：王　浩

中国人民政治协商会议龙口市委员会

综　述

【概况】 2019年，市政协常委会高举习近平新时代中国特色社会主义思想伟大旗帜，在中共龙口市委的正确领导下，牢牢把握团结民主两大主题，紧紧围绕全市工作大局，积极建言资政，广泛汇聚合力，忠实履行职责，全年组织开展2次专题议政、7次专题视察、12次协商活动，形成15篇综合调研报告，推动立案的154件提案全部办结，组织委员培训40多人次，开展委员联络组活动60多次，整理和编辑出版文史资料100多万字，为推动全市新一轮改革开放和高质量发展作出积极贡献。

【全委会议】 2019年1月21日至23日，政协龙口市十四届三次会议召开。会议听取并审议通过政协龙口市十四届委员会常务委员会工作报告、提案工作情况报告，以及十四届三次会议政治决议、常务委员会工作报告决议和提案工作情况报告决议。

【常委会议】 1月23日，政协龙口市第十四届委员会十二次常委会议召开，协商通过政协龙口市十四届三次会议提案审查委员会关于本次大会提案审查情况的报告；协商通过政协龙口市十四届三次会议有关决议（草案）；协商通过关于调整部分市政协专门委员会组成人员的建议名单；对政协十四届十一次常委会议委托主席会议协商通过的有关事项进行备案说明，市政协主席吕卫东，市政协副主席周学军、李忠维、杨成显、成宝功、连淑琴、于艳丽出席会议。

5月28日，政协龙口市第十四届十三次常委（扩大）会议召开，会议聚焦养老服务体系建设参政议政、建言献策。市政协主席吕卫东，市政府副市长任建平，市政协副主席周学军、杨成显、成宝功、连淑琴出席会议。与会人员实地查看和平居委会日间照料中心、枫晚老年公寓、社会福利中心、东莱街道敬老院4个现场，围绕养老服务体系建设提升发展、政策扶持等方面提出意见建议。

6月27日，政协龙口市第十四届十四次常委（扩大）会议召开，会议围绕“实施乡村振兴战略”建言献策。市政协主席吕卫东，市政府副市长王志臣，市政协副主席周学军、杨成显、于艳丽出席会议。与会委员先后参观芦头镇绿水青山果蔬专业

2019年1月21—23日，市政协十四届三次会议召开

2019 年 5 月 28 日，市政协十四届十三次常委会议召开，围绕推进养老服务体系建设建言献策。图为看望老年人现场

合作社、黄山馆镇茂源果蔬专业合作社和格润富德现代农业产业园，围绕大力推进现代农业园区建设、培育壮大新型农业经营主体、加快发展乡村旅游业、巩固提升农业科技创新能力等诸多方面提出相关意见和建议。会议还协商通过有关人事安排事项。

9 月 27 日，政协龙口市第十四届十五次常委（扩大）会议召开，会议围绕项目建设开展专题协商。市政协主席吕卫东，市委常委、副市长纪寿冕，市政协副主席周学军、李忠维、杨成显、成宝功、于艳丽出席会议。与会委员实地观摩托雷斯葡萄酒及葡萄籽提纯等 5 处项目现场，听取市政府通报全市上半年经济运行和项目建设情况，与会委员从提质增效、推动传统产业转型等多角度提出意见建议。会议还协商通过有关人事安排事项。

12 月 18 日，政协龙口市第十四届十六次常委（扩大）会议召开。会议听取市政府关于政协十四届三次会议以来提案办理情况通报；专题调研协商全市文物保护和开发利用工作。市政协主席吕卫东，市委常委、副市长金成波，市政协副主席周学军、李忠维、成宝功、于艳丽出席会议。与会委员实地观摩莱国春秋陈列馆、归城城址和庵夼村原黄县二行署旧址。政府通报全市文物保护工作和十四届三次会议以来提案办理情况，与会委员从推进文保工作规范化制度化管理等方面提出意见建议。

主要工作

【提案工作】 2019 年，全市广大政协委员紧扣市

2019 年 9 月 27 日，市政协十四届十五次常委会议召开，围绕项目建设建言献策。图为参观企业现场

委“一五五七”工作思路，政治协商聚焦大事，参政议政关注实事，民主监督紧盯难事，认真履行职能，积极建言献策，共提出意见建议 211 件，充分体现参政热情和崇高使命。经审查立案的 154 件提案全部按期办结。市政协常委会坚持“围绕中心、服务大局、提高质量、讲求实效”的工作方针，从提案的撰写、审查、交办、督办等环节着手，狠抓提案质量，优化办理机制，强化重点督办，提案工作呈现出“党委重视、政府支持、政协主动、各方配合、社会关注”的新格局，为推动龙口经济社会全面发展、走在前列发挥积极作用。

提案征集 市政协常委会夯基础、抢先机、建平台、扩视野，采取有效措施，努力提升提案质量。通过培训辅导，提高委员对新形势下政协工作地位、作用、任务的认识，加深对社会主义协商民主独特优势的理解，增强围绕中心服务大局、推动建设现代化新港城的责任感。通过选题指导，进一步加大平日提案的征集力度，保证委员的调研时间，提高征集效果，同时，立案审查措施确保政协提案起到沟通政党、联系各界、反映民意的作用。

提案办理 市政协坚持突出重点、精准施策，从提案交办、督办、完善机制三个方面着手，狠抓提案办理落实。4 月和 9 月，分两次下发提案办理征求意见稿，明确界定办理责任。充分运用政协常委会议、主席会议和调研视察活动等形式对提案工作进行跟踪督办。7 月底，会同市委、市政府对全市政协提案进行集中调度，共同研究解决提案办理过程中存在的问题。11 月，召开重点提案协商督办会议，组织提案人到承办单位实地调研，现场听取提案办理情况汇报，现场审议问题答复，使提案办理工作取得预期成效。将提案办理情况纳入年度目标管理考核体系，考核指标贯穿提案的审查、办理、督办等各个环节，有力推动提案建议落地落实。遴选社会关注度高、操作性强的市级重点提案 3 件、一般重点提案 16 件，由市政府副市长和政协提案委成员领衔督办，在承办单位的大力支持下，民事诉讼立案难、增加税务办理窗口、增设路口红绿灯及监控系统、增加山区果农补贴、校区污水管网改造、主干道路交通治理等一批社会热点问题得到有效解决，提案办结率和委员满意率达 100%，并通过“芝阳议事”微信平台公开公示，方便公众监督。

2019 年 1 月 21 日，市政协召开“四有”委员主题活动表彰会议

【办公室工作】 2019 年，市政协办公室在市政协党组的领导下，紧紧围绕市政协中心工作，充分发挥办公室承上启下、保障协调和参谋助手的作用，圆满完成年度各项目标任务。综合服务精益求精，竭力做好会务工作，完成 1 次全委会议、5 次常委会议、4 次主席会议、20 余次各种专题座谈会议以及日常机关工作会议的组织筹备和服务工作，确保会议顺利召开。改进公文处理工作，全年实现公文运转 4000 多份，办理落实领导批示件 28 件，均无纰漏。公务接待

做到严格标准、规范程序，成功组织17次上级或外地政协到龙口的调研视察和本级外出考察学习活动。自身建设多措并举，先后修订完善“政协党组议事规则”“理论中心组学习规则”“意识形态工作责任制”等相关制度，以党组会议、主席会议、理论中心组学习会议、常委会议以及机关“主题党日”“集体固定学习日”为载体，组织40次集中学习、10次交流研讨、15次专题培训。党组成员深入镇街区面向基层委员开展业务培训、政策宣讲7次，推动思想政治建设覆盖整个政协系统。叫响“委员服务先锋队”机关党建品牌，积极参与“双报到、双提升”工作，与润新社区开展结对共建，帮助改善社区办公条件，资助困难家庭渡过难关。组织机关干部深入常伦庄村、锦里社区、下丁家精神展馆等红色教育基地接受革命传统教育7次。组织赴芦头、东莱、诸由、新嘉开展精神文明创建、主题实践志愿活动20余次。积极打造机关文化阵地，不断扩大政协工作影响力，在学习强国、人民网、联合网、大众网发表新闻稿件36篇。机关建设从严从实，严守“八项规定”，对标对表抓好巡察整改，开展办公用房、公务接待、财务审计等清查整治工作，完善机关考勤、公车使用、出入境管理等规章制度，持续推进学风文风会风持续好转。

【帮扶惠民】 2019年，市政协充分发挥政协党组、政协机关、委员联络组、界别委员的协同带动作用，深入扶贫包村联系点开展调研、入户走访，帮助制定脱贫计划，协调落实低保、优抚、贷款、救助等扶贫政策。协助芦头镇中心泊村建起党建活动室和文化大院，组建15人的志愿服务队，协调资金硬化道路、打井抗旱，帮助大糖合作社拓展销售渠道、破解工艺瓶颈问题，落实第一帮扶责任人的责任，定期开展脱贫攻坚政策宣传、人居环境治理、孝老爱亲、义务帮扶等主题实践活动13次。开展送戏下乡和送书画下乡4次。依托委员联络组活动，先后深入20多所学校、30多个村，与100多名困难群体结成帮扶对子，捐助食品、药品、衣服、助残器械等物品价值20多万元，为脱贫攻坚注入“委员力量”。

【文化活动】 2019年，在市委、市政府的大力支持下，组织开展“文化走亲”系列活动，以“文”为媒、以“亲”为旨，采取“回乡采风”“在京办展”“回龙办展”的方式，拜名家、访乡贤、问乡愁、助发展。5月，组织“文化走亲·乡梓情怀”

2019年5月13日，市政协举办“文化走亲·乡梓情怀”活动

采风活动，邀请24名龙口籍书画、摄影、文学艺术家回乡采风创作。11月，在北京民族文化宫举办“文化走亲·情系故里”书画摄影作品展、“中华人民共和国成立70周年龙口发展成就展”，展览以图片、文字等形式，记录70年来龙口市经济社会各个领域的发展成就、巨大变迁，以书法、绘画、摄影等多种艺术形式，展现70年来龙口市文化艺术领域的传承创新和繁荣发展，受到各界人士的高度评价，被中央及省和烟台各级媒体广泛报道。举办“文化走亲”进京作品回乡展，让更多市民感受家乡的发展巨变，感受文化龙口的无限魅力。

【存史资政】 2019年，市政协积极搜集民间遗存的口碑、文献并结合国史方志研究，不断开拓新视角，发掘新内涵。编辑出版40万字的《龙口历史文献集成（第二辑）》，全方位展现龙口籍民主革命社会活动家丁佛言的卓越历史地位和深厚学术造诣；编辑出版《东莱风云录》，收录近百年来龙口地区涌现出的重要人物和重大历史事件；完成三期《龙口文史》编撰发行，征集文史资料60篇近20万字，并向英雄故乡常伦庄村赠送《龙口文史·任常伦专辑》200册，传承红色文化，宣传新时代爱国主义精神，发挥“存史、资政、团结、育人”的指导作用；9月，在省政协组织的全省政协系统优秀文史期刊表彰中，《黄县话》《龙口历史文献集成（第一辑）》分获一、二等奖，为烟台市各县市区中唯一获得两项奖励的单位；10月，由市政协推荐的原创歌曲《风雨同舟》从全国1400首作品中脱颖而出，成为全国政协推出的庆祝政协成立70周年歌曲作品集70首入选曲目之一。

【山东省、烟台市、龙口市政协委员名单】

驻龙口山东省政协委员

释真龙　张海燕

驻龙口烟台市政协委员

吕卫东　高景波　辛卫东　曹　杰　姜兆友
王积武　刘振东　宋焕毅　张启友　修思礼
王　冶　解居麟　王仁学　吴树康　李　刚
李忠维　孙春杰　刘前进　张嘉江

政协龙口市十四届委员名单

第一组（14人）
张明怡　刘丽艳　李书文　刘洪敏　于　泳
邵云波　赵宗千　范晓辉　王建鹏　张洪波
张益洲　孙　淼　卢德波　吕卫东

第二组（8人）
戚善锋　戚大武　李凌丰　王　涵　王庆策
王积武　王仁学　赵宏韬

第三组（5人）
唐鸣毅　卢发龙　张国栋　张嘉江　张启友

第四组（12人）
王康名　范华新　郑广陵　张维波　杜洪波
郭文鹏　杨　庆　孙兆耕　刘　俊　石常利
解居麟　高景波

第五组（22人）
陈业坤　胡文杰　杨卫昌　杨　磊　张久军
孙　胜　原英杰　赵　波　王　妮　王　斐
林少娥　刘玉磊　宋　欣　李震东　陈殿军
周福强　孙义丽　栾鸿艳　王思梅　王　波
修思礼　成宝功

第六组（16人）
王　阳　张　静　赵德刚　张万波　崔秀香
王雪颖　李　梅　姜月芳　于利祖　宋　亮

邢延益　战长鑫　董　波　曹　杰　孙春杰
释真龙
第七组（8人）
李世东　杨　瑜　李　涛　田　刚　姜春杰
王　伟　于绮辉　周洪玉
第八组（11人）
王洪浩　徐世勤　孙军乐　王兆宇　仲吉维
黄建忠　马德达　刘玉萍　王广兵　陈　骏
于永水
第九组（5人）
庄　越　徐学川　王晓光　阎　晓　张仁武
第十组（6人）
王　晨　李前基　陈学诚　李　超　陈学童
姜茗瀚
第十一组（6人）
李玉浩　张　强　杨　超　宋永雷　杨爱佳
李玲君
第十二组（6人）
王　斌　颜桂丽　曲可明　谢国波　高　娟
李绍臣
第十三组（8人）
路　凯　慕泉欣　修志成　刘　洋　王　峰
刁　建　周成寅　刘前进
第十四组（6人）
徐文超　张迎军　高玉坤　李　胜　孟德财
杨　军
第十五组（7人）
史春亮　祝伟忠　柳晓燕　杜宗峰　丁　琳
程　锋　张根田
第十六组（21人）
毕春胜　杨跃林　刘家林　赵长春　段金德
刘英杰　姚祥键　王国华　杜文静　孙加洁
王志成　刘　凯　仲　华　罗　皓　王志香
王忠年　王永毅　刘振东　张海燕　姜兆友
李忠维
第十七组（10人）
傅丽萍　丁志鹏　崔玉光　刘中霞　马　俊
范文廷　宋晓燕　范文龙　汪晓梅　宋安元
第十八组（13人）
程光帅　韩礼御　王丽华　张　波　辛丽红
孙礼明　闫士选　麻常辉　范丽敏　马国盛
魏加财　孙居田　周学军
第十九组（17人）
韩春梅　张心一　姜文洲　王韶光　吕洪锦
刁永光　张　艳　汤　丽　李方珂　朱　龙
孙景宏　高永东　董和霞　李武梅　刘汝军
隋　瑜　张成钢
第二十组（14人）
丁莉莉　高润昕　郑立仁　郑延文　童文斌
慕寿双　王向阳　周锦钏　张建义　王明旻
赵人兴　程　潇　王　刚　连淑琴
第二十一组（12人）
王丽霞　韩恭福　赵　军　邢　钰　栾文弘
单汝军　丁维峰　邹秀妮　王志凯　田　源
宋焕毅　杨成显
第二十二组（15人）
张　峰　戴慧媛　曲常弘　王　磊　戚克栋
朱　琳　单　超　徐喜丹　王军玲　王　磊
厉国军　徐浤馨　李　刚　王　冶　张英华
第二十三组（15人）
李　颖　王华明　邹彩娥　王　春　山　峰
于瑞锋　贾克高　张泓杰　吴　鸣　彭秋建
马凤林　王乐进　单　鹏　邹　莉　吕海杰
第二十四组（9人）
李高杰　孙少静　王敬天　段康敏　姚文亮
王曙光　范广辉　韩文亭　于艳丽
第二十五组（9人）
吴世刚　王燕妮　庄永卫　焦敬先　曲信景
仲　林　孙凝洋　吴树康　姜星国

撰稿：位　茜　审稿：田志祥

纪检监察

综　述

【全体会议】 龙口市第十三届纪律检查委员会第四次全体会议，于2019年1月29日召开，出席全会的市纪委委员24人，列席115人。这次全会的主要任务是：深入学习贯彻十九届中央纪委三次全会、省纪委十一届四次全会和烟台市纪委十三届四次全会精神，回顾总结2018年全市党风廉政建设和反腐败工作，研究部署2019年任务。会议分两个阶段进行，第一个阶段由市委常委、纪委书记、监委主任丛方伟主持，市委书记韩世军讲话；第二阶段由市纪委常务副书记、监委副主任吕孝杰主持，市委常委、纪委书记、监委主任丛方伟作工作报告。

【强化理论武装】 始终把学习贯彻习近平新时代中国特色社会主义思想作为首要政治任务，及时跟进学习习近平总书记系列重要讲话、重要指示批示精神和十九届四中全会精神，开展市纪委监委领导班子理论中心组学习4次。扎实开展“不忘初心、牢记使命”主题教育，坚持边学习、边调研、边检视、边整改，市纪委监委班子成员围绕8个专题，撰写心得体会66篇，为党员干部讲专题党课6次；采取“四不两直”的方式深入基层调研，召开调研成果交流会；对照“十八个是否”深入检视剖析，高质量开好专题民主生活会，梳理问题160项，建立整改台账，逐项抓好落实。

【践行“两个维护”】 坚持把践行“两个维护”体现在强化对上级重大决策部署的监督检查上，紧盯脱贫攻坚、生态环保等上级重大决策部署，以及市委“三重”工作推进落实，强化再监督再检查，共对64名履职不力、失职失责的党员领导干部进行精准问责，保障政令畅通。提高政治站位，强化对巡视反馈问题整改的监督检查，确保不折不扣落实到位。围绕做好省市县三级联动巡察，抽调4个组参与对3个镇街、103个村、8个社区的联动巡察和对28个国企的机动巡察。

【专项整治】 全力扭转越级访高位运行态势，持续开展基层信访突出问题专项整治活动，全市系统内到省进京访实现连续3年下降。扎实开展漠视侵害群众利益问题专项整治，督促有关部门单位聚焦13个领域、66项整治重点内容开展专项治理。深化扶贫领域专项治理，聚焦危房改造、农厕改造等重点领域，坚决整治脱贫攻坚政策落实不到位、扶贫标准把握不精准、消极应付、弄虚作假等形式主义官僚主义问题，全年累计查处侵害群众利益问题168起197人，党纪政务处分39人。深挖涉黑涉恶腐败和“保护伞”问题，与政法机关密切配合、协同办案，全面梳理涉黑涉恶案件问题线索，2019年共查处涉黑涉恶腐败案件22起29人，查处“保护伞”2起2人，查处各种推动不力1起7人。

【正风肃纪】 坚决整治形式主义、官僚主义，制定出台工作方案，将问题细化为5个方面23类具体情形，紧盯上级重大决策部署落实和市委“三重”工作的推进，严肃查处“庸懒散、躲拖软”、不担当不作为等形式主义、官僚主义，2019年共查处问题160起179人，党纪政务处分21人。严肃查处享乐主义、奢靡之风，坚持露头就打、防止反弹回潮，2019年共查处问题86起91人，分5批通报曝光15人次。深入抓实机关作风集中教育整顿活动，先后开展纪律作风整顿月、问题大调研大收集、干部作风集中察访等23项活动，聚焦“慵懒散”“佛拖滑妖”等问题，对不担当、不作为等问题进行暗访，拍摄制作《专题暗访片》在全市性大会播放，曝光问题26个。

【反腐败斗争】 2019年全市纪检监察机关共立案499起，党纪政务处分426人。其中，移送检察机关审查起诉4人。精准把握运用监督执纪“四种形态”，2019年全市纪检监察机关共运用“四种形态”处理1443人次，其中前两种形态占比90.3%。2019年3月稳步推进派驻机构改革，保留4个综合派驻纪检监察组，撤销19处个别派驻机构，实现对县一级党和国家机关派驻监督监察全覆盖，同时进一步健全完善对口联系、请示报告、信访受理、线索处置4项机制，先后开展各类监督92次，参与调查落实信访案件104起，自办案件立案22起24人，实现了“零突破”。2019年共开展2轮常规巡察、3轮针对农民工工资保证金和房地产销售监管、人防领域、招投标政府采购领域的专项巡察，发现各类问题212个，移交问题线索36个；龙口市开展专项巡察工作的经验在烟台市相关会议上做了交流发言。

【做好“后半篇”文章】 2019年，组织全市60多名副县级以上领导干部到胶东红色文化陈列馆和烟台廉政教育基地接受现场教育；结合不同专题先后召开10余次全市警示教育大会，并由市委主要领导集体廉政谈话；编印《典型案例汇编》，组织开展党纪法规和德廉知识测试，积极深入基层“一线宣讲”，利用微信公众号、手机短信等平台，进一步丰富教育方式方法。

【干部队伍建设】 强化素质能力建设，严格落实全员培训要求，2019年先后组织全系统100多名干部赴西南政法大学举办专题研修班2期。利用“夜校”集中学习中纪委系列课程；定期组织闭卷考试，以考促学、以学促用。加强内部管理，先后完善外出审批、干部家访、全员全程全时监督等20多项制度规定；组织开展对镇街区落实“三转”和保密工作专项检查，组织镇街区纪检监察机构进行工作自查，不断强化内控机制和内部督查。提升基层办案能力，2019年全面实施“基层基础提升工程”，在烟台市率先为16处镇街区纪委一次性配齐办案车辆，率先实现镇街区谈话室标准化建设“全覆盖”。同时，将镇街区划分为4个协作区，由委机关监察室对口联系，2019年镇街区纪委共立案322件。

撰稿：杨　震　审稿：张　华

巡视巡察

【概况】 2019年，市委巡察办坚持以习近平新时代中国特色社会主义思想为指导，在上级巡视巡察机构和市委的正确领导下，坚守职能定位，发挥利剑作用，提升政治站位，忠诚履职尽责，巡察工作全面高质量发展。

【市县联动巡察】 3月底至5月中下旬，烟台市委2个巡察组进驻龙口市，对东江街道、龙港街道、七甲镇、部分市属企业开展政治巡察，龙口市委3个巡察组同步对东江街道、龙港街道、七甲镇所辖村（居）开展联动巡察。

【常规巡察】 7月8日至8月9日开展十三届市委第六轮常规巡察，设立3个巡察组，对东莱街道、徐福街道及其所辖村（居）、社区进行巡察，对市残联、机关事务服务中心、司法局进行巡察整改情况“回头看”；10月15日至12月24日开展十三届市委第七轮常规巡察，设立3个巡察组，采取“一拖二”的方式，对诸由观镇、兰高镇、石良镇、芦头镇、下丁家镇、新嘉街道及其所辖村（居）、社区进行巡察。

【专项巡察】 4月15日至4月18日，安排1个巡察组，对住建局承担的在建项目缴纳农民工工资保证金和房地产销售监管工作进行专项巡察；7月25日至8月23日，安排1个巡察组，对市住建局、财政局开展招标投标（政府采购）工作进行专项巡察；9月2日至9月6日，安排1个巡察组，对市人防领域进行专项巡察。

撰稿：孙小琛　审稿：孙文斌

民主党派

民盟烟台龙口市支部

【概况】 2019年，民盟烟台龙口市支部共有盟员14名。主委刘中霞，组织委员、宣传委员刘汝军，参政议政、社会服务委员隋瑜。其中龙口市政协常委2名，龙口市政协委员4名。支部获得民盟山东省委“思想政治建设先进集体”，民盟烟台市委2019年度“盟务工作先进集体”称号。1人获评民盟山东省委“思想宣传先进个人”，2人获评民盟烟台市委“综合先进个人”，3人获评民盟烟台市委“单项先进个人”。

【主要活动】 2019年，组织盟员集中学习中共十九大会议精神、全国“两会”会议精神和各级民盟的会议、文件精神，引导盟员学习盟章、盟史。通过开展“不忘合作初心，继续携手前进”主题教育活动，进一步使盟员做到“两个维护”，提高“四个意识”，坚定“四个自信”。支部还开展“不忘历史，不负韶华”爱国主义主题实践活动，到徐镜心故居参观。是年，支部向民盟烟台市委提交调研报告4篇，向各级政协提交提案8件，均被采纳。支部开展调研活动8次，分别是到龙口桑岛调研“旅游互联网+”，到裕东机械调研“民营经济发展”，到兴民智通和奥瑞金调研智能化人才的培养，到茂源农庄调研现代农业发展，到龙口黄山馆管前徐家调研乡村振兴，到新民学校和培基学校调研基础教育，到丁氏故宅调研龙口文化产业。支部设办公室和“盟员之家”，实施“人才强盟”战略，发展年轻盟员，各类宣传信息被各级采用共计21篇。书法界盟员参与“送万福进万家”暨第八届“百县千村”书法惠民活动，医疗届盟员到龙口市下丁家、石良敬老院开展“送温暖、送健康”活动和龙口房颤日大型义诊活动，支部开展林苑爱心屋捐赠棉衣活动和七甲镇东林家村帮扶贫困户活动。协调企业资助10名贫困中小学生，在龙口市第一中学和海岱学校设立“兴民智通奖学金”奖励优秀学生，组织企业向龙口市红军小学、七甲小学部分留守贫困儿童捐助羽绒服、书包、文具等共计4万余元。

2019年8月22日，烟台市委统战部领导到民盟龙口支部视察指导

民进龙口市支部

【组织机构】 2019年，民进龙口市支部共有会员7名。主委李刚、副主委李方珂、参政议政委员丁维峰、组织宣传委员马卫卫，其中烟台市政协委员1名，龙口市政协常委1名、委员1名。是年，被山东省委评为“先进基层支部”。

【主要活动】 全体会员紧紧围绕烟台市和龙口市经济社会发展开展议政调研活动，提出的教育、文化、卫生、城建、基层综治方面的提案（建议）和社情民意信息50多项，均被立案或采信。其中,《关于加强烟台市水污染防治的调研报告》《关于改善全市蔬菜、水果产业发展环境的建议》《关于提倡绿色出行的建议》《关于治理电动轿车问题的建议》被评为政协优秀提案或市委会重点提案。2019年，全体会员积极响应民进中央“微公益”“温暖普通民心”号召，主动参与“同心·城乡助学行”“传统文化进校园”“教师志愿者”“四送（教科文、戏曲、医护、法律）下乡”“进乡村·暖乡亲”“开展助力扶贫暨美丽乡村建设”等活动，并通过民进烟台市委经济界会员联谊会、青年联合会、开明慈善基金、希望工程、滴水斋等社会救助平台，帮扶困难家庭18户、贫困学生20余名，捐款捐物累计30万余元。多次走进石良镇、高新区等贫困家庭，经常看望贫困学生，积极参与帮助菜农活动，开展看望退休老党员，走进敬老院看望孤寡老人，开展送医疗下乡活动等。

民建龙口支部

【概况】 2019年，民建龙口支部共有会员17人，主委焦敬先，副主委赵喜杰、仲林，组织委员朱琳，宣传委员曲信景、孙若浩，参政议政委员张心一。支部内龙口市政协常委2人，政协委员5人。民建龙口支部3人分别被山东民建省委和烟台市委评为先进个人，1人获山东政协“政协委员谈履职”征文活动三等奖，2人被龙口市政协评为优秀政协委员，1人获龙口市“道德模范”，1人被评为龙口市“创业之星”，1人被评为龙口市“十大杰出青年”，1人被评为烟台市“敬老模范企业家”。

【主要活动】 2019年，民建龙口支部在新旧动能转换的形势下，助力支部成员积极探索新路子，挖掘新方法，学习借鉴成功经验，积极履行参政议政职能，共提报社情民意提案38件，其中《关于培养企业家精神的建议》《关于中小城市养老模式的建议》被烟台市政协和民建烟台市委会采用。疫情期间支部会员捐赠测温仪、医用消毒喷剂、口罩等防疫用品共计36万元。发起“爱心小餐桌”公益活动，号召商家每销售一样商品拿出一定利润做公益，积少成多，用于帮助周边地区的贫困儿童。积极响应扶贫工作，先后投入资金和物品15万余元，其中，多次去敬老院看望慰问老人并爱心捐款10万余元，资助贫困学生10人共计5万余元。发挥会员优势，组织多次技术培训、法律咨询、文化下乡等活动。根据当前的新形势新特点，支部研究并探索新的工作机制，调动发挥全体会员的积极性和奉献精神，提高凝聚力，营造良好的舆论环境，推动各项活动开展。

致公党龙口支部

【概况】 2019年，致公党龙口支部共有党员26人，主委李忠维，副主委傅继东、傅丽萍、姚祥键，组织委员傅继东，宣传委员傅丽萍，参政议政委员姚祥键。党员中烟台市政协委员兼龙口市

2019年9月5日，致公党龙口支部召开中华人民共和国成立七十周年座谈会

政协副主席1人，烟台市政协委员兼龙口市政协常委1人，烟台市政协委员1人，龙口市政协常委1人，龙口市政协委员5人，烟台市人大代表2人，龙口市人大代表1人。致公党龙口支部被致公党山东省委评为参政议政工作先进集体，6人分别被致公党山东省委和烟台市委评为优秀党员，1人获得致公党山东省委参政议政优秀成果奖，1人被龙口市政协评为“四有”政协委员，1人被龙口市人大评为优秀人大代表。

【主要活动】 2019年，支部多次组织党员通过多种形式学习中共十九大精神、习近平同志庆祝改革开放四十周年讲话、十九届四中全会精神等。切实履行参政议政职能，共提报提案、社情民意、调研报告等35件，其中《“月子会所”存在诸多问题亟待加强监管》被中共中央统战部、致公党中央和山东省委采用；《山东省归国劳务人员传染病输入风险高亟待关注》被山东省政协、致公党山东省委采用；《农业农村新旧动能转换遇到三方面问题亟待关注》《工资集体协商效果大打折扣问题亟待关注》《关于解决地源热泵对地下水浪费问题的建议》《公路占道“晒粮”现象应引起重视》被致公党山东省委、烟台市政协采用；《暑期辅导班泛滥、监管难》《移动支付在政府和企事业单位推广使用的建议》被烟台市政协采用。2019年，支部先后帮扶慰问2位归侨，向龙口市残联——华翼儿童感统培训学校捐赠价值1.2万元的感统训练教具，向龙口市武警大队捐赠价值5000元的消暑水果及饮品等，向北马镇西周家村捐赠2万元用于农电改造，党员全年购买本党中央扶贫项目“西好货”商品5000元，捐款捐物1.8万元帮扶慰问困难学生及家庭等，得到社会广泛好评。

九三学社龙口市支社

【组织机构】 2019年，九三学社龙口支社共有社员30人，主委吴树康，副主委范忠健、解居麟，组织委员高永东，参政议政委员韩礼御，宣传委员李小霞。社员内烟台市政协委员3人，其中政协常委1名；龙口市政协委员8名，其中政协常委2名；龙口市人大代表2名。九三学社龙口支社被九三学社烟台市委员会评为“参政议政工作先进集体”“社会服务工作先进集体”“思想宣传工作先进集体”“信息工作先进集体”，社员中有1人被九三学社山东省委评为社会服务先进个人，3人被九三学社烟台市委评为优秀社员，2人被龙口市政协评为龙口市优秀政协委员。

【主要活动】 2019年，通过定期组织统一学习和自学相结合的方式，引导全体社员认真学习统战理论和九三学社历史、章程，深刻理解中共十九大会议精神，深入学习中央统战工作会议精神，学习落实全市民主党派基层组织建设现场观摩暨经验交流座谈会精神，学习习近平总书记在纪念五四运动100周年大会上的讲话，践行社会主义核心价值观，进一步增强全体社员的政治意识、责任意识和大局意识。发挥职能作用、积极参政议政，为龙口市的经济建设和社会发展建言献策，共提出政协提案15件、人大建议3件，其中《关于公益二类事业单位改革的建议》被省政协采用，其余均被烟台和龙口市政府和有关部门采纳、答复，为推动龙口市经济发展、构建和谐社会起到促进作用。全体社员结合自己的业务专长积极为龙口市经济和社会发展服务，分别接待中共山东大学机械工程学院车辆工程研究所党支部和青岛胶州市委统战部的有关领导参观支社活动基地，均获好评；支社与九三学社烟台市文化法律经济支社开展工作交流，围绕“打造好新旧动能转换的软硬件环境”开展研讨活动；支社组织社员到西安康博新材料科技有限公司进行专题调研活动，春秋两季到高新区东迟家村低保户姜淑芬家扶农助农2次，深入新龙家苑社区开展“医疗保障政策面对面”知识讲座，在七甲镇李家沟村开展“同心服务”活动，在七甲镇东林家村开展“不忘合作初心，继续携手前进”主题教育活动暨扶贫送温暖活动，组织书画下乡文化活动2次；在乡村振兴工作中，社员多次下乡提供专业咨询开展讲座培训。14名社员独自出资帮扶16个贫困户、14个贫困学生、8个春蕾女童、4个贫困女童。

撰稿：赵　妍　审稿：孙学庆

群众团体

龙口市总工会

【概况】 2019年，龙口市总工会以习近平新时代中国特色社会主义思想为指引，按照龙口市委、市政府的工作安排及部署，结合烟台市总工会的工作重点，以紧扣中心、服务大局、履职尽责、积极作为为主线，以敬畏之心对待责任，以进取之心对待事业，以真诚之心对待群众，认真履职，工会事业迈上新台阶。年内，开展各类技能培训30多场次，参与人数1000多人次；齐鲁工惠App全年完成注册会员53484人；开展工匠孵化活动，共评选16名“龙口工匠”、5家“工匠孵化工作室”；发表党建宣传报道30多篇，开展各类党建活动50余场次；组织6名省级劳模赴外地疗休养、700余名劳模免费查体；举办“牵手幸福·钟爱一生”青年人才联谊会，200多名单身男女参加，现场成功牵手嘉宾10余对。

【党建服务品牌】 全力推进“红心向党·情系职工”党建服务品牌创建活动。以党建服务品牌创建为指引，推出工会党建LOGO，开辟党建系列报道，推出“志愿系列活动”“送系列活动”“赛系列活动”等，各级各类党建宣传报道30多篇，开展各类党建活动达50余场次。

【工友创业园】 以工友创业园为抓手，助力乡村振兴。发挥自身优势，找准定位，主动作为，以农业龙头企业、农民专业合作社、农业园区为重点，选树培育“工友创业园”，切实发挥在乡村振兴战略实施中的独特作用。石良镇尹村外贸联营粉丝生产厂等3家单位获烟台市“工友创业园”称号，牛纯强获烟台市“工友创业先进个人”称号，烟台南山学院获烟台市“农民工培训基地”称号。与此同时，以农业基础扎实、三产协同发展好、带动就业创业、文娱生活丰富为依据，打造“高新区归城董家村”等5家龙口市工友创业园。

【工匠孵化行动】 以“工匠孵化”助力制造业迈上更高水平。依托市级职业教育培训平台，组织建立“龙口市工匠孵化基地”和“龙口市职工职业技能竞赛实训基地”，通过教师授课、专家讲课、职业技能竞赛等形

石良镇尹村新时代职工之家

式，提升全市职工“工匠意识”和“工匠技能”。紧密结合职工（劳模）创新工作室创建工作，通过“以师带徒”“言传身教”等方式，全面提升职工的技能素质。通过大竞赛、大比武等形式，选拔高技能人才，筛选优秀“龙口工匠”，共评选16名“龙口工匠”、5家“工匠孵化工作室”。

【技能培训和劳动竞赛】 全面发挥“技能培训提升人、劳动竞赛选拔人”的优势。以购买服务的形式与九天教育合作，开展“银行职工职业技能提升培训”“职工焊接技能培训”等订单式培训；与龙翔学校合作开展“家政服务与中西式面点师”培训班，全年共开展各类技能培训30多场次，参与人数1000多人次；与卫生系统合作开展全市食品安全风险监测技能竞赛、出生缺陷防治技能竞赛；与人社系统联合开展龙口市“金蓝领杯”职业技能大赛、龙口市“匠心杯”职业技能大赛；与饮食服务行业协会联合开展全市厨王争霸赛。通过印发《关于在全市开展劳动竞赛的通知》《关于实施“龙口工匠”建设工程的意见》，在全市范围内号召广大企业积极参与。龙筵精密铜管有限公司等企业相继开展“焊工”“钳工”等专业项目竞赛，真正实现“劳动竞赛选拔人”的独特优势。

【维权服务】 维权服务落地生根，让职工拥有更多获得感、安全感。充分利用省“12351”职工信访系统，了解职工反映诉求，提出处理建议或者介绍转办并反馈处理结果，让职工诉求得到及时、有效、良好地解决；持续有效开展工资集体协商工作，2019年，建档企业1771家，行业16个，区域16个，建档备案率达100%。至2019年末，全市工资集体协商覆盖1643家企业，达到企业总数的95%，签订区域性工资集体协议13份，区域签约率达82%。签订行业性工资集体协议14份，覆盖268家，签约率达87%。与“公交公司”“环卫处”联合创建的6家驿站进行入网管理评价工作，同时组织1家驿站申报烟台市级户外劳动者驿站。

【齐鲁工惠App】 全面活跃职工福利，让职工感受家的温暖。2019年5月，召开全市“智慧工会”建设暨“智慧工会”业务培训会议，部署齐鲁工惠app推广与操作相关事宜。全年完成注册会员53484人，在App上推广中石油、中石化、蛋糕、剪发等会员优惠活动17次，涉及范围广，优惠力度大，为工会会员提供了便利。通过线上线下宣传相结合，线下通过两期工会卡商户推介会，以“会议+参观”组织百余名工会主席、30余家商户参与推介活动；线上通过“电台+纸媒”推广拓宽企业了解工会卡商户活动渠道，提高工会卡知晓度，调动办卡积极性。

【文体活动】 以系列文体活动丰富职工业余文化

2019年11月，市总工会组织到威海创业大学参观学习

生活。年初举办龙口市“庆新春”职工象棋比赛、春节慰问劳模吕剧演出、“庆新春”职工美术摄影展。11 月，举办“牵手幸福·钟爱一生”青年人才联谊会，全市来自机关、企事业单位共计 200 多名单身男女参加，现场成功牵手嘉宾 10 余对。举办全市职工篮球赛和乒乓球赛，满足全市职工精神文化需求。

【关爱职工及劳模】 关爱职工、关爱劳模形式更加多样。7 月，开展以送清凉、送安全为主题的“清凉度夏·安康万家”活动，购买了西瓜、矿泉水、藿香正气水等防暑降温物品及药品，分赴公安交警、公交、环卫、电力、新旧动能转换重点企业等多个行业开展慰问，为一线职工送去清凉。根据基层推荐、市总综合评估、向上级推荐的自下而上方式，24 名烟台级劳模候选人顺利通过上级初审、复审、表彰。按照工作要求，组织 6 名省级劳模赴外地疗休养、700 余名劳模免费查体。

【工会干部队伍打造】 竭力打造一支“能干事、会干事、干成事”的工会干部队伍。探索“外出取经 + 内修真经”模式，着力培育优秀工会人才队伍。6 月，组织基层工会主席 23 人赴青岛市西海岸新区、高密市总工会参观学习，对职工心理健康服务中心、东方影都商圈工会联合会、工友创业园创业带动就业助力乡村振兴、高密市豪沃科技有限公司以及豪迈集团进行参观学习。11 月，组织 5 家工友创业园工会主席到威海市创业大学学习工友创业园建设经验。同时，定期召开座谈会、经验交流会，分享优秀工作经验，相互促进，共同提升。2019 年，招聘社会化工作者 10 名，12 月统一上岗。

撰稿：唐　坤　审稿：李　军

中国共产主义青年团龙口市委员会

【概况】 2019 年，龙口市各级团组织在龙口市委、市政府和烟台团市委的正确领导下，以习近平新时代中国特色社会主义思想为指导，坚持凝聚青年、服务大局、从严治团的目标定位，突出思想引领，强化使命担当，切实增强团组织的政治性、先进性和群众性，全面提高团组织的凝聚力、组织力和号召力，致力开创共青团工作新局面。年内，共青团龙口市委被评为“烟台市红旗团委”。至年底，共青团龙口市委下辖基层团（工）委 45 个、团总支 22 个、团支部 851 个。

【十八届七次全委（扩大）会议】 2019 年 5 月 21 日，共青团龙口市十八届七次全委（扩大）会议在龙口市行政中心会议中心召开，120 余人参加会议。会议对 2018 年度全市共青团工作先进集体和先进个人以及 2018 年度龙口市青年岗位标兵

2019 年 8 月，开展“牵手关爱感受城市”青少年走进城市活动

2019年11月，举行青年人才联谊会

体平台建设的基础上，新开通“青春龙口”抖音公众号，拍摄正能量短视频，短期内获赞近40万。组织拍摄共青团团歌、《我的未来不是梦》、《无我龙港 不负青春》、《今天是你的生日·中国》等MV视频，建设覆盖广泛、直达基层、“有态度、有温度、有意思”的共青团新媒体矩阵。

帮扶贫困残疾青少年群体　投入5万元，组织开展“爱心天使在行动”、“青春扶贫 益暖龙口”、“有你温暖相伴 我们不孤单”关爱自闭症儿童活动、“我是你的眼 欢乐南山行”大型公益助残、“爱心天使”义卖、“关爱特教儿童”送寒衣、“感受城市”红色研学等系列活动。

（能手）和青年突击队进行表彰，审议通过了《共青团龙口市十八届七次全委会关于团市委委员卸职确认案（草案）》。

【思想引领】 强化思想引领，在丰富教育方式中筑牢思想阵地。5月，围绕纪念五四运动100周年契机，举办“青春心向党 建功新时代”大型主题团课，邀请“全国五四青年奖章”获得者吴志辉、全国首支大学生器官捐献志愿者团队创建者刘杨作事迹分享。同时，通过齐唱团歌、沙画表演、征文比赛等方式，激发青年爱党、爱国情怀。成功培树第十五届“烟台十大杰出青年”张伟及提名奖李小霞，3名学子获评烟台市最美中学（职）生。组织开展龙口市青年岗位能手标兵、龙口市“两红两优”、青年文明号“五比三创”、“村村都有好青年”等各领域优秀典型，推动比学赶超、干事创业。6月，联合市委宣传部、市教体局组织开展龙口市第三届“国学达人挑战赛”活动，努力形成奋发向上、崇德向善的青春力量。

【关爱青少年健康成长】 打造青少年身边的共青团　在做好“龙口青年”团属微信公众号等新媒

关爱青少年系列讲座　全年组织开展禁毒知识、预防校园欺凌和暴力法治讲座等活动6场，提高青少年学生自我保护意识和能力。

【社会服务】 新时代文明实践活动　强化社会服务，在创新工作形式中树牢实干导向。抓驻龙口口作为全国50个试点县的机遇，围绕清洁家园、志愿服务、植树护绿等方面，组织开展“我替环卫工人1小时”活动、龙口市首届新时代文明实践农民运动会、“三五”学雷锋青年志愿服务大集、“青春汇绿 美丽龙口”大型公益植树活动、“缅怀革命先烈 继承革命传统”清明节主题活动、“牵手关爱 点亮微心愿”“万粽一心 情满龙口”“最美海岸线”快闪等系列活动，发动引导全市各级团员青年、青年志愿者积极参与文明城市提升、文明实践活动。

助力招才引智　2月，在春节青年人才返乡期间，举办“龙口籍在外青年人才座谈会”，搭建与龙口籍在外青年人才沟通联系桥梁纽带。建立龙口驻沪青年联系群，密切龙口在沪优秀青年与家乡的联系，为人才办提供数据库。

积极为民办实事　6月，投入5万元，联合市交通局、卫健局等部门共同实施了“爱在龙口 救在身边”项目，为全市300余辆公交车各配备1个爱心急救箱。同时，邀请医护志愿者分2次为全市公交驾驶员开展应急救护能力提升培训。11月，联合工会、妇联举办“青心烟台”青年人才联谊会，为单身青年牵线搭桥，解决婚恋问题。

【基层基础工作】　加强阵地建设　抓住全市建设党群服务中心有利契机，打造具备特色、设施齐全、服务功能完备的“青年之家”2处，并到东江街道锦里社区“双报到”，实行共驻共建，推出面向全市征集青年志愿者服装设计稿、“童心向党”为党庆生、“陶艺献礼 童心报国”、红色剪纸等系列活动。

推进智慧团建设　围绕保持和增强团员先进性这一宗旨，严把团员入口关。深入推进智慧团建设，做好2017年、2018年和2019年新发展团员的录入工作，确保应录尽录。积极做好网上共青团组织关系转接等工作。

撰稿：迟　丹　审稿：吕筱凤

龙口市妇女联合会

【概况】　2019年，市妇联在市委、市政府的正确领导下，在上级妇联的指导下，充分发挥妇女组织贴近群众的优势，不断开拓创新，各项工作取得较好成绩。坚持开展春蕾女童结对资助活动、农村妇女乳腺癌宫颈癌免费筛查工作、美丽庭院创建工作、家庭建设与培训等。年内，龙口市妇联被评为“2019年度烟台市文明单位”“烟台市妇女工作标兵集体”。

【美丽庭院创建】　2019年，开展美丽庭院创建工作，全市打造了15处龙口市级示范村，创建了6000户美丽庭院示范户。10月和11月，两次迎接烟台市妇联对龙口美丽庭院建设现场督查。11月21日，组织15处镇街区妇联主席和部分女企协代表到全市15处美丽庭院创建示范村验收评估，以观促学，带动全市美丽庭院创建再上新台阶。

2019年10月，开展千名青年唱响最美海岸线活动，庆祝中华人民共和国成立70周年

【关爱妇女儿童工作】　实施“春蕾计划”，救助困难儿童142人，救助金额7.41万元；组织女企协巾帼志愿者看望慰问女模范人物；为2000名农村妇女进行乳腺癌免费筛查，为13500名适龄农村妇女进行宫颈癌免费筛查；开展“庆六一·关爱女童”龙口市女企协志愿服务活动，现场为26名建档立卡儿童发放救助金及书本零食等物

2019 年 6 月 1 日，市妇联与女企协会开展“关爱女童 巾帼红新时代文明实践活动”

品，折合人民币近 2 万元。

【婚姻家庭辅导】 2019 年 7 月，成立婚姻家庭辅导中心（站），至年底，婚前辅导率达 100%，劝和 118 对。在镇街区设立 15 处婚姻家庭辅导站，辅导 604 对，调解婚姻家庭矛盾，助力社会和谐稳定。

【志愿活动与培训服务】 2019 年 3 月，召开“三八妇女节”妇女工作表彰大会暨“巾帼红新时代文明实践”推进会，全市 15 个镇街区妇联和 26 个单位的妇联组织认领了巾帼红新时代文明实践项目，并现场签名承诺践诺。3 月 28 日，全国妇联改革办主任王卫国一行 11 人到龙口调研基层妇联组织改革工作，充分肯定了龙口基层妇联组织改革取得的成效。6 月，市里主要领导和四大班子成员到小学、幼儿园看望孩子，送去党的慰问和关怀。9 月，召开全市妇联系统“不忘初心 牢记使命”动员会暨“393”破难工作推进会。全年共组织家风宣讲进基层活动 25 场次，受益人数 4000 余人。组织居家养老、家政服务、母婴知识培训到基层进村庄 26 场次，受益人数 1600 余人。

【基层妇女组织“细胞工程”】 3 月 4 日，在隆基集团正式成立了龙口市首个非公经济企业妇女组织，96 名女职工代表齐聚一堂，共同见证了隆基妇联的成立。这是市妇联深入贯彻落实中共十九大精神、延伸妇女工作触角、开展基层妇联建设要求的一项重要举措，标志着龙口市基层妇女工作迈上了新台阶。

撰稿：李 幸 审稿：鲁美青

2019 年 4 月，召开“巾帼红”志愿服务联盟成立暨新时代文明实践中心建设工作现场研讨会。图为妇联人员参观隆基集团

龙口市科学技术协会

【概况】 2019 年，市科协在市委的坚强领导下，在上级科协的精心指导下，全面贯彻落实中共十九大精神，深入学习习近平新时代中国特色社会主义思想和视察山东视察烟台重要讲话精神，围绕中心，服务大局，履职尽责，积极作为，以科普宣传和新时代文明实践活动为主要抓手，团结动员广大科技工作者为建设富美和谐、文明幸福的现代化新港城献智出力。全年创建烟台市级科普教育基地 9 处；为企业和有关单位争取奖补资金 20 万元；发放各类图书和宣传资料 3000 余份、明白纸 1000 余份，免费咨询 200 多人次。年内，被中国科协表彰为“全国科普日组织活动先进单位”；被省科协确定为“新时代文明实践试点单位”。

【科普宣传】 充分发挥市全民科学素质领导小组办公室协调作用，积极联合其他成员单位，以“贴近基层需求、满足群众心声、顺应百姓期盼”为原则，精心组织居民喜闻乐见、内容丰富多彩、健康向上、鼓舞人心的科普宣传活动，营造学科学、用科学、爱科学的“大联合、大协作”科普氛围，不断推动全市科普工作创新发展。2019 年 4 月 10 日，在下丁家镇集市上，烟台市科协、龙口市科协、下丁家镇政府联合开展送科技下乡活动。活动内容丰富、形式多样，在集市宣传点两侧摆满科普展板，工作人员现场向过往群众发放科普知识手册，宣传各类科普知识，赶集的群众纷纷围在宣传点前，询问自己感兴趣的内容，现场工作人员耐心细致一一给予解答。活动当天，在下丁家镇政府会议室和下丁家中学还分别举办了养殖管理技术培训班和“科普体验秀进校园”活动。尤其“科普体验秀进校园”活动现场效果显著，为同学们带来丰富多彩的科普展演。在活动现场展放了太阳构造剖面模型、彩色月球仪、星座天球仪、月相演示仪、活动星座盘、古代天文学等天文教仪。携带的专业大口径天文望远镜，让每一个同学都有机会目睹太阳的“真面目”，切身感受天文探索的魅力。同时，现场无人机表演、机器人舞蹈表演、科学素质专项提升科普体验秀表演、“科普大篷车进校园”等科技展品体验，均深受广大师生喜爱。此次活动提升了同学们的科学热情和创新意识，较好地引导广大青少年走进科学，享受科学，把兴趣作为开启科学之门的钥匙，把梦想作为探索科学实践的动力，具有非常重要的意义。活动期间，共摆放科普宣传展板 40 余块，发放各类图书和宣传资料 3000 余份。烟台市科协有关领导和龙口市政府、科协及下丁家镇政府有关领导出席活动。9 月 19 日，市科协围绕“礼赞共和国，智慧新生活”主题，联合市教体局、卫健局、农业农村局等部门在松岚社区组

2019 年 9 月 19 日，全国科普日活动现场

2019 年 4 月 10 日，科普大篷车进校园巡展

织开展“全国科普日”宣传活动。活动现场，宣传员们以发放宣传资料、挂宣传展板、义诊、面对面咨询等方式向到场群众普及科学生活、疾病防治、农业技术等相关方面知识，积极向群众普及科技创新基本常识和基本方法。同时，安排了机器人演示，用生动活泼、轻松易懂的方式为市民展现科技的魅力，凸显智慧生活的便利与快捷。此次活动共摆放反邪教、医疗卫生等各类科普展板 20 余块、科教展品 8 台（套），免费发放科普图书 200 余册，开处方 172 个，发放保健明白纸 1000 余份，义诊咨询 80 余人次。

【基层科普】 着力实施基层科普行动计划，积极推荐省级“科普惠农示范工程”项目，充实完善基层科普行动计划项目库，发挥科普项目在科技推广、示范引领中的作用。2019 年，创建烟台市级科普教育基地 9 处；为企业和有关单位争取奖补资金 20 万元；龙口市花生种植协会被表彰为“山东省基层科普行动计划先进单位”；特殊教育学校被表彰为“山东省科普示范学校”；龙口市烟台恒源生物股份有限公司总经理姜国政被表彰为“烟台市新时代优秀科普工作者”。

【老科协工作】 2019 年 4 月，为庆祝中华人民共和国成立 70 周年，市老科协组织 10 名文艺志愿者利用业余时间排练舞蹈《龙口赞》，参加全市离退休干部庆祝新中华人民共和国成立 70 周年文艺会演，获优秀节目奖。5 月，市老科协组织农业、卫生老专家及科普志愿者，在文化广场开展以“科技创新、强民富民”为主题的“全国科技活动周”主题宣传活动。在活动现场，摆放义诊和科技咨询台，为群众免费义诊，解答农业科技咨询，发放科技刊物和技术资料 300 余册，接诊群众 150 余人次。10 月，老科协组织部分老科技工作者赴枣庄、临沂参观爱国主义教育基地。通过参观台儿庄大战遗址、铁

2019 年 5 月 8 日，宣传防灾减灾常识

道游击队纪念馆、孟良崮战役纪念馆等爱国主义教育基地，大家的爱国精神得到洗礼和升华，深刻感受到和平幸福生活的来之不易，更加坚定了老科技工作者发挥余热、为社会做贡献的决心和信心。

撰稿：秦宪法　审稿：陈洪福

龙口市归国华侨联合会

【联络联谊】　2019年，龙口侨联向海外侨胞发送宣传资料1000份，与美国、日本、英国、德国、等国家新侨建立联系。召开侨联工作座谈会2次，组织侨界人士60多人次，观摩隆基机械、恒通公司、中际旭创、道恩集团4家上市公司和锦里社区等党建示范基地3处。会同教体局组织高中阶段学生参加第二十届世界华人学生作文大赛，报送优秀作文145篇。

【服务发展】　促成特丝丽化工有限公司与中国日用化学工业研究院专家团队人才、技术、项目合作，双方签订正式技术合同一份，合作研发浓缩洗衣液项目。引荐“泰山学者”杜振宁教授与龙口市烟台海洲生物科技有限公司进行人才技术合作。邀请专家教授到龙口市与烟台海洲生物科技有限公司和格润富德农牧科技股份有限公司就土壤修复改良、特色高效有机肥生产、农业产业化种植技术开发等进行洽谈。建立德国KMD海外引才工作站一处，为海外引才进一步奠定基础。

【扶贫救助】　帮助黄山馆镇馆前徐家村创办鱼塘垂钓、木耳种植增收项目2个，支持资金和物资2万元，协调资金1万元，年内村集体收入5万元以上；投入资金11000元，为黄山馆镇馆前徐家村和北马镇安家村送文艺下乡2场。9名侨联党员干部包帮黄山馆镇9个贫困户，全年人均走访6次以上，送慰问品价值5000多元。走访困难归侨侨眷12人次，送慰问金14000元，发放困难救助金21600元，协调医疗救助金12000元。

撰稿：刁向阳　审稿：刘永慧

龙口市工商业联合会

【概况】　2019年，市工商联在市委、市政府的坚强领导下，在烟台市工商联和市委统战部的正确指导下，坚持以习近平新时代中国特色社会主义思想为指导，深入学习贯彻中共十九大和习近平总书记视察山东、视察烟台重要讲话精神，沿着“一五五七”总体思路，始终围绕中心、服务大局，对标先进、狠抓落实，各项工作实现全面提

2019年6月17日，在厦门大学开展非公企业高质量发展培训

2019 年 8 月，龙口市工商联与潍城区工商联签订友好协议

升。党组书记丁莉莉被评为“山东省工商联系统先进个人”。

【理想信念教育】 2019 年 4 月 17 日，在市工商联八届三次执委会议上，重新组织学习习近平总书记在民营企业座谈会上的讲话，进一步增进民营企业家的信心和动力。4 月 20 日—25 日，组织 32 名民营企业家到井冈山革命根据地参加红色革命教育活动，坚定民营企业家听党话、跟党走的信念和决心。

【企业培训】 2019 年 6 月 17 日，组织全市非公企业高管近 60 人赴厦门大学开展企业高质量发展研修学习培训。10 月 22 日，在尚德剧场举办全市非公经济管理培训班，为提升全市企业核心竞争力，加快企业发展提供思路和帮助。

【精准服务】 2019 年，开展“送政策上门精准服务”活动，4 月 17 日，邀请市劳动人事争议调解仲裁院院长为工商联 160 多家会员企业代表就《依法规范劳动用工管理》进行授课。7 月 7 日，邀请市税务局干部就最新的减税降费政策为 500 余家企业进行详细讲解，为企业提供税法解释、涉税风险防范等相关知识。

【交流合作】 2019 年，以新旧动能转换为契机，为全市企业“走出去”“引进来”创造更多的机会。邀请国内、省内、县（市）区工商联到龙口开展“新旧动能转换”经验交流会，促进龙口企业与其他县（市）区企业的交流合作，与异地工商联签订友好协议 64 份。

【公益活动】 2019 年，市工商联积极引导会员企业发扬中华民族乐善好施、扶贫济困等传统美德，94 家执委企业与特殊困难家庭进行包帮结对。广大会员企业积极投身“奉献你我爱心，关爱孤困学生”活动，打造社会化公益品牌。全年会员企业共资助困难学生 228 名，资金合计 22.8 万元。

撰稿：淳于永源　审稿：丁莉莉

龙口市文学艺术联合会

【获奖情况】 杨德富的歌曲《不能忘》，在中国大众音乐协会举办的“放歌新时代——纪念改革开放 40 周年大型歌曲征集活动”中，获评最具号召力作品；歌曲《快递小哥》获峥嵘岁月创新歌曲奖；歌曲《风雨同舟》在政协全国委员会办公厅举办的庆祝人民政协成立 70 周年歌曲征集活动中，入选作品集。孙宝敏创作表演的《春风到俺家》，在山东省文明办、山东省文联举办的 2019 年度山东省“新时代文明实践”微视频大赛中，获微视频公益片二等奖。美术家协会会员刘晓慧的作品《收获》、王云鹏的作品《蓄势待发》、王思考的作品《好日子》、隋荣钰的作品《好风凭借

2019 年 1 月 20 日，到嘉园社区开展送春联活动

力》、杜正坤的作品《冬日》、矫健的作品《风动荷香》、张会成的作品《幸福家园》、曹成智的作品《天伦之乐》、张益涵的作品《二胎时代》、唐淑玲的作品《秋意浓》、于静的作品《晨曲》、邹英的作品《浮世凌清宵》在中国美协举办的全国中国画画展中获入选；吕振娃的作品《阶》在“多彩·2019 全国女画家作品展”中获入选。陈希军的书法作品《周邦彦词》在中国书法家协会举办的第十二届全国书法展中获入展。陈月寒的篆刻作品《刘长卿诗》在中国书法家协会举办的第十二届全国书法篆刻展中获入展。

【会员发展】 2019 年 4 月，柳艳春入选中国摄影家协会会员。

【文明实践工作】 2019 年 3 月，组织书法家协会、曲艺家协会、摄影家协会、民间文艺家协会会员，在东江街道董家洼村大槐树下，参加新时代文明实践龙口市首届农民运动会。组织书法家协会、美术家协会文艺志愿者到诸由观镇政府、龙港街道嘉元社区、龙口市客运站、石良镇尹村为群众、居民、旅客等送书画、春联、福字。12 月 26 日，山东省文联新时代文明实践文艺志愿者总队、省美术家协会分队一行 8 人，由省美术家协会常务副主席张宜带队，到龙口与龙口市新时代文明实践文艺志愿者进行交流活动，在龙口市嘉元盛世艺术中心，省美术家协会分队成员为龙口市文艺志愿者点评绘画艺术作品并现场作画，到嘉元社区、兰高镇水亭村为群众送去春联和福字。

【其他活动】 2019 年正月初八至二十日，美术家协会在文化广场美术家展厅举办龙口市迎新春美术展，书法家协会、摄影家协会在龙口市美术馆展厅举办龙口市书法、摄影展。9 月 24—26 日，民间文艺家协会组织会员携木雕、根雕、玉雕等

2019 年 5 月 23 日，在东城区文化街举办“文化龙口欢乐行”活动

作品参加在烟台国际会展中心举办的2019年中国（烟台）民间文艺品博览会。9月28日、10月26日，曲艺家协会分别在黄县林苑、龙口市文化广场3D影院举办2场全市曲艺小品展演活动。10月1—8日，美术家协会、书法家协会、摄影家协会在嘉元盛世艺术中心举办中华人民共和国成立70周年书法、美术、摄影展。

撰稿：牟维超　审稿：刘文生

龙口市残疾人联合会

【概况】 2019年，市残联以习近平新时代中国特色社会主义思想为指引，以全心全意为残疾人服务、最大限度满足残疾人的根本需求为出发点，加快实施《中华人民共和国残疾人保障法》《中国残疾人事业"十三五"计划纲要》步伐，进一步健全完善残疾人事业社会保障体系和服务体系，着力解决残疾人最现实、最直接、最关心的利益问题，进一步改善残疾人身心状况和生活环境，提升残疾人生活品质，努力使残疾人同全市人民一道向着小康社会迈进，促进残疾人事业与全市经济、社会协调发展。至年底，全市有持证残疾人19584人，其中视力残疾人1385人、听力残疾人1041人、言语残疾人82人、肢体残疾人12986人、智力残疾人1626人、精神残疾人1588人、多重残疾人876人。全年新办残疾人证2263个，换发残疾人证约7500个，迁移或注销残疾人证920个；为特困残疾人发放救助款共60万元；为居家托养残疾人发放补助18.97万元；为残疾大学生发放奖学金3.66万元；安排资金14.89万元，对99户贫困残疾人家庭进行无障碍改造；为全市1.9万名持证残疾人购买意外伤害险；对15000多持证残疾人实施精准康复项目，减免费用共400多万元；免费发放残疾用品价值14万余元。年内，市残联被国务院残工委评为"残疾人之家"。

【残疾证管理】 2019年上半年，结合全市残疾人基本服务状况和需求信息数据动态更新工作，集中组织全市性医学鉴定办理残疾人证工作，下半年集中组织新办残疾人证和10年到期换证工作。全年新办残疾人证2263个，10年到期换发残疾人证约7500个，经过录入、审核、公示、制证后，新证于11月底12月初全面完成。迁移或注销残疾人证920个。全面推进"一次办好"残疾人证工作，制定出台残疾人证事项整链条办理服务指南和办理流程图，方便申请查体鉴定办理残疾人证的人员。

【残疾人救助】 2019年，认真落实城乡医疗保险政策，做好特困残疾人救助工作，春节前，对因病住院个人承担数额较大的残疾人和符合救助标准的特困残疾人发放救助款共60万元。上半年为253名符合居家托养条件的残疾人发放补助18.97

2019年10月，对残疾人证到期人员进行查体鉴定重新换证

2019 年 1 月，残疾人在龙口市福利车辆配件厂工作

万元。为 14 名残疾人大学生发放奖学金 3.66 万元。组织实施扶持残疾人从业创业“春雨行动”项目，对 100 户有致富愿望和能力的建档立卡户残疾人家庭进行扶助，每户提供 3000 元的项目发展创业扶持资金，帮助他们创业增收。安排资金 14.89 万元，对 99 户贫困残疾人家庭进行无障碍改造。及时开展申请“困难残疾人生活补助和重度残疾人护理补贴”人员“残疾人证”信息复核工作，确保“两项补贴”落到实处。为全市 1.9 万名持证残疾人购买意外伤害险，增强他们抵御意外风险的能力，减轻残疾人家庭的负担。

【康复救助与服务】 2019 年，对有康复需求的持证残疾人 15000 多人实施精准康复项目，提高残疾人的生活质量和参与社会能力；为 159 名 0 ～ 17 岁残疾儿童进行康复训练救助，减免费用 220 多万元；为 356 名精神残疾人完成免费拿药工作（其中建档立卡精神残疾人 122 人），共为精神残疾人减免费用 19 万多元；对 87 名智力和精神残疾人进行住院医疗补助，减免费用 150 多万元；为适合手术的 500 多名贫困白内障患者施行减免费用的白内障手术，治盲率达 100%，减免费用 40 多万元；免费发放轮椅 345 辆、拐杖 136 副、盲杖 17 件、助行器 18 件、坐便椅 15 件，价值 14 万余元。

【残疾人就业安置】 2019 年，积极开展按比例安置残疾人就业工作，组织完成全市用人单位残疾职工就业年审工作，全市共有 126 个单位安排残疾职工 1253 人。认真做好残疾人就业保障金的征缴工作，超额完成上级下达的残保金征收任务。积极促进残疾人职业技能培训和从业创业工作，采取专门办班、送校学习、依托专门培训机构等方式对残疾人进行校内教育和校外实用技术培训。选派 4 名残疾人参加烟台市残联举办的职业技能培训班，使他们掌握一技之长。

【文体与比赛活动】 2019 年，广泛开展多种适合残疾人特点的文体活动，积极组织残疾人参加各级举办的比赛活动，取得可喜成绩。组织特殊儿童开展“特奥日”趣味体育活动，组织 8 ～ 16 岁适龄残疾青少年参加烟台市残联文体中心的游泳后备人才选拔，推荐优秀残疾人运动员参加全国第十届残疾人运动会，获得 1 枚铜牌、1 个第 4 名、1 个第 6 名。推荐残疾人书画爱好者张萍、刘贺儒加入烟台市残疾人书画联谊会，并创作书画作品参加烟台市优秀残疾人书画作品展览活动。

撰稿：尹爱君　审稿：范玉洁

法　治

政法委及综治

【概况】 2019年，龙口市委政法委以省委巡视和推进“工作落实年”活动为契机，坚定责任担当，勇于拼搏进取，不断抓好各项政法工作的推进落实，推动政法工作上档升级，为维护全市社会大局持续稳定、服务经济社会健康平稳发展、保障群众安居乐业作出了重要贡献。全面贯彻落实《中国共产党政法工作条例》，健全完善党对政法工作绝对领导的体制机制，认真落实重大事项、重大案件请示报告制度，市委常委会定期听取扫黑除恶、安保维稳、社会治理、法治建设、政法队伍建设等方面工作汇报，市委政法委牵头制定了政治督察、“五监督、五评议”、派员列席政法机关民主生活会、参与政法机关干部考察等系列配套制度，配齐配强镇街政法委员并在烟台市率先落实津贴待遇，实现党委政法委对政法工作领导的制度化、规范化。全年共破获涉众型经济犯罪9起，涉案金额6.7亿元；审结民间借贷、金融借款等案件1121件，执结涉企案件1316件，挽回直接经济损失6.5亿元；共打掉涉黑社会性质组织1个、恶势力犯罪集团3个，破获各类涉黑涉案刑事案件224起，抓获犯罪嫌疑人234人，查封、扣押涉案资产9.8亿元。在2019年度烟台市经济社会发展综合考核中，承担的扫黑除恶、法治政府建设两项考核指标全部位列烟台第一。

【法治建设】 深化司法体制改革，员额法官检察官全部一线办案，加大内设机构改革力度，提升政法机关执法司法服务效能。市法院成立商业保险、民间借贷等10支专业团队，优化27支普通团队组建，员额法官人均结案261件，居全市第2位；市检察院创新打造“4321”监督模式，运用法律手段对侦查、捕诉和审判进行监督，构建多维度案件质量监督体系，工作经验被全省推广。推动“普法六进”活动，开展“宪法进万家”主题宣传、“送法下乡”、“法德共进”示范学校创建、网上法律知识竞赛等活动，组织开展集中宣传活动24次、“送戏下乡”文艺演出7场次，全民法治氛围不断浓厚。

2019年7月，市委政法委员会全体会议召开

【综合治理】 推进综治中心建设，市级层面，投入30余万元，对市级综治中心办公环境、硬件建设进行升级改造；镇级层面，推行“标准

2019 年 10 月 20 日，对镇级综治中心建设进行观摩评比

化+个性化”服务模式，组织开展镇级综治中心现场观摩会，对人员配置、内设机构、“四步工作流程”落实等情况进行检查验收。规范完善网格化管理，开通三级管理员、网格员账户 1209 个，划分农村网格 612 个、城市社区网格 277 个，全年共审核录入各类信息 60 余万条。创新矛盾化解机制，牵头法院、公安、司法等单位成立道路交通调解委员会并入驻法院诉讼服务中心实体办公，打造“龙口市道路交通事故一体化调解中心”，经验做法受到烟台市委常委、政法委书记杨洪旭的书面批示肯定。

【保障经济】 围绕营造法治化营商环境，出台一系列服务和保障民营企业发展的举措，开展了“三打”“三治”“三清”专项行动，建立政法系统班子成员每人联系 2 个民营企业制度，在服务新旧动能转换和民营经济发展、推动“三重”工作落地落实上开创了新篇章。2019 年，共破获涉众型经济犯罪 9 起，涉案金额 6.7 亿元；审结民间借贷、金融借款等案件 1121 件，执结涉企案件 1316 件，挽回直接经济损失 6.5 亿元。

【安保维稳】 2019 年，完成全国“两会”、青岛多国海军活动、裕龙石化项目公示和中华人民共和国成立 70 周年大庆等重大安保维稳任务，实现了“大事不出、小事也不出”的工作目标。11 月，龙口市被省委、省政府表彰为“全省中华人民共和国成立 70 周年安保维稳工作先进县（市、区）”。

【严打整治】 强化机制健全，通过召开会议、修订文件等多种形式，完善联席会议、重点案件会商、核查报告签字背书、线索移交、办理反馈等工作机制，并对扫黑办工作运行进行规范。强化线索核查，完成中央督导组督办的 4 条、

2019 年 11 月 30 日，龙口市获评“全省新中国成立 70 周年安保维稳工作先进县市区”

省扫黑办交办的7条、“12337”平台转办的8条线索的核查任务，顺利实现“见底清零”。强化打击攻坚，共打掉涉黑社会性质组织1个、恶势力犯罪集团3个，破获各类涉黑涉案刑事案件224起，抓获犯罪嫌疑人234人，查封、扣押涉案资产9.8亿元。强化宣传发动，开展“扫黑除恶专项斗争集中宣传月”活动，组织16个部门联合开展集中宣传活动2次，举办新闻发布会1次。

【治安管控】 以扫黑除恶专项斗争为牵引，充分发挥政法机关打防管控的“利剑”“尖刀”作用，常态化开展治安大巡防，屯警路面，动中备勤，做到更快破大案、更多破小案、更好控发案，擦亮平安龙口的城市“名片”。继续推进“雪亮工程”联网和应用，构建全域式、立体化的视频监控体系。2019年，新上监控点位4000余处，基本实现市镇村三级公共视频监控系统互联互通。

【坚持严实靶向】 根据省委巡视要求，开展政法队伍作风建设突出问题专项整治活动和“五监督、五评议”活动，通过明察暗访、社会监督等形式，督促做好问题整改，倒逼工作作为，转变作风形象。纵深推进“不忘初心、牢记使命”主题教育活动，组织政法各部门公开整改事项10个，开展警示教育活动12次。

重点部位巡逻

【坚持民生方向】 开展“政法文明窗口”创建和联系服务群众活动，不断创优政法服务。其中，市法院建成全市首家“24小时法院”，全天候提供自助立案服务；市公安局推行一次办、一门办、马上办、就近办、网上办、公开办“六办”服务，拓宽便民利民渠道。

【坚持典型标向】 结合主题教育活动开展，开展政法系统“最美奉献者”系列评选活动，激励广大政法干警对标先进、见贤思齐。加大市公安局付绍刚先进典型宣传推广力度，年内获评“全国模范退役军人”“最美基层民警”等国家级重大荣誉，提升了龙口政法队伍影响力。

撰稿：王　永　审稿：赵军志

政府法治工作

【文件监管】 2019年，市政府制定出台市级规范性文件2件，市司法局全部按照规范性文件制定要求进行合法性审查，并进行统一登记、统一编号、统一公布，对公布后的规范性文件在规定时间内向烟台市政府和龙口市人大报送备案。根据龙口市2012年印发的《关于公布市级规范性文件制定主体做好“三统一”工作的通知》，公布全市行政规范性文件制定主体清单及主体代号，并对规范性文件制发及备案提出具体要求。8月，

2019 年 12 月 17 日，全市行政执法人员资格考试现场

根据上级工作要求，在全市开展规范性文件清理工作，经清理汇总，确定失效的市级规范性文件 9 件，继续有效的 3 件，部门规范性文件失效 18 件。

【行政执法监督】 行政执法主体和执法人员清理工作 2019 年 5 月，对全市行政执法主体和执法人员进行全面清理。清理前全市原有县级执法主体 124 个，其中法定行政机关 36 个，法律法规授权的组织 47 个，受委托的组织 41 个；清理后保留县级执法主体 48 个，其中法定行政机关 33 个，法律法规授权的组织 3 个，受委托的执法组织 12 个。清理前原有市级行政执法人员 1024 人，清理后保留县级执法人员 991 人。

执法证件审验办理工作 2019 年 12 月 17 日，494 人参加了省行政执法资格统一考试，保障了全市行政执法各项工作的顺利开展。

行政权力事项网上运行工作 根据烟台市行政执法监督局行政权力网上运行工作方案要求，组织全市 21 个行政执法部门在省级行政权力网上运行系统平台对各自权力事项进行梳理，填报完善行政权力事项各项要素，并按进度要求在网上对权力事项进行发布，并上报数据。随后督促各执法部门开展行政权力案件网上试运行工作，从 2019 年 10 月开始实现行政权力案件全部上网运行。

贯彻落实行政执法三项工作制度 2019 年 9 月，市司法局根据烟台市执法监督局关于进一步加强和推进三项工作制度的实施意见，组织全市各执法部门制定完善行政执法三项制度配套措施清单，并将各执法部门行政执法三项制度有关文件资料汇总，在市政府网站上开设专栏进行公示。

【行政复议职责】 2019 年，全市共受理行政复议案件 75 起，处结 72 起，其中维持 34 起，终止 30 起，驳回 4 起，责令重新作出行政行为 1 起，限期履行 1 起，不予立案 2 起，中止审理 1 起。建立实施行政复议便民联系点制度，依托乡镇司法所建立 14 个行政复议便民联系点，为广大群众就近从快提交行政复议申请提供便利条件。全面提高行政应诉工作水平，积极组织开展行政机关旁听庭审活动，组织行政机关负责人、从事法治工作的科室负责人、法治工作人员共 19 人次，参加旁听行政诉讼案件庭审活动 3 次。不断提升行政应诉案件办理质量。年内，全市共办理行政应诉案件 33 起，审结 24 起，未出现行政败诉案件，行政机关负责人均能按要求出庭应诉。

【政府法律顾问】 2019 年，市法制办充分发挥政府法律顾问在重大行政决策、规范性文件制定及合法性审查、规范行政执法、处理矛盾纠纷、行政应诉、起草或签订合同等法律事务中的重要作用。全年法律顾问共参与市政府的法律事务 80 余件次，其中参与研究论证法律问题 54 件次，参加应诉 10 件次，解决多起信访疑难案件，保证了全市重点工作、重点工程的顺利推进。

【公共法律服务】 律师队伍监管 2019年，不断完善公共法律体系，加强律师队伍的监管力度，完成对12个律师所和118名执业律师的年度考核工作，深入开展律师案卷评查活动，不断强化执业纪律和办案质量。积极培塑先进典型，以点带面推动整体提升，4月，律师逄淳获“烟台市优秀青年律师”称号。

法律援助民生工程 依法履行公证职责，为人民群众提供及时、精准、普惠的公共法律服务。2019年，累计受理法律援助案件800件，办结524件，受理公证业务3874件，其中为老弱病残孕等特殊人群提供上门服务44件，为社会低保困难群众办理公证12件，办理小额遗产继承公证239件，减免公证费约2万余元。

推进村居（社区）法律顾问工作 2019年，村居法律顾问共为村委会提供法律意见建议825条，解答群众法律咨询15000余人次，起草修订合同1760件，参与调处各类矛盾纠纷914件。

撰稿：王利魁 审稿：尚书利

2019年2月3日，市委书记韩世军（右二）节前慰问检查公安工作

公 安

【概况】 2019年，龙口市公安局坚守政治安全、社会安全、公共安全底线，扎实推进平安龙口、和谐龙口建设，各项工作取得良好成效。社会大局持续稳定。充分发挥维稳主力军作用，全警全力、连续奋战，全面强化反恐防恐、源头稳控、矛盾化解、专项打击、治安防控等各项安保维稳措施，开展雷霆打击和隐患清零系列行动，以最高标准、最严要求、最实举措，完成全国“两会”、中华人民共和国成立70周年大庆等一系列安保维稳任务，确保了全市社会大局持续稳定。被烟台市公安局授予“中华人民共和国成立70周年大庆安保维稳突出贡献奖”，并荣记集体三等功。治安形势持续平稳。坚持以打开路、重拳出击，深入开展扫黑除恶专项斗争、打击突出刑事犯罪“百日会战”、“扫毒”、“云剑”、“净网”、“昆仑”等严打整治行动，保持对涉黑涉恶、涉枪涉爆、严重暴力犯罪、电信网络诈骗、涉众型经济犯罪、黄赌毒、食药环等各类违法犯罪的严打高压态势，取得显著战果。打掉黑社会性质组织1个，恶势力犯罪集团3个，涉恶类共同犯罪团伙21个，抓获犯罪嫌疑人234人，破获涉黑涉恶刑事案件393起。成功侦破“3.15”非法利用信息网络案等一批大要案，省公安厅主要领导同志予以批示肯定。最大限度把警力摆到街面，开展常态化治安巡防，切实提高见警率、管事率、盘查率。扎实开展矛盾纠纷排查化解、行业场所滚动清查和成品油整治、交通安全整治等行动，确保了公共安全形势持续平稳。基层基础持续增强。聚焦内涵式高质量发展，全力打好基层基础建设三年攻坚收官战。民警训练基地、特巡警综合楼、东江、北马、芦头派出所业务用房和警犬基地相继建成投入

使用，基层所队建设迈上新台阶。规范完善办案区、案管室、勤务指挥室、便民服务厅等基层所队功能区设置，优化勤务机制，基层所队规范化水平显著提升。开展“天网”三期工程、智慧社区、技防村等建设，提升立体化动态化治安防控水平。依托合成作战中心，积极构建“多资源、多手段”的合成作战新模式，智慧公安建设取得新跨越。开展“枫桥式派出所”创建活动，立足“矛盾不上交、平安不出事、服务不缺位”，打造了警调联动、警群联管、警校联护、警企联巡等现代警务共同体，基础管控能力进一步增强。队伍建设持续提升。强化政治建警、从严治警、素质强警和从优待警，扎实开展“不忘初心、牢记使命”主题教育、“践行新使命、忠诚保大庆”实践活动和“两所两队两无一零”专项督察活动，全面实施“警辅联训、实战实训”，启动全警实战大练兵并举行汇报演练，展示了龙口公安的良好形象，涌现出全国“最美基层民警”付绍刚等先进典型，队伍精神面貌持续向好。以执法“双清”、警情“三清”为抓手，健全“五大体系”、“三位一体”管理模式，对执法办案实行全流程监督管理和指挥调度，全力压减执法隐患，着力打造规范警务。以便民利民为宗旨，深化“放管服”改革，规范审批流程，提升服务质量，建成规范化“通道式”机动车查验服务站，推行网上办、掌上办、预约办等服务，群众办事更加便捷高效。

【平安龙口建设】 两城区派出所继续实行案件办理队、社区警务队和勤务指挥室“两队一室”勤务模式；其他警力较少的派出所设立案件办理、巡逻防控、社区警务、综合内勤等岗位，实行一警多能、综合执法的“岗位分工”勤务模式。全面推进治安要素管控系统相关工作，依托“智能化治安管理综合应用平台”，全面开展基础数据“灭虚纠错”集中整治活动。同时加强“烟台综治”APP的推广和应用工作，充分发挥警务助理、交通协管员、企业业主、社区志愿者、人民调解员、网格员、物业管理人员等群体作用，投入到信息采集工作中，确保“智综”平台数据鲜活、准确。

【固化“一村一警务助理”模式】 继续在农村全面推行“一村一警务助理”工作。结合《警务助理考核办法》，加强对警务助理的每月考核，与安保维稳、发案情况、情报线索收集、信息化应用等工作相结合，适时调整考核重点。按照《关于在全市开展农村“一村一警务助理”工作的实施意见》要求，全市共配备警务助理605名，已全部实行专职化工作模式，警务助理在警务室民警的指导下，协助民警开展工作，采取五种工作方式，履行五项工作任务，担负八项工作职责，当好八个工作角色。完善“1+2+N”社区警务模式，全市依照一标三实系统成立53个警务区，其中建立13个城区警务室。依托原有警务室（警务区），深入实施社区和农村警务战略，彻底消除“空巢”、“盆景”式警务室。

2019年春节期间，市公安局主要领导带队检查执勤情况

【开展“枫桥式派出所”建设】 坚持和发展“枫桥经验”，积极打造以“警调联动”和“警群联管”为主要内容的警务共同体，所有派出所设立了“调解室”，广泛团结法律服务者、律师、企业法人、人大代表、政协委员等各种社会力量，参与矛盾纠纷的排查调解工作，打造“警调联动”的格局，有效压减民转刑案件的发生。打造“1+5+N”现代警务共同体，全市推出松园警务区和逄家警务区2个警务共同体建设示范点。

【开展幼儿园、中小学安保大检查】 积极与教育部门协调，组织广大派出所民警走进校园，督促指导学校按标准配齐保安人员，安装监控、一键报警、防冲撞设施，配齐保安防护器材等，制定应急处置预案，组织开展应急演练，提高应急处置能力。全市所有中小学均有民警担任法制副校长，确保全市校园持续安全稳定。

【强化巡逻防范工作】 组织开展全市治安大巡防，每天出动特巡警、机关警力和各派出所警力进行巡逻防范，切实提高见警率和管事率，形成对各类违法犯罪的高压震慑态势。

2019年10月，开展中小学、幼儿园安全检查

【刑事案件侦查】 深入开展打击突出刑事犯罪百日会战、“云剑”行动等专项打击行动，始终保持严打整治高压态势，为中华人民共和国成立70周年营造和谐稳定的社会治安环境。先后侦破“2019.5.3”特大首饰被盗案、“2019.3.4”网络赌博被诈骗案、“2019.5.25”网络主播平台团伙诈骗案、部督路某欣民族资产解冻案、“2009.12.31”修某波故意杀人积案等一批有影响的刑事案件，命案破案率连续10年保持100%。2019年2月1日至5月10日，组织开展了为期100天的集中打击突出刑事犯罪“百日会战”，共破获各类刑事案件226起，其中，盗窃案件129起、抢夺案件1起、诈骗96起，共打掉侵财类犯罪团伙5个，抓获犯罪嫌疑人78名。2019年5月25日，抽调100余名警力，赴广州、东莞等地，一举抓获21名冒充网络直播平台女主播，诱使他人充钱刷礼物，从而骗取钱财非法获利的网络诈骗犯罪嫌疑人。在公安部开展的“云剑”行动中，综合运用“基础战、信息战、合成战、攻心战”四大战法，全力缉捕目标在逃人员，共抓获故意伤害、寻衅滋事、涉黑涉恶等目标在逃人员46名，全年共抓获公安部网上在逃人员268人，其中本地市在逃人员189人，省内外地市在逃人员19人，外省在逃人员60人。深入开展“扫黑除恶”专项斗争，强化工作措施，层层卡实责任，成功打掉1个黑社会性质组织，3个恶势力犯罪集团，21个涉恶类团伙，破获刑事案件393起，抓获嫌疑人234人，扫黑除恶专项斗争战果位居全市前列。

【刑事技术】 2019年，新增现勘技术员3人，强力推进分级分类现场统勘工作机制，走专业队勘查路子，努力提高现勘质量，增强打击效果，为侦查破案和刑事诉讼提供有力支撑。刑事科学技术室和各派出所必配类现场勘查取证装备配备达标率已达到93%和100%。2019年10月，警犬训练基地正式投入使用，全年警犬累计参与治安巡逻122次，参与追踪、搜爆、搜毒、安检16次，参与了一系列重大节庆活动的搜爆安检任务。2019年上半年完成男性家庭系统排查建库任务，DNA实验室成功比中十年前杀人积案。2019年12月6日烟台市刑事技术工作现场推进会在龙口市召开，龙口市公安局在会上做了典型经验介绍。

【特种行业和治安管理】 围绕旅馆业、治安乱点、寄递物流业、“低慢小”航空器管控和娱乐服务场所整治等工作，持续深化社会面集中严打整治，开展了打击成品油非法经营违法犯罪、严打黄赌违法犯罪活动等专项整治行动，取得良好成效。

【民爆管理安全生产工作】 2019年，与应急管理局联手在全市范围内开展烟花爆竹“打非”和百日安全专项整治行动，严厉打击生产、经营烟花爆竹违法犯罪行为，对烟花爆竹经销业户进行业务培训，规范烟花爆竹管理；协调有关部门联合开展爆炸物品和剧毒危险化学品、放射危险物品专项整治活动；加大民爆器材审领使用清退环节专职监督员的监督力度和派出所的监管力度，并聘请爆破专家对所有的爆破员、安全员、监督员等相关人员进行了系统教育培训，提高操作能力和管理水平，增强安全意识；会同应急管理、国土资源、供电等部门对全市的非煤矿山进行专项整治，对目前已关停的5家非煤矿山开采企业定期进行检查，防止出现非法开采情况，对所有列在保护区内的采石场进行了统一关闭，同时配合有关部门开展了安全生产大检查专项整治、安全生产“打非”、安全生产月、安全生产事故隐患排查等专项行动。

【强化源头管理】 筑牢交通安全第一道防线。严把机动车审核、查验关。制定机动车查验工作规程，严格规范机动车的外检和线检工作的业务程序，规范民警查验行为。严格机动车登记，杜绝为被盗抢机动车办牌办证。严把数据质量关，落实专人，定期对数据质量进行检测、清理，将数据质量与每个岗位人员的等级化考核挂钩，严把驾驶人资格审查、考试、发证关。建立考试员工作责任制和责任追究制度，健全制度管理台账，从严查处违反机动车驾驶人考试工作纪律的行为。

【重点车辆及驾驶员分级管理】 以“压事故、保畅通、创满意”为目标，严格履行道路交通安全源头监管职责，对辖区大中型客车、重中型货车及危险化学品运输车、校车等重点车辆及驾驶人进行全面排查，对未检机动车及未审验驾驶人采取公告、发放明信片或电话通知等方式督促其尽快参加审验，确保客货运机动车安全技术状况良好。建立重点车辆及驾驶员联系制度和对责任民警的监督考核制度。强化危险化学品车辆、校车和客运车辆源头管理。对机动车和驾驶人全部实行“户籍化”管理，确保不漏管、不失控。协调应急管理、交通等部门对危险化学品车辆、校车和客运车进行专项检查，排查事故隐患，杜绝重特大交通事故的发生。

【优化便民利民服务】 深化落实“放管服”改革，优化业务办理程序，全力打造高质量一窗通办的交管服务窗口。同时，将服务从车管所服务大厅延伸至一线站点，拓展自助设备的应用范围，在派出所警务室设置自助查询服务机、交通违法处理自助服务机等自助便民设备，实现车驾管业务办理下放各交警中队，为群众办事提供更多便利。规范建设机动车查验服务站，于2019年6月建成并投入使用。采用“通道式”查验模式，将基础信息采集、公告比对、车辆称重、外廓尺寸测量、车辆唯一性认定、车辆照片采集全部集中到

2019 年 9 月，路口设卡检查

持续开展道路交通安全隐患排查整治、渣土车和重型柴油货车专项整治、城区交通秩序整治、农村面包车安全隐患集中整治、酒驾醉驾毒驾夜查整治、危险化学品运输车辆专项整治等系列交通安全整治行动。积极会同交通、应急管理、住建等部门联合执法，集中开展针对渣土砂石、混凝土等城市工程运输车辆、石材运输车辆专项整治行动，从严治理城市工程运输车交通安全突出问题。并有针对性地适时组织开展重点违法行为集中统一行动，进一步扩大整治成效。对严重交通违法行为实行"零容忍"、"顶格"处罚，形成高压态势。全力做好恶劣天气应对工作。加强路面管控，及时消除道路安全隐患，面对恶劣天气，科学研判，适时启动恶劣天气道路交通安全管理应急预案，做好交通疏导，加强重点时间段、路段的巡逻力度，全力确保道路安全畅通；加强与气象、公路养护部门的联系，及时掌握天气变化，科学研判降雨对道路交通安全的影响，完善恶劣天气路面交通管控工作预案；加强交通安全宣传，通过手机、微博发送安全提示，以及发布恶劣天气预警、道路通行等信息，提醒广大驾驶员群众恶劣天气期间路面行车注意事项，安全谨慎驾驶，注意交通安全。

查验区域，按车型分设 3 个查验通道，实现车主自进入相应车辆的查验通道，不下车就完成整个查验过程。同时，配备电子监控设施、ODB 车辆故障诊断系统、超声波金属探伤仪、车辆外廓尺寸红外线自动测量仪等先进设施，进一步提高查验工作质量和水平，使查验工作更加智能、规范、快捷。年内，共办理各类机动车注册登记 12573 辆。其中大型汽车 1059 辆，小型汽车 10334 辆，摩托车 1034 辆，低速载货汽车 146 辆；补换领牌证 4038 辆，办理各类机动车转移 19170 辆，转入 5212 车，转出 3940 辆，解抵押机动车 10990 辆，检验各类机动车 154720 辆（其中汽车、农用车 125151 辆，六年内免检车辆 25448 辆，五小车辆 4212 辆）；办理各类驾驶员身体条件检测 20906 人，补领机动车驾驶证 7819 枚，驾驶证注销 570 枚。

【交通秩序监理】 把预防重特大交通事故放在道路交通安全管理工作首位，紧盯城市道路、国省道公路、农村道路三大主战场，建立科学合理、动静结合的路面勤务制度，采取路面巡查与非现场执法相结合的方式，进一步强化重点时段、重点路段的管控力度，提高见警率、管事率、纠违率。突出"七类重点车辆""七种重点违法行为"，

【事故处理】 不断完善交通肇事逃逸破案追逃长效机制。建立科学完善的激励机制，提高民警破案追逃的积极性和主动性，与相关警种建立协作机制，互通信息，形成工作合力。充分利用监控卡口，并积极借助社会资源优势，拓宽信息收集渠道，提高案件侦破效率，认真落实回访制度，定期向受害人通报案件侦破进展情况，争取受害

人理解和配合。年内，共侦破逃逸事故50起，其中重大事故7起，有力打击了交通肇事逃逸违法犯罪的嚣张气焰。深化道路交通事故多元化调解机制建设，将人民调解机制引入道路交通事故处理工作，收到了良好社会效果和法律效果。自2009年起连续十一年被省公安厅授予“全省县级公安交通事故处理等级评定一等事故处理岗位”称号。年内，龙口市处理适用一般程序道路交通事故共111起，死亡11人，伤122人，经济损失111000元，同比分别持平、上升10%、持平、持平。

【市公安局办公楼改建修缮工程】 2019年4月16日，完成市局办公楼整体修缮工程验收。该项目投资430.5万元，对办公楼内外墙、卫生间、办公室门窗、网线、走廊电线、部分楼层吊顶进行了更新改造。特别是将全部网线更新为理论上支持万兆网速的六类网线后，为下步视频专网架设和高速网络需求提供有力的基础保障。2019年8月，完成对刑侦大队办公楼的修缮改造，改善了民警的工作环境，为更好地开展各项公安工作打下坚实基础。

【新建基建项目】 年内，总投资2326.41万元，完成2处派出所、1处警犬训练基地新建项目。2019年10月11日，警犬基地一期新建工程完工并通过初步验收投入使用。该项目位于龙口市东莱街道凤凰山路258号，利用原龙口市卫生职业中等学校的废弃老校区拆除后新建，规划用地面积8667.8平方米（约13亩），一期土建投入资金641.41万元，总建筑面积为876平方米（其中：犬舍316平方米，业务技术用房560平方米）。2019年11月下旬，芦头派出所、北马派出所新建工程先后完工通过初步验收并投入使用，总投资为1685万元。其中，北马派出所投资810万元，新建规划用地面积6678平方米，总建筑面积2360平方米；芦头派出所投资875万元，新建规划用地面积5332平方米，总建筑面积1693平方米。上述两个项目于2019年1月同时开工建设，投入使用后，派出所规范化水平和综合实战能力都得到了质的提升。

【巡警工作】 以中华人民共和国成立70周年大庆安保为主线，强化巡逻防控、快速反应、维稳处突、反恐防暴，在打击犯罪、服务群众和维护稳定等方面取得突出成效。5月1日，完成特巡警综合业务楼整体搬迁入驻工作。充分发挥应急处突主力军作用，出动警力12160人次，完成70周年大庆安保、各级“两会”、海军成立70周年多国海军活动等重大安保任务，被烟台市委、市政府表彰为全市国庆70周年安保维稳工作先进集体。参加上级组织的寿光救灾、反恐演练等专项任务6次，出动警力470人次。代表龙口市公安

2019年6月13日，开展反恐实战培训

局参加烟台市公安局70周年国庆安保誓师大会，参加龙口市公安局全警实战大练兵启动仪式暨阶段性练兵成效汇报演练，展现了龙口巡警拼搏向上的精神风貌。2019年共处置各类突发事件36起，执行抓捕、押解等临时性勤务86次，出动警力645人次，抓获犯罪嫌疑人73人。在日常巡防中救助群众270余人，调解纠纷60余起。按照烟台市公安局要求成立2个PTU作战单元，每天携带武器装备负责东城区的武装巡逻，随时接受市县两级指挥中心调度。

【“110”报警服务】 2019年，市公安局110报警服务台共有接警员14名，共接有效报警45288起，其中，刑事类警情1769起、治安类警情3482起、纠纷类警情8757起、交通肇事警情21066起、求助6773起、举报1133起；市公安局12110短信报警平台接有效报警0起；市公安局@110视频报警系统接有效报警17起，其中治安类警情2起、纠纷类警情2起、交通肇事5起、求助7起。市公安局围绕全国第33个110宣传日“警民牵手110，共创平安迎大庆”的宣传主题，积极组织全局各单位开展了110系列宣传活动。

【监所管理】 *看守所管理*　2019年，市看守所狠抓监所安全的同时，坚持两手抓，两手都要硬，不断加强民警队伍的思想政治教育，扎实开展大练兵，完善岗位考核责任，焕发队伍活力，全年实现了监所安全及队伍管理“双安全”。2019年被省公安厅荣记集体二等功。年内，投资资金与驻所武警率先完成“智慧磐石”系统建设，在原有“智慧监室”信息管理系统建设的基础上，投资资金进行二期“智慧监所”建设，信息化应用水平进一步提高。大力开展监管文化建设，开展了以国学经典、孝德文化、亲情关怀为主题的传统文化教育，在丰富在押人员心灵的同时，感化教育在押人员，收到了明显效果。不断建立完善各项工作机制，落实精细化管理要求，保持了监所持续安全稳定。创新落实“三查制度”，即每日一抽查，每晚10时安全大巡查，每周安全大检查，严密排查各类风险隐患，全力筑牢监所安全防范体系。2019年，先后制定一系列规章制度，监区秩序明显改观，监所更加和谐稳定。为切实保障在押人员的生命健康权，全年诊治在押人员，出所就医，保障了在押人员健康权益。

拘留所管理　2019年，有针对性地对“吸毒人员”开展专项教育活动，积极推进社会矛盾化解工作，为和谐社会做贡献。加强队伍建设，建设安全无事故监所。

【户政管理】 *基础业务管理*　规范基础业务管理，严格户籍民警网上操作流程，继续开展派出所户政基础业务季度检查工作。至2019年末，制发临时身份证5075个，审核签发户口迁移手续1134户2801人，审核国外出生登记、无户口人员、主要登记项目变更更正等材料365份，审核签发二代证29340个，受理异地居民身份证5075人。全面贯彻落实省公安厅户籍管理领域“1+6”服务模式。

流动人口和租赁房屋服务管理　截至2019年年底共登记流动人口120601人，办理居住证34298张，办理租房手续3247户，全面加强社会化采集工作，注册社会单位用户776个。按照实有人口“属地管理”原则，构建网格化管理服务模式，落实“以证管人、以房管人、以业管人”措施和出租房主、用工单位治安责任。拓展“互联网+居住登记”范围，居住登记互联网申报率达到98%。

出入境服务管理　夯实出入境业务基础，创新管理，强化出入境管控报备工作。2019年，境外人员到龙口13870人次；办理外国人居留许可、签证461人次；办理护照、港澳通行等各类证件17452人次。

服务能力建设　扎实做好“放管服”工作，

打造规范、高效的文明服务窗口，根据群众需求将警务服务厅划分为填表区、待办区、照相区，设立自助填表机、自助签注机、自助取证机、复印机，配备便民座椅、饮水机、老花镜、梳子等服务设施，建立签注室、照相室，免费为申请人照相，在服务窗口设立引导员，为群众提供导航式服务，设置“温馨提示”牌。严格执行“首问责任制”、“一次性告知制度”及“限时办结制”，做到不让群众多跑一趟路，坚持只让群众“跑一次”制度，实行“一站式”服务，节省办事时间和成本。

【边防管理】 2018年12月25日，公安边防部队正式集体退役，成建制划归地方公安机关。2019年1月1日，边防大队举行集体换装仪式，完成部队转隶。边防大队继续发挥边防机关职能优势，坚持严管严防严打不放松，确保全市海疆屏障安全稳定。2019年，边防大队紧紧围绕为全国“两会”、海军成立70周年多国海军活动、中华人民共和国成立70周年大庆等重大活动创造安全稳定社会环境的总目标，坚持最高标准、最严要求、最周密措施，扎实开展好安保维稳工作。持续强化沿海管控力度，扎实开展涉海信息集中采集活动，累计采集有证船舶607艘，“三无”船舶125艘，摩托艇26艘，渔船民信息1000余人。加大船舶检查力度，全年共开展集中清查112次，检查船舶2000余艘次，行政处罚无证驾驶机动船舶违法人员3人。深入推进扫黑除恶专项斗争，扎实开展打击成品油犯罪、“昆仑”行动、“云剑”行动等专项行动，确保边防辖区治安稳定。全年共查处治安案件112起，其中拘留犯罪嫌疑人68人，罚款38335元；破获刑事案件51起，其中刑拘犯罪嫌疑人64人，取保33人，逮捕犯罪嫌疑人20人，移诉31人，抓获网上在逃人员23人。

【警务督察】 全面落实对党忠诚、服务人民、执法公正、纪律严明的总要求，围绕中心，服务大局，采取灵活多样的督察方式，督导各项工作任务的落实，为完成公安工作和队伍建设各项重点任务提供强有力的监督服务保障。围绕中华人民共和国成立70周年大庆安保工作开展现场督察。坚持实战化导向，以最高标准、最严要求深入彻底查纠问题隐患，推动各项安保措施落实。围绕警情“三清”开展专项督察。按照“每日网上通报、当日督办反馈、次日点评通报”的即时督办机制，推动日清零要求落实。对“月清仓、季清底”工作，根据法制部门推送的工作情况，抽查部分案件，重点督察是否及时受立案、应办结的案件是否及时结案等，确保工作部署落实到位。深入开展“两所两队两无一零”专项督察。会同治安、刑侦、交警等相关部门，综合采取突击检查、交叉互查、案件核查、网上巡查等督察方式，每月对派出所、看守所、拘留所、刑警队、交警队的政治建设、廉政作风、执法办案、服务群众等工作开展深入的监督检查。加强队伍管理现场督察，持之以恒正风肃纪。不定期深入基层单位，对贯彻执行从严治警各项规定情况开展经常性督察，切实纠正解决纪律作风“庸懒散”、服务态度“冷硬横”、办公场所“脏乱差”等问题，促进公安队伍正规化建设。2019年，警务督察部门共开展各类督察行动240余次，出动督察警力480余人次，编发《纪检与督察》28期，提出督察建议28条，下发督察通知书8份。

【队伍建设】 强化党建引领，成立机关党委和机关纪委，完成党总支选举和党支部换届选举工作，建立起党委、党总支、党支部“三级联动”的党建工作格局，筑牢党建工作根基。扎实开展“不忘初心、牢记使命”主题教育，把学习教育、调查研究、检视问题、整改落实贯穿主题教育全过程，与“践行新使命、忠诚保大庆”实践活动相结合，确保主题教育收到实效，激励了警心斗志，较好服务了中心工作开展。狠抓纪律作风建设，开展“作风集中教育整顿活动”“以案为鉴·正风肃纪”警示教育活动、“两所两队两无一零”专项督察活动、服务群众“找差距、查问题、补短板”活动，认真做好省委第六巡视组边巡边改、烟台市委第五巡察组巡察整改、《问政公安》反映问题整改工作，坚决做到问题不整改不放过、整改不彻底不放过、整改后反弹不放过，全面提升执法服务水平。坚持一切围绕实战、一切为了打赢，全面实施“警辅联训、实战实训”，启动全警实战大练兵，在全局开展队列训练和实战基本功训练，举行全警实战大练兵启动仪式暨阶段性练兵成效汇报演练，集中展示了龙口公安对党忠诚的坚定信念和纪律严明的铁军形象。积极争取市委大力支持，调整股级干部 92 人，为公安工作发展注入新动力。做好执法勤务警员职务改革和警务技术职务改革工作，落实好关爱公安民警十项措施，为全局民警、辅警购买了人身意外伤害保险。加大宣传和典型培树力度，龙口公安知名度和影响力不断扩大。在中宣部、公安部开展的“最美基层民警”学习宣传活动中，市公安局付绍刚被评为全国“最美基层民警”，进一步展示了龙口公安的良好形象。

撰稿：张茂峰　审稿：李福明

检　察

【概况】 2019 年，龙口市人民检察院紧紧围绕市委工作中心，履行法律职责，以服务经济发展、维护人民权益和社会稳定为总目标，推进各项检察业务再创佳绩。全年共批准逮捕各类刑事犯罪嫌疑人 305 人，审查起诉 633 人。各项检察工作继续走在全市前列，获“全国检察宣传先进单位”“省级文明单位”“全省检察机关先进单位”等称号。

【履行职能】 履行检察职能，助力防范化解金融风险，深入开展打击金融领域犯罪活动，严惩非法集资、金融诈骗、恶意逃避金融债务等犯罪 5 件 9 人。依法从快批捕涉诉金额高达 2000 多万元的杨某某团伙金融诈骗案，以遏制金融犯罪上升势头。助力精准扶贫攻坚，加强与镇街区及各职能部门间的司法救助案件线索移送与信息共享协作，形成多部门上下一体、齐抓救助“一盘棋”工作格局。助力打好污染防治攻坚战，围绕水源、生态破坏等人民群众反映强烈的重点难点问题，推进司法办案工作，依法办理非法采矿、污染环境等刑事犯罪，惩治非法采矿、污染环境等刑事犯罪 4 件 4 人，对王某某祭奠引发山林火灾依法提起刑事附带民事公益诉讼，判处其支付修复山态

2019 年 11 月 19 日，在特巡警训练基地开展实战大练兵

2019 年 6 月 27 日，市检察院干警在东江街道董家洼村大槐树流动实践站开展新时代文明实践活动

环境费用，促进生态龙口建设。

【惩治违法犯罪】 严惩各类刑事犯罪，坚决维护国家政治安全，保护人民群众合法权益，维护社会秩序。严厉打击利用邪教组织破坏法律实施犯罪 5 人；深入开展打击“黄赌毒”犯罪专项活动，批准逮捕 67 人，提起公诉 59 人；加大扫黑除恶专项斗争力度，起诉涉黑涉恶案件 4 件 42 人，提升群众安全感。2019 年，重点打击了以曲某为首的 24 人涉黑团伙，该团伙多年来大肆实施寻隙滋事、故意伤害、非法占用农用地等犯罪，检察机关依法提前介入，成立专案组，从严从快批捕起诉，将该犯罪组织“连根拔起”，严厉打击了黑恶势力的嚣张气焰，扫黑除恶专项斗争取得重大阶段性成果。加大对弱势群体合法权益保障力度，严惩侵害妇女、儿童、老人、残疾人犯罪嫌疑人 22 人。同时，结合办案向相关部门发出检察建议。

【检察监督】 认真履行监督职能，维护司法公平公正。强化刑事检察监督，积极完善工作机制，运用法律手段对侦查、捕诉和审判进行全方位监督，增强监督刚性，提升监督质量，提出和提请抗诉 2 件 2 人，法院改判或发回重审 2 件 2 人，创新监督的做法被高检院和省院推广。强化刑事执行检察监督，及时发现并纠正监管活动、社区矫正工作、财产刑执行中的违法情况。依法办理 86 人羁押必要性审查案件，采纳率 100%。依法办理在押人员申诉 20 件，切实维护被监管人员的合法权利。强化民事行政检察监督，重点强化民事调解案件中的虚假诉讼监督，依法监督民事和行政案件审判和执行活动，促进法院审判和执行活动的规范开展。坚持监督纠正违法行为与维护群众权益相统一，督促行政机关有效履职。共审查民事行政监督案件 55 件，提请和提出抗诉、发出检察建议 3 件，法院采纳检察建议 1 件并改判。办理支持起诉案件 3 件，督促行政机关纠正问题 12 个，办理虚假诉讼监督案件 3 件，监督的深度和广度进一步拓展。

【服务经济发展】 服务新旧动能转换，实行制度先行，围绕市委重大部署开展检察工作，由检察长带队集中组织专题调研，着力摸清新旧动能转换的规划部署和对检察工作的实际需求，制定一批含金量高、针对性强、效果明显的制度文件。开通“绿色通道”，准确把握司法办案与执行政策的关系，使惩治犯罪与服务新旧动能转换相统一。院领导对接重点企业，广泛开展检企共建活动，按照供给侧改革的思路，为企业提供针对性法律服务，解决涉法问题，帮助建章立制，为企业经济发展撑起“维权伞”。共发出检察建议 59 份，回复率 100%。以检察建议促进“整治网络食品安全活动”的开展，该做法被正义网转发，并入选全国检察应用案例 20 强。依法惩治犯罪，积极参与整顿和规范市场秩序，依法办理合同诈骗、非法经营、侵犯知识产权等犯罪，以法律为利剑营造稳定和谐的市场秩序。

【维护权益】 着力服务保障民生，完善便民服务措施，维护群众合法权益。适应社会主要矛盾新变化，以群众需求为导向，完善“一站式”12309 检察服务大厅和检察长接访制度，健全阅信、接访、电话、视频、网络“五位一体”机制，畅通群众诉求渠道，全年共接待群众 200 多人次。主动回应群众关切的问题，扎实推进危害食品药品安全犯罪专项立案监督活动，开展打击侵权假冒、制假售假两法衔接工作，依法对涉嫌生产假冒伪劣、有毒有害食品犯罪提起公诉，保障人民群众食品安全。积极开展民事公益诉讼，对孙某某、李某某销售有毒、有害食品依法请求判令二人支付惩罚性赔偿金人民币 125.7 万元。广泛开展大走访活动，领导带头下基层，全员参与走访群众 2700 余人次，收集意见建议 78 余条，帮助解决困难问题 38 件，群众满意度逐年提升。

2019 年 4 月 29 日，市检察院举办检察开放日活动

【创新社会治理方式】 有效创新社会治理方式，加大化解社会矛盾力度。深入贯彻宽严相济刑事政策，对初犯、偶犯、未成年犯、过失犯以及达成刑事和解的轻微刑事案件不批准逮捕 143 人，决定不起诉 36 人，促成刑事和解 20 件，检察宣告 36 起，实现案结事了人和，最大限度化解社会矛盾。全方位实施“一梦护航”计划，依托“全国优秀青少年维权岗”，关注和保护弱势群体，立体化护航未成年人健康成长。活动开展以来，共举办法制讲座 11 次，设立观护教育基地 1 处，开设法治角、法治长廊等 22 处，全市中小学覆盖面达 88%。构建大信访格局，成立“孔淑君工作室”，全面打造有龙口特色的控申工作品牌。走访重点群众 180 余户，妥善处理来信来访 352 件，连续 16 年实现涉检赴省进京“零上访”。

【检察队伍建设】 思想政治建设　把讲政治贯穿从严治检全过程，组织开展习近平新时代中国特色社会主义思想大学习大培训等专题培训 6 期，党组中心组集体学习 12 次。引导检察干警牢固树立立检为公意识和全心全意为人民服务思想，自觉把党的领导贯穿检察工作，主动向市委、市人大报告工作。打造“推进扬帆工程、守望公平正义”党建品牌，组织开展党员 V 行动等党建活动 20 场次，院领导带头参加“利剑服务队”，30 名长期志愿者共开展活动 19 次，以实际行动践行思想教育。

“龙航文化”建设　积极开展“龙航文化”建设，围绕素质文化、班子文化、行为文化、创新文化、廉政文化、人本文化 6 项内容，打造升级检察业务与地域文化融合共生的“龙航文化”。开展“十佳干警”“年度先进人物”评选，举办“素质能力提升大家谈”活动，为优秀骨干分享经验提供平台，开展“榜样的力量”主题演讲，在全体干警中形成“争扛第一红旗，勇创一流业绩”的生动局面。科学制定人才兴检战略，积极组织干警到国家检察官学院、浙江大学等机构参加不同层次不同类别的专题业务培训 39 次，到烟台等地参观学习 8 次，多途径激发干警干事热情和创新能力。实施“5420 人才计划”，以文化为指引，聚焦内控管理，鼓励干警参加在职教育和练兵竞赛。2019 年，有 3 名干警获得省级以上表彰，13 名干警获得市级以上表彰。

纪律作风建设　认真落实党风廉政建设主体责任，签订党风廉政建设责任书，层层作出廉政承诺。不断加强纪律作风建设，组织开展检务督查 42 次，发布督察通报 12 期，及时发现苗头性、倾向性问题，以“零容忍”态度打造风清气正的优良作风。领导报告个人事项 6 人次，层层做出廉政承诺。完善代表和委员联络机制，借助微信公众号及代表委员移动联络专用平台汇报工作，提高内外部监督力度和效果。

撰稿：陈名海　审稿：王文新

2019 年 5 月 7 日，市检察院组织青年干警到下丁家镇精神纪念展馆参观学习

法　院

【概况】 2019 年，龙口市人民法院在市委的坚强领导和市人大及其常委会的有力监督下，在市政府、市政协和社会各界的大力支持下，坚持以习近平新时代中国特色社会主义思想为指导，深入贯彻落实中共十九大和十九届二中、三中、四中全会精神，忠实履行法定职责，服务大局、司法为民、公正司法，各项工作取得新进展。全年新收各类案件 13891 件，同比上升 12.2%；审执结案件 14847 件，同比上升 16.2%。均创历史新高。员额法官人均结案 330 件，超出烟台法院系统人均结案 56 件，位居前列。年内，有 5 个集体、42 人受到市级以上表彰。

【刑事审判工作】 发挥刑事审判职能，审结刑事案件 507 件，判处罪犯 739 人。深入开展扫黑除恶专项斗争，审结涉恶势力犯罪案件 3 件 26 人，依法审理了汪某彬等 11 人恶势力犯罪集团案，坚决打掉黑恶势力嚣张气焰。严惩暴力犯罪和多发性侵财犯罪，审结故意伤害、盗窃等案件 159 件，保护群众生命财产安全。严惩破坏社会公共秩序犯罪，审结寻衅滋事等案件 33 件。坚持宽严相济刑事政策，为 80 名被告人依法指定辩护人，实现律师辩护全覆盖。对 289 名被告人判处非监禁刑，促使其改过自新，回归社会。

2019年11月6日，市法院召开金融审判座谈会

【服务经济发展】围绕市委“三重”工作，制定优化营商环境十一条措施，及时把市委科学发展思路转化为司法服务举措。发挥商事审判职能，审结商事案件2626件。平等保护市场主体，审结买卖合同、服务合同等案件977件，维护公平竞争市场秩序。优化投资环境，召开金融审判座谈会，审结民间借贷、金融借款等案件1121件，保障交易安全，防范金融风险。开展法官送法进企业活动，召开服务民营企业座谈会，发布企业风险防范指引，针对产权保护、生产经营中的问题提出司法建议，帮助企业堵塞管理漏洞。保障供给侧结构性改革，组建破产专业审判团队，平稳推进旭鑫、丛林等企业清算、重整，促进市场资源优化配置。

【促进法治建设】发挥行政审判职能，审结行政诉讼案件101件，审查非诉行政执行案件313件，监督支持依法行政，维护行政相对人合法权益。前移司法服务阵地，选派优秀法官参与裕龙岛、华为数据产业园等重点项目，及时提供法律服务。深入推进行政机关负责人出庭制度，行政机关负责人出庭应诉87人次。深化行政争议审前和解中心建设，审前化解纠纷21起，和解撤诉案件35件，推动行政争议实质性化解。落实“谁执法谁普法”责任，弘扬社会主义核心价值观，打造法治大道文化长廊，组织开展国家宪法日宣传、法官进校园等活动，邀请社会公众、在校师生参观法院、旁听庭审200余人次，让群众零距离了解法院、感受司法。

【化解民事纠纷】坚持调解优先、调判结合，审结民事案件6086件，调解撤诉3354件。深入推进家事审判改革，通过柔情司法、圆桌审判，审结婚姻、赡养等家事案件1433件，倡导和谐家风，促进家庭和睦。延伸人民法庭触角，服务乡村振兴战略，审结土地承包、流转等涉“三农”案件245件，保障农业农村优先发展。依法制裁侵权行为，审结道路交通事故、医疗损害赔偿等案件1040件，保障群众出行安全，构建和谐医患关系。加强劳动权益保护，审结劳动争议、社会保险等案件163件，营造健康有序就业环境。规范房地产市场秩序，审结建设工程、商品房买卖等案件550件，在某小区延迟交房系列案审理中，因涉案人数众多，法官通过审结典型案例一并化解关联纠纷的方式，及时维护了80余名购房人合法权益。

【兑现胜诉权益】巩固“基本解决执行难”成果，执结案件5214件，执行到位金额11.6亿元。推进执行流程再造，建立执行事务大厅，实现执行立案、财产保全、信访接待各项事务一次办清；高标准打造速执团队，集中办理文书制作、网络查控、失信发布等事务工作，对有财产可供执行案件快速办结，新模式推行以来，30%案件可在

2019 年 12 月 21 日，开展凌晨执行行动

速执阶段执结。推进智慧执行建设，依托网络查控系统，查询、冻结银行存款 2.3 亿元，证券 1.1 万股，查询房产 1223 套，车辆 3570 辆；依托网络司法拍卖平台，拍卖标的物 157 件，成交额 4907 万元，为当事人节省佣金 235 万元。加大执行工作力度，坚持凌晨执行常态化，开展“执行攻坚百日会战”等专项活动。加大联合失信惩戒，发布失信被执行人 211 人，在融资信贷、高消费等方面予以限制，52 人主动履行义务。

【完善便民机制】 成立烟台首家 24 小时法院，开通网上跨域立案，提供全天候、全时空诉讼服务。深化一站式诉讼服务中心建设，集合送达保全、委托鉴定等多种辅助功能，实现诉讼事项一窗受理、一次办好；深化一站式多元解纷机制建设，坚持把非诉纠纷解决机制挺在前面，化解纠纷 2000 余件。邀请市道路交通调解委员会入驻法院，推行“调解前置 + 法官速裁”工作模式，实现道交纠纷网上办理、一键理赔，平均办案周期缩短 28 天，为当事人节省诉讼费 80 余万元，相关做法得到上级领导批示肯定，《人民法院报》等多家媒体宣传报道。加大司法救济力度，为 84 名当事人减缓免诉讼费 100 余万元，为 13 名困难群众发放救助金 50 余万元，彰显司法人文关怀。畅通诉求表达渠道，健全院领导带班接访、首接负责制等机制，推动信访积案实质性化解。

【深化司法改革】 推进以审判为中心的刑事诉讼制度改革，对 46 起案件建议补充侦查，对 7 起案件准许撤回起诉，坚守公平正义底线。健全组织管理体系，完成内设机构改革，精简机构 9 个，按照“1+1+N”模式，组建审判团队 41 个，执行

2019 年 4 月 8 日，市法院成立烟台首家 24 小时法院

团队 10 个，推动司法资源向办案一线倾斜。严格落实院庭长带头办案制度，院庭长办案 3466 件，占结案总数的 36%。强化案件监督管理，制定审限延长、卷宗管理等规范性文件，开展清理长期未结、超审限案件专项活动，着力解决久拖不决问题，未结案件同比下降 44%。完善专业法官会议、审判委员会议事规则，规范审判权力运行，确保监督管理到位不越位。

【优化办案机制】 深入推进“分调裁审”改革，在院立案大厅配置自助立案机，在线提供类案推送、风险分析等服务，设置导诉分流员，讲清讲透调解优势，引导当事人自愿选择调解方式解决纠纷。聘请退休教师、退休干部作为特邀调解员，组成 3 个调解团队驻院调解，对接商会、律师协会等行业组织开展委派调解，汇集多元解纷合力。在诉讼服务中心设立速裁团队，对权利义务明确、争议不大的案件要素式审理、格式化判决，结案周期不超过 30 天；创新刑事速裁机制，落实认罪认罚从宽制度，审结认罪认罚案件 71 件，判处缓刑 49 人。选拔青年骨干法官，组建专审团队，集中办理环境资源、建设工程等 10 类案件；选拔资深法官，组建精审团队，专门办理再审、发回重审等疑难复杂案件，推动“类案专审、繁案精审”。

【建设智慧法院】 搭建电子送达平台，实现电话送达、短信送达、公告送达一体化运行，有效破解送达难题。强化办案智能辅助，探索全流程网上办案，电子卷宗随案同步生成，融合类案推送、文书制作等功能，为办案提速减负。畅通公开渠道，用好审判流程、庭审直播、裁判文书、执行信息四大公开平台，庭审直播案件 1670 件，上网公开文书 7979 份，最大限度保障群众知情权。强化新媒体平台应用，成立“龙法之声”新媒体工作室，开设《龙法微讲堂》《执行微行动》等系列栏目，发布司法资讯 300 余条，唱响司法好声音。

【加强队伍建设】 始终把政治建设放在首位，扎实开展“不忘初心、牢记使命”主题教育，深入推进“两学一做”学习教育常态化制度化，树牢“四个意识”，坚定“四个自信”，做到“两个维护”。强化阵地建设，选举成立机关党委，打造“天平卫士・龙法先锋”党建服务品牌，凝聚“勇担当、争一流”龙法精神。实施“精品审判工程”，组织优秀庭审、裁判文书评选等活动 20 余次，两起案例入选烟台市十大行政典型案例。树立正确用人导向，坚持“能者上、平者让”，提拔中层干部 19 名，最大限度激发队伍活力。严格落实“一岗双责”，压实党风廉政建设主体责任，强化党性党规党纪教育，开展“廉洁司法・担当作为”集中警示教育，深化机关作风专项整治活动，严格

2019 年 11 月 21 日，曲岩法官走进道恩集团，开展法官送法进企业活动

执纪问责，营造风清气正司法环境。

撰稿：高　慧　审稿：魏积嘉

司法行政

【概况】 2019 年，在市委、市政府的正确领导和上级司法行政部门的指导下，龙口市司法局紧紧围绕全市中心工作，认真履行工作职责，以过硬的责任、严实的作风、创新的举措，全面打造人民满意司法行政机关，为社会和谐稳定营造良好的法治环境。全年共开展法治宣传 20 场次，发放各类宣传资料 3000 余份；排查各类矛盾纠纷 3120 件，成功调处 2960 件；受理法律援助案件 800 件，办结 524 件；受理公证业务 3874 件；免费解答群众法律咨询 15400 余人次。年内，被烟台市局评为县级优秀司法局。

【基层基础工作】 2019 年，以建立镇级公共法律服务工作站为契机，不断加强司法所软硬件建设，有 10 个司法所达到“省级规范化司法所”建设标准。积极开展人民陪审员选任工作，按照《中华人民共和国人民陪审员法》和《人民陪审员选任办法》有关规定，会同市人民法院、市公安局确定人民陪审员合适人选，11 月，经市人大常委会任命人民陪审员 87 名。加强基层法律服务监督管理，结合法律服务年度考核，组织对全市 18 个法律服务所和 84 名法律服务工作者执业情况进行全面检查，10 月，对 2 名服务态度较差的法律服务工作者和 1 个内部管理混乱的法律服务所予以警告处罚。

【普法宣传教育】 以“法律六进”为载体，积极组织开展法治宣传、法律咨询和法治讲座等活动。2019 年，集中组织开展法治宣传 20 场次，发放各类宣传资料 3000 余份，现场免费解答群众法律咨询 400 余人次，组织法治看板巡展 10 余次，讲授法制课 15 场次。充分发挥传统媒体、新媒体作用，在《今日龙口报》开设《龙口司法》专版，聘请专业人员制作法治微电影 1 部、法治宣传片 3 部。加强法治创建工作，5 月，拟定印发了《关于深入开展法治示范镇（街、区）、民主法治示范村（社区）创建活动的意见》。8 月，组织对全市 2 个全国民主法治示范村和 13 个省级民主法治示范村进行复核工作，切实推进基层民主法治建设不断深入。

【人民调解】 以基层基础为重点，广泛开展各类矛盾纠纷排查调处活动，全力化解不稳定因素。2019 年，全市各级调解组织共排查各类矛盾纠纷 3120 件，成功调处 2960 件，调处成功率达 95%。加强人民调解组织机构建设，10 月，成立龙口市人民调解员协会。

2019 年 12 月 4 日，在文化广场开展宪法日集中宣传

2019 年 10 月 6 日，开展送法下乡活动

【社区矫正】 加强重点时期、重点对象的风险管理，及时严厉惩处违反监管规定的服刑人员，2019 年，办理警告 15 人次，提请收监执行 1 人，在矫的 483 名社区服刑人员无脱管漏管和重新犯罪发生。加强扫黑除恶政策宣传及线索摸排，全年组织开展扫黑除恶集中宣传教育 10 场次，对排摸的 8 名“四涉”服刑人员落实严管措施。依法依规做好服刑罪犯特赦工作，9 月，完成 16 名符合政策规定的社区服刑人员特赦工作。积极探索推进刑罚执行一体化建设，充分发挥派驻警察震慑作用，年内，派驻警察参与调查评估 21 起，训诫谈话 15 人次，集中点验 16 次。打造过渡性安置基地，10 月，在东江街道建设完成 1 处市级社区矫正教育基地。

【律师队伍管理】 2019 年，完成对 12 个律师所和 118 名执业律师的年度考核工作，开展律师案卷评查活动 4 次，不断强化执业纪律和办案质量。积极培塑先进典型，以点带面推动整体提升，4 月，律师逄淳获“烟台市优秀青年律师”称号。

【公共法律服务】 2019 年，狠抓法律援助民生工程，依法履行公证职责，为人民群众提供及时、精准、普惠的公共法律服务，全年累计受理法律援助案件 800 件，办结 524 件，受理公证业务 3874 件，其中为老弱病残孕等特殊人群提供上门服务 44 件，为社会低保困难群众办理公证 12 件，办理小额遗产继承公证 239 件，减免公证费 2 万余元。推进村居（社区）法律顾问工作，全年村居法律顾问共为村（居）委会提供法律意见建议 825 条，解答群众法律咨询 15000 余人次，起草修订合同 1760 件，参与调处各类矛盾纠纷 914 件。

撰稿：姜广厚　　审稿：尚书利

综合行政执法

【概况】 2019 年，市综合行政执法局围绕市委、市政府总体安排和部署，以“担当作为、狠抓落实”总体要求为统领，坚持以执法为民为理念、以依法行政为准则、以执法监督为保障，立足本职、凝心聚力、攻坚克难、加压奋进，各项工作扎实有效稳步推进。全年共拆除各类违法建设 1999 处，面积 130.5 万平方米；采集各类问题 66150 条，全部派发给相关部门和单位；清理违规经营 3.67 万余户次，拆除违规广告牌 2100 余块；开展夏季夜间经营秩序整治行动 21 次；开展马路市场整治 16 处，规范经营摊位 4100 余个；配合相关主管部门开展联合检查 30 余次，各执法所开展检查 140 余次，查处各类问题 256 项。年内，被授予“烟台市数字化城管工作先进单位”“烟台市基层党建示范单位”称号。

2019 年 4 月，对占用耕地违法建设进行拆除

【数字城管监督平台】 建立完善“智慧城管”系统平台。数字化城市管理监督指挥系统主要包括 1 个中心和 38 家二级平台，1 个中心，即数字化城市管理监督指挥调度中心，是城市管理信息化的中心枢纽，是各平台系统网络汇集中心；38 家二级平台包括 4 个街道办事处、20 个部门、14 个公共服务单位。同时，逐渐完善网格化动态管理布局，依托数字化城市管理平台，充分发挥“网格化、精细化、全覆盖”的优势，实行网格化管理与后台处置相结合的工作方式，对城区内的各类问题进行全覆盖式动态监管，实现即时发现、即时交办、快速处理的工作格局。全年共采集各类问题 66150 条，向全市 18 个部门和单位二级平台派发采集问题，有效缓解城市管理压力，提高管理水平。

【违法建设治理】 违建治理工作是 2019 年市综合行政执法局牵头推进的一项全市重点工作。3 月，全市违法建设治理启动以来，市违法建设治理领导小组办公室按照市委、市政府统一部署，坚持“政府引导、重点突破、线面结合”的工作思路，细化工作方案，压实工作责任，全面构建“乡镇治违拆违为主导、部门管控为配套”的违建治理工作体系，明确目标，多措并举，违建治理工作南山北海全面铺开，集中开展违建治理行动 21 次，拆除面积 75.94 万平方米。开展涉公单位“退红增绿”、重要交通干道沿线整治、居民小区违建治理、马路市场专项整治行动等工作；开展主要城市干道两侧、居民生活小区、农业用地、自然保护区违建治理，拆除违建 54.65 万平方米。全年共拆除各类违法建设 1999 处，面积 130.5 万平方米，全市城乡人居环境得到明显改善。

【城市精细化管理】 围绕全市卫生城市复审、文明城市提升工作，开展占道经营治理，重点抓好

2019 年 9 月，数字化指挥监督中心工作人员正在进行问题采集、任务派遣

开展马路市场整治 （图为归姜马路市场巡逻中）

东莱街、北大街、花木兰街、文莱街、东市场街、振兴路的占道经营整治工作，共清理违规店外经营、占道经营 3.67 万余户次，拆除违规广告牌 2100 余块；开展夜间经营秩序治理，集中开展夏季夜间经营秩序整治行动 21 次，查处烧烤店占道经营 69 起，临时证据保存烧烤炉、小吃车等经营工具 170 余个；开展马路市场整治，整治张家沟市场、归城姜家市场、王村邢家市场等马路市场 16 处，规范经营摊位 4100 余个。系列整治行动的开展，使市容市貌得到全面提升，在卫生城、文明城复审中发挥积极作用。

【联合执法】 积极协调配合相关主管部门对七大领域行业市场经营行为开展联合检查，重点对私屠乱宰、农产品农药残留超标、非法采用地下水、网吧接纳未成年人、餐饮单位排放油烟超标等社会影响大、群众关注度高的违法违规行为进行查处。共配合相关主管部门开展联合检查 30 余次，各执法所开展检查 140 余次，查处各类问题 256 项；接到主管部门移交案件 31 起，其中水利 2 起，农业 17 起，文化 12 起；查处油烟排放案件 190 起，处罚 3 起。

撰稿：陈美君　审稿：李厚岑

2019 年 10 月 12 日，组织开展油烟专项整治

军　事

龙口市人民武装部

【思想政治教育】 2019年，抓好中共十九大精神和习近平新时代中国特色社会主义思想的学习。围绕主题教育落实整改，召开专题党委民主生活会，研究制定加强自身建设措施，党委集体领导效能和为人民服务意识不断增强。持续抓好党风廉政建设，紧盯重要节点、重点部位常态开展明察暗访，单位风气更加纯正。开展“传承红色基因，担当强军重任”军内主题教育和“不忘初心、牢记使命”教育，开展学习“十九大和十九届四中全会精神教育活动”、“强军风采”群众性文化活动和中华人民共和国成立70周年系列活动。新闻报道工作继续走在烟台警备区前列。

【国防教育及动员】 2019年，开展“赞颂辉煌成就、军民同心筑梦”主题宣传教育活动，结合全民国防教育日活动增强广大干部群众的国防观念和忧患意识。加强国防动员潜力建设，完成年度数据信息采集更新。组织基层武装部和专武干部队伍建设调研，进一步优化基层专武干部队伍组成，基层武装部“三室一库”建设质量得到提升，民兵连（部、室、家）阵地建设不断巩固提高。

【年度征兵工作】 2019年上半年，依托“全国征兵网”实行网上征兵。2月，组织召开全市兵役登记工作会议，对网上开展兵役登记工作进行培训和部署。开展征兵、军校报考宣传进校园活动，加强与驻地高校、高中和中专技校的联系。6月，组织高中应往届毕业生军校报名和政治考核。7月，召开全市征兵工作会议，部署新年度征兵工作任务。8月，组织应征青年体检和政治考核，组织预定新兵进行役前教育训练。9月，圆满完成年度新兵征集任务。全市直招士官和定向培养士官征集数量均位居烟台市前列，实现无责任退兵。

【强化军事训练】 着力提高人武部机关组织指挥和广大民兵预备役遂行多样化军事任务的能力，以规范战备秩序、提高“两武”干部能力、建强民兵三类队伍目标，持续抓好各类军事训练。5月，组织市民兵应急连到烟台国防教育训练基地进行拉动和驻训，迎接烟台警备区对民兵应急连的检验拉动，取得优异成绩。11月，在山东省军区应急救灾指挥所搭设演练中取得好成绩，得到省军区表扬。

【拥政爱民】 2019年春节和“八一”期间，市委书记韩世军、市长吕波带队走访和慰问驻龙口市部队。市委常委、人武部政委王永春带队走访高新区归城董家、归城曹家、碓徐村、东迟家村4个村，分别为中华人民共和国成立前老党员、困难党员、优抚对象和低保户4户赠送慰问金；帮扶石良镇东营曹家村贫困学生张志晓2000元；帮扶七甲镇小院夼村贫困学生王明雪1000元；帮扶黄山馆镇店子村贫困学生刁亚男1000元。为帮扶村高新区马胡同村投入资金5万元引进果树新品种，增加当地群众收入。捐赠书籍刊物丰富群众文化生活，得到当地人民群众一致好评。协助龙口市退役军人事务局争创省级双拥模范城六连冠工作。

【重要活动】 2019年7月10日，市人武部组织开展市级领导过军事日活动，韩世军、吕波、马吉嘉、孙为富、丛方伟等市级相关领导参加。9月27日，市长吕波到市人武部现场办公，研究军地联合指挥所及民兵多功能教室建设问题。

撰稿：高荣堂 审稿：苏高明

武警烟台支队执勤三大队龙口中队

【概况】 2019年，中队党支部在支队党委的正确领导下，认真贯彻落实上级党委扩大会议精神，全面贯彻落实依法治党、从严治党要求，坚持抓班子强素质，抓教育求实效，抓管理促正规，抓能力保中心，抓保障严制度，完成了上级布置的各项工作任务，中队全面建设整体水平有了新的提升。年内，中队支部战斗堡垒坚强，内部关系和谐，官兵士气高昂，部队安全稳定，全面建设呈稳步发展的良好态势。

【组织建设】 加强以党支部为核心的组织建设，不断强化战斗堡垒作用。2019年初，中队党支部以2019习主席开训动员令为契机，深入开展“牢记训词，践行使命”专题教育学习活动，认真学习贯彻三级党委扩大会议精神，党支部班子的凝聚力和战斗力显著增强，有力地推动了部队各项任务的完成。建立健全支委会，确保堡垒作用的有效发挥。依据《党支部工作条例》要求以及3月份干部调整的实际情况，及时改选党支部，有力增强集体领导的作用和民主集中制的发挥。严格组织生活制度落实，强化“一班人”的思想作风建设。加强党员管理和党的组织生活制度，以“传承红色基因，担当强军重任”“不忘初心、牢记使命”两大主题教育为主线，严格落实活动安排部署，每周组织党课教育、理论学习，召开党小组会议等，培养提高支委成员、骨干党员的工作能力和业务水平。在推荐优秀士兵骨干集训、评比优秀党员、技术学兵方面，都始终畅通民主渠道，落实队务公开，坚持公正、公平原则，集体讨论决定。认真组织民主生活会以及谈心活动，增强支部班子的凝聚力和战斗力，真正形成坚强的领导核心，营造团结奋进干事创业的良好氛围。建设得力的团支部和军人委员会，中队党支部十分重视抓好这两个群众性组织的建设，始终做到年初有计划，每月有活动，活动有组织，内容有延伸，定期有讲评。年内，相继开展学雷锋活动、“五四”主题教育活动、“七一”主题党日活动、“不忘初心、牢记使命”参观见学等活动，向党支部推荐优秀团员，培养入党积极分子，推荐优秀青年加入团组织。军人委员会全面参与中队的各项工作，共向党支部推荐并发展4名团员为入党积极分子，推荐红星战士137名，成为党支部联系群众的桥梁和纽带。

【思想政治建设】 深入扎实地做好政治思想工作，确保官兵在政治上永远合格。2019年，狠抓以经常性思想工作为重点的思想政治教育。按照支队统一部署，紧密结合官兵思想实际抓好主题教育，认真开展“传承红色基因，担当强军重任”主题教育活动。8月后，主题教育转入深化巩固阶段，仔细分析官兵的思想形势，注重在生活训练中解决官兵的现实思想问题。深入开展“讲英模故事，学英模事迹”活动，为调动官兵参加教育的积极性，以多种形式增强活动效果，开展了经典朗诵会、读书分享会、“中国梦、强军梦、我的梦”群众性大讨论和“强军故事会”等活动。同时结合中队“特色”，充分挖掘身边现实资源，增强教育的说服力、感染力。扎实做好经常性思想工作，利用谈心活动定期了解官兵心中所想、生活所需，在做好经常性思想教育的同时充分注重“三互”“双四一”等有效载体，坚持每周有讲评，每月有评比，结合实际解决官兵工作和生活中的问题。同时，抓好内部关系教育不放松，讲团结、顾大局。努力营造学习成才的良好环境，牢固树立“全面育才，出人才就是出政绩”的理念，认真抓好人才培养工作，充分利用网络、图书引导官兵丰富知识面，增长才干，鼓励官兵利用军事教育App学习。充分发挥战士的聪明才智，给他们锻炼的平台，培养出色的网络维护员、炊事员、“四小工”等。

【政治生态建设】 贯彻整风整改要求，营造良好的政治生态，始终把转变作风放在关键环节抓实抓深。注重搞好教育，在正风肃纪的大背景下，坚决贯彻上级关于整风整改的指示精神，及时传达学习习主席重要指示和上级典型案例，针对部分党员干部思想认识不够到位、敏感意识不强等问题，利用政治教育、理论学习等时机，引导广大官兵清醒认识正风反腐的形势和整风整改的必要性及要求，自觉清除陈旧观念，强化政治意识、大局观念。注重改变作风，坚持以上率下，干部带头改变作风，要求别人做到的首先自己做到。落实谈心制度，扎实开展“三个如实报告”活动，全面掌握战士思想脉搏，尽最大努力为战士排忧解难。加大党员教育管理，重点抓好模范带头、对外交往、内部关系、廉洁自律等问题治理。坚持原则，始终保持清醒头脑，涉及政治性、原则性问题的口子坚决不开，特别是关系到官兵切身利益的敏感问题均由群众推荐，支部集体研究决定，不搞暗箱操作，不搞庸俗关系。

【中心任务】 坚持中心工作重点抓，完成执勤任务。中队“一班人”牢固树立“中心居中”观念，坚持做到无论工作多忙，任务多重，抓中心的决心不变、精力不散。狠抓执勤制度落实，严格作战勤务值班，按照“四全”要求，勤务值班干部编排勤务，保证每天查勤都在5次以上，中队每月、班每周对执勤形势分析研究1次，及时总结经验教训，制定整改措施。同时，针对中队重要节假日重要时期担负的城市武装巡逻等临时勤务进行周密细致的谋划，制定详尽的方案，组织专勤专训，确保执勤工作安全无事故。

【军事训练】 严格大纲要求，狠抓官兵体能技能训练。针对支队考核反映的问题，坚持练兵先练官，制定训练计划，突出加强中队干部军事素质，为战士树立榜样，从而带动整个中队的训练热情。在训练上，做到分层次训练，形成“比、学、赶、帮、超”的良好氛围，每月采取评选训练尖子的形式，荣誉墙公示，激发官兵训练热情，形成“我想练、我要练”的良好氛围，取得了较好的训练成绩。

【行政管理】 狠抓行政管理，确保部队安全稳定。中队不断强化安全发展理念，把完成任务、谋求发展与安全稳定统在一起抓。严格行政管理工作，注重从细节上下功夫，在军容风纪、日常养成、礼貌礼节、内务卫生质量方面严管细扣，坚持从一人一事、言谈举止小节抓起，使官兵在落实“小事”中树立“大观念”，提高中队精细化管理水平。认真开展“安全大检查”“百日安全竞赛”等教育整顿活动，坚决做到不深入思想不撒手、不解决问题不罢休，牢牢树立“我的安全我负责、他人安全我有责、中队安全我尽责”的理念。

撰稿人：邵乾恒　审稿：孙　良

人民防空

【概况】 2019年，龙口市人防工作始终坚持以人民防空为人民，铸就坚不可摧的护民之盾为使命，以提高防空袭斗争能力为目标，坚持人防建设与经济社会发展相协调，有效履行战时防空、平时服务、应急支援职能，推动龙口市人防建设实现更好质量、更高效益、可持续发展。

【人防工程建设】 2019年，坚持依法审批，确保人防政策法规得到有效落实，依法收缴易地建设费。强化规划引领作用，加强人防工程防护体系建设，落实城市居住区人防工程配建和人防修建性详细规划编制等相关要求，各项指标在烟台市位居前列。

【制度落实和质量监管】 严格制度落实，规范完善人防工程建设管理体系。坚持工程实体质量和参建各方主体质量行为监督并重，全面落实参建各方主体终身责任制、工程质量监督过程痕迹化管理制度、重点部位施工质量责任制度等管控措施。至2019年底，共抽查在建人防工程，发现问题70余项，下达人防工程质量监督抽查记录意见书17件、工程隐患整改通知书13封，全部按要求整改完毕。

【设备维护及管理】 2019年7月，协调设备厂家到龙口市，对全市人防警报设备进行技术性全面检测检修。10月，组织工作人员为警报器设备加挂安全警示标识牌，进行老化线路维护、设备加固及除锈喷漆处理，确保设备安全无隐患。

【人防训练及演练】 根据《训练与考核大纲》内容，突出人防指挥通信系统和预警报知系统的应用训练，积极参加全烟台市人防机动指挥平台和人防信息化系统常态化联调联训活动。2019年8月15日，市人防办在龙口港华燃气有限公司组织开展了包括宣传鼓动、安全警戒、疏散转移、伪装加固、排空分流、隐真示假、抢险抢修等科目的重要经济目标防护演练活动。烟台市人防办主要领导、滨州市住建局分管领导和龙口市政府分管领导对演练进行观摩、点评。烟台市、龙口市相关媒体对演练进行报道。通过贴近实战环境的演练，提高人防部门和重要经济目标单位应对突发事件时快速反应、组织指挥和协同救援能力。

【人防宣传教育】 2019年，按照上级提出的人防宣传教育“五进”工作要求，市人防办认真部署，迅速行动，积极落实，实现全市人防宣传教育全覆盖。落实中小学校常态化防空防灾演练制度，逐校开展以应对紧急情况下突发事件为目的的防空防灾应急疏散演练，全市69所学校师生累计约6.6万人次参加演练。6月，协同东江街道办事处在西江社区进行“贴基层、走社区”为主题的人防宣传教育，共发放《防空防灾宣传手册》300余册，宣传单500余份。以“上级机关重视、相关部门支持、广大干部参与”为指导思想，结合机关实际，采取观看录像、张挂宣传制品、发放宣传单等形式开展防空防灾技能培训，机关累计受教育人数300余人次。共组织企业防空防灾综合演练2次，组织重要经济目标单位防空防灾应急综合演练1次。以中华人民共和国成立70周年为契机，充分利用网络媒体进行人防知识宣传。主要通过龙口市电视台、龙口民声在线、《今日龙口报》、烟台人防公众号、龙口市住房和城乡建设管理局公众号等网络媒体宣传人防相关信息，进一步扩大人防宣传的覆盖面和影响力。

【人防信息化建设】 2019年，对已竣工人防工程信息数据库资料进行采集建立、数据录入等工作，搭建人防工程建设全过程、全方位信息化建设平台，提升全市人防工程信息管理水平。

撰稿：孟凡国　审稿：张　鸽

经济管理

发展规划与改革

【概况】 2019年，全市生产总值达到1074.8亿元，同比增长6.1%，其中第三产业占比达到47.6%。完成公共财政预算收入101亿元，同比增长5.6%。全社会固定资产投资完成587.6亿元，同比增长8.2%。全市外贸进出口总额270亿元，同比增长4%，其中外贸出口177.6亿元，同比增长6.4%。实际使用外资1.8亿元，同比下降9.2%。社会消费品零售额同比增长8.7%。城镇居民人均可支配收入51445元，同比增长6.8%。农村居民人均可支配收入24134元，同比增长9.5%。

【固定资产投资管理】 全市完成全社会固定资产投资587.6亿元，同比增长8.2%。2019年，全市共有15个项目列入烟台市级重点项目，项目总投资190.36亿元，年度计划投资26.55亿元，至年末，项目全部完成年度投资计划及任务目标，并取得烟台市年度考核第一名。有39个项目纳入龙口市级重点项目，计划总投资300.62亿元，年度计划投资61.1亿元，至年末，各项目标均完成年度投资目标，按计划顺利推进。

【服务业】 全市服务业增加值完成511.1亿元，同比增长5.0%，占GDP比重达到47.6%，比2018年下降0.2个百分点；社会消费品零售总额同比增长6.0%；旅游业人数700万人次，总收入达到90亿元；港口货物吞吐量达到7870万吨，集装箱吞吐量达到78万标箱。

【战略性新兴产业】 2019年，全市战略性新兴产业主营业务收入达到230亿元，主要涉及新材料、新能源与节能环保、高端装备制造、生物与新医药、新能源汽车及其零部件等5大领域。拥有4个国家级企业技术中心，14个省级企业技术中心，15个市级企业技术中心，1个国家地方联合工程研究中心，1个国家地方联合工程实验室，2个省级工程实验室，8个市级工程实验室。

【新旧动能转换】 高标准建设新旧动能转换重大项目库，实施动态化管理。2019年，道恩氢化丁腈橡胶、朗文机器人等2个项目入选省新旧动能转换重大项目库，山东南山铝业股份有限公司列入省“十强”产业集群领军企业库。

【扶贫协作】 龙口市拨付财政专项帮扶资金660万元，东江街道拨付30万元帮扶资金。市委组织部接收6名巫山县贫困村支部书记到龙口市挂职不同镇街区党支部副书记，参与重点难点工作，让挂职干部实实在在地学到知识、得到锻炼。人社局在巫山县组织2次招聘会，300多人达成就业意向，组织开展乡村旅游和果蔬标准化生产技术培训班6次，累计培训344人。教体局、农业农村局、卫健局选派专业技术人员赴巫山开展支教、支农、支医活动。市长吕波赴巫山县考察对接扶贫工作。

【综合改革工作】 2019年，全市完成经济体制和生态文明体制31项改革任务和8个市领导领衔推进的重点改革项目落地实施。推进审批服务精简化、精准化、高效化，最大限度取消前置条件，优化内部流程，积极推进网上审批，探索实行“容缺受理”。不断改进提升拓展发展空间，大力推进信用体系建设，全年公示各类信用信息

75158条，7个政府与企业纠纷案件全部清理整治完毕；严格按照山东省营商环境评价实施方案确定的18项评价指标，坚持以评促优、以评促建，细化工作措施，积极协调相关单位，扎实开展电话回访和测试培训，在烟台市级营商环境评价中，取得第二名的历史最好成绩。

【能源保障】 加强资源统筹调度力度，全社会用电量190.58亿千瓦时，工业用电量180.27亿千瓦时。

【粮食生产】 全年腾空库容1.3万吨，收购小麦9672吨，完成全年收购计划，建设完成粮食质量检验监测站，全年共抽检粮油样品100样，监测指标450项，促进粮油质量不断提高，保障广大群众放心消费。

【价格管理】 规范民办学历教育收费标准，推进公交车一票制、天然气及景区门票下调等价格改革，落实电动公交汽车集中充换电设施的用电价格政策，制定新建住宅小区供水配套费标准，2019年，共处理信访和价格咨询194件，累计发放价格临时补贴13.67万人次，共计288.94万元。

【安全管理】 制定《龙口市地方煤矿重大安全风险防控与治理行动方案》，深入煤矿生产一线开展安全巡查检查，加强对管道企业的日常检查，严格第三方施工审批，确保安全生产万无一失。积极开展斑裂房补偿工作，编制《龙口市桑园煤矿斑裂房补偿工作实施方案》，对新嘉街道6个自然村1027户斑裂房及公益设施补偿347.13万元。

撰稿：张惠君　审稿：邢　杰

国有资产监管

【概况】 2019年，市国资局以“不忘初心、牢记使命”为指导思想，以完善资本监管体系，发现行政事业单位在资金管理、资产管理方面存在的问题为目标，落实监管责任，清产核资进行国有企业监管调整。年内，14户划入城投公司，出资人变更为城投公司；1户企业划归市属医院管理；1户参股企业划入龙口市新环境投资有限公司；2户企业由主管部门牵头善后处理；14户企业由主管部门牵头清算后处置；5户国有参股企业清算后国有资本退出。清点自然资源，建立国有自然资产数据库，设立国有资产管理员，履行资产保全和日常管理职责。

【国有企业监管调整】 根据上级对国有企业进行统一监管要求，国资局对国有企业进行调整整合。2019年9月11日制定《龙口市国有资产统一监管调整整合方案》，根据方案要求，对34户国有一级企业进行分类调整整合，有保留，有清算，有退出，其中洼东煤矿、桑园煤矿、龙口市碧水污水处理有限公司3户企业，前期已被划入城乡建设投资发展有限公司（以下简称城投公司），该次调整只将碧水污水处理有限公司由城投公司调整至龙口市新环境投资有限公司（出资人为城投公司）。其他14户企业划入城投公司（城投公司出资人为国有资产运营中心），出资人变更为城投公司。1户企业（社保门诊部）划归市属医院管理。1户参股企业（自来水公司）划入龙口市新环境投资有限公司。2户企业由主管部门牵头善后处理。14户企业由主管部门牵头清算后处置。5户国有参股企业清算后国有资本退出。国有企业调整整合后，充分借鉴先进经验，制定颁发《关于进一步加强国有企业改革期间管理工作的通知》，对改革期间（2019年10月至2020年底）有关纪律进行强调，对财政、企业原主管部门、国有企业各自职责进行明确，对企业在改革期间经营重大事项进行了原则性规定。

【清产核资】 2019年5月中旬开始，以3月31

日为基准日，组织专门力量和中介机构，对全市行政事业单位及所办经济实体、国有独资及参控股企业进行清产核资。针对清产核资结果，开展固定资产管理专项整改。将清产核资发现问题，及时反馈各主管部门，由各主管部门组织进行整改。对账证、账账、账实不符的，查实原因，该入账的入账，该核销的核销，该调整的调整，该追回的追回。对报废、损毁以及确实无法追回的固定资产，各单位查明原因，提出处理意见，报市政府审批后调整账目。对有原始购置凭证但未入账的固定资产，按照购置价登记；无原始凭证的，聘请评估机构进行评估，依据评估报告计入固定资产。完善合同，规范整改违规出租、拖欠租金的企业。对已到期限的合同一律不允许延期或续租，更不得以完善合同为名延长租期。纠正未报经财政部门审批的出租合同，按规定程序办理出租报批手续。组织开展固定资产管理专项“回头看”，对存在问题拒不整改的，转交监察部门办理。规定各单位出租出借固定资产，必须经财政审批，自行出租出借合同无效。

【完善制度】 2019 年，国资局对于占有使用国有资产负主体责任的部门单位，设立国有资产管理员，履行资产保全和日常管理职责，并接受国资局统一监管。各部门、单位闲置、出租资产，产权全部划归龙口市汇银资产经营公司管理。建立国有资产运营管理信息平台，将清产核资并评估调账后的各类固定资产数据全部录入平台，建立行政事业单位资产数据库，与各单位联网管理。

【盘活国有资产】 重新颁发《龙口市国有资产管理办法》（龙政发〔2019〕81 号），规范国有资产管理，明确资产管理与使用单位职责。各镇街区国有资产全部纳入市财政监管范围。对行政中心以外办公单位，通过优化重组办公场所等形式，将处于闲置的办公用房统筹安排使用。根据清产核资情况，办公场所调整后，各行政事业单位闲置资产全部划转至龙口市汇银资产经营公司，财政局统一运营管理。

【国有资产管理】 2019 年，进行全市行政事业单位国有资产清产核资，为部门预算编制提供决策依据，建立健全资产管理制度。修订《龙口市行政事业单位国有资产管理办法》和《龙口市政府公物仓管理办法》，实行信息平台动态管理制度，将《山东省行政事业单位国有资产管理信息系统》与市会计核算中心资产数据进行比对，及时掌握资产数据变动情况。开展固定资产管理专项整改工作，将清产核资发现的问题，反馈至各主管部门，由各主管部门组织进行整改。严格执行烟台市财政局动态发布的《烟台市市级行政事业单位通用资产配置暂行标准》，把好资产购置关。在资产处置上，落实《龙口市行政事业单位国有资产管理办法》，严格执行国有资产处置审批手续，实行先评估、检测、再批准的规定。将全市行政事业单位、国有企业车改后剩余车辆调拨至市属国有企业龙口市公交公司下辖的龙口市运通汽车租赁公司进行租赁使用，实行市场化运营。根据《关于机构改革涉及单位资产移交实施的意见》，明确资产划转步骤和手续、规范公务用车、办公设备、软件等资产划转原则，不得越权越规。

撰稿：田　恒　审稿：杨德成

财　政

【概况】 2019 年，龙口市第十八届人民代表大会第三次会议批准的全市一般公共预算收入为 109.7 亿元，经市人大常委会批准调整为 101 亿元，实际完成 101 亿元，比上年增长 5.6%。全市一般公共预算支出为 108.7 亿元，经市人大常委会批准调整为 100.7 亿元，实际完成 100.7 亿元，比上年下降3%。

【财政平衡情况】 2019年，全市一般公共预算收入加各种体制结算事项、上级专款、政府性债券及调入资金等，总财力为122.5亿元，减去支出100.7亿元、上解支出16.6亿元、债务还本支出4.78亿元和安排预算稳定调节基金0.02亿元，结转下年支出3.4亿元，预算收支平衡。

【上级财政体制】 增值税收入划分方面 以2014年为基期，核定营业税（含改征增值税）返还基数和县市区增值税上缴基数。所有行业企业缴纳的增值税（含补缴营业税）均实行中央与地方按50∶50比例分享。除省级和市级保留企业、行业外，其他一般企业增值税（含补缴营业税）地方分享部分，作为县市区财政收入，属地征管、就地缴库，纳入省与县市区、市与县市区体制分成范围。中央及省从县市区净上划的收入，通过基数返还方式补助县市区。

现行市以下收入划分体制方面 从2019年起，对市县增值税、企业所得税、个人所得税和资源税、房产税、城镇土地使用税、土地增值税、耕地占用税、契税收入比2017年增长部分，省与市、省财政直接管理县（市，以下简称省财政直管县）按照20∶80的比例分成。其中，省级分成部分，执行中作为市县收入，属地征管、就地缴库，年终由市县通过体制结算上解省财政。县市区每年纳入省级分享范围的增值税、资源税、房产税、城镇土地使用税、土地增值税、契税等税收收入不得低于核定的基数和上年执行数，且增长幅度不得低于辖区当年公共财政收入增幅；每年上缴的市级分成数不得低于核定的基数和上年执行数，否则将按照“就高”原则对其差额进行扣解。自2015年起，出口退税全部由中央财政负担，县市区2014年原负担的出口退税基数定额上解。

【县乡财政体制】 自2017年起，实行新的镇级财政体制政策。收入范围。镇区街辖区内国地税收入除南山集团、龙口港、龙矿集团、华电集团、供电公司、恒丰银行、烟台银行、烟草公司、家家悦及域外税源企业实现的地方税收，契税、耕地占用税、委托代征税款、个人缴纳的零散税收及一次性收入外，全部实行属地管理。支出基数。涉及人员经费类的支出按实有人数和最新标准据实核定，抚恤优抚等支出上划市级管理，对机动财力进行量化分类。激励机制。超收分成，对各镇街区收入超过上年完成数部分按功效系数进行分成结算，以各镇街区的增量与增幅分别占45%和55%的权重进行分配。增幅位次奖励，对收入增幅达5%（含5%）以上，且收入增幅排名前8名的镇街区给予一次性补助。

【财政支出管理】 按规定及时准确下达转移支付预算和年初预算，对上级财政提前下达的转移支付，按规定列入年初预算。除公共财政预算外，政府性基金预算也加快下达，社会保险基金预算按有关规定执行。对执行中情况发生变化而无法执行的项目以及无须再支出的据实结算项目，及时收回总预算，重新安排用于经济社会发展亟须资金支持的领域。在依法合规、确保工程质量安全的前提下，加快基建工程及其支出进度，尽早形成实物工作量。各部门在加快当年预算执行的同时，用好前年度结转资金，加快结转资金执行进度，建立健全预算编制与结转资金管理相衔接的约束机制，对结转资金常年居高不下、使用不力的部门，相应减少安排其预算。加快资金审核和支付，认真审核各部门和单位的用款申请，及时下达用款额度并办理资金支付，对基本支出按照年度均衡性原则支付，对项目支出按照项目实施进度和合同约定支付。

【财源建设】 强化收入组织调度 在减税降费政策大规模实施情况下，财税部门全面落实减税降费各项政策，积极组织收入，强化税收征管，加强重点项目、重点税源监控，做到应收尽收。全年税收收入完成63.6亿元，税收比重达到63%。为加强房地产行业税收管理，在全市范围内开展房地产企业税收专项检查，全年共核查房地产企业79户，排查欠缴税款3.2亿元，追缴税款1.63亿元。

强化非税收入管理 做好非税收入征收划转工作，依托票据管理系统和非税收入征收管理系统，实时监控各项收入进度，保证各项非税收入应收尽收。

深入挖掘培植税源 主动探索引进域外税源新路径，成功洽谈一批占用资源少、税收贡献大的域外税源项目。全年先后洽谈北京噼里啪公司、重庆锐思科集团和济南欣宜佳电子商务公司等10余个域外税源项目，协议引进域外税源总额已突破每年10亿元。

【支持企业发展】 助力新旧动能转换 设立新旧动能转换专项引导资金2100万元，加大对重点产业、关键领域及重点项目等扶持力度。积极争取上级政策资金。积极为全市企业争取国家及省、烟台有关政策资金支持，全年共争取到位上级补助资金5亿多元，有效帮助企业缓解资金压力。认真贯彻减税降费政策。为持续推进减税降费政策落实落地，最大程度发挥政策积极效应，成立减税降费工作专班，对各成员单位减税降费政策落实情况进行督导，对排查梳理出的问题深入整改。在及时公开政府性基金、收费目录的同时，扎实开展非税收入管理提升年活动，在5处企业设立涉企收费监测点，聘请涉企收费监督员，开通举报直通车，公开举报电话，对发现的不合法收费及时查处，确保各项政策措施落地见效。

【财政改革】 持续强化预算综合管理 加强政府预算资金统筹衔接，完善全口径预算管理机制，建立全面规范透明、标准科学、约束有力的预算制度。加大预算信息公开力度，细化完善公开内容，如期完成本级政府、部门2019年预算和2018年决算公开。根据上级部署，梳理优化集中支付各项业务及流程，国库集中支付电子化管理工作全面开展。

加强政府债务管理 扎实开展再融资债券发行和新增地方政府债券申报工作，全年共争取地方政府债券11.38亿元。其中新增地方政府债券6.6亿元，再融资债券4.78亿元，有效化解和防范了债务风险。持续推进政府融资平台市场化运作，研究制定《龙口市政府融资平台公司市场化改革实施方案》，组建完成城投公司、新环境投资公司、港城开发公司3个国有投融资公司，3个公司进行市场化运营。

严格政府采购管理 实施政府采购电子化招标新模式，从制度上规避围标串标，全力杜绝政府采购人为因素，运用采购信息管理系统，对采购流程进行规范和固化设计，实现政府采购全过程痕迹化管理。全年共组织采购343次，采购预算9.7亿元，实际采购支出9.1亿元，节支0.6亿元，节支率为6.2%。

对政府投资评审进行流程再造 吸纳域外高等级评审中介机构，有效提高评审质量。为避免工程结算复审与初审利益交接，实行初审中介与复审中介分开招标机制，保证复审中介专门从事结算复审，确保发挥审减效益。全年审查工程预结算399项，送审值20.73亿元，审定值19.14亿元，审减额1.59亿元，审减率7.67%。

加强国有资产管理 对全市行政事业单位和企业国有资产进行清产核查，共清查单位288户，核查国有资产总额144.31亿元，负债额55.16亿元，净资产89.15亿元（按参股比例剔除国有参控股企业非国有资产后，国有净资产87.68亿元）。通过排查，摸清行政事业单位往来账款和资产管理存在的问题，下达整改通知，组织相关部门进行整改。加快推进市属经营性国有资产统一监管，对国有企业分类提出监管调整整合方案，全年有15户划转企业全部完成出资人变更和工商登记。

【民生福祉提升】 2019年，全市民生支出71.3亿元，占财政总支出的70.8%。按照“有保有压”原则，整合各类资金来源，统筹平衡财力状况和支出需求，大力压减一般性开支，盘活结余结转资金，重点保障教育、医疗卫生、社保、文化、“三农”支出需要，切实提高基本公共服务水平。保障民生工程顺利实施，拨付3.2亿元用于棚户区改造，拨付2.4亿元用于度假区君澜福地拆迁补偿，拨付1.09亿元用于社区建设补助，拨付9338万元用于城区道路建设，拨付5668万元用于度假区建设，拨付5637万元用于村级经费，拨付5000万元用于美丽乡村奖补，拨付3390万元用于污水处理厂建设，拨付3150万元用于全市污水处理，拨付3646万元用于老旧小区改造，拨付3577万元用于城区保洁和垃圾处理，拨付2772万元用于城区绿化管护，拨付2033万元用于龙口市污水处理厂提标改造及一期扩建工程，拨付2000万元用于环海南路征迁，拨付1123万元用于矫家河上游污水管网铺设及河道疏浚，拨付1905万元用于高新技术企业创业园工程，拨付1675万元用于城乡垃圾一体化，拨付1100万元用于城区照明电费。推动教育优先发展，拨付5.4亿元用于教师工资发放，拨付4825万元用于中小学公用经费，拨付2327万元用于部分中职学生免学费，拨付1604万元用于校舍改造，拨付1401万元用于学前、高中、高校和中职助学金，拨付986万元用于校车运行经费，拨付877万元用于农村原民办代课教师教龄补助，拨付633万元用于义务教育段免费教科书，拨付470万元用于学前教育建设，拨付144万元用于明德学校建设，拨付412万元用于免费营养餐、学生装和作业本发放。健全完善社会保障体系，拨付7.6亿元用于机关事业单位养老保险，拨付2.05亿元用于居民医疗保险统筹基金补助，拨付1.67亿元用于城乡居民基础养老金，拨付1.52亿元用于城乡居民个人账户养老金补助，拨付1.13亿元用于伤残抚恤金参战生活补贴，拨付7233万元用于基本公共卫生服务及乡镇卫生院补助，拨付5607万元用于企业养老金缺口补贴，拨付4577万元用于城乡低保和特困供养人员救助，拨付1490万元用于义务兵优待金发放，拨付1173万元用于军转干专项经费，拨付2807万元用于退役士兵保险接续及公益性岗位发放工资，拨付1076万元用于残保金返还，拨付1759万元用于居民医疗保险、康复、大病及困难救助，拨付2659万元为全市70周岁以上人员发放高龄津贴，拨付632万元用于残疾人综合服务中心建设。

2019 年龙口市一般公共预算收入决算情况表

表 1　　单位：万元

项　　目	2019 年 预算调整数	2019 年决算	占预算 %	可比增长 %
一、税收收入	636024	636024	100.0%	9.7%
增值税	166895	166895	100.0%	17.8%
企业所得税	55187	55187	100.0%	5.8%
个人所得税	8641	8441	97.7%	-52.2%
资源税	5909	5909	100.0%	17.9%
城市维护建设税	25102	25103	100.0%	-18.2%
房产税	18020	18020	100.0%	0.7%
印花税	6088	6088	100.0%	-45.0%
城镇土地使用税	44268	44268	100.0%	-43.5%
土地增值税	207684	207684	100.0%	74.9%
车船税	5769	5768	100.0%	-42.5%
耕地占用税	3992	4192	105.0%	94.0%
契税	84657	84657	100.0%	-12.6%
环境保护税	3804	3804	100.0%	27.0%
其他税收收入	8	8	100.0%	—
二、非税收入	374053	374053	100.0%	-5.8%
专项收入	22759	22759	100.0%	-26.0%
行政事业性收费收入	6720	6820	101.5%	-37.7%
罚没收入	11950	11850	99.2%	-25.5%
国有资源（资产）有偿使用收入	329461	329461	100.0%	-2.6%
其他收入	3163	3163	100.0%	131.6%
2019 年收入合计	1010077	1010077	100.0%	5.6%

2019 年龙口市一般公共预算支出决算情况表

表 2　　　　　　　　　　　　　　　　　　　　　　　　　　　　单位：万元

项　　目	2019 年预算调整数	2019 年决算	占预算 %	可比增长 %
一、一般公共服务支出	49705	49705	100.0%	6.5%
二、公共安全支出	26876	26876	100.0%	-14.8%
三、教育支出	100236	100639	100.4%	1.8%
四、科学技术支出	52546	52546	100.0%	5.1%
五、文化旅游体育与传媒支出	5944	5944	100.0%	-69.9%
六、社会保障和就业支出	178645	178445	99.9%	3.2%
七、卫生健康支出	84221	84221	100.0%	2.1%
八、节能环保支出	19141	19141	100.0%	5.4%
九、城乡社区支出	348470	348267	99.9%	-11.2%
十、农林水支出	60523	60523	100.0%	0.2%
十一、交通运输支出	9375	9375	100.0%	-47.6%
十二、资源勘探信息等支出	21921	21921	100.0%	321.1%
十三、商业服务业等支出	1894	1894	100.0%	34.0%
十四、金融支出	1246	1246	100.0%	166.2%
十五、援助其他地区支出	4869	4869	100.0%	7.9%
十六、自然资源海洋气象等支出	14872	14872	100.0%	230.6%
十七、住房保障支出	1144	1144	100.0%	-93.6%
十八、粮油物资储备支出	5025	5025	100.0%	2723.0%
十九、灾害防治及应急管理支出	3218	3218	100.0%	—
二十、其他各项支出	16662	16662	100.0%	27.5%
2019 年支出合计	1006533	1006533	100.0%	-3.0%

2019年龙口市政府性基金决算情况表

表3　　　　单位：万元

项　　目	2019年预算调整数	2019年完成	占预算%	增长%
一、污水处理费收入	1765	1765	100.0%	-13.4%
二、国有土地使用权出让收入	180276	181276	100.6%	196.7%
三、城市基础设施配套费收入	15842	14842	93.7%	32.1%
四、其他各项政府性基金收入	233	233	100.0%	-84.4%
合计	198116	198116	100.0%	161.1%
一、文化旅游体育与传媒支出	75	75	100.0%	74.4%
二、社会保障和就业支出	1304	1304	100.0%	-23.9%
三、城乡社区支出	225232	225233	100.0%	89.8%
四、交通运输支出	2000	2000	100.0%	0.0%
五、其他支出	35568	35567	100.0%	850.5%
合计	264179	264179	100.0%	109.4%

2019年龙口市社会保险基金决算情况表

表4　　　　单位：万元

项　　目	2018年决算数	2019年预算数	2019年决算数		
			金额	占预算%	比上年增长%
社会保险基金收入合计	105200	105088	109352	104.1	3.9
其中，保险费收入	51646	51556	55373	107.4	7.2
利息收入	8396	3649	3775	103.5	-55.0
财政补贴收入	44671	49519	49729	100.4	11.3
转移收入	197	42	354	842.9	79.7
一、机关事业单位基本养老保险基金收入	56860	60850	59500	97.8	4.6
其中，保险费收入	28625	29035	27223	93.8	-4.9
利息收入	84	83	64	77.1	-23.8
财政补贴收入	28000	31732	31900	100.5	13.9
转移收入	151		313		
二、居民基本养老保险基金收入	48340	44238	49852	112.7	3.1
其中，个人缴费收入	23021	22521	28150	125.0	22.3
集体补助收入	290	322	121	37.6	-58.3

续表 4

项　　目	2018 年决算数	2019 年预算数	2019 年决算数		
			金额	占预算 %	比上年增长 %
利息收入	8312	3566	3711	104.1	–55.4
财政补贴收入	16671	17787	17829	100.2	6.9
转移收入	46	42	41	97.6	–10.9
社会保险基金支出合计	86545	92268	92850	100.6	7.3
其中，社会保险待遇支出	86275	91995	92709	100.8	7.5
其他支出					
转移支出	270	273	140	51.3	–48.1
一、机关事业单位基本养老保险基金支出	56278	60850	60595	99.6	7.7
其中，基本养老金支出	56278	60850	60562	99.5	7.6
转移支出			33		
二、居民基本养老保险基金支出	30267	31418	32255	102.7	6.6
其中，基础养老金支出	15827	16708	16723	100.1	5.7
个人账户养老金支出	13875	14157	15108	106.7	8.9
丧葬抚恤补助支出	295	280	316	112.9	7.1
转移支出	270	273	107	39.2	–60.4
社会保险基金本年收支结余合计	18655	12820	16502		
一、机关事业单位基本养老保险基金本年收支结余	582		–1095		
二、居民基本养老保险基金本年收支结余	18073	12820	17597		
社会保险基金年末滚存结余合计	193915	206735	210417		
一、机关事业单位基本养老保险基金年末滚存结余	3405	3405	2310		
二、居民基本养老保险基金年末滚存结余	190510	203330	208107		

撰稿：刁仁鹏　审稿：石　坤

税　务

【概况】 2019年，龙口市税务局牢固树立“强基础、促规范、防风险”核心理念，充分发挥党建统领作用，提升税费征管质效，严格落实减税降费政策，持续优化税收服务，稳步推进各项税务工作，全年共组织各项收入94.42亿元（不含社保费），其中县级收入65.19亿元。

【党建统领】 围绕“不忘初心、牢记使命”主题教育学习活动，组织深入学习习近平总书记系列重要讲话和指示精神，走访纳税人缴费人121户次，征求基层干部和纳税人缴费人意见建议31条，撰写调研报告12篇，检视问题161项，将主题教育成果运用到税收实践中。推行“一线工作法”，开展基层“新五小”建设，累计深入一线调研217户次，制定《工作通知发布实施办法》，规范通知发布程序，压缩通知发布数量，减轻基层工作压力。以党建文化中心为活动载体，积极开展“四方”党建共建活动，先后与省局稽查局、博士社区等单位开展支部共建，进一步完善纵合横通强党建工作机制。严格落实全面从严治党工作要求，与龙口市纪委监委联合制定《常态化协调联系工作办法》，共同建立四项联系协调机制。开展工作纪律执行情况实地检查，发现和纠正问题14项。

2019年7月7日，举行“四方”党建共建活动启动仪式

【税费征管】 科学开展收入分析预测与调度，按日关注入库进度，及时汇报中央、地方级收入配比，确保各项税费科学、均衡入库。加强与上级局和地方党委、政府及财政部门的沟通协调，围绕重点行业和重点企业开展经济税源摸底，从经济、政策、税收等角度积极开展调研分析。成立深化增值税改革专项工作小组，持续开展深化增值税改革专项税负调查和政策辅导，累计辅导增值税企业656户次。鉴定7273户企业征收方式，测算75个行业平均利润率，确保企业所得税均衡入库。对51笔面积较大的二手房产、土地转让进行审核，入库税款17.2亿元；对101笔股权转让行为进行把关，入库税款54.12万元。与人社、农商银行以及各镇、村相关部门建立联席工作机制，平稳推进社会保险费和非税收入征缴工作。全年征缴2019年度机关事业单位社保费4.09亿元，城乡居民养老保险2.66亿元；征缴2020年度城乡居民医疗保险1.42亿元。

【税收执法】 加强对数据信息的分析利用，对41批次共356户纳税人涉税疑点进行核实，查补入库税款4681万元，加收滞纳金725万元。严厉打击各类发票违法犯罪活动，共计完成增值税发票协查案件55户次，涉及增值税专用发票726份、增值税普通发票19份，涉及发票金额3.5亿元，税额5830万元，查补入库税款、滞纳金1996万元，罚款177万元。对5户重点企业涉及风险疑点问题进行实地核实，实施靶向性风险应对，共检查税款3478.62万元。开展增值税免抵部分的城建税比对分析，查补税款18万元。协助公安经侦部门调查取证企业发票抵扣信息20余户，接收"12345"热线转办案件18起，进一步强化税收执法刚性，规范纳税秩序。

【减税降费】召开减税降费专题会议，制定实施方案及专项考核办法，建立"减税降费工作任务清单制度"，细化工作任务、责任单位、落实情况等事项，对标对表统筹推进。建立日常疑点数据监控制度，围绕减税降费对全市经济发展影响向市政府做专题汇报，相关报告得到市政府主要领导和分管领导表扬性批示。以减税降费为主题拓展政策宣传覆盖面，先后在《中国税务报》、《烟台日报》、《今日龙口》、龙口电视台、龙口网等各层级新闻媒体发表22篇减税降费宣传稿件，有效促进优惠政策推送落实。2019年，合计减免各项税收10.75亿元，累计办理小微普惠性减免退、抵税3673户，办理退、抵税96.1万元。

2019年3月，组织部分人大代表和重点企业负责人开展减税降费座谈

【法规宣传】围绕纳税人关注热点和问题需求，集中组织11场培训会，分片区举行27场专题培训，涉及纳税人11064人次，解决各类涉税问题70余项。不断扩展宣传广度和受众层次，在各节点开展"学雷锋志愿服务大集"、龙口便民车展宣讲、"税法宣传校园行"、商圈电子显示屏幕播放宣传片等活动，先后5次参与电台"民生零距离"直播，在《今日龙口》报刊设置税收普法专栏，印制发放各类税收政策宣传品2.6万余份。通过发放纸质调查问卷和制作宣传二维码等方式，采集945户纳税人意见建议61条，选取受中美贸易摩擦影响较大的兴民智通、隆基股份等汽车零部件企业开展解剖式调研，强化政策效应反馈。

【优化服务】围绕全面优化营商环境，大力推进自助办税服务建设，先后购置18台自助办税终端，分别放置在办税服务厅、24小时自助办税点和分局（所）办税延伸点。推进车辆购置税办税全程电子化，打造"一站式"服务体验，车购税业务实现3分钟办结。持续推进"全程网上办""票e送"等快捷办税方式应用，提升办税"便利化"水平。开展各类纳税人调查6次，涉及纳税人6000余户次，收集意见建议90余条。在东海房产交易中心设立"二手房交易涉税业务专窗"，共计为1万余位异地置业纳税人就近办理契税业务。积极宣传推广微信、支付宝、裕农通等8种电子缴纳社保费方式，方便缴费人移动端实现城乡居民养老保险申报选

辅导纳税人通过“电子税务局”办理涉税业务

档、缴费、查询等业务办理。主动介入“华为数据中心”“化工产业园”等地方政府“双招双引”项目税收贡献分析，有效助力地方党委、政府决策。

撰稿：张一民　审稿：杨立君

市场监督管理

【概况】 2019 年，龙口市市场监管局承担全市市场综合监督管理、组织指导行政许可、推动市场主体信用体系建设、全市市场秩序监督管理、市场监管综合执法、全市宏观质量管理、产品质量安全监督管理、特种设备安全监督管理、全市食品安全监督管理和综合协调、全市药品医疗器械和化妆品安全监督管理、计量工作、标准化工作、认证认可工作、知识产权工作、扶持个体私营经济发展等 18 项工作职责。市场监督管理局以推动高质量发展为中心，聚焦“放管服”改革和新旧动能转换重大工程，以“营造宽松便捷的市场准入环境、公平有序的市场竞争环境、安全放心的市场消费环境，保障饮食用药安全、特种设备安全、产品质量安全”为 6 个目标定位，坚持抓改革提效率，抓执法保公平，抓质量促提升，抓安全守底线，抓党建固根基，努力打造一流营商环境，积极服务经济社会发展。

【商事制度改革】 2019 年，认真落实深化商事制度改革政策规定，依法规范登记行为。深化“一次办好”改革，完善“一套材料、一表登记、一窗受理”业务模式，进一步减少环节，简化程序，优化流程，最大限度压缩企业开办时间。推行住所申报承诺制，放宽经营地点审查；简化注销程序，推行农民专业合作社简易注销，放宽市场退出条件限制。4 月，出台《关于大力促进民营企业发展的实施意见》9 条优惠政策措施，深入推进小微企业“双升战略”，积极促进全市民营经济高质量发展。扎实推进食品许可审批改革，进一步优化“食品经营许可证”办证流程，实行一张表格登记、一套制度管理，进一步压缩办证时间。全面实施定量包装商品生产企业自我声明制度，取消计量保证能力现场核查。推行“照后减证”，通过直接取消审批、审批改备案、实行告知承诺制、加强准入管理等改革方式，推动市场准入全程便利化，进一步释放市场活力。是年，全市新登记企业 3195 户，个体工商户 14954 户，农民专业合作社 226 户，市场主体总量达 94176 户，同比增幅 17.7%，总量位居烟台第二，其中企业 15306 户，个体工商户 77472 户，农民专业合作社 1398 户。组织开展 2018 年度企业年报信息公示工作，2019 年 6 月，全市企业、个体工商户、农民专业合作社年报公示率分别为 94.12%、99.92%、96.75%，均同比增长 2.6% 以上。在全市开展清理长期停业未经营企业活动，对 410 户“僵尸”企业进行现场核查、依法清理。

【市场合同管理】 2019年，加强网络交易市场监管，加大对定向网络监测线索处理力度，巡查率达到100%，并在“6·18”“双11”“双12”等网络交易集中促销活动期间加强行政指导，印制发放宣传材料2300余份。组织开展2019年网络市场监管专项整治“网剑行动”，针对国家市场监管总局大数据推送的网络违法第一批、第二批共计17条违法案件线索进行调查处理。加强散煤市场监管整治，对全市散煤经营户进行摸底排查，完善工作台账，对117户散煤经营户进行全覆盖检查；加大质量抽检力度，共抽检散煤10个批次。积极推进文明城市提升工作，印制禁烟标志1000份，桌贴20000份，宣传画2000份，展架200个，组织在全市商场超市、餐饮单位、药店等场所广泛张贴，强化文明城市提升氛围。在博商、振华、利群、家家悦等商超设置学雷锋志愿服务站点并增设母婴室，将其打造成文明示范商场超市，为广大市民群众提供方便。加强合同帮扶，积极推动动产抵押，帮扶企业破解融资难题。至年底，共受理动产抵押登记74件，助企融资14.7亿元。推进“守重”企业申报工作，在2018—2019年度烟台市级“守合同重信用”企业活动评选中，全市共有17家企业获此殊荣。加强格式合同条款清理，组织对房地产行业、汽车销售行业等重点领域合同格式条款违法行为进行检查，检查企业215家。加强农贸市场规范管理，积极指导创建文明诚信市场。配合市商贸服务中心做好河东农贸市场、果蔬批发市场搬迁工作，指导嘉元农贸市场做好规范化管理，完善入场销售者档案材料、日常检查记录、质量安全协议、日常培训记录、食用农产品快检及公示等相关内容。是年，在烟台市组织的农贸市场规范化验收工作中，顺利通过验收。加强食用农产品监管，督导农贸市场、商场超市等市场主办单位及时对入市经营的食用农产品进行质量检测。是年，市场监管局检测室、11处基层所检测室、14处商超农贸市场检测室正常运转，全年共完成蔬菜、水果农药残留快速检测4.8万余批次。委托市质量检验检测中心检测猪肉兽药残留1056个批次，组织在商超、农贸市场开展“你送我检”活动5次，为消费者现场检测140余个批次。联合市农业局、综合执法局、公安局对猪肉市场进行专项整治，检查38个农贸市场，发放宣传材料700多份。

2019年4月，开展汽车市场金融服务费监督检查

【商标广告管理】 2019年，深入推进商标战略实施，持续推行“一企一标”“三书一表”等行政指导制度，开展“商标助企大走访”活动，把商标注册和创建自主品牌作为推进企业“走出去”战略抓手，鼓励引导企业注册商标，加强商标国际注册工作。是年，新增国内注册商标1522件，完成马德里商标国际注册3件。加强广告

2019年4月，开展夜市巡查

市场监管，突出医疗、药品、保健食品、房地产、金融投资理财等重点领域，组织开展非法集资资讯信息排查、互联网广告、医疗广告整治活动，充分利用广告监测平台提高广告监测效率，对涉嫌违法广告及时进行调查处理。是年，共下达责令停止发布通知书17份，立案查处2起，罚款0.75万元。开展广告经营单位双随机抽查工作，共抽查广告经营单位25家，对11家广告制度不健全的单位责令整改。加大行政指导力度，分别召开广告经营单位、广告主、金融投资类企业行政约谈会3次，并与市金融办、公安局联合对部分金融投资类企业进行检查。

【公平交易执法】 2019年，围绕影响市场公平竞争以及侵害消费者合法权益的突出问题，对保健市场、投资担保类企业、虚假宣传、不正当竞争、商标侵权等行为开展专项整治行动，强化重点领域监管执法。认真组织开展葡萄酒市场专项整治，依法立案查处葡萄酒违法案件12起，涉案金额共229025.58元，没收涉案葡萄酒共5770瓶，罚款57.15万元。在服装领域对侵犯知识产权和制售假冒伪劣商品违法行为进行专项整治，查处侵权案件3件，没收侵权服装493件、制造侵权商品的设备2台。6月中旬，烟台市局专门在市市场监管局召开全市反不正当竞争和服装领域侵权假冒案件查办经验交流现场会议，市场监管局做了典型发言。结合市公安局等9部门开展联合整治保健市场百日行动，烟台督查组给予充分肯定。加强成品油市场监管，按照中央第三环境保护督察组向山东反馈督察情况的意见要求，分2次对全市范围74座加油站及3座批发油库进行100%全覆盖抽检，抽检结果全部合格。深入开展扫黑除恶专项斗争，出台《市场监管行业领域涉黑涉恶问题专项整治工作方案》、《关于进一步加强专业市场商品交易领域集中整治的工作意见》和《查处取缔无照经营工作实施意见》，围绕市场流通、食品药品、传销直销、市场监管“四大重点领域”持续发力，深入推进市场监管领域深挖整治工作。采取悬挂横幅、张贴海报、发放明白纸、公开投诉、举报电话、开设LED电子屏、微信公众号发布等措施，进一步加强对专项斗争的宣传报道。是年，共在各类农贸批发市场、商场、超市、饭店、商店、药店、社区、村居等商品交易及人员密集场所张贴宣传海报8000多张、悬挂宣传横幅1600多条，发放各类宣传资料2.5万份，发布微信公众号14期，联合有关部门开展扫黑除恶专题宣传活动3次。强化行业约谈培训和行政指导，先后组织对全市食品、餐饮、药店、葡萄酒、保健品等重点领域、重点行业、重点企业开展行业行政约谈24次，参训人数6400多人次，营造良好社会氛围。强化线索摸排，聚焦专业交易市场，深入摸排欺行霸市、强买强卖、收保护费、垄断经营等涉黑涉恶问题线索，开展集中整治。共上报线索排查4条，核查移交线索 3 条，配合有关部门查询相关企业档案 380 多户次。

【消费者权益保护】 2019 年，围绕“信用让消费更放心”年主题，认真组织做好“3·15”宣传咨询活动。3 月 15 日当天在市广播电台《民生直通车》栏目与广大市民进行面对面交流。活动期间，共受理消费者投诉 30 余起，解答消费者咨询 1800 余人次，发放宣传资料近 20000 份。持续组织新《中华人民共和国消费者权益保护法》和消费安全教育进社区、进企业、进商超、进景区、进学校等活动 8 场。围绕消费热点、投诉焦点、维权重点，前移维权关口，依法处理好消费维权事件，全年受理消费者投诉举报和咨询 6504 起，诉求案件处理率、告知率、反馈率均为 100%，为消费者避免和挽回经济损失 820 多万元。组织开展日用消费领域“放心消费在烟台”示范企业评选活动，全市共上报 10 户企业参选，全部入选。加强行业规范管理，根据全市 12315 系统受理投诉举报、流通领域商品质量抽检、商品和服务监督检查以及“双随机、一公开”监管中掌握的情况，组织全市 38 家商场超市相关负责人集中进行行政约谈。加大流通领域商品质量抽检力度，全年共抽检电线电缆 12 个批次，镜片 30 个批次，服装 31 个批次，电风扇 6 个批次，消防器材 10 个批次，电动自行车及充电器、电池各 1 个批次，督促商品经营户建立并认真执行进货检查验收、索证索票、购销货台账、退（换）货等各项自律制度，切实保护消费者合法权益。5 月 29 日，联合市商务局、工信局、市公安局交警大队开展低速电动车“双随机”联合检查活动，检查过程邀请龙口电视台、《今日龙口报社》记者全程跟踪报道，有力保障低速电动车经营秩序。

【重点领域监管】 结合国家卫生城复审工作，2019 年 3 月下旬开始，统筹全局执法力量，实行局所联动，对全市范围内的药店、商店、饭店等“三店”进行拉网式普查，依法规范整治无证无照经营、制售假冒伪劣商品等违法行为。共普查登记全市 15 个镇街区“三店”7806 家，发现问题 4728 个，整改完成率 100%，取缔无证无照经营 320 多户，督促和补办各类证照 2100 余户次。年初开始，在市场监管系统全领域推行“双随机一公开”监管，共开展“双随机”抽查 1060 多次，检查市场主体 5680 余户，发现问题 680 多个。在烟台市范围内率先推行跨部门联合“双随机”抽查监管，全年共开展 37 次，联合抽查市场主体 92 户次，实现“进一次门、查多项事”的工作目标。上半年，烟台市《营商环境工作简报》专门刊发龙口市经验做法。

【价格监督执法】 2019 年，组织开展重点领域、重点行为和民生价费热点专项整治，严厉打击限制竞争、价格欺诈、违法违规收费等扰乱市场秩序的违法行为。对旅游、中介、医疗服务、房地产、口岸等领域开展价格检查，对全市新开盘的 44 处楼盘的商品房销售价格公示情况及收费公示情况进行检查，对 10 个商业综合体、70 个物业服务小区的转供电环节不合理加价行为进行落实整改，电价从 1.00 ～ 1.30 元 / 千瓦时降至 0.80 ～ 0.98 元 / 千瓦时。开展公平竞争审查工作，9 月，部署开展清理排除限制竞争政策措施活动，对全市存量规范性文件及政策中涉及地方保护、指定交易、市场壁垒、限制准入等内容进行清理。组织开展涉企收费检查，重点检查东方会计师事务所、天宏审计师事务所、九鼎房地产评估公司及鑫丰不动产评估咨询公司等资产评估机构。对全市 8 处机动车检测机构检测收费及公示情况开展专项检查。9 月份，联合市民政局对全市 6 家收取会费的行业协会商会进行检查，督促规范经营。10 月，集中 1 个月的时间，组织对全市公立医疗卫生机构进行“双随机”检查，对查处的违法案件及时依法予以处置。加强节日期间市场价格监管，定期开展节日市场、旅游景区及停车场收费专项检查。是年，共检查单位部门 178 家，处理举报投诉 135 起。

【专利运用保护】 2019 年，贯彻落实国家及省、市《知识产权战略纲要》，积极实施知识产权质量提升工程，在专利申请、授权、维持有效、收储运营等全方位发力。加强专利维权援助工作，组织开展 2019 年知识产权执法“铁拳”行动，制定下发《2019 年度龙口市知识产权执法保护专项行动方案》。指导诚峰智远科技有限公司有效开展 3 项发明专利的维权工作，配合烟台市局对 1 起专利侵权纠纷进行调处。8 月中旬，对涉嫌无专利代理资质的 3 家中介机构进行实地检查和处理。组织 6 家企事业单位申报 2018 年度山东省发明专利授权大户及首件发明专利授权补助，组织 14 家企业、2 个个体的 62 件专利申报，获得山东省第一批专利资助。申报烟台 2019 年度第一批次市级知识产权奖补资金，全市 4 家企业的 5 个项目获得资助资金共计 95 万元。申报第二批次市级知识产权奖补资金，全市 2 家企业的 2 个项目获得资助资金 11 万元。组织山东南山铝业股份有限公司、龙口中宇机械有限公司、山东龙新建材股份有限公司等企业申报第二十一届中国专利奖。其中中宇机械有限公司的安全式四速电磁风扇离合器及其控制装置、控制方法（ZL201510975055.9）发明专利获第二十一届中国专利奖优秀奖。组织龙口中宇机械有限公司、烟台恒源生物股份有限公司、山东道恩高分子材料股份有限公司等三家企业申报 2019 年山东省关键核心技术知识产权。组织龙口中宇热管理系统科技有限公司等 4 家企业申报国家知识产权优势企业，新认定国家知识产权示范企业 3 家。组织中宇机械开展专利质押融资工作，融资 2000 万元。是年，全市完成发明专利申请 300 件，发明专利授权 120 件，有效发明专利 594 件，万人有效发明专利拥有量达到 8.49 件。

【产品质量管理】 2019 年，持续推进“质量强市”战略，综合运用品牌、标准化、认证认可等手段，聚力推动高质量发展。在烟台市范围内率先整合商标、标准、质量、专利等领域政策，相继制定《实施质量及知识产权战略助力高质量发展专项资金管理办法》《关于加强质量认证体系建设促进全面质量管理的实施方案》《龙口市质量提升 2019 年度行动计划》。开展铝产业质量提升行动和铝及铝制品优质产品生产基地品牌价值测算活动，持续提升“全国交通和包装铝材及制品产业知名品牌创建示范区”创建水平。5 月 10 日，山东省举办以“推进品牌高端化，打造发展新优势”为主题的 2019 年“中国品牌日”品牌发布会，龙口市铝产业品牌价值名列山东省优质产品基地品牌价值测算榜第三位，品牌价值 398.29 亿元。10 月 21 日，龙口市在北京召开的烟台市品牌推介暨“品牌强市”研讨会上做典型交流发言。南山集团、道恩股份、中际旭创、隆基机械四家企业被列入 2019 年度山东省制造业百家高端品牌培育企业名单，龙口市管乐器协会被认定为山东省优质生产基地。指导帮助 27 户企业申报“山东优质品牌”和“山东知名品牌”。组织各相关部门做好 2018—2019 年度县级政府质量考核工作，至年底，在烟台市县级政府质量考核工作中，龙口市成绩位居一档行列。加强质量认证管理，通过 ISO 9001 质量管理体系认证初次审核企业 751 家，累计有效期内质量管理体系认证企业 229 家；通过 ISO 14000 环境管理体系认证企业 31 家，累计有效期内环境管理体系认证企业 76 家。

【质量行政执法】 2019 年，重点对强制性认证产品、工业许可证产品、消防产品、电线电缆、建筑密封胶产品、眼镜配制、洗涤液、农资等产品和行业进行专项执法检查。1 月，开展危化品及危化品包装物生产企业、消防产品类生产企业的专项监督检查，共检查企业12家。开展葡萄酒领域专项监督检查，检查企业26家。3月，开展农资专项监督检查，共抽查化肥生产企业8家，立案1起。开展家具和建筑装饰装潢材料专项整治，检查企业7家。4月，开展电线电缆生产企业专项检查，检查企业14家，产品抽检20个批次。5月，开展密封胶行业专项监督检查行动，累计检查企业48家，抽取样品40个批次，立案1起。开展低速电动车专项监督检查，累计检查企业3家。开展车用尿素专项检查，抽检企业3家，立案1起。6月，开展配装眼镜专项监督检查，检查企业23家，抽取样品46个批次。开展葡萄酒专项监督检查，累计检查葡萄酒及物流企业32家，立案2起。7月，开展安全帽等特种劳服用品专项监督检查，检查获证企业3家。开展食品相关产品企业监督检查，检查企业32家，抽取样品40个批次。开展棉絮纤维类产品专项监督检查，检查经营单位10个。8月，开展认证监管专项执法检查，立案1起。开展汽车配件行业专项监督抽查，检查企业25家。10—11月，开展强制认证企业及生产许可证企业双随机监督执法工作，检查企业39家。是年，共检查企业321家，立案13起，涉案货值8万元。

2019年7月，开展低速电动车市场检查

【标准化管理】 2019年，开展“标准化+”行动，积极支持企业参与各类标准制修订工作。是年，全市企业参与修订国家标准14个，行业标准1个，地方标准1个，团体标准4个。组织8家企业共20个标准项目申报烟台市级标准资助57.25万元，省级标准资助30万元，申请资助的标准数量位居烟台县市区前列，烟台市委财经专报专门刊发龙口市的经验做法。6月28日，邀请省标准化专家到龙口现场授课，举办“全市标准化推动高质量发展专题讲座”，16个乡镇、64家科局部门、193家规模企业主管领导500余人参加会议，会上印发《标准化典型事例选编》300余本。加强对上争请龙口市新时代文明实践中心建设标准化试点项目列入省级标准化试点项目，组织4项标准项目申报“山东标准”，其中3个国际标准项目、1个服务标准化试点项目。

【计量监督与管理】 2019年，加大强检计量器具备案工作力度，指导100余家企业179462台计量器具在国家市场监管总局平台备案，其中，安全防护计量器具2310件、医疗卫生类计量器具161件、贸易结算类计量器具16991件，经检定不合格的计量器具155件，检定合格率达到99.1%。强化重点领域计量监督管理，5月16日，召开龙口市眼镜制配行业行政约谈会，全市40余家眼镜制配经营商户负责人参加会议，现场发放《关于强检计量器具业务管理系统部分业务调整的通知》《诚信计量承诺书》等宣传资料150余份。5

月 20 日，在“世界计量日”当天采取集中检定方式，为全市 50 余家眼镜企业免费检定 170 余台仪器。开展“双随机、一公开”监督检查，出动 50 人次，检查 25 家企业安全防护计量器具 2462 台件。出动 40 人次，抽查 20 余家加油站 128 台加油机。开展定量包装净含量专项检查，共检查定量包装产品生产、流通企业 72 家，抽检定量包装商品 167 批次。开展农贸市场专项检查 10 次，重点检查港栾码头、嘉园市场、博渠市场、西城道恩市场等农贸市场使用电子秤检定情况，现场免费检定贸易结算电子秤 851 台。开展粮食收储企业专项检查，检查大型粮食收购站点 7 家，督促企业及时对在用的 7 台汽车衡、10 余台电子计量秤进行备案，提前进行校准检定。加强检验检测机构监管，3 月 29 日，召开全市检验检测机构行政指导暨服务提升培训会，全市涉环保、机动车、建材、食品等检验检测机构共 22 名主要负责人参加会议。先后出动执法人员 20 人次，对辖区内 10 家检验检测机构进行“双随机、一公开”检查。开展涉环保类检验检测机构专项监督执法行动，对 5 家机动车、2 家环境检验检测机构进行全覆盖监督检查。配合省、市局开展飞行检查工作，并对 10 家检测机构的整改效果进行现场验证核查。

2019 年 8 月，开展特种设备安全走进学校大课堂活动

【特种设备安全监察】 2019 年，围绕电梯、压力容器、游乐设施、锅炉、起重机械等高危领域特种设备实行重点监控。制定《龙口市市场监督管理局 2019 年度安全生产工作要点》，深入组织年初“两会”、中华人民共和国成立 70 周年等重要时间节点期间特种设备安全大检查，加强重点区域、核心单位、重点设备的监督检查，累计出动执法人员 200 余人次，检查企业 100 多家次。配合环保部门严把登记关口，对新上每小时 35 蒸吨及以下燃煤锅炉，不予办理安装告知和注册登记。加强对游乐场所内大型设施和商场超市、高层小区等电梯的监管力度，联合龙口市动植物园、龙口市万豪伊顿小区、龙口市一中、山东恒福绿洲新能源有限公司开展 4 次应急演练。盯紧特种设备安全管理系统中的预警设备和超期设备，通过网格巡查、责任到人、强化考核，确保特种设备定检率始终保持在 99% 以上。组织开展“安全生产月”活动，推进特种设备安全进企业、进校园、进机关、进社区、进农村、进家庭、进公共场所“七进”活动，并通过完善两个体系、隐患排查、强化宣传、健全台账、约谈提醒等措施，推进特种设备安全监管规范化。是年，共检查特种设备 1123 台，立案处罚 53 起，受理投诉举报 15 起，开展特种设备领域“双随机一公开”抽查 109 家次，全市特种设备安全运行，未发生一起安全事故。

撰稿：武　惠　审稿：迟亮德

食品药品监督管理

【概况】 2019年，龙口市共有获证食品生产企业239家，食品经营单位5525家，餐饮服务单位3183家（其中大型以上餐饮单位21家，中型餐饮单位122家，小型餐饮单位1933家，学校及托幼机构食堂154家，养老机构食堂22家，企业食堂96家，小吃店饮品店等835家），各类农贸市场4个。共有药品医疗器械药包材生产企业24家，药品经营企业482家，医疗器械经营企业51家，药品使用单位406家。规模以上生产经营企业3家，医药健康企业年销售额约13.41亿元，税收0.5395亿元。保健食品生产企业1家，保健食品经营单位720家，化妆品经营单位219家，化妆品委托生产企业6家。

【食品安全监管】 2019年，围绕影响食品安全的突出矛盾和问题，全面落实食品安全“四个最严”要求，深入开展“食安护佳节”、食品药品领域损害群众利益问题和食品安全方面漠视侵害群众利益问题专项整治、校园食品安全守护、网络餐饮、非法销售处方药等专项整治行动，综合采取靶向监管、双随机抽查、质量抽检、行政约谈等方式，持续开展专项治理。共依法查处食品药品违法违规行为53起，罚没款348.4575万元。抽检食品、禽畜肉制品、餐饮具、保健食品等4283批次，食用农产品快检4.2万批次。会同市教体局持续开展学校、幼儿园食品安全专项检查，着力加强学校食品安全监管，督促学校、幼儿园严格落实食品安全主体责任。加大执法力度，严厉查处校园及校园周边违法销售“五毛食品”等行为，共检查经营单位258家，抽检“五毛食品”100批次。坚持示范引领，大力实施餐饮质量安全提升工作。是年，全市37家学校食堂被评为烟台市三星级学校食堂，创建“放心肉菜示范超市”4家，2家农贸市场被评为首批省级食品安全管理规范化农贸市场，明厨亮灶餐饮服务示范单位达到176家。对242家食品生产企业进行全覆盖风险分级分类管理，19家规模以上食品生产企业通过危害分析与关键控制点体系（HACCP）或ISO 22000认证，认证比例94.73%。强化行政指导，组织食品、餐饮等行业约谈会13次，对4000多人次企业负责人或管理员进行法律红线、安全知识、管理规范等教育培训，切实增强企业食品安全责任意识。加大部门协调联动，联合公安局、综合执法局、商务局开展食品经营单位“双随机”抽查28次，检查食品经营单位79家，检查过程通过龙口电视台、《今日龙口》报、微信公众号平台进行跟踪报道，适时开展整治工作回头看，确保问题整改落实到位。

2019年9月，检查幼儿园食堂

【药化械安全监管】 2019年，综合运用行政审批、网格巡查、“双随机”抽查、集

2019 年 6 月，开展药品市场专项监督检查

中警示约谈等监管措施，不断加大对药品药械、化妆品生产经营单位的监管力度，年内初审上报118 家新开办、换证和变更项目的药品经营企业和 76 家企业执业药师注册和变更。是年，采取双随机和全覆盖检查相结合方式，对全市所有药品生产企业和药品经营企业、医疗器械经营企业实行全覆盖检查，对使用单位检查覆盖率 30%。采取“双随机一公开”抽检方式，检查和化妆品经营单位 96 家，下达责令整改通知书 26 家。加强行政指导工作，分类组织药品药店、医疗器械和化妆品行业行政指导暨警示约谈会议 14 次，对 1500 多家次相关单位负责人及质量管理人员进行法律法规、安全知识、风险防范等全方位培训。加强监督抽检，根据烟台市局委托，对 5 家医疗器械生产和使用单位进行监督抽检，完成药品抽验 107 批次，药品快检 290 批次，中药饮片抽验 16 批次。完成化妆品抽检 42 批次，针对不合格产品，依法对涉案单位予以查处，对不合格产品及时采取下架销毁、查封扣押、产品召回等处置措施，确保不合格产品处置率 100%。全年收集上报医疗器械不良事件 370 例，药品不良反应病例报告 986 例，上报化妆品不良反应 55 例。大力开展专项整治，以群众消费量大、安全隐患多、问题易发多发的“四品一械”、疫苗、化妆品等为重点品种，深入组织开展药品领域漠视侵害群众利益问题和风险隐患排查、执业药师挂证、非法售卖处方药、化妆品“线上净网线下清源”等专项整治行动 20 多次，严厉查处无证无照经营、制售假劣药品和化妆品等违法行为。全年共检查各类药品药械经营单位 1240 多家次，排查线上线下化妆品单位 130 余家，调查处理群众药品、化妆品方面投诉举报 89 起，移交公安部门假药案件 1 起。开展招商引资工作，成功招引设立山东健顺药业有限公司，该公司从事中药材、中药饮片收购、炮制、生产及销售，生产人参、黄芪、丹参等 200 多个中药饮片和三七粉等 50 多个口服中药饮片。该项目填补了龙口市无大规模中药品生产企业的空白。

【食品安全抽检】 2019 年，市市场监管局、农业局、海渔局、发改局共组织开展县级食品监督抽检共 36 类 3635 批（其中市场监管局完成 3130 批次，农业局完成 360 批次，海渔局完成 35 批次，发改局完成 110 批次），发现不合格食品 24 批，合格率 99.3%。从抽检情况看，不合格产品主要集中在蔬菜、禽畜肉及制品、水产品及制品、酒类、饮料五个领域。蔬菜，共监督抽检 919 批，发现不合格产品 11 批，全部集中在经营环节，抽检不合格项目主要是农药残留超标和发现不符检指标，合格率为 98.8%。禽畜肉及制品，共监督抽检 416 批，发现不合格产品 2 批，全部集中在经营环节，抽检不合格项目主要是兽药残留超标和发现不得检出的兽药，合格率 99.5%。水产品及制品，共监督抽检 194 批，发现不合格产品 5

批，其中经营环节为水产品3批，抽检不合格项目主要是检出非食用物质；生产环节为水产品制品2批，抽检不合格项目是标签标识不合格，合格率97.4%。酒类，共监督抽检617批，发现不合格产品1批，全部集中在生产环节，抽检不合格项目是标签标识不合格，合格率99.8%。饮料，共抽检101批次，发现不合格产品5批，全部集中在生产环节，抽检不合格项目是标签标识不合格，合格率95%。针对不合格产品，市市场监管局依职责依法对涉案单位予以查处，对不合格产品依法采取下架销毁、查封扣押、产品召回等处置措施，不合格产品处置率达到100%。

2019年6月，对食品安全开展跨部门双随机一公开检查

【宣传应急管理】 2019年，修订完善全市2019年食品安全突发事件应急预案，与卫健部门加强食品风险监测、疑似食源性疾病报告等相关工作的沟通协作，指导各镇街区建立食品安全应急管理机制，建立突发食品安全事件报告、应急联动等工作职责，依托各镇街区食安办、基层食品安全协管员开展食品安全协管和隐患排查。落实各项制度。借助报纸、微信、网络等媒体，主动发声，及时回应新闻媒体、群众等关注的热点焦点。重点对看房团就餐、学生食物中毒等敏感信息进行重点监控。加大食品药品法律法规、安全知识、警示信息宣传普及力度，通过局微信公众号累计推送食药科普知识、安全警示信息等841条，关注人数2.4万人。在《今日龙口》报发布每周一期《市场监管》专栏40期，联合镇街区政府组织“安全消费 畅享生活”宣传教育进基层活动15次，将食品安全纳入社区村居书记培训班，累计培训社区村居书记、主任及食品安全协管员2000多人次。组织食品安全宣传周、“3·15”消费维权日等宣传活动15次，持续提升食品药品安全知晓率和满意度。

撰稿：武　惠　审核：迟亮德

2019年食品安全宣传周活动现场

统　计

【概况】 2019年，根据中共龙口市委、龙口市人民政府《关于龙口市市级机构改革涉及的事业单位机构改革实施意见》，将龙口市国民经济核算办公室承担的行政职能划归龙口市统计局机关，更名为龙口市经济普查服务中心。市统计局辖龙口市经济调查大队（副科级）、龙口市经济普查服务中心（股级）、龙口市统计局电子计算机室（股级）3个事业单位。市统计局按照党中央、国务院和省委、省政府关于转变政府职能、深化放管服改革，深入推进审批服务便民化的决策部署，认真落实省委、省政府和市委、市政府深化“一次办好”改革的要求，组织推进本系统转变政府职能，深化简政放权，创新监管方式，优化政务服务工作。

【社会经济统计】 2019年，社会经济统计方面开展国民经济核算、工业统计、能源统计、农业统计、贸易统计、建筑业统计、固定资产统计、房地产统计、社会科技统计、劳动工资统计、外经外贸统计、规上服务业统计等12项统计。各专业统计均根据国家统计制度规定，向调查对象布置基本统计报表，主要有月报、季度报、半年报、年报。通过报表，搜集汇总上报全市各产业、行业部门的主要经济和社会指标。

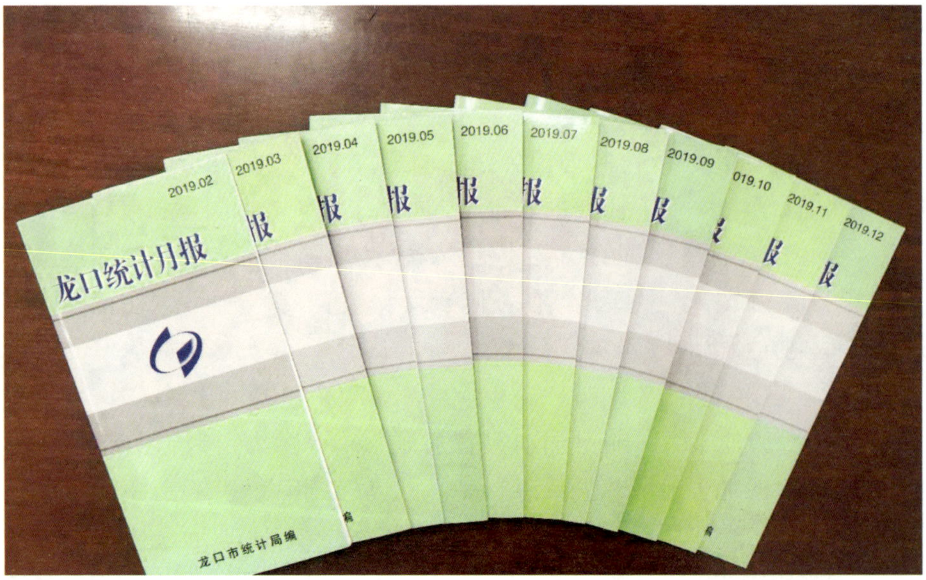

2019年统计月报

【抽样调查统计】 农作物对地调查　根据国家统计局、烟台调查队、烟台市农业局印发的《关于开展农作物对地调查工作的通知》文件精神，全市共抽选6个调查村，调查内容为主要农作物小麦、玉米、棉花播种面积和单位面积产量。其中还包括对其他小品种粮食作物、其他农作物的面积和产量的统计。

畜牧业监测调查　按照国家统计局《主要畜禽监测调查方案》和国家统计局山东调查总队《畜禽监测统计调查制度》要求，调查内容是全市大型规模养殖场、户主要畜禽存栏、出栏、产量及出售价格等生产情况。

一体化住户调查　根据国家统计局《住户收支与生活状况调查方案》《山东省住户收支与生活状况调查实施方案》要求，采用日记账和问卷调查相结合的方式采集基础数据，采用分层、多阶段随机抽样方法抽选调查住宅，涵盖9个镇（街）区，15个调查点，150户记账户。调查内容包括居民现金和实物收支情况、住户成员及劳动力从业情况、居民家庭食品和能源消费情况、住房和耐用消费品拥有情况、家庭经营和生产投资情况、社区基本情况以及其他民生状况等。根据调查结果，汇总计算出全市居民人均可支配收入，以及按城乡特征分组的城镇和农村居民人均可支配收入数据。

工业生产者价格调查

按照国家统计局山东调查总队《工业生产者价格调查制度》要求，工业生产者价格调查采用重点调查与典型调查相结合的方法。重点调查是将全年主营业务收入2000万元以上企业列为调查对象，采用主观选样方法选择调查企业；典型调查是把年主营业务收入2000万元以下企业作为抽样对象，采用随机抽样的方法。全年共调查39个工业行业大类，191个工业行业中类，525个工业行业小类的工业产品。全市共抽取34家调查企业每月20日上报该价格表，调查日期为调查月的5日和20日。调查内容包括报告月调查日的工业生产者出厂价格和工业生产者购进价格。

1%人口抽样调查　按照山东省统计局《人口变动情况抽样调查制度》要求，人口和劳动力抽样调查的对象为抽中调查小区内具有中华人民共和国国籍的人。1%人口抽样调查每年下半年进行调查。调查以户为单位进行，既调查家庭户，也调查集体户。调查项目包括《人口变动情况抽样调查表》《死亡人口调查表》《XX年村、居委会（社区）基本情况》。

规模以下工业抽样调查　根据国家统计局山东省调查总队统计制度要求，以第三次经济普查企业库为抽样框，抽取龙港街道、东莱街道、新嘉街道、兰高镇、北马镇、芦头镇、石良镇、诸由观镇等八处镇街区的18户企业，采用季度联网直报上报企业经营及财务情况。抽取新嘉街道、石良镇、北马镇、开发区等四处镇街区33户规模以下个体工业，采用联网直报方式上报个体户经营及财务情况。

服务业抽样调查　根据国家统计局调查总队调查制度要求，以第四次全国经济普查库作为抽样框，抽取136家规模以下服务业作为调查对象，每个季度通过联网直报方式上报经营及财务情况。

【统计服务与监督】　统计分析　为提高统计服务水平，统计局发挥部门职能优势，围绕全市中心工作，加强统计分析与调查研究。通过跟踪全市经济社会发展中出现的新情况、新问题，组织专业人员撰写有高度、有深度、有广度的精品分析，为党政领导科学决策及时提供有价值的参考。2019年，全局共撰写统计调研、统计分析143篇，并汇编成册。

监督检查　为提高全民统计法律意识，按照《全国统计法治宣传教育第七个五年规划》（2016—2020年）及年度统计普法宣传工作要求，开展多种形式统计法制宣传活动，全年共开展2次下乡活动。利用专业年报会、培训会等时机开展对统计调查对象的统计法制宣传。根据《烟台市统计局关于集中组织开展统计法治宣传活动的通知》要求，12月，集中开展以“弘扬法治精神，全面依法治统”的宣传活动。通过开展发放统计法及统计法实施条例宣传手册、统计法律法规知识竞赛活动、统计法治征文活动和法律知识测试等活动，深入宣传学习贯彻统计法律法规。

2019年6月，开展住户调查调研

2019 年 6 月，开展经济普查培训

严格制度，以法治统　2019 年，根据司法局《关于做好行政处罚与行政强制权力事项上网试运行工作的通知》要求，认真做好行政处罚与行政强制权力网上运行各阶段工作，全面推行行政执法“三项制度”工作要求。根据《关于规范和完善全市政府部门权责清单制度的通知》要求，编制《龙口市统计局权责清单》《龙口市统计局公共服务事项清单》并在网站上公布，根据《烟台市统计系统贯彻落实国家、省统计局〈统计造假专项整治工作方案〉实施意见》要求，认真开展统计执法监督检查工作，对检查中发现的问题及时进行整改，进一步夯实统计基础，加强统计监督，提高统计数据质量。

统计资料整理　2019 年，在每月整理一份《龙口统计月报》基础上，每月还收集省内部分县市区、部分百强县数据资料，对龙口市与烟台市、山东省的有关数据进行分析，供市级领导了解当月全市经济和社会发展概况。年底，在对全年统计数据整理基础上，编印《龙口市统计资料提要》和《龙口统计年鉴》。

【统计现代化建设】 2019 年，联网直报专业涵盖规模以上工业、有资质的建筑业、限额以上批发和零售业、限额以上住宿和餐饮业、全部房地产开发经营业、规模以上服务业、其他有 5000 万元以上在建项目法人单位，联网直报企业达到 525 家。为满足统计工作需求，更新计算机及打印机设备，加强对计算机、统计网络、镇街区统计网络专线管理，确保正常运转、网络安全畅通。充分利用统计视频会议系统召开会议、开展培训，发挥视频会议系统便捷高效的优点。

【经济普查】 根据《全国经济普查条例》有关规定，第四次全国经济普查标准时点为 2018 年 12 月 31 日，全市共动员 1700 多名普查指导员和普查员，对辖区内全部法人单位、产业活动单位和从事第二、三产业的个体经营户进行全面清查，具体按照《普查单位清查办法》组织实施。全市共完成单位清查 19961 个，个体经营户 57368 个。2019 年 1—4 月，为普查登记阶段。进行数据采集，基层数据初审上报，登记查遗补漏。4—8 月，为普查数据检查、审核与验收阶段。随机抽选 3 个普查小区，经过多次审核修改，对基层数据验收确认。2019 年，完成普查登记单位 14179 个，比第三次经济普查增加 7154 个，增长 101.8%。其中企业法人单位 11294 个，同比增加 6168 个、增长 120.3%；产业活动单位 15713 个，同比增加 7987 个、增长 103.4%；个体经营户 57368 个，增长 51.9%。

撰稿：吕　萍　审稿：陈　红

审　计

【概况】 2019年，市审计局在市委、市政府和上级审计机关的正确领导下，以习近平新时代中国特色社会主义思想为指导，牢固树立“四个意识”，坚定“四个自信”，坚决做到“两个维护”，认真贯彻落实各级审计委员会会议精神，依法履行审计监督职责，被省人力资源社会保障厅、省审计厅表彰为山东省审计系统先进集体，两次在省厅大数据审计工作交流会上做典型发言；被中国审计报社和时代经济出版社评为通联宣传工作先进单位；获评烟台市级文明单位；获得龙口市目标管理考核先进集体、先进基层党组织、机关党建品牌创建二等奖荣誉，2个审计项目获得市局表彰。

【预算执行审计】 对财政局、原市文广新局、市残联、市委政法委、市水务局、市行政执法局、市商务局、市政协办8个部门和单位的2018年度预算执行和其他财政收支情况进行审计，共查出主要问题金额206.04万元。对发现的问题，依照有关法律法规作出处理，共发出审计报告8份，下达审计决定书1份，提出审计意见和建议16条，促进有关部门单位制定《关于进一步规范和加强局机关及下属单位财务管理工作的意见》《差旅费报销办法》等5个制度文件。

【经济责任审计】 对财政局、龙港街道、市联社、农工办、旅游局等40个部门单位43名领导干部进行经济责任审计，客观真实地评价领导干部任期内经济责任情况，促进权力规范运行。移送市纪委案件线索1起，促进有关部门单位建立完善制度12件。

【政府投资工程审计】 完成滨海旅游度假区东风路工程、北河上游嘉元市场段改造—排水工程等13个工程项目的复审，送审总金额8129万元，审减工程额226.3万元。

【自然资源资产审计】 对原农业局、七甲镇2名领导干部履行自然资源资产管理和生态环境保护责任情况进行审计。开展水资源专项审计，客观真实地评价领导干部任期内履行自然资源资产责任情况，促进自然资源资产节约利用和生态环境安全。

2019年8月，市审计局开展扶贫活动，为贫困户修建围墙

【专项审计】 完成推动清理拖欠民营企业和中小企业账款情况、财政政策支持“十强”产业政策落实情况、推进“一次办好”改革和减税降费政策措施落实、促进优化营商环境情况、2016至2018年度造林绿化及养护资金拨付管理使用情况等6个专项审计（调查）项目，有效促进相关政策贯彻实施，收回长期闲置财政资金371.89万元。

【村居审计】 完成41个村居审计，查出违规发放补贴福利、收入不入账、工程款未使用税务发票等违法违规违纪问题金额567万元。查出原始凭证不符合规定、应收未收承包费、超标准超限额报销费用等问题金额1042万元。共移交案件线索24起。其中移交市纪委监委案件线索17起，移交税务机关案件线索7起，有10名村干部受到处分，补缴税款4.3万元。

撰稿：王新艳　审稿：王旭升

检验检测

【概况】 2019年，龙口市检验检测中心严格按照《检验检测机构资质认定能力评价检验检测机构通用要求》规范化运行，不断扩展服务能力。10月份顺利通过扩项评审，增加非食品领域车用汽柴油检测能力，涉及2个产品中的13个参数。年内共有5个检验方法、11个产品标准和16个产品的75个参数通过标准变更。至2019年末，通过食品检验检测机构资质认定的有3个产品(全项检验)、155个产品的1879个参数；通过非食品类检验检测机构资质认定有50个产品、152个产品中的2325个参数及13个方法；计量服务能力涵盖电磁、长度、医疗、力学、热工、理化等6个方面，建立社会公用计量标准63项，开展检定项目97项、校准项目119项、商品量检测项目4项；通过农产品检验检测机构资质认定的有2个产品中的79个参数，其中包括蔬菜、水果农药残留检测项目的73个参数和土壤养分分析的6个参数。基本具备对全市食品、农产品及相关工业产品的检验能力，基本满足全市企业计量器具的检定测试要求。

【质量检验检测】 2019年，中心持续深化质量服务理念，围绕全市质量强市战略，全力配合各级监管部门开展质量监督检验。食品方面，受龙口市市场监督管理局委托，抽检各类食品、食品相关产品1007批次；工业产品方面，受烟台市市场监督管理局、龙口市市场监督管理局委托协助抽检电线电缆、石材、家用电器、工具、建筑密封材料等170批次。检验检测工作始终坚持科学准确、公正及时，为行政监管和质量安全提供有力技术支撑。在协助监管部门开展监督检验同时，受理企业委托开展检验食品、化工、农检、机电产品1600余批次。

工作人员正在进行产品质量检测

【计量检定校准服务】 2019年，与南山集团、山东隆基机械股份有限公司、龙口港船舶燃料供应有限公司等企业签订技术服务协议，本着“质量检测+整改指导”一条龙服务原则，发挥中心职能优势、技术优势，对样品中存在的问题及时向企业反馈、沟通，通过上门指导、信息咨询、标准查询等途径，无偿帮助企业整改标签标识不规范、参数不稳定、精度不准确等问题30多个。年内，共为广大工商企业检定校准计量器具45298台(件)，完成72个企业163批次定量包装检验工作，为企业产品出厂把好质量关口。同时严格贯彻落实计量强检免费检定政策，启动强检计量器具检定网络平台，接收强检计量器具28827台

2019 年 6 月，工作人员正在检定加油机

职工参加山东省农业农村厅举办的《农产品质量安全检测技能竞赛暨第四届全国农产品质量安全检测技能竞赛预赛》，取得优异成绩，并代表山东赴北京参加由农业农村部、人力资源社会保障部、中华全国总工会共同主办的“2019 中国技能大赛——第二届全国农业行业职业技能大赛第四届全国农产品质量安全检测技能竞赛总决赛”，全国 31 个省 4 万余名农业农村技能人才参加选拔，历经预赛、半决赛、决赛、附加赛，共有 65 支代表队、近 200 名选手参加决赛，龙口市最终获评团体第一名和“全国技术能手”称号。年内，共承检山东省农业农村厅果蔬农残 4 批次 300 个果蔬样品、龙口市农业农村局 3 个批次 200 个果蔬样品以及龙口市市场监督管理局 4 批次 850 个果蔬样品检测任务。

撰稿：孙　玮　审稿：王基春

件，为企业减免费用 284 万元。

【农产品检验检测】 2019 年，在山东省农业农村厅组织开展的 2019 年农产品质量安全检测能力验证活动中获得优异成绩，在参加考核 123 家检测机构中成绩拔尖，顺利入选山东省农业农村厅 2019 年农产品质量安全监测承检机构备选库，为检测工作顺利开展打下了良好基础。选派干部

口岸管理

综　述

【概况】　龙口港口岸辖龙口港集团有限公司、龙口胜利码头、龙口渔港码头和龙口南山屺㟂岛港发展有限公司。共有开放泊位49个，其中龙口港集团有限公司30个，龙口胜利码头6个，主要业务为1#、2#船舶维修泊位；龙口渔港码头12个生产泊位；龙口南山屺㟂岛港发展有限公司1个15万级通用泊位。2019年，龙口港口岸实现吞吐量8994.50万吨，同比增长-2.54%，其中外贸吞吐量4321.50万吨，同比增长13.50%；集装箱实现78万标箱，同比增长4.00%；出入境船员29565人次，同比增长5.1%；出入境船舶1598艘次，同比增长6.7%。

2019年龙口市各主要进出口货物吞吐量情况表

表5

货种名称	吞吐量情况（万吨/TEU）
铝矾土	3697.8
液体化工	915.8
煤炭	1613.3
粮食	319.6
铁矿	88.6
木材（木片）	260.0
化肥	106.8
其他	1992.6
集装箱	780166

【营商环境】　2019年，遵照国务院、省政府和烟台市政府有关部署要求，结合龙口市口岸实际，明确责任，狠抓落实，确保上级有关政务服务流程再造工作安排部署高效推进。强化平台支撑，积极推进“单一窗口”工作。针对关检融合整合，组织龙口报关报检企业进行“单一窗口”关检融合统一申报培训，保障龙口市口岸“单一窗口”关检整合申报改革平稳实施，促进“单一窗口”标准版上量使用，为优化口岸营商环境提供强力支撑。是年，口岸主要业务（水运运输工具、货物申报、水运舱单）通过“单一窗口”标准版申报已达100%使用率，提前完成国务院国际贸易“单一窗口”标准版使用率要求。按照国务院及有关部委为优化口岸营商环境制定一系列口岸降费提速政策措施，及时组织召开口岸提效降费工作推进会，对口岸进出口收费情况进行检查清理，并及时按照要求进行收费清单、业务流程、作业时限标准进行公示。8月中旬按照国家六部委《关于整治口岸乱收费问题的通知》和省政府及烟台市政府的部署要求，集中两天的时间，会同龙口市市场监督管理局对口岸相关港口、物流、船代

货代等企业及检验检疫处理收费情况进行一次全面排查，对发现的问题进行现场指导和整改。遵照党中央、国务院对优化口岸营商环境工作的部署和山东省、烟台市政府的工作安排和要求，结合龙口口岸实际，积极推进优化口岸通商环境，提高通关便利化水平。为促进通关提速，海关、边检、海事和龙口港、南山屺㟂岛港等部门单位，协同研究压缩通关时间的措施，联合施行船舶进出境通关无纸化，将进出口整体通关时间分别由2017年的205.7小时和15.4小时压缩至46.35小时和10小时。驻龙口市口岸查验单位围绕龙口市产业和企业需求靶向整改提升，口岸营商环境得到进一步优化。

【航线开辟】 2019年，龙口水运（海港）口岸已拥有70多条国内外航线，与世界50多个国家和地区的港口有贸易往来，龙口港有集装箱航线13条，其中环渤海航线8条，龙口港口岸已经成为山东半岛至渤海湾港口之间航线最密集、服务最完善的口岸。

2019年龙口口岸国内外航线一览表

表6

航线名称	挂港顺序
环渤海大连支线	龙口—大连内外贸同船 外贸：通过大连中转世界各地 内贸： 大连集发箱—接大连及大连中转丹东、营口、锦州、秦皇岛、曹妃甸辐射东北区域 中谷箱—大连中转江浙、长江内河、福建、广东及广西各港 中远海箱大连中转江浙、福建、广东及广西各港
中创青岛支线	龙口—烟台—青岛内外贸同船 外贸：在青岛中转世界各地 内贸： 安通箱通过青岛中转福建、广东、广西、海南各港 中远海箱通过烟台中转福建、广东、广西各港 中谷箱通过青岛中转福建、广东、广西、海南各港
合德京唐线	龙口—京唐港内贸中转锦州、盘锦两港辐射东北区域以及江浙、福建、广东各港口
港通锦州线	宁波—葫芦岛—龙口—宁波 可中转福建各港
安通青岛支线	龙口—青岛内贸中转福建、广东、广西、海南各港口
中谷青岛支线	龙口—青岛内贸中转福建、广东、广西、海南各港口
信风营口线	龙口—潍坊—锦州—营口循环
龙口寿光支线	龙口—寿光

【文明口岸建设】 2019年，先后组织口岸系统各单位举办秋季口岸系统乒乓球和冬季羽毛球比赛，结合主题党日教育活动，组织口岸系统部分党员前往临沂孟良崮红色教育基地参观学习。通过举办运动会和文体活动，丰富口岸干部职工的文化生活，提高口岸的“向心力”“凝聚力”；促进口岸查验单位之间和与港口企业间的相互理解和支持，积极营造和谐、文明、高效的口岸环境，为港口经济健康快速发展发挥出积极作用。

【口岸安全】 年内，口岸相关单位加强安全管理和监督，多次组织口岸联合反恐、防爆、防疫、防火等演练，参加海上安全生产联合执法行动、海上安全专项整治行动、“安全生产月”及全市安全生产集中整治活动，确保口岸安全畅通。

撰稿：冀涛涓　审稿：韦昌成

海关管理

【概况】 龙口海关是隶属于青岛海关的正处级海关。2019年，龙口海关业务管辖范围为龙口市和龙口口岸的各项海关业务（含原检验检疫业务）。年内，龙口海关不断加强业务和队伍建设，被表彰为青岛海关先进集体、“基层建设先进单位”“先进基层党组织”，被龙口市委、市政府授予“支持龙口经济发展先进集体”称号。

【海关业务】 龙口口岸进出口货物以原油、燃料油、大豆、煤炭、铝矿砂等大宗资源性商品为主。2019年，龙口海关共监管口岸进出口货物3954万吨，位列青岛关区第四位，货值611.9亿元，位列青岛关区第六；入库税款54.97亿元，位列青岛关区第五；放行报关单4.05万票，位列青岛关区第十；监管检疫出入境船舶1287艘次，位列青岛关区第七。全年共检验检疫进出口货物6633批次，检验检疫货值58.11亿美元。

【海关监管】 贯彻重大决策部署　坚决落实中央重大决策部署，在打击洋垃圾进境、濒危物种和冻品等走私、非洲猪瘟疫情防控、优化营商环境等中央重大决策部署上见态度、见行动、见成果、见效益。2019年，推动滞港近5年的2915吨固废铁矿砂完成无害化处理及综合利用。

强化口岸监管　强化综合治税，扎实推进纳税人属地化管理改革，2019年，审价补税2.6亿元，位居青岛关区第3位。牢固强化海关监管主责主业意识，落实国家总体安全观，坚决把好国门。年内，共从278批进境动植物产品、木质包装和运输工具中检出有害生物98类、4136种次，疫情检出率位居关区第一；开展“口岸天平”行动，严格安全卫生环保项目检验，进口大宗资源性商品短重检出和进口工业品不合格检出率居关区前列。

【服务经济建设】 深化业务改革　认真落实总署深改2020框架方案，稳步推进新查四系统上线运行。扎实推进“两步申报”改革，提效降费效果明显。承办关区水尺鉴重技能比武任务，由海关参与制定的进口大宗散货重量鉴定模式改革方案被总署采用发布。

支持重点企业行业发展　积极对接辖区重点项目，对已列入山东省口岸发展十四五规划的口岸码头泊位建设开放、特殊监管区域政策规划等提供精准政策服务；围绕两个LNG接收站建设，形成《关于龙口市LNG接收站重点项目建设的调研报告》；深入分析技术贸易措施对输俄罗斯水产品、印度水果的影响，配合俄方、印方专家到华考察，推动龙口苹果、长把梨、水海产品等重新登陆俄罗斯和印度市场；发挥政策服务优势，

2019年3月，海关关员进行辐射源检测

2019 年 9 月，海关关员在出口果园开展有害生物监测

指导辖区 5 家重点企业获得海关 AEO 高级认证；指导企业合理利用税收优惠政策。2019 年，共为辖区企业审批减免税款 5468 万元，增长 91.4%。

大力支持临港产业发展　不断帮扶龙口港外贸内支航线发展，有效解决运力不足问题。探索形成全新监管方案，全力支持龙口港油品罐区打造成为中石化燃料油在环渤海湾的船用燃料油集散中心，全年可实现燃料油周转量 100 万吨，有效带动辖区物流、仓储等相关产业的发展。

持续优化口岸营商环境　持续压缩整体通关时间，2019 年，进口整体通关时间压缩比 81%，出口整体通关时间压缩比 68.1%，圆满完成任务。启动上线“龙口海关服务微平台”，定期向辖区进出口企业发布通关提示、政策提醒等，真正打通服务企业的“最后一千米”，全年共发布 40 余期政策信息解读；定期向市委、市政府报送《海关专报》。

【队伍建设】　大力加强海关队伍建设，关党委确定让总关党委放心，让地方党政、广大进出口企业、全体干部职工满意，全力争创新时代现代化基层强关的工作思路，在全关组织开展“奋勇新时代、建设新海关”主题征文，大力倡导“众人划桨开大船”的团队精神，努力营造“团结凝聚、奋发图强”的工作氛围，促进干部职工认同感、凝聚力的进一步增强，为龙口海关新时代现代化基层强关建设打下了坚实的基础。坚持“聚焦机构改革、明确科室职责，聚焦依法把关、明确执法依据，聚焦标准化建设，提高执法规范化、标准化水平”，被省普法办授予“全省法治文化建设示范基地”称号。深入开展“内务规范强化月”活动，深化海关准军事化纪律部队建设，开展全员准军集训，锤炼令行禁止、担当奉献的工作作风。

2019 年 7 月，海关关员利用移动终端接收画面与船方核实水尺数据

【海关缉私】 2019年，龙口海关集中力量开展“国门利剑2019”打私专项行动，发挥关警整体合力，强化智慧缉私、关警联动、反走私综合治理，全面落实总体国家安全观，忠诚履行打私职责使命，取得了良好战绩。办理一般行政案件6起，案值6万元，涉税0.4万元；立案刑事案件4起，案值2194万元，涉税345万元。

撰稿：姜　昊　审稿：吴富成

海事管理

【概况】 烟台龙口海事处根据《中华人民共和国海上交通安全法》《中华人民共和国海洋环境保护法》等法律法规赋予的职责，维护沿海水域国家主权、海上交通安全和防止船舶污染水域的监督管理，同时承担龙口市海上搜救中心办公室职责。2019年，烟台龙口海事处围绕交通强国建设，深入实施文化强局战略，大力推进海事治理体系和治理能力现代化建设，主动融入经济社会发展，积极发挥专业优势，全面提升有效履职能力、科学执法能力、管理服务能力。获得“2019年直属海事系统廉政文化示范单位”“2019年度山东海事局先进基层党组织”“烟台海事局2019年度先进单位”等称号。

【安全管理】 依托辖区涉海央企多、国企多、涉海单位实力较强优势，构建齐抓共管的海上安全格局，落实“343”海上综合监管机制，共建平安海区。联合地方政府开展商渔船防碰撞、水上安全知识进校园等安全警示教育活动，在渔港水域悬挂条幅，向渔民发放商渔船防碰撞宣传资料，到桑岛村、龙口渔港和新港路学校开展专项培训4次，提高渔民和中小学生水上安全意识和自我保护能力。组织辖区船舶成功防抗“利奇马”“玲玲”2次台风，未发生等级以上海上交通安全事故。推进海上搜救能力建设，举办龙口港溢油应急演练，组织召开龙口市2019年冬季海上安全暨搜救工作会议，成功处置海上险情17起、救助遇险人员40人，救助成功率97.56%。

【海事服务】 客运服务 始终把保客运安全作为辖区安全监管的重中之重。全面贯彻落实《海上滚装船舶安全监督管理规定》，按照新要求开展安全检查和现场监督。认真落实客运船舶“五制五关”机制、动态监控制度和禁限航制度。坚持与旅顺海事处联合安检制度，稳步推进“客运船舶安全监督与便利运输特色区”建设。规范旅游船艇运营，推动桑岛村成立和源兴游艇公司，将21艘游艇纳入公司统一规范管理，配齐证书和人员。组织2019年龙口市客滚船消防及乘客疏散应急演练，提高港栾至桑岛航线客渡船应急处置能力。

优化营商环境 2019年，烟台龙口海事处严

2019年11月14日，龙口市2019年冬季海上安全暨搜救工作会议召开

格落实山东海事局“减证便民”八项举措和烟台海事局《深化“放管服”改革改进海事政务办理服务工作方案》，规范政务窗口受理、报告、行政审批和非税收入征管，创造良好口岸通关环境。主动融入、主动对接、主动作为，服务龙口市重大项目建设。助力屺岈岛港5#、6#泊位、烟台港龙口港区2#客滚泊位建设完成并投入试运营。积极对接山东省重大工程—裕龙岛炼化一体化项目龙口专班，为港口规划、通航安全、溢油防治等方面提供优质服务。

整治通航环境　休渔期结束后，针对每天凌晨、傍晚大量渔船进出港碍航的状况，共实施航道交通管制20次（累计38小时）。开展海上巡航19次，巡航里程564海里，巡航时间145小时。联合地方政府清理碍航养殖240排（约200亩），有效确保通航安全。

【船舶监管】　严查船舶违法　2019年，烟台龙口海事处严厉打击低标准船舶，实施船舶安全检查298艘次，滞留船舶46艘次，依法追究存在验船质量责任船舶3艘次。严厉打击非法砂石运输行为，坚持疏堵结合、规范经营、重拳出击，内河船非法参与海上运输和游艇非法载客安全顽疾基本消除。

严管危险品运输　深入落实“六问六控”长效机制，全力做好载运危险货物船舶的风险分级管控，加强事中事后监管，对船龄长、船况差等重点船舶以及消防、救生、应急等关键设备实施重点监督检查，严厉打击谎报、瞒报等各类违法违规行为。全年共实施危险品船舶安全检查31艘，查出并纠正缺陷408项，滞留船舶7艘。

严惩船舶污染行为　认真开展“蓝天保卫战”“四减四增”等环境保护专项行动，持续加大现场巡查和防污染检查力度，查纠高温期间的危险品船舶作业安全隐患68项，实施燃油质量检查31艘，查处3起燃油使用违法行为，罚款10万元。加大抵港外籍船舶防污染检查力度，实施船舶污染违章处罚10艘次，共计罚款15.7万元。

【共建扶贫】　扎实推进“双报到”活动往深里走、往实里走，与新港路社区党总支开展党建共建活动4次。开展“送戏下乡”活动2次，通过喜闻乐见的节目，让习近平新时代中国特色社会主义思想和中共十九大精神飞入寻常百姓家。按照龙口市委、市政府部署扎实做好包村扶贫工作。对帮扶村北马镇后寨村进行走访调研，定期开展扶贫慰问，持续向社会传递海事“好声音”，让贫困户切实感受到党和政府的温暖，以实际行动助力脱贫攻坚，积极履行社会责任。组织干部职工到所包街道开展清扫街道志愿服务活动，为龙口市争创全国县级文明城市、创造清洁优美生活环境和良好社会秩序贡献力量。

撰稿：杨琳斐　审稿：刘国强

边防检查

【概况】　2019年，边防站围绕打赢中华人民共和国成立70周年大庆安保维稳主题主线，聚焦夯实基础、建强队伍、做精主业三个目标，体系推进机构改革重组、“三区两队一中心”建设、主题教育、队伍从严管理、新型保障模式构建五项重点工作，圆满完成了各项工作任务。年内，共检查出入境（港）船舶1686艘次，检查出入境（港）人员32578人次；查获各类违法违规案件11起14人次，1个执勤队获山东出入境边防检查总站集体嘉奖表彰；1人被国家移民管理局表彰为“安保工作先进个人”，1人获评龙口市“青年岗位能手”。

【勤务改革】　围绕边防站枫桥式海港警务区“543”创建思路，争取地方资金升级改造两个警务室，高标准建设通关查验、执法办案、后台核查、行李物品检查、便民服务等5个功能区，完

2019 年 3 月，进行锚地巡查

成全港高清探头数字升级和部分泊位口岸限定区封闭隔离，“三区”建设提档升级；以落实新编制为契机，满员组建边检执勤队和核查办案队，研究制定《边检执勤队工作规范》，实行“两组一队”勤务模式，建立以“工单”为导向的用警机制，“两队”建设焕发活力；围绕指挥中心枢纽、边检勤务主线、小单元终端落实的思路，高标准建设勤务指挥中心，厘清勤务调度、分析、监督职责，构建起勤务指挥中心派勤（Dispatch）、边检执勤队接勤（Perform）、核查办案队协勤（Assist）的“DPA”一体化执勤模式，“中心”作用有效凸显。以警务室改造为契机，在报检大厅开设“e 路畅通”自助服务区，方便群众即时办理船舶离港申请，有效提升了通关体验。

【服务群众】 积极回应服务对象新期待新需求，通过问卷调查、入企走访、登轮调研等方式，年内收集意见建议 15 条，在充分论证基础上整改完善各类勤务措施 9 项，并全部纳入口岸诚信管理便利举措。结合“港口管理系统”应用和边检勤务模式改革，进一步简化船舶查验流程，取消对中低风险船舶靠港、离港前人工接送船环节，单船可节省非生产性滞港时间 1 小时，极大地提升了口岸通关效率。以警务室改造为契机，在报检大厅开设“e 路畅通”自助服务区，方便群众即时办理船舶离港申请，有效提升通关体验。积极对接中集来福士新增作业点和南山港新建泊位开放工作，召开协调会 3 次，研究推进边检查验设施建设工作，确保“一次投入、一次验收、一次通过”。

2019 年 5 月，开展登轮监护工作

【口岸一线管控】 以“蓝盾”系列行动为牵引，结合“港口管理系统”试点任务，突出重点船舶监管和重点人员查控两个核心，研究制定《港口管理系统工单派发规则》《海上作业平台查验要

2019 年 10 月，开展口岸限定区域证件核查

点》，分类采集建立基础要素数据库，实现管控精度更高、指向更准。积极推动社会化管理在边检管控中的应用，年内与海关、海事、国安、公安等 4 单位建立常态化协作机制，定期开展协商会晤，累计开展联合执法、联合演练和联合宣传 10 余次，查获各类违法违规案件 11 起 14 人次，切实织密了口岸“立体”管控网络。

【安保工作】 2019 年，边防站紧紧围绕“六个坚决防止”“三个确保”总体目标，建立“勤务指挥中心—警务室”两级安保指挥体系，主官赴一线靠前指挥，班子成员进驻指挥中心应急研判，机关警力下沉一线，精准对接安保核心任务，推行“2+2”前台查验 、“两单制”风险评估 、“AB 角”勤务互补等勤务机制，高标准推进各项安保任务落地，全年执法执勤保持“零差错”。探索推行“前后台一体查缉”模式，后台跟进前台勤务节点同步开展轨迹分析、问题核查、案件接办，实时推送核查数据、提供勤务支撑。国庆 70 周年安保期间，查获违法违规案件 1 起 1 人，1 个集体荣立“集体嘉奖”,1 人被国家移民局表彰为“安保工作先进个人”。

撰稿：孙文超　审稿：周均平

农业和农村工作

综　述

【概况】 2019年，市农业农村局以实施乡村振兴战略为引领，抓重点、补短板、强基础，加快农业领域新旧动能转换，促进农业转型升级，农村经济持续稳定发展。全市实现农林牧渔业增加值36.6亿元，同比增长10.6%；农林牧渔业总产值65.3亿元，同比增长9.6%；农村居民人均可支配收入24134元，同比增长9.5%。全年粮食播种面积14431公顷，总产9万吨；油料播种面积1676.3公顷，总产0.7万吨；果树种植面积14918公顷，总产46.5万吨；蔬菜、瓜果类播种面积4619公顷，总产24.2万吨。

2019年4月10日，农业技术人员在北马镇簸栾村雅然采摘园指导水肥一体化技术

【技术推广】 积极开展水肥一体化技术推广。至2019年底，通过农技人员的技术推广和项目示范引领，龙口市水肥一体化实施面积达到5046.8公顷，作物包括果树、蔬菜、粮食、花卉、苗木等，技术模式包括滴灌施肥、微喷施肥，节水节肥省工效果显著。

2019年6月27日，在威龙葡萄基地宣传水肥一体化技术

【农业科技培训】 依托全国农技推广补助项目，不断完善农技推广体系建设。完成80名农业技术指导员的业务技能培训，发展农业科技示范主体502个，培训农民7000人次。开展新型农业经营主体带头人轮训计划和现代青年农场主培养计划，共举办新型农业经营主体带头人培训班3期，培训结业330人。

【山区农民增收】 2019年，为推进山区农民增收，促进乡村产业振兴，市政府组织以农业农村局等为成员的调研小组，对山区7个乡镇开展为期20余天的深入调研，听取村民、种植大户、村

龙口市一条龙果蔬专业合作社基地

"两委"成员等多方意见，在此基础上，龙口市委办公室、市政府办公室印发了《关于进一步促进山区农民增收的意见》，龙口市人民政府办公室印发了《关于进一步促进山区农民增收的推进方案》，下大力气拓宽山区农民增收渠道，丰富农民收入结构，加大政策支持倾斜力度，促进农民收入稳定增长，努力实施乡村振兴战略和脱贫攻坚。全年共投入奖补资金1200万元，引导老劣苹果果园改造、农业标准化基地建设、设施农业种植等，推进草莓、葡萄、猕猴桃等优势特色果蔬发展。在政策激励下，年内新发展设施棚室1400余亩，改造老劣苹果园1400余亩；新打造特色标准化农业基地3个，建设标准化养殖场23个，规模流转土地800余亩，新增"三品"认证5个；芦头镇庵夼村被评为"中国美丽休闲乡村"，龙口市茂源果蔬专业合作社被评为"2019年山东省休闲农业精品园区"。

诸由观镇南村设施葡萄基地

【制度改革】 2019年，龙口市农村集体产权制度改革工作在2017年省级试点成功的基础上，改革工作扩大到所有涉农镇（街区）。完成596个村集体经济组织的清产核资工作，共核实资产总额53.3亿元，其中经营性资产37.91亿元；核实集体土地总面积4.83万公顷，其中农用地总面积3.81万公顷。594个村（组）经过成员资格认定、股权设置、通过合作社章程、选举理事会监事会等各个阶段，按要求成立股份经济合作社，占改革任务村数的99.66%；582个村完成农村集体经济组织赋码登记，占改革任务村数的97.7%。农村集体产权制度改革工作取得重大进展。

【国家农产品质量安全县创建】 龙口市是烟台市

唯一的国家农产品质量安全县创建试点单位。市农业农村局认真落实创建要求，逐条卡实分工、落实责任，于2019年10月29日被农业农村部命名为第二批国家农产品质量安全县。

【耕地地力保护补贴】 2019年，龙口市共发放耕地地力保护补贴1427万元，补贴小麦7610公顷，涉及农户2.7万户。

撰稿：站庆玲　审稿：徐明娜

农村工作

【乡村振兴】 2019年，认真落实上级部署要求，本着"产城融合、一体发展"的思路，坚持普惠发展与因村施策并重、亮点带动与集群推进并举，围绕产业、人才、文化、生态、组织五大振兴，主动担当、积极作为，瞄准先进、勇争一流，全力打造乡村振兴"齐鲁样板"示范市。在2019年度烟台市乡村振兴考核中，龙口市位列第一名，黄山馆镇入选省乡村振兴齐鲁样板示范区。

【美丽乡村建设】 以美丽乡村建设为抓手，坚持典型引领、示范带动，不断提升村容村貌整体水平。省级层面创建，将黄山馆镇列入省级美丽乡村示范镇创建；将耩下刘家、栾家庄等5个村庄列入省级美丽乡村示范村创建。烟台市级层面创建，以"双百工程"建设为抓手，确定参照省级美丽乡村标准，建设村庄14个，提档升级相对落后村15个，提升村庄整体面貌。龙口市级层面创建，以"1050"行动为抓手，遴选11个村庄，围绕历史文化、自然资源、区位优势等进行示范塑造；选取50个相对落后村庄，围绕硬化、亮化、绿化等项目进行基础设施提升。

【农村人居环境整治】 扎实推动农村人居环境整治，相继开展农村人居环境整治"春季战役""夏季战役""秋冬战役"。开展"大排查、大改进"行动，全面发动镇村力量，动员群众参与，活动开展以来，各镇街区平均每天出动人员800多人次，动用机械100余台，实现环境整治大提升。开展农村人居环境整治主题实践活动，统筹安排镇街区机关事业单位党员干部，到所辖村参加主题实践活动，同步指导所辖各村党支部组织全体党员参加，并示范带动、组织发动群众参与，共组织安排63个部门、2000多名机关党员干部到整治工作压力较大的村参与活动，开展专项督导检查。

撰稿：王运姣　审稿：徐晓亮

种植业

【概况】 2019年，全市粮食播种面积14431公顷，总产9万吨；蔬菜、瓜果类播种面积4619公顷，总产24.2万吨；油料播种面积1676.3公顷，总产0.7万吨。

【粮油生产】 龙口市粮食作物主要指小麦、玉米和甘薯，大豆、谷子等种植面积较小。油料作物主要是花生。

小麦　2019年，龙口市小麦种植面积6747.9公顷，单产6231千克/公顷，总产4.2万吨。主栽品种为青农2号、烟农15、烟农1212和烟农999等，其中青农2号种植面积2666.7公顷，烟农15种植面积2000公顷，烟农1212种植面积1000公顷，烟农999种植面积533.3公顷。

玉米　全年种植面积6856.9公顷，单产6197.3千克/公顷，总产4.2万吨。玉米种植的品种较多，其中面积较大的有郑单958，种植面积2000公顷，金海5号种植面积1066.7公顷，金海13和农大108种植面积各为333.3公顷。

甘薯　全年种植面积659.5公顷，单产7897.1千克/公顷（折粮），总产0.5万吨（折粮）。

2019年11月8日，举办耕地质量提升和化肥减量增效培训班

主要品种有北京553、遗字138、烟薯25，2019年新引进品种普薯32（西瓜红）。

花生　全年播种面积1676.3公顷，单产3904.5千克/公顷，总产0.7万吨。主要种植品种为花育33、鲁花11、花育16等。

【蔬菜生产】境内蔬菜栽培历史悠久，有10个种类51个亚类300多个品种。2019年引入金阳蜜珠樱桃番茄新品种，并喜获丰收。

草莓　龙口市草莓主产区为兰高镇和新嘉街道，七甲镇、石良镇、龙港街道也有种植，主栽品种为章姬（甜宝）、隋珠等，后又引进白草莓等新品种。2019年，全市草莓播种面积284.5公顷，单产3.89万千克/公顷，总产1.1万吨。

白菜类　白菜以株型大小分为大白菜、小白菜。生长后期喜冷凉气候，需肥水量大，产量高。主栽品种有德高系列、山东系列、青杂系列、金黄100、南阜秋宝等黄心菜品种、胶白系列。全年播种面积765.8公顷，单产4.2万千克/公顷，总产3.2万吨。

西兰花　也叫绿菜花，主栽品种为炎秀，全年播种面积为300公顷，单产3万千克/公顷，总产0.9万吨。

甘蓝　俗称大头菜，主栽品种有8398、春帅、紫甘蓝等。全年播种面积409.6公顷，单产4.3万千克/公顷，总产1.8万吨。

菠菜　有越冬栽培及越夏反季节栽培两种栽培模式。全年播种面积92.5公顷，单产5.7万千克/公顷，总产0.5万吨。

葱　俗称大葱，主栽品种有梅玲、掖辐2号、章丘大葱等。全年播种面积93.3公顷，单产5.7万千克/公顷，总产0.5万吨。

茄子　主栽品种有901、面包茄、长寿黑等。全年播种面积84.2公顷，单产4.2万千克/公顷，

2019年12月，农业技术人员在龙口市神农果蔬专业合作社指导番茄生产

总产 0.4 万吨。

番茄　主栽品种有普罗旺斯、精棚系列等。全年播种面积 133.1 公顷，单产 7.4 万千克 / 公顷，总产 1 万吨。

黄瓜　主栽品种均为稀刺瘤品种，主要有地长条、越秀、绿优系列、白黄瓜等。全年播种面积 495 公顷，单产 8.1 万千克 / 公顷，总产 4 万吨。

生姜　主栽品种有绵姜和草姜。全年播种面积 1129.4 公顷，单产 5.6 万千克 / 公顷，总产 6.3 万吨。

【病虫害防治】　病虫害测报　全市有农业常规病虫害测报点 7 个，苹果、葡萄病虫测报基点设在诸由观镇冷王村；小麦、玉米等粮食病虫测报基点设在北马镇沙沟村；大梨、蔬菜病虫测报基点设在徐福街道东村；苹果、小麦、玉米病虫测报基点设在龙港街道海刘村；飞蝗及地瓜、油料作物病虫测报基点设在下丁家镇下丁家村；土蝗及油料作物病虫测报基点设在诸由观镇苏家沟村。2019 年，新运行中的病虫害区域站观测场设在诸由观镇羊岚村，另外建设智能化预警监测站 1 处，能够接入山东省农作物有害生物监测分析预警中心平台。主要预报小麦、玉米、花生、苹果、大梨、葡萄、蔬菜等作物的病虫害发生动态。预报对象主要有：黏虫、棉铃虫、玉米螟、蚜虫、小地老虎、桃小食心虫、金纹细蛾、红蜘蛛、梨木虱、甜菜夜蛾、白粉病、条锈、叶锈、花生叶斑病、炭疽病、叶斑病、霜霉病、黑星病及草地贪夜蛾等。年内，市农业技术推广中心根据测报情况和农时季节，发布病虫信息 10 期、电码模式 29 次、电视预报 5 期、民生快车道节目 2 期。及时上传下达病虫信息，指导全市病虫害防治工作。

草地贪夜蛾防控　2019 年，草地贪夜蛾在全国大面积发生危害并迅速由南方向北方扩散蔓延。针对草地贪夜蛾发生的严峻形势，龙口市发布了《龙口市草地贪夜蛾防控技术方案》及《龙口市草地贪夜蛾入侵突发事件应急预案》，成立了以龙口市农业农村局局长为组长的龙口市草地贪夜蛾监测防控工作领导小组，举办各类培训班 12 期，印发草地贪夜蛾彩色宣传挂图 2000 余份、识别与防治技术明白纸 5000 余份。8 月 20 日，北马镇仲家东村村集体玉米田（北纬 :37.636595，东经 :120.412805）发生了草地贪夜蛾。市、镇技术人员立即组织人员对发生现场进行防控点杀，同时对周边地块进行大面积普查，未发现扩散危害。市政府也高度重视，立即召开全市草地贪夜蛾紧急防控工作会议，各镇街区成立专班，组建专门的普查队伍，市政府紧急拨款 10 万元用于防控工作。市植保站联系统防统治组织对周边作物进行了飞防，并持续对该地块进行跟踪调查，再未发现草地贪夜蛾幼虫，诱捕器也未诱到草地贪夜蛾成虫，虫情得到有效控制，未发生大面积危害。

【植物检疫】　2019 年，全市建有 6 个重大植物疫情阻截带监测点，分别在新嘉街道海刘村、南山集团东海水果基地、兰高镇大张家村梨基地、安德利果汁加工厂、龙口市果蔬批发市场、河东农贸市场，安装桔小实蝇和苹果蠹蛾性引诱剂进行监测。全年未发现该虫和其他植物疫情生物。

畜牧业

【概况】　2019 年，龙口市围绕“生产水平现代化、养殖过程自动化、粪污处理无害化”的工作思路，按照“发展和保护并重、经济效益和社会效益齐抓”的发展理念，不断提升畜牧业发展水平。至年底，全市存栏生猪 19 万头、牛 1.2 万头、羊 4.6 万只、鸡 346.7 万羽、鸭 8.3 万只、鹅 0.9 万只；年出栏生猪 31.7 万头、牛 0.6 万头、羊 7 万只、家禽 1107.5 万只；肉蛋奶总产量 10.6 万吨，其中，肉类产量 4.2 万吨、蛋类产量 2.6 万吨、奶产量 3.7 万吨。

【畜禽饲养】　牛　2019 年底，全市存栏量 1.2 万头，其中奶牛0.8万头，肉牛0.3万头。牛类养殖主要集中在中部、西部平原地区。奶牛饲养品种主要有荷斯坦奶牛（俗称黑白花奶牛）和部分荷斯坦杂交奶牛，牛奶年产量2.8万吨；肉牛品种主要有利木赞、夏洛来、弗莱维赫等；乳肉兼用型牛品种为西门塔尔牛。为加快推进龙口市奶业发展，以振兴龙口市奶业为目标，科学指导格润富德农牧科技股份有限公司打造了西门塔尔牛养殖示范基地，年末，存栏西门塔尔牛3400多头，年产奶量0.8万吨，西门塔尔牛乳品质高，市场认可度高。该公司初步设计建设成年存栏万头以上规模的高标准现代化养殖基地，形成涵盖生活管理区、饲料加工储备区、牛只饲养与牛奶生产区、粪污处理和现代化农业示范区五大功能为一体的世界一流的乳肉兼用牛育种繁育、科研基地和物联网技术示范牧场，农牧业生产步入可持续发展的良性循环轨道。

猪　2019年，全市存栏量19万头，其中能繁母猪2万头，出栏生猪31.7万头，猪肉产量2.7万吨。龙口市积极稳定生猪生产，保障猪肉供应，大力发展规模化标准化养殖，推进种猪场建设工作。年内，山东华宝种猪有限公司和龙口市广大种猪场成功换证，至年末，龙口市共有二级种猪场5个，种猪存栏3000多头，为龙口市生猪养殖场户提供优质种猪，保障龙口市市民猪肉供应。2019年，龙口市积极推进生猪保险工作，制定《龙口市生猪保险实施工作方案》，能繁母猪、育肥猪政策性农业保险由中国人民财产保险股份有限公司龙口支公司、安华农业保险股份有限公司烟台市龙口支公司承保。据统计，全市参保户数223个，参保能繁母猪0.83万头，参保育肥猪16.26万头。龙口市生猪养殖主要集中在中部地区，尤以兰高镇、诸由观镇、龙港街道、北马镇和徐福街道存栏量较大。

羊　2019年，全市养羊业在保持原有存栏量的基础上，继续压缩散养户，扩大规模场。至年底，全市存栏量4.6万只，其中山羊4.4万只、绵羊0.1万只，年出栏羊7万只。龙口市四农康硒养殖专业合作社采用种养结合的方式，将种植业和养殖业有机统一，减少畜禽养殖对环境的影响。合作社的羊场存栏内蒙古改良肉羊2000多只，采用自繁自养方式，有效保证疫病防治，产品品质比传统饲养有较大提高。龙口市肉用羊有波尔山羊，毛肉兼用的有小尾寒羊、洼地绵羊等品种，奶用羊有崂山奶山羊。

肉鸡　2019年，全市存栏量184.5万只。肉鸡主要为白羽肉鸡，饲养品种主要为罗斯308和爱拔益加2个品种，鸡肉产量1.3万吨。全市三层肉鸡笼养技术发展迅速，已基本淘汰网上饲养、地面平养。这种模式肉鸡未直接接触粪便，明显减少因患球虫病和感染大肠杆菌而导致的死亡，同时提高饲养密度，增加了养殖户的经济效益。龙口市肉鸡养殖分布区域广，尤以东江街道、兰高镇、诸由观镇3个镇街的肉鸡存栏量较大。

2019年10月25日，对养殖单位进行检查指导

蛋鸡　2019年，全市存栏量162.2万只，年可提供鸡蛋2.6万吨。主要饲养的蛋鸡品种为伊莎褐、海兰褐、海赛克斯、罗曼等品种。龙口市蛋鸡饲养主要集中在中部平原地区，形成以新嘉街道为中心、辐射周边镇村的养殖格局。

鸭和鹅　2019年，全市鸭存栏量8.3万只，年出栏35.2万只。肉鸭饲喂品种为樱桃谷，蛋鸭主要饲喂品种为麻鸭。鹅存栏量8500只左右，养殖不成规模。

【生猪管理】 生猪定点屠宰管理　根据有关要求开展生猪定点屠宰企业资格年度审查清理工作。对佳龙食品有限公司的资质、厂址位置、厂区布局、设施设备、人员配置、管理制度、屠宰检验等情况进行全面审查，为其发放生猪定点屠宰许可证。农业农村部门对符合资质屠宰企业加强监督管理，派驻驻场官方兽医，在生猪待宰点进行屠宰检疫，并进行“瘦肉精”抽检，未发现染疫和含有“瘦肉精”的生猪和生猪产品。

生猪运输备案管理　根据有关要求，启用国家生猪运输车辆备案系统，对前来办理生猪运输车辆备案人员在车辆消毒、台账记录、运输安全等方面进行指导培训100余次。2019年，累计办理30余例生猪运输备案车辆。每半年对已备案的车辆进行换证审核，累计换证总数达50余次，每月检查1次生猪运输台账，对不合格台账进行警告，暂扣车辆备案证1次。

【动物疫病防治】 按照市政府《龙口市中长期动物疫病防治规划》要求，积极组织实施《中华人民共和国动物防疫法》《重大动物疫情应急条例》《山东省动物防疫条例》等动物防疫法律法规。对重大动物疫病防控实行“预防为主”和“加强领导、密切配合，依靠科学、依法防治，群防群控、果断处置”的方针，扎实落实免疫、检疫监管、疫情监测、防疫监督、应急准备等防控措施，全年免疫无高致病性禽流感、免疫无口蹄疫、小反刍兽疫等重大动物疫情。

强制免疫　2019年，共强制免疫高致病性禽流感802.1万只次、口蹄疫54.05万头（只）次和羊小反刍兽疫2.34万只次，应免疫动物免疫率达到100%。开展免疫效果评价，共监测强免抗体样品7922头（只）份，强制免疫抗体水平合格率达到80%以上，免疫抗体水平整齐，临床健康。

疫情监测预警　加强兽医实验室建设，不断改善实验室硬件和软件条件，全面提高动物疫病检测能力。制定并组织实施一系列工作方案，按时保质完成口蹄疫、高致病性禽流感、小反刍兽疫、鸡新城疫、猪瘟、布病和结核病等动物疫病监测、流行病学调查和动物疫情测报任务。

动物检疫监督　健全完善动物及动物产品检疫规章制度，加强动物检疫申报点建设和规范管理工作，全面实行动物及动物产品检疫电子出证，加强各环节动物及动物产品的检疫监督。2019年，实施产地检疫畜禽2714.45万头（只）、屠宰检疫畜禽1286.94万头（只），未检出染疫动物和动物产品。依法移交11起违反检疫规定案件，杜绝病害动物及其产品上市交易。

突发动物疫情应急处置　围绕突发动物疫情应急处置，编修了《龙口市突发重大动物疫情应急预案》。调整充实市镇重大动物疫病防控指挥部成员、市指挥部办公室成员及专家组成员和镇村三级动物疫情应急处置预备队队员。组建10个市级重大动物疫情应急处置预备队专门工作组。各级防控指挥部办公室和兽医部门落实疫情报告、24小时应急值守和领导带班制度。按省规定标准备齐备足消毒剂、防护物品、消毒免疫和扑杀器械、应急疫苗、诊断试剂、运输通信照明工具等应急物资，全市应急管理工作实现制度化、规范化、科学化。

【无规定动物疫病区无疫状况维持】 按照《山东省防控重大动物疫病指挥部关于维持胶东半岛无规定动物疫病区无疫状况的意见》要求，全面加强无疫区管理，扎实落实规定的口蹄疫、高致病性禽流感的强制免疫、疫情监测与流行病学调查、自然屏障和人工屏障运行与管理、流通控制、检疫监管和应急准备等防控措施，持续保持全年免疫无口蹄疫和高致病性禽流感疫情状态。

【病死畜禽无害化处理】 积极落实《龙口市政府办公室关于全面做好病死畜禽无害化处理工作的通知》要求，进一步健全病死畜禽收集运输体系、无害化处理责任体系和监督管理体系。2019年，全市共收集并无害化处理病死猪82779头、羊2只、牛1头、禽类47.464吨、其他0.94吨。

【畜禽养殖环保督查】 2019年，龙口市按照上级要求认真开展畜禽养殖行业环保督查，加强对畜禽养殖污染的治理，加大禁养区巡视力度，防止禁养区畜禽养殖场户复养情况的发生。继续在禁养区内开展畜禽养殖场户评估、拆除、验收、补偿等工作；在限养区内，禁止新建、扩建畜禽养殖场、养殖小区，对现有的畜禽养殖场开展粪污处理设施配套工作，确保达到“三防”（防雨、防渗、防溢流）标准。在适养区内，统筹考虑畜牧业发展和资源、环境承载力，有效加强畜牧养殖业污染防治，优化畜牧产业空间布局，加大畜牧科技推广力度，发展规模化、生态化畜牧业，以生态理念引领畜禽养殖业绿色发展。

【兽药经营监管】 着力提升兽药经营企业管理水平，严格落实兽药储藏、销售、运输等环节管理要求。2019年2月，指导新增的1家企业通过兽药GSP审核验证，3家企业兽药经营许可证到期换证，全市兽药GSP认证企业总数达到27家。为强化兽药经营主体经营质量责任，对于不按时录入国家兽药追溯系统的经营企业采取通报措施并进行约谈，对不改正的企业收回其“兽药经营许可证”。撤销2家兽药经营企业的经营许可，与符合要求的27家兽药经营企业签订《兽药经营企业质量监管责任书》和《山东省依法依规经营兽药承诺书》。督促指导兽药经营企业安装、运行山东省兽药追溯系统，全部完成网上登记备案，所有企业按要求运行国家兽药追溯系统。组织市畜牧兽医工作站和各个镇（街、区）兽医站从业人员兽药安全培训200余人次，填写《山东省兽药经营企业现场监督检查记录表》200余份，并根据相关记录指导企业进行整改。向全市2100多个养殖场户送达《山东省依法依规使用兽药告知书》，并签订《山东省依法依规使用兽药承诺书》。组织举办兽药经营企业培训班，提高经营主体自律意识。加强日常巡回监督检查，监管人员每两个月对兽药经营企业巡回监督检查1次。落实养殖使用环节监管措施，官方兽医定期对规模饲养场用药安全巡回监管。强化物流环节监督检查，防止假劣兽药通过物流进入经营和使用环节。组织开展兽药专项整治活动，全年未发现经营使用假劣兽药、违禁兽药、人用药等违法违规行为。累计随机抽检屠宰企业、养殖户40余家，各项样品均合格；随机抽检20余家经营单位兽药样品，均合格。

【畜牧投入品监管】 严格畜牧投入品监管，专人负责，卡实责任，将日常监管和专项整治相统一，完善畜牧生产经营单位的档案管理制度，重点在饲料生产经营环节中检查添加剂、蛋白原料和饲料用油以及购销台账、饲料标签、外包装、内部控制制度执行情况等。监管过程中发现问题和隐患及时做出整改报告，限期整改，全市10处饲料生产企业能够按照要求完成整改，确保饲料质量安全和企业的安全生产。配合烟台市农业农村局农业执法支队在饲料生产、经营、使用环节中抽取配合饲料、浓缩饲料，经检测全部符合相关要求。

【科技推广与帮扶】 2019年，全面加强畜牧兽医科技推广队伍建设，形成以畜牧兽医部门为主导，以畜禽养殖龙头企业和大型养殖专业合作社为基础的多元化推广体系，畜牧兽医科技推广队伍达140人，大力推广普及先进实用配套畜牧兽医技术。组织实施“2019年龙口市基层农技推广体系改革与建设补助项目（畜牧业）”，遴选出4名技术指导员、21名推广员、4个试验示范基地和57个科技示范主体，以生猪和肉鸡养殖为主导产业，以瘦肉型猪、黑猪、良种肉鸡为主导品种，以生猪高效繁育与生物安全管理技术示范与推广、肉鸡笼养技术为主推技术，进场入户进行技术指导400多人次，试验示范基地和科技示范主体带动周边饲养场户500多个。组织专家参加3期龙口电台《民生直通车》专栏节目，在线为养殖场户讲解养殖技术、疫病防控、畜禽粪污无害化和有关畜牧兽医政策法规等内容，现场解答听众咨询问题10余项。举办各类畜牧兽医技术培训班17期，共培训1000余人次。参与全市农业扶贫活动，与8个养殖贫困户建立科技帮扶关系。

果　业

【概况】 龙口市地处北温带沿海季风区，海岸狭长，气候温和，昼夜温差内陆大于沿海，利于作物光合积累。南部山区适于栽培苹果、梨、桃等水果；北部海滩及黄水河两岸沙质潮土微碱性土壤适于栽培葡萄。境内果树栽植历史悠久，果农生产经验丰富。2019年，果树树种有15科22属46种300多个品种，主栽树种有苹果、葡萄、梨、桃、李、杏、樱桃、草莓、柿子、板栗、核桃、蓝莓、猕猴桃、果桑、茶叶等。

【产量与销售】 2019年，全市果树栽培面积14917.6公顷，水果总产46.5万吨。苹果、梨、葡萄成为三大主栽树种，其中苹果栽培面积6588.2公顷，总产23万吨；梨栽培面积2751.9公顷，总产8.3万吨；葡萄栽培面积3782.6公顷，总产12.3万吨。年内，由于受到春季苹果花期降雨天气影响，全市苹果产量有所减少，但受到西部苹果质量的影响，苹果前期收购价格较低，库存压力较大，出现大量积压的局面。酿酒葡萄面积继续减少，克瑞森、红宝石无核葡萄面积稳步增加，尤其是克瑞森种植面积仅次于巨峰，成为龙口市第二大葡萄种植品种，阳光玫瑰葡萄由于受市场价格的影响发展比较迅猛，到秋季价格开始下滑，其他葡萄种植新品种红罗莎里奥、甜蜜蓝宝石、紫甜等也有所发展。龙口长把梨作为传统地方特色品种，栽培历史悠久，种植面积相对稳定，主要集中在七甲等南部山区；西洋梨品种价格比较高，面积有所增长。西洋梨品种价格比较高，面积稳定。引进新品种秋月梨、加州皮梨等梨新品种，在部分果园进行试栽，价格较高。

2019年8月29日，农业技术人员在芦头镇封家村现场进行技术指导

【无公害栽培】 全市积极开展果树更新改造和新品种引进，发展无公害果品和绿色

2019 年 5 月 21 日，在七甲镇举办果树技术培训班

果品。主要推广应用龙富 1 号、龙富短枝、紫弘、众城 1 号、元富红、维纳斯黄金等苹果新品种，倡导脱毒苗木、高产优质模式化栽培、限产优质栽培、网架式栽培、保护地栽培、测土平衡施肥、生物肥、果园生草、果实套袋、生物农药、频振式杀虫灯、防虫网等无公害优质栽培管理技术。

【果品基地建设】 市农业农村局加强标准化生产基地和智能化果园示范基地建设，龙口市龙南晟埠农场、龙口市欣丰种植专业合作社、绿杰苹果生产示范基地、康源果蔬专业合作社、春牧家庭农场、一条龙果品专业合作社等果品基地建设取得较大成果。

撰稿：战庆玲　审稿：徐明娜

农业机械

【概况】 2019 年，积极推进全市农机装备向高质量发展转型，推进农业机械化向全程全面高质高效升级，为实施乡村振兴战略，实现农业农村现代化提供有力支撑。年内，全市农机总值达到 4.5 亿元，农机总动力达到 63.4 万千瓦，各种农机具共计 11.4 万台（套），农作物耕种收综合机械化率达到 97%。粮食生产实现全程机械化，主要经济作物和林果业生产机械化水平得到持续提升。

【农机购置补贴】 2019 年，完成国家农机购置补贴资金 200 万元，带动农户自筹资金 600 多万元，补贴机具 1180 台（套），受惠农户及农机服务组织 1065 户，大批先进适用、技术成熟、服务到位的机具得到推广应用。

发放农机购置补贴

【农机推广应用】 以农业增效、农民增收、农村增绿为目标，大力推广先进适用农机化新技术及新机具。推广玉米精量直播技术，改变以往玉米套种传统种植模式。推广玉米青贮技术，多功能复合型、茎穗兼收型、饲用型等自走式玉米收获机得到推广应用，提升玉米机收质量，提高玉米秸秆利用率，经济效益和社会效益明显提高。推广应用机械化深松深翻整地技术，完成深松整地 3750 公顷。积极推广农业高效植保机械化技术，补上葡萄生产过程高效植保“短板”，示范带动全

市加大葡萄生产机具投入，葡萄培土、打药、中耕等主要生产环节实现机械化作业。

【农机合作社】 积极推进农机合作社创新发展，培育壮大农机合作社等农机服务主体。2019年，全市农机合作社达到35家，社员2895人，资产总额7000多万元，各种农机装备1620台（套）。农机合作社发挥装备多、作业能力强的优势，在春耕、三夏、三秋生产中发挥主力军作用，完成各种作业面积60%以上。积极拓展农机社会化服务，16家农机合作社开展土地流转规模化经营，流转土地620多公顷。

【技术服务与安全生产监管】 积极开展农机技术服务，年内培训各类农机人员5800人次，组织检修各类农业机械2.6万台。强化农机监理管理与服务，创新农机监管形式和机制，采取上门现场办理拖拉机、联合收获机牌证、年度检审及驾驶员考试等监理业务事项。积极开展驾驶员、操作人员安全教育培训，强化农机安全生产监管，保证全市农机安全生产形势平稳。

撰稿：庄家玉　审稿：朱光辉

2019年10月，玉米收获联合作业

海洋与渔业

【概况】 2019年，全市海上从业人员大约10590人，其中外雇流动人员约占80%。全市共实现渔业生产总值96.355亿元，一、二、三产业总产值分别为8.002亿元、79.742亿元、8.611亿元。其中，水产品加工总产值79.165亿元；海洋捕捞产量2978吨，产值1.4193亿元；海水养殖产量3.75万吨，产值6.53亿元。全年龙口市海水养殖面积10192公顷，水产养殖户170家。全市工厂化养殖面积13.8万立方水体，刺参养殖面积1333公顷，年产量1475吨，产值2.75亿元。年内，市海渔局获得山东省农业农村厅“2019年度全省海洋伏季休渔管理工作表现突出集体”称号；龙口市温流水鱼苗养殖有限公司和龙口市桑岛海产品养殖协会再次获得无公害产地认定、无公害农产品认证；桑岛海参再次获得国家地理标志保护。

【水产品种类与产量】 2019年，全市水产品总产量40682吨，其中海洋捕捞产量2978吨，主要捕捞产量中鱼类1342吨、甲壳类1079吨、贝类280吨、头足类166吨、其他类111吨。海水养殖产量37569吨，主要养殖产量中贝类产量34706吨、海参1475吨、鱼类1155吨、甲壳类233吨。淡水捕捞产量75吨，淡水养殖60吨。

【水产品质量安全检查】 2019年，进一步加强水产品安全重点领域和薄弱环节的监管，水产品质量不断提升，全市无水产品安全事故发生。加大投入品使用科学化宣传力度，共签订水产品质量安全承诺书 47 份，发放养殖日志 50 本、制度海报 100 份。同时，加大水产品抽检力度，年内，按要求完成农业农村部、省及龙口市水产品质量安全抽检任务，养殖投入品抽检 5 个批次，海参、大菱鲆抽检共 57 个批次，抽检合格率达到 100%。

【水产技术推广】 2019 年，继续推广以“科技人员包村联户、渔业通线上交流”为主要形式的工作机制和“专家 + 渔业技术人员 + 示范基地 + 科技示范户 + 辐射带动户”的水产技术服务模式，真正发挥基层水产技术推广机构在渔业技术推广中的主导作用。全年共培训基层科技指导员 15 人次，举办各种形式的渔民培训班培训渔民 82 人次，发放宣传资料 120 多份。科技人员下乡进村入户达 1600 人次，通过手机渔业通发布渔业信息 154 条。

【增殖放流】 2019 年，争取各级增殖放流资金 226 万元，在龙口海域放流海蜇苗种 2600 多万只，大泷六线鱼 35 万多尾，黑鲷苗种 36 万多尾。同时，在王屋水库投放鲢鳙鱼苗 93 万多尾。

【海洋经济】 2019 年，龙口市以经略海洋、发展壮大海洋经济为主线，不断推动海洋发展取得新突破。全市实现海洋经济总产值 507.29 亿元，同比增长 11.10%，其中，海工装备、船舶工业实现产值 212.75 亿元，同比增长 6.15%；海洋工程建筑业预计实现产值 29.91 亿元，海洋交通运输业实现产值 36.7 亿元，分别同比增长 426.6% 和 16.5%。海洋装备制造业形成以龙口中集来福士海洋工程基地为龙头，丛林凯瓦游艇、南山铝制船板、海工软管总成等一批新兴海工装备项目跟进发展的模式。中集来福士承建了总投资 10.3 亿元、年内投入 6.64 亿元的 3 条大型工程作业船舶并顺利开工。着力推进海洋工程和交通运输业，龙口港投资 3.67 亿元启动完成了粮食现代物流项目和 #3、#4 泊位改造，南山屺岈岛港投入 8.4 亿元完成 LNG 项目 3 号、4 号码头改造建设工程，龙口港 LNG 项目准备工作基本完成。6 月，由山东南山铝业股份有限公司牵头，成立山东省海洋耐蚀轻质合金材料工程技术协同创新中心。

【海洋牧场建设】 2019 年，全市海洋牧场承办企业取得国家级海洋牧场创建资质 1 家，取得省级海洋牧场示范创建资质 3 家。山东金海洋渔业有限公司龙口分公司 1 个半潜式海上多功能平台建造完成；龙口市温流水育苗养殖有限公司 1 个自升式海洋牧场平台主体年内完工；海洋牧场完成投放石材礁 20 万立方米，投放海参苗种 20 万尾。是年，省深水网箱试点项目在龙口市正式启动，龙口蓝海公司建造了周长为 60 米的深水抗风浪休闲垂钓型网箱 10 个。

金海洋半潜式海洋牧场平台

【海域滩涂规划】 2018年，聘请烟台大学水产学院专家教授成立龙口市养殖水域滩涂规划编写课题组，于年底编制完成，经市政府常务会议讨论通过，于2019年1月正式实施。规划确定了全市养殖区2处，禁养区18处和限养区18处。

2019年6月，开展渔船适航性检查

【海域使用管理】 龙口市辖区海岸线长68.38千米，管理海域面积1146平方千米。2019年，龙口海域养殖区主要分布在北部海域桑岛周边和屺㟂岛北部，多为筏式养殖，少部分为人工鱼礁，养殖总面积1.13万公顷；近岸围海养殖区主要分布在屺㟂岛西南侧，养殖面积90公顷。全年共受理12宗用海申请，其中中交一航局第二工程有限公司路桥用海申请1宗，山东金海洋渔业有限公司龙口分公司人工鱼礁用海申请1宗，海域使用权人转让申请10宗。以上12宗用海在市海渔局完成审批手续后，均已在市不动产登记中心办理不动产登记发证。滩涂养殖方面，共受理79宗用海的滩涂养殖证续期手续及10宗滩涂养殖证过户手续，均已发证。加强对海洋保护区巡查，特别是对海上非法养殖进行巡航清理，共清理非法养殖区面积26000余亩。

【渔业互保】 2019年，全市所有参检渔船全部办理雇主责任险及附加医疗险，入保渔民1863人，人均保额23.4万元，收取保费282.5万余元。落实省、市、县三级财政补贴110.3万余元，受理理赔案件26起，向渔民发放理赔款共106万元，为渔船和渔民提供有效的保障。

【渔港渔船管理】 全市共有捕捞渔船682艘、养殖渔船112艘，停泊渔船相对集中的渔港、自然港湾3个。2019年，实施烟台市超短波对讲机项目，共为全市渔船配备超短波对讲机456部，省级财政补贴45.6万元。捕捞渔船减船转产40艘，中央和省两级补贴共计444.99万元。年内，继续推进涉渔“三无”船舶的清理整治和违规渔具清理整治“清网”行动，共查处收缴“地笼”2800多个、弓子网16盘、良鱼网566条，其他违规渔具173套，有效保障了全市海洋捕捞秩序稳定。

【渔业燃油补贴发放】 2019年，财政拨付2018年度渔用燃油补贴4356140元，因10艘船作业类型变更退还财政国库53495元。共为符合条件的238艘渔船发放4302645元燃油补贴款，其中：享受补贴养殖渔船103艘，共计848356元；享受补贴捕捞渔船135艘，共计3507784元。

【伏季休渔】 2019年，全市渔船伏季休渔从5月1日开始至9月1日结束。成立全市伏季休渔管理工作领导小组，形成以政府为主导，渔业部门为主体，其他各相关部门密切配合的休渔管理机制。加强新闻媒体宣传，在省、烟台及龙口电视台多次报道休渔政策；年内，以最严格的管控措施、最有效的管理手段、最严厉的执法打击力度，执行了史上最严的休渔管理制度。以“三线二点一行动”为主要措施，坚守渔港码头、海上和水产品市场三道防线，突破管理难点，高压态势打击管理重点，全面开展“中国渔政亮剑2019”专项执法行动，全市休渔管理取得很好的效果，休渔秩序保持稳定。伏休期间共查获非法捕捞渔船165艘，查处非法摩托艇21艘，没收、拍卖非法渔获物25650千克；向公安机关移交严重违规案件9起，涉案人员35人；联合市公安局、市场监管部门检查水产品市场，查扣非法水产品运销车12辆，严厉打击非法捕捞现象。

【重点整治项目】 2019年，龙口市开发区北部海岸线修筑保护工程（一期）顺利完工。项目总投资1627.82万元，其中省级海域使用金支持1000万元、地方配套资金627.82万元，建潜堤730米。年内，积极推进开发区北部海岸线修筑保护潜堤工程（二期）和岸线岸滩综合治理修复工程。

【安全生产】 市、镇、村三级全部成立渔业安全生产管理组织，建立“横向到边、纵向到底、无缝隙全覆盖”的监管台账，市、镇、村、渔船协管员、船长层层签订安全责任书共1000余份。加强渔业安全生产宣传教育，研究制定专门的宣传教育方案，举办基层渔业安全管理人员培训班10期，培训598人；举办渔业安全教育培训班6期，培训渔民736人；举办各类渔业船员培训班12期，培训各类船员686人；发放《渔业安全生产须知》《渔船防碰撞宣传手册》等宣传材料1200余份。加强渔船的日常安全监管，组织开展渔业安全生产领域“打非治违”、“大快严”、渔船非法载客载货等活动，对重点时段、重点区域和重点隐患进行重点监控。全年共组织监督检查180次，检查重点渔村、养殖单位165家，检查渔船695艘，整改隐患69处。

撰稿：徐　军　审稿：唐茂光

2019年6月，开展渔业安全生产检查

水　利

【概况】 2019年，水务系统以习近平新时代中国特色社会主义思想为指导，牢固树立和践行“绿水青山就是金山银山”的发展理念，深入落实市委“一五五七”工作思路，围绕保障防洪、供水、生态“三个安全”的总目标，坚持“水利工程补短板，水利行业强监督”的总基调，切实增强水源合理调配与高效利用能力、水旱灾害应对与综合防御能力、水生态环境保护与修复能力、科学治水与依法管水能力，实现水利发展新跨越，为龙口市发展始终走在新时代最前列提供可靠的水利保障。年内，规划投资5.21亿元，实施水利基本建设项目486项；发展节水灌溉面积4.07万亩；全年供水量1760万立方米、引调客水共计1416万立方米；投资1000万元用于农村饮水安全工程建设；治理水土流失面积9平方千米，治理河道长度1220米；完成24座小（2）型水库除险加固工程；完成水源井、灌溉井227眼，库塘清淤10座，应急供水6处；全年共收取自来水水费3787万元、农业灌溉水费8472.78元、水土保持补偿费77.96万元、水资源税2400余万元。

【生活生产供水】 全市自来水供水管网总长度达到391千米，供水能力为8万吨/日。2019年，供水量1760万立方米，其中居民生活用水993万立方米。市自来水有限公司向两城区工业企业供水505万立方米，王屋水库向南山集团、东海工业园区供水740万立方米，北邢家水库向南山集团供水569万立方米，迟家沟水库、员外刘家水库向南山集团、道恩集团供水255万立方米。

【饮水安全工程】 2019年，争请财政涉农整合资金1000万元，用于实施农村饮水安全巩固提升工程建设，进行村内管网改造及水质提升配套，实施一户一表，并将有条件的村庄纳入城乡一体化供水，惠及全市10个镇街区的19个村庄及农村人口1.9万人。

【调水工程】 2019年，龙口市全年引调客水共计1416万立方米，分两个阶段调水，4月25日至6月4日，向王屋水库调水267万立方米；9月8日至12月31日，向王屋水库调水1149万立方米。

【水资源保护】 2019年，围绕守住用水总量、用水效率，实施用水双控，加强计划用水管理、调度，考核地下水位监测；加强水资源税非农用水户用水量核查工作，对一定规模以上的取水大户，全部安装取水量自动在线监测设施，实现取水量抄表读数自动化，降低行政成本，为地税部门提供水资源税征收基础数据。

【水土流失治理】 2019年，龙口市完成治理水土流失面积9平方千米，计划完成率100%。重点实施了矿山修复、土地复垦和防护林治理工程，有效促进本地生态系统的保护和修复。加强水土保持方案执行情况的监督检查和验收，深度开展天地一体化工作和生产建设项目水土保持方案自主验收工作，对龙口市疑似开工项目图斑进行现场核查，共计核查图斑108处。从源头上预防和控制水土流失，规范了水土保持管理各项工作。

【界河河堤加固工程】 2019年7月，实施龙口市界河河堤加固工程，投资480万元，资金来源为县级财政资金。治理河道长度1220米，主要内容有河床整平疏浚、河堤护砌加固、岸墙高3米、新建3座涵洞、堤顶宽6米、酥石路面。工程年内完工，彻底改观了河道面貌，提高防洪能力，改善生态环境，方便群众交通，并为后期再生水入河补源打下良好基础。

【水库管理】 水库除险加固工程 继续推进水库除险加固工程建设，保障防洪安全和供水安全。2019年，完成24座小（2）型水库除险加固工程，达到20年一遇设计、200年一遇校核标准。2019年汛末，大中型水库总蓄水量1653万立方米，小（1）型水库总蓄水量476万立方米，小（2）型水库总蓄水量151万立方米，塘坝总蓄水量41万立方米，为蓄水能力的17%。约70%库塘干涸，其他多低于死水位。

小型水库管理体制改革 2019年，市水务局实施小型水库管理体制改革，全市69座水库共落实水库安全管理员78人，落实省级、县级管理经费共计77万元，落实防汛三级责任人和安全管理三级责任人，水库管理真正落实到位，工程管理走上良性轨道。

【河长制湖长制工作】 2019年，龙口市河长制湖长制工作呈现出重视程度提高、治理力度增加、合力攻坚增强、效果显现明显的良好局面。多次召开会议进行安排部署，调整充实领导小组，各级河长按照最新的巡河（湖）要求开展巡河行动。按照《山东省推动河长制湖长制从“有名”到“有实”工作方案》要求，开展“深化清违整治、构建无违河湖”专项行动，通过前期省、市、县全面核查，共确定河湖违法项目165处，全部整改完毕并通过省、市验收。制定印发《龙口市河湖清违违障“回头看”工作方案》，并组织力量在前期河湖清违清障工作的基础上，对辖区内河湖“四乱”问题开展“回头看”，进行全面自查自纠。其中自查问题2处，河湖卫星遥感影像疑似“四乱”问题及规模以上台账“四乱”问题27处，共计问题29处，已全部整改完毕。实施河塘沟渠清淤疏浚，全年年度目标圆满完成。加快推进河道蓄水工程建设。完善河长湖长公示牌管理制度。落实日常巡查制度，严格落实河长制考核。加大宣传力度，调动社会力量加强生态保护。制定下发《龙口市河长制湖长制群众举报监督奖励暂行规定》，提高群众参与河湖管理保护的积极性和主动性，推动全市河湖生态环境持续改善。学习强国山东平台、省水利厅官网及省、市河长制湖长制公众号多次报道龙口市河长制湖长制工作。

【防汛抗旱】 2019年，降雨量仅有332毫米，为历史次低值，全市旱情严重。汛前，组织各镇区街、三座大中型水库和河道管理局，认真落实防汛培训、物料准备、队伍组建、险工排查等各项工程和非工程措施。8月以来，根据市政府安排，实施了村级抗旱应急工程，共计完成水源井、灌溉井227眼，库塘清淤10座，应急供水6处。

【规费征收】 自来水水费 2019年，依据龙口市物价局《关于龙口市居民用水实行阶梯价格制度及调整销售价格的通知》文件收费标准。居民生活用水继续实行阶梯水价，第一阶梯为年用水量0～144立方米（含），基本水价为2.00元/立方米；第二阶梯为年用水量144～204立方米（含），基本水价为3.00元/立方米；第三阶梯为年用水量204立方米以上，基本水价为6.00元/立方米。公企事业其他行业用水每立方米3.50元，特种行业用水每立方米15.00元。全年共收取自来水水费3787万元。

农业灌溉水费 2019年，依据《关于烟台市门楼等25座大中型水库农业供水价格的批复》收费标准，全市三座大中型水库农业供水价格为0.09元/立方米。全年收取农业灌溉水费8472.78元（含税）。

水土保持补偿费 2019年，依据《关于降低水土保持补偿费收费标准的通知》要求，按照征占用土地面积开工前一次性计征，每平方米1.2元，全年征收水土保持补偿费77.96万元。

水资源税 2019年，联合税务部门深入企业现场调查用水情况，核查企业水泵功率、扬程、日最大取水能力，将企业信息录入山东省水资源税信息管理系统。加大对地下水、地表水的动态监控力度，年许可取用地表水50万立方米以上或者取用地下水10万立方米以上的取用水户，全部安装了远程在线水量计量监测设施，实现与国家水资源管理信息系统的联网。对全市工业用水大户安装在线监控或远程抄表系统，进一步提高水资源计量水平，实现取水计量设施的实时监控管理。全年共收缴水资源税2400余万元。

2019 年龙口市自来水有限公司供水情况表

表 7　　　　单位：万立方米

年份	年供水	年售水	居民生活用水	工业用水	其他用水
2019	1760	1580	993	505	82

2019 年龙口市水库情况一览表

表 8

水库名称	所在镇（街）	竣工时间（年）	流域面积（平方千米）	库容（万立方米）		灌溉面积（公顷）	大坝（米）	
				总库容	兴利库容		高	长
王屋水库	七甲镇	1959	320	12118	7250	6666	28.30	761
迟家沟水库	芦头镇	1960	47	2044	1283	266	27.19	485
北邢家水库	下丁家镇	1960	64	1310	607.5	1220	24.94	400
员外刘家	芦头镇	1960	14.67	613	400	400	19.58	338
苏家沟	黄山馆镇	1968	1.8	190	157	273	19.8	525
安　家	芦头镇	1966	3.02	167.5	128.5	266	20	547
东　营	石良镇	1958	10.7	187.2	126	466	18.1	545
大　园	下丁家镇	1971	5.9	134.6	110	120	27.08	262
常　胜	下丁家镇	1979	4	111.1	73.5	106	27	261
佛　光	东江镇	2001	2.07	431	389	253	42	621
庄　园	东江镇	1995	0.76	127	109	100	22.64	315
上　王	石良镇	1965	1.12	36.40	29.00	96.6	15.4	209
黄城阳村东	石良镇	1981	2.24	31.20	21.50	220	16.4	158
黄城阳花夼沟	石良镇	1989	1.32	30.20	21.50	133	18.9	142
慕院夼	石良镇	1976	1.2	29.30	19.10	133	21.8	91
鲁家沟	石良镇	1966	1.98	24.72	14.40	93	15.9	180
丰仪炉	石良镇	1977	1.3	23.50	15.80	100	22.2	222
石山赵家	石良镇	1977	0.75	22.90	13.40	100	16.6	150
曲家沟	石良镇	1976	0.65	22.60	11.60	100	12.9	283
上刘家	石良镇	1981	0.84	19.70	14.40	93	19.9	307
枣林庄	石良镇	1977	2.4	19.70	13.80	93	18.2	272
土　口	石良镇	1979	1.44	18.50	10.10	66.6	14	117
周家南圈	石良镇	1977	3	17.30	6.60	46.6	10.7	180
庵下吴庄子	石良镇	1977	1.1	16.11	9.80	66.6	13.2	180

续表 8

水库名称	所在镇（街）	竣工时间（年）	流域面积（平方千米）	库容（万立方米）		灌溉面积（公顷）	大坝（米）	
				总库容	兴利库容		高	长
炉　房	石良镇	1967	2.55	16.10	10.50	66.6	10.18	128
竹园东沟	石良镇	1977	1	15.10	11.45	80	15.4	136
赵家沟	石良镇	1957	3.54	12.20	4.90	33	9.11	219
枣　林	石良镇	1979	0.45	11.80	7.80	533	16.2	306
黄牛河	石良镇	1976	0.9	10.00	6.30	466	9.26	100
山　泉	东江街道	1994	0.91	60.5	49	80	16.5	284
燕　山	东江街道	1999	0.32	57.6	47.4	53	19.13	451
山　景	东江街道	2009	0.26	33.9	30.7	53	14.74	324
山　水	东江街道	1959	0.16	31.3	28.3	80	16.24	361
潘　王	高新区	1966	1.6	23.70	13.60	133	10.1	245
柳林东	东江街道	1985	0.58	18.7	12.7	20	8.12	129
景　区	东江街道	1957	0.49	17.8	12	33	16.19	110
西韩家	东江街道	2006	0.42	16.70	12.40	133	8.27	138
丽　景	高新区	1957	2.02	15.5	7.4	33	10.09	110
柳林村后	东江街道	1986	0.8	10.20	6.20	40	12.49	117
敖子埠	七甲镇	1978	2.63	79.10	41.70	266	17.76	234
照　明	七甲镇	1979	5.41	72.75	35.25	300	12.5	168
姜家沟	七甲镇	1972	0.96	27.70	20.50	133	15.6	156
大草屋	七甲镇	1980	0.65	24.04	16.00	106	13	149
颜家沟	七甲镇	1970	1.1	23.70	14.90	100	14.17	160
王屋葛沟	七甲镇	1974	1.04	21.50	11.80	80	13.3	80
王屋西沟	七甲镇	1978	0.78	17.14	12.80	86	13.67	151
上田家	七甲镇	1964	1.2	14.40	9.00	66	11.79	85
李沟南涧	七甲镇	1974	0.75	10.30	7.10	46	19.02	112
庙赵家	七甲镇	1978	0.26	10.00	6.10	40	13.71	110
蒋家险道	下丁家镇	1979	0.49	27.30	20.90	133	18.33	128
高　山	下丁家镇	1985	0.85	19.30	16.10	133	26	204
于家口北申	下丁家镇	1981	0.85	16.26	11.40	100	17	153
夼里关东场	下丁家镇	1985	0.51	13.80	10.40	100	22.03	120
北　夼	下丁家镇	1979	0.94	13.50	9.00	66	16.63	103

续表 8

水库名称	所在镇（街）	竣工时间（年）	流域面积（平方千米）	库容（万立方米）		灌溉面积（公顷）	大坝（米）	
				总库容	兴利库容		高	长
上孟家六里沟	下丁家镇	1959	0.64	12.19	7.60	53.3	19	102
柳　沟	下丁家镇	1959	0.96	10.60	5.40	40	12.84	95
庙　前	北马镇	1966	0.45	17.60	12.60	80	10.2	186
横　沟	北马镇	1979	0.8	17.53	12.90	86	15.3	132
陈家庄	北马镇	1973	0.94	16.70	10.10	66	13	128
山后遇家虎山	北马镇	1966	0.77	14.15	10.75	66	16	122
杨家庄	北马镇	1965	0.5	10.90	6.80	46	11.8	142
奶儿夼	北马镇	1973	0.55	10.68	7.05	53.3	9.8	195
姚　家	芦头镇	1985	0.15	25.16	20.20	66	13.6	152
封　家	芦头镇	1971	0.6	20.10	15.80	86	17.2	155
大傅家	芦头镇	1957	2.9	16.00	9.60	66	11.81	108
庵　夼	芦头镇	2000	1.73	12.32	8.10	66	13	113
曹　家	高新区	1965	4.92	72.56	44.50	300	18.7	292
鸦鹊河	高新区	1958	2	71.71	31.40	133	8.4	343
东迟家	高新区	2000	2.05	30.80	15.30	100	8.7	168
淳于王沟	诸由观镇	1966	0.8	10.77	6.20	26.6	8	179
北　路	高新区	1965	11.4	99.54	56.00	133	11.4	206

撰稿：匡珺琦　审稿：赵常福

工　业

综　述

【概况】 2019年，龙口市仅仅抓住“稳增长、调结构、促创新”这条主线，全面贯彻落实新发展理念，深入推进制造业提升、工业领域新旧动能转换和供给侧结构性改革，全力推动工业高质量发展，全市工业发展呈现出总体平稳、稳中有进、稳中提质的发展态势。规上工业全年实现营业收入898.8亿元，利润22.7亿元；培育申报省级瞪羚企业5家，烟台市级瞪羚企业3家；申报国家级单项冠军企业2家，省级单项冠军企业5家。

【企业技术改造】 2019年，龙口市积极鼓励企业加大技术改造投入，加快技术革新步伐，完成工业技改投入150亿元。年初，在全市范围筛选出31个工业技术改造项目纳入市级重点技改项目导向计划库，其中过亿元技改项目14个。对于入库项目，逐一建档立项，明确项目建设进度和目标，定期安排人员走访对接，帮助解决项目推进过程中存在的困难。同时，聚焦产业政策走向，加大对上争请力度，获得烟台市制造业强市奖补资金项目，补助资金5726.71万元，“烟台恒源生物股份有限公司20000吨/年聚天冬氨酸项目”获得重大技术改造贷款贴息397万元。

【清理整顿】 2019年，龙口市“散乱污及土小”整治组认真贯彻执行省、烟台市及龙口市委、市政府关于环保工作的一系列指示精神，按照“散乱污”企业网格化监管体系实施方案部署，严格落实各级网格责任，不定期对“散乱污”企业进行排查，经常开展“回头看”行动。对新发现的“散乱污”企业单独建立台账，按照“发现一起、处置一起”的原则，实施分类处置，整治工作步入常态化、制度化轨道。全年共开展“散乱污”企业排查50余次，未发现新增“散乱污”企业，已取缔“散乱污”企业未出现“死灰复燃”现象。

2019年10月，市工信局工作人员走访建材新材料企业

【试点评价改革】 龙口市被省工信厅确定为“亩产效益”评价改革工作试点（工业企业分类综合评价各项试点）以来，成立由市长任组长，工信等部门组成的“工业企业亩产效益评价改革”推进工作专班，加强对试点工作的组织领导和统筹协调，让市委、市政府和相关市级领导能够及时、全面掌握全市工业企业经济运行情况，有针对性地开展工作。2019年，

2019 年 4 月，现场检查危化品仓储经营企业关闭退出情况

通过政府招标与航天五院合作开发工业企业分类综合评价信息系统，保证入库信息更加全面准确。4 月下旬，工作专班聘请第三方对全市规上工业企业以及用地 0.2 公顷以上的规下工业企业进行大调研，对企业的工商登记、生产经营、用地用能、产出排放等基本信息进行全面核查，并与市直部门数据进行逐一比对，确保工业企业无遗漏，数据采集更准确，改革试点工作达到考核目标，工业企业分类综合评价工作扎实推进。

【民营企业发展】 2019 年，市工信局认真落实龙口市《关于支持民营经济高质量发展的实施意见》，围绕推进减税降费，减轻企业负担；促进民营企业转型升级，提升发展质量；加强和改进融资服务，着力破解民营企业融资难、融资贵；营造公平竞争环境，拓宽民营经济发展领域；畅通政企沟通渠道，全面优化政务服务；加强法治保障，依法保护民营企业和企业家合法权益；完善工作推进机制、抓好政策落实等方面制定出台 30 条具体措施，着力破解制约民营经济发展的突出矛盾和问题，促进全市民营经济高质量发展。

撰稿：吕常志　审稿：荣焕君

煤炭工业

【概况】 2019 年，全市煤炭工业有煤炭生产企业 3 家，分别是山东能源龙口矿业集团有限公司梁家煤矿、龙口市洼东煤矿有限公司和龙口市桑园煤矿有限公司，其中洼东煤矿和桑园煤矿为龙口市属煤矿，2 处煤矿原煤产量共 44.9 万吨，开采煤种均为褐煤、长焰煤及油母页岩。

【经营管理】 2019 年，洼东煤矿全年产销煤炭 19.86 万吨，实现销售收入 6992.87 万元；桑园煤矿全年煤炭生产量 25.04 万吨，实现销售收入 5781.8 万元。

【安全管理】 2019 年，聘请专家自行组织开展安全生产巡查检查 25 矿次，制作笔录 25 份，共检查出

2019 年 12 月 13 日，山东煤矿安全监察局领导到龙矿集团检查指导工作

问题 194 条；陪同上级检查 15 矿次，并根据要求对相关问题整改情况进行复查。对检查出的问题，两矿按照“五落实”要求，切实抓好问题的整改，共上报整改报告 40 份。积极开展斑裂房补偿工作，编制《龙口市桑园煤矿斑裂房补偿工作实施方案》，对新嘉街道的 6 个自然村 923 栋斑裂房及公益设施合计补偿 347.13 万元。1 月，根据实际制定《龙口市地方煤矿重大安全风险防控与治理行动方案》，深入煤矿生产一线开展安全巡查检查，5 月 15—22 日对洼东煤矿、桑园煤矿雨季“三防”及防治水工作进行专项检查，共发现问题 6 个，全部整改到位。6 月，制作 2019 年汛期雨量登记表，两矿分别报告前一天降雨量及停车撤人情况，并制定《关于开展雨季“三防”工作的通知》。

撰稿：褚延群　审稿：曲敬强

【山东能源龙口矿业集团有限公司】 概况　2019 年，龙矿集团全年实现营业收入 36.2 亿元，缴纳税费 5.5 亿元。

安全生产　深入贯彻省委、省政府及上级领导关于龙郓煤业“10·20”冲击地压有关批示精神，制定“十狠抓、十提升”工作举措，保持“从细管控、从严问责”高压态势。强化安全警示教育，组织观看事故案例警示教育片 262 场次、2.9 万人次；完善各层级安全考核和责任追究办法，梳理补充防冲、通防、防治水、顶板、提升运输等安全管理制度，外出对标学习 9 批 165 人次，邀请外部专家授课培训 16 场次、980 余人次；高度重视冲击地压防治，严格落实“三限三强”要求，加强工作面防冲监测监控数据研究分析，组织各类应急自救知识培训 42 场、现场应急处置演练 100 次，有效提升防灾治灾水平；现场严管严控实现补短提升，强化钻孔施工、支护质量等隐蔽工程“过程”管理，举办“自动化智能化”、机电技能提升培训班，有力增强安全基础保障能力。梁家煤矿通过国家煤监局一级安全生产标准化矿井验收，大恒煤业获“全国安全文化建设示范企业”称号。

运营管控　深化提质增效与节支创效，聚焦全过程煤质管控和洗选管理，增加原煤入洗率，精煤产率大幅提升，商品煤综合发热量比考核目标提高 115 卡 / 克，提质创效 7067 万元。

创新驱动　坚持“提升装备水平、优化生产系统、优化劳动组织”综合发力，2019 年完成“一提双优”工程 47 项；创新型企业建设成效显著，智能化开采、矸石不升井、充填开采等技术及应用取得新突破，23 项科技成果达到国际、国内先进水平，申报专利 105 项，创历史纪录，并首次取得国家著作权类知识产权，龙矿集团技术中心顺利通过复审评价，保持“国家级企业技术中心”称号；强增量、可持续能力进一步增强，梁家煤矿充填开采设计方案和可行性报告通过审批，井下首采面 770 米巷道已完成施工，地面基建进入实操阶段。

撰稿：孙庆忠　审稿：周　宙

2019 年 5 月 29 日，龙矿集团首个智能化工作面建成生产

电力工业

【发电】 2019年，全市主要发电企业有11家，其中煤电发电企业8家，风力发电企业2家、生物质发电企业1家。分别是华电龙口发电股份有限公司、龙矿集团热电有限公司、山东怡力电业有限公司南山电厂、山东南山铝业股份有限公司东海热电厂、龙口嘉元东盛热电有限公司、龙口丛林热电有限公司、龙喜集团热电厂、龙口玉龙纸业有限公司、华电龙口风电有限公司、龙口东宜风电有限公司、山东振龙生物化工集团有限公司，总装机容量326.83万千瓦。另外，2019年光伏发电总装机容量12.17万千瓦，其中自然人户光伏发电2.57万千瓦。

【供电】 全市有供电企业3家，分别是国网山东省电力公司龙口市供电公司、龙矿集团煤电有限公司、南山电力公司输变电有限公司。全市有220千伏变电站10座、线路105.5千米，110千伏变电站20座、线路236.65千米，35千伏变电站27座、线路345.45千米。

【用电】 2019年，全社会用电量190.58亿千瓦时，其中工业用电量180.27亿千瓦时。

撰稿：孙联和　审稿：曲家武

【国网山东省电力公司龙口市供电公司】 国网山东省电力公司龙口市供电公司负责龙口市16个镇街区583个行政村、26万高低压客户的供电服务工作，供电面积901平方千米。2019年，市供电公司坚决贯彻落实龙口市委、市政府和省市公司的决策部署，守正创新，担当作为，全面完成各项目标任务。公司获“国网山东省电力公司宣传工作先进单位、安全工作先进单位、人力资源工作先进单位”、“烟台市基层理论宣讲先进单位”、“国网烟台供电公司市县一体化先进单位”称号，4个集体、3个班组和6名个人受到表彰，行风评议连续20年保持“满堂红”。2019年售电量完成34.53亿千瓦时，同比增长1.62%；线损率完成4.25%，电网负荷及日供电量均创历史新高，分别达到626兆瓦和1312.5万千瓦时；截至2019年12月31日，实现连续安全生产2922天。

安全管理　市供电公司高度重视电网运行风险防控，建立总经理办公会月分析制度，发布风险预警26次。把“保安全”变成具体行动，全年1841处作业现场全部落实到位监督，领导班子及管理人员到岗到位1987人次，查处违章21起。深入开展“春季五查”“秋冬季安全督察”“防风险保安全迎大庆”“电力设施和电能保护”等安全生产专项行动，发现消除各类隐患187项。春秋检平稳有序，完成检修任务205项，对9座变电站、10条输电线路进行隐患治理。深化配网综合治理，清理树障1.7万棵，回收反光膜575吨，改造绝缘化线路32千米，配网跳闸同比下降29.5%。应急抢修保障有力，代表10家县公司参加烟台市应急预案评审会，顺利通过专家组评审；连续10年举办消防应急演练；成功应对“利奇马”台风过境，257名一线抢修人员参与恢复11条线路供电。圆满完成庆祝中华人民共和国成立70周年等重要活动保电。

营销服务　市供电公司着力优化营商环境，“三省三零”政策落地见效，供电服务窗口进驻市政务大厅，高低压业扩报装申请同比增长35.6%；解决业扩受限24项，节省客户投资约2138万元；积极配合地方政府解决华为大数据园区和旭鑫机械等市重点项目用电问题。扎实开展供电所“大整顿”，完成615个台区计量装置改造，台区线损0～4%占比较年初提升8.87个百分点。全面推广“网上国网”App应用，开展“千所百站·电力攻坚”行动，为石良镇下刘家村捐赠的光伏电站顺利并网。实施带电作业1660次，户均停电时间减少6.5小时，增供电量337.4万千瓦时。

撰稿：全　斐　审稿：王耀庭

华电龙口公司进行设备检修

【华电龙口发电股份有限公司】 2019年，华电龙口公司坚持以习近平新时代中国特色社会主义思想为指引，认真贯彻落实上级公司决策部署，在党的建设上抓牢抓实，在扭亏增盈上精准发力，在安全环保上狠抓严管，在项目发展上稳步推进，在管理创新上结出硕果，成功打赢扭亏增盈攻坚战，超额完成年度任务目标。华电龙口公司保持山东省文明单位称号，获华电集团公司安全环保先进企业称号。截至2019年底，龙口公司累计发电1668.18亿千瓦时，实现利税96.30亿元。

经营利润目标超额完成　在全年实际发电量同比下降23.84%、基数电量计划同比减少52.3%的严峻形势下，华电龙口公司上下咬定扭亏增盈目标，齐心协力提质增效、挖潜降耗，全年完成利润2385万元，超额完成全年利润目标，实现国有资本的保值增值。全年综合供电煤耗累计完成333.41克/千瓦时，比年承包值低0.59克/千瓦时。资产负债率达到23.84%，较年初下降3.59个百分点。

供热拓展全力推进　紧咬定山东公司下达的供热拓展“323”目标，持续加大居民供暖市场拓展力度，年内新增入网面积30万平方米；在已拥有常年稳定工业供汽客户的基础上，抓大不放小，新拓展工业用汽客户2个；密切关注东城区供热市场动态，积极推进向东城区供热趸售的磋商谈判，初步达成共识。全年供热量完成443.15万吉焦，同比增加33.04万吉焦，创历史新高。2019年，千方百计推进项目发展。四期煤机项目在确保一台已核准项目指标有效性的基础上，进一步研究有关等（减）容量替代、裕龙岛石化园热电中心、煤电联营、应急备用电源等路径，积极争取四期项目列入山东省电力“十四五”发展规划。燃机项目取得2台9F燃机项目核准延期批复，为下一步燃机项目发展打下基础。

华电龙口公司技术人员利用无人机勘测新项目情况

撰稿：孙　健　审稿：王　勉

高端铝材料产业

【概况】 龙口市高端铝材料产业形成以南山、东海、丛林三大工业园区为核心，以“电力—氧化铝—电解铝—熔铸—热轧—冷轧—铝合金板带箔—建筑型材—工业型材—轻合金材料—铝精深加工—

铝合金终端产品”完整产业链条，成为全球唯一的距离最短、产业链最完整的铝产业基地。在航空航天、轨道交通、轻量化汽车、铝合金船舶、建筑型材以及铝箔等铝包装材料加工方面，逐步形成产业聚集度高、技术装备精良、创新能力强劲、产品特色鲜明、行业地位突出等特点，其中，轨道交通车体型材、易拉罐材料和铝箔产品在国内市场占有率分别达到60%、50%和30%。先后被科技部、工信部认定为“国家铝及铝合金加工高新技术产业化基地”“国家级有色金属（铝精深加工）示范基地”，被中国有色金属工业协会命名为“中国交通铝材名城”。主导产品有氧化铝、电解铝、铝合金铸锭、高端民用铝合金型材、轨道交通车体型材及模块、航空专用铝合金型材及锻件、舰船专用铝合金特种型材、铝合金板带箔材，以及铝合金商用半挂车、铝合金汽车零部件、铝合金船艇、铝合金天桥等。

2019年3月8日，南山铝业与中国商飞上飞院“民机铝合金材料联合研究中心”揭牌仪式举行

至2019年底，高端铝材料产业拥有国家级工程技术研究中心1家，国家级企业技术中心2家，省级工程技术研究中心2家，省级企业重点实验室2家，院士工作站1个，博士后工作站2个。其中，依托南山铝业组建的“国家铝合金压力加工工程技术研究中心”，是全国铝合金压力加工行业唯一的工程技术研究中心。建成铝合金熔铸与热处理等五大研发平台并开展高精度宽幅超薄铝合金易拉罐体用板等五大关键技术研究，多项技术指标达世界先进水平。

【产业发展】 3月8日，南山铝业与中国商飞上飞院“民机铝合金材料联合研究中心”揭牌仪式在南山航空材料产业园铝业展览馆举行，龙口市委书记韩世军出席并讲话。7月17日，南山铝业向法国赛峰公司正式交付首批B737机轮，向世界航空业界展示中国企业在航空材料制造和零部件加工方面取得的最新成果。9月27日，南山铝业与一汽富晟集团在南山航材园举行合作签约仪式，双方将合资成立富晟南山汽车科技有限公司，共同致力于汽车铝合金材料以及汽车铝合金零部件的研发、制造和销售，携手开启汽车轻量化发展的新篇章。

【参加展会】 7月10日，市有关部门及有关企业负责人，赴上海参加2019第十五届中国国际铝工业展览会，并赴有关企业、院所考察和调研。

撰稿：姜 浩　审稿：孙兆刚

化工产业

【概况】 龙口市以生产清洁化、产品绿色化、排放无害化为目标，以发展高端化工新材料制造业为抓手，着力打造绿色精细化工产业链。重点提升高性能高分子结构材料和新型高分子功能材料研发生产能力，着力打造国内最大的高分子新材料生产基地。2019年，龙口市规模以上化工企业有30家，重点化工企业有9家，主要形成高分子材料、精细化工、建筑用密封材料三大产业集群。在高分子材料方面，热塑性弹性体 TPV、TPEs 产能 3 万吨 / 年，国内市场占有率达 35%，成为该行业领导者，产品规模居国内第一；富马酸和氨基酸产能分别为 3 万吨和 4 万吨，国内市场占有率达 20% ~ 30%，位居国内首位，产品畅销美国、日本、韩国、英国、德国、法国等多个国家和地区。在精细化工方面，以颜料发展最为突出，颜料黄、颜料红国内市场占有率达 35%，群青颜料产能达到 7000 吨以上，是国内最大、最具现代化的高档群青生产基地；磷化铝和硫酰氟国内市场占有率分别为 30% 和 45%，位居国内前两位；功能性绿色新型消毒杀菌灭菌产品（二溴海因、溴氯海因、二氯海因三个品种）生产能力 5000 吨 / 年，国内外市场占有率均为第一。在建筑用密封材料方面，密封胶、硅酮胶等产品国内市场占有率达 30%，全国排名第三。

【监控点申报】 2019 年，龙口市积极开展化工重点监控点申报工作，协调相关部门开具化工监控点申请证明材料并完成上报。道恩集团、山东福尔、恒源生物、联合化学获批山东省化工重点监控点；6 月，山东裕龙石化产业园被认定为山东省第四批化工园区。重点监控点及化工园区的认定，为龙口化工行业规范发展提供可靠载体。

道恩集团质检员在进行产品质量检查

汽车及汽车零部件产业

【概况】 龙口市汽车及汽车零部件产业是龙口经济支柱产业之一，被山东省工信厅确定为“山东省高端装备制造汽车零部件产业园区”。主要生产零部件产品，包括底盘及刹车系统系列产品、动力系统系列产品、电器及内饰系列产品。

【智能制造试点申报】 2019 年，龙口市隆基集团有限公司、南山纺织服饰有限公司、南山铝业新材料有限公司、山东道恩高分子材料股份有限公司和龙口中集来福士海洋工程有限公司被确认为智能制造试点示范企业，下一步将充分发挥试点示范企业带动效应，深入推动智能制造在企业中的应用，不断增强企业发展新动能，激励更多企业进行智能制造转型升级，持续培育新的经济增长点，引领企业向高质量发展、建立竞争新优势。

撰稿：吕常志　审稿：荣焕君

食品加工及存储产业

【概况】 2019 年，全市食品加工及存储产业共有企业 300 余家，分属粮油、果蔬、葡萄酒、畜牧、水产五大行业。有 16 家企业被评为山东省、烟台市农业产业化重点龙头企业，上市企业共有 2 家，分别是威龙股份和朗源股份；山东省农业“新六产”、农产品加工示范企业 6 家，山东省知名农产品企业产品品牌 3 家。年内朗源股份、汇源果蔬获评“烟台市十佳苹果销售（出口）企业”称号，作强果业梦强旗舰店获“烟台市十佳苹果销售电商企业”。

葡萄酒加工业　威龙葡萄酒股份有限公司在全国葡萄酒行业中综合实力排名第三，已在A股上市。

粮油加工业　主要集中在食用油、酒精、粉丝和面粉等行业，但主要是依托龙口市港口优势，以进口大豆、木薯和玉米为主要原料，与全市农业的关联度不强。

水产品加工业　行业以深水鱼类加工为主，鱼片、鱿鱼圈制品较为发达，国内外市场竞争优势明显。东方食品、烟台优美等企业加大技术研发力度，将企业发展重点向干制水产品、调制食品、休闲食品等深加工转移，为产业储备发展潜力。

畜牧加工业　主要集中在饲料、饲料添加剂及畜禽屠宰、冷藏等方面，畜禽产品深加工尚属空白。

果蔬储存加工业　主要集中在鲜果储存、果脯果干加工、果汁、果醋、腌渍蔬菜等深加工领域。传统的鲜果储存企业受经济周期和货币因素影响较大，已经大多转型为单纯的水果储存企业，购果自存量逐年递减，为果农代存代销量逐年增大，利润率较低；果脯行业正在进行技术更新，逐渐向低糖原味型改进；果蔬深加工企业虽然规模还不大，仅有果醋、冻干脆片、腌渍蔬菜三个行业，但属于朝阳产业，处于上升膨胀期，发展前景比较乐观。

【产业提升】注重将政策和资源向产业龙头企业集中，引导朗源、绿杰等龙头企业通过建设专用原料基地、加大产品技术研发、提升品牌价值等方式优化产业结构，增强竞争能力。年内，龙金花植物油、烟台牧良、作强果业3家企业被评为烟台市农业产业化重点龙头企业，威龙股份、朗源股份被评为山东省农产品加工业示范企业，绿杰股份、朗源股份被评为山东省农业“新六产”示范主体，朗源股份、汇源果蔬获“烟台市十佳苹果销售（出口）企业”称号，作强果业梦强旗舰店获评“烟台市十佳苹果销售电商企业”。

【项目建设】绿杰股份2万吨原醋发酵项目、格润富德农牧万头牧场项目、托雷斯葡萄酒灌装及葡萄籽提纯项目、恒洋食品海洋食品项目等进展顺利。茂源果蔬专业合作社建立院士工作站，打造航天育种产品繁育推广基地，推动航天育种等农业科技成果运用转化。

【质量保障】提升农产品生产环节质量水平，扩大农业标准化生产基地建设规模，为产业发展奠定基础。引导产业企业加大自有基地建设力度，切实提高原料产品质量。支持企业开展质量体系建设，引导企业建设质量检测中心，督促企业实行产品质量追溯，实现加工环节的质量管控，切实维护企业品牌和信誉。引导企业通过GAP、HACCP等国际质量认证和管理体系认证，积极开拓国际市场。

【品牌战略】引导企业加强品牌建设，制定融产品研发、形象设计、产品营销、企业宣传为一体的综合品牌创建规划。鼓励企业争创山东省知名农产品企业产品品牌，提升企业产品的档次和附加值。开展产品和企业推介活动，组织企业参加农业农村部、省政府举办的国内外大型展会、洽谈会、招商会，开展产品推介、企业宣传和项目引进，扩大企业和产品的知名度。年内，共组织新型职业农民、经营主体200多人次，分别到北京、青岛、南宁等地，参加各类大型展会、洽谈会、招商会以及农业品牌培训班、农产品电子商务培训班、全国大樱桃、苹果产销研大会等10余次。

撰稿：陈瑞瑞　审稿：陈吉法

商贸服务·投资促进

综　述

【概况】 2019年，龙口市社会消费品零售总额309.7亿元，同比增长6%。按地域分，城镇204.5亿元，乡村105.2亿元；按行业分，批发业48.7亿元，零售贸易业234.4亿元，住宿业8.6亿元，餐饮业18亿元。全市共有限额以上批发和零售贸易业、住宿和餐饮业企业61个，其中，批发和零售业企业49个，住宿和餐饮业企业12个，销售额过亿元的企业达到28个。

2019年8月30日，举办龙口市“龙翔杯”烹饪职业技能大赛

【商贸流通业】 2019年，龙口市各类商场、超市、专卖店、便利店达到2300多个。重点商贸流通企业积极开展商业模式创新，打造生活服务集聚区和便民服务圈，完善流通服务功能，建立起贯通城乡的新型商品流通体系。7月，博商优选重点操作拼团秒杀活动，联合超市、百货共做25次秒杀活动，群内推广并制定相应提货提示，设定自提点，为顾客提供更便捷的线上购物体验，博商优选被京东团盟授予“战略合作伙伴”。12月，“博商优选”品牌升级为“小爱优选”，同全国7个省、41个地区零售同行共同成立“小爱社区拼团联盟”，在大战“双十二”首次共同活动中，销售额突破20万元。振华、北方国贸、家家悦3家重点商超线上线下消费融合发展，签约美团和饿了么完善配送服务，基本实现线上购物全城覆盖。

【餐饮服务业】 2019年，龙口市餐饮服务业总数为7863家，其中法人企业117家，个体工商户7746家。全市餐饮服务行业以市饮食服务协会为依托，在市饮食服务协会引领下，强化技能训练，以比赛挖掘厨师潜能，以比赛促进餐饮企业内强素质。8月30日，在老船长饭店成功举办“龙翔杯”烹饪职业技能大赛，提升餐饮业从业人员素质，促进全市餐饮业健康有序发展。市饮食服务协会积极参加省市协会组织的各项活动，受到广泛好评，先后加入中国饭店协会、胶东莱促进委员会副主席单位、烟台市烹饪餐饮协会副会长单位、烟台市住宿与餐饮协会副会长单位。持续组织餐饮服务企业进行参观考察活动，促进全市餐饮业开拓经营思路，优化经营理念，致力经营创新，为打造“彰显龙口高度”的饮食服务行业奠定坚实基础。

【商贸会展】 2019 年，全市紧紧围绕招会引展工作，上下密切配合，周密筹备，在招商招展、环境整治、舆论宣传等方面做了大量卓有成效的工作。在有关部门共同努力下，以“节、会、展”为突破，重点依托南山旅游景区、文化广场、汽车广场、特色乡镇等组织丰富多彩的会展活动。是年，举办 2019（第十六届）全国百强县市汽车巡展、南山春季庙会、尹村粉丝民俗旅游文化节、桑岛海参捕捞季暨槐花旅游节、首届莱山笔会、龙口市夏季大型汽车展、龙口市秋季大型汽车展、龙口市第八届孝德文化节、龙口国际马拉松赛、第 2 届龙口车展等 10 余次会展节庆活动。据初步统计，其中 4 次汽车展共有数万名市民参与，汽车销售成交量达到 2000 余辆，极大拉动了汽车消费。

【市场秩序】 诚信兴商宣传活动　按照商务部等 18 部门《关于开展“诚信兴商宣传月”活动的通知》，组织全市商贸流通企业开展“诚信兴商宣传月”活动，围绕“弘扬诚信理念 促进高质量发展”活动主题，通过多渠道在企业和消费者中进行广泛宣传，打造诚信健康的市场环境。通过 LED 标语播放、发放宣传单、报纸、网络等方式在消费者中进行商务诚信广泛宣传，普及宣传信用知识，弘扬诚信经商理念，树立正确消费观念，打造统一开放竞争有序的市场体系。

单用途商业预付卡专项检查活动　2019 年，对全市规模以上发卡企业单用途预付卡使用情况进行严格核查，全面摸清掌握全市企业发卡状况，建立全市发卡企业目录；严格查验各发卡企业实际发卡业务及资金管理情况、是否严格实行“实名登记、非现金购卡、限额发行”三项制度、记名卡、不记名卡有效期设置是否合规、是否执行退卡制度等，抓好全市发卡企业的备案、资金管理和风险防范，规范商业企业的发卡制度和风险防范措施。贯彻落实《零售商促销行为管理办法》，建立重点商贸流通企业商品促销活动备案制度，引导和支持商贸流通企业依法开展促销活动，牢固树立安全消费意识，有效防止因促销活动造成的交通拥堵、秩序混乱、人身伤害和财产损失。

【市场体系建设】 山东博商股份有限公司不断完善商品结构，建立健全配送体系，提升配送中心物流配送功能。2019 年，博商在石良镇新设立 1 处乡镇店。山东博商股份有限公司已形成以百

2019 年 9 月 1 日，博商超市石良店开业

货、超市为主业，集物流配送、金融投资、电子商务、商业地产、物业管理、保洁服务、文化传媒、体育健身等多业态为一体的大型商业连锁集团。烟台市家家悦超市有限公司积极向乡镇和社区拓展连锁便利网络，是年，在高新区和徐福街道新设立龙口龙福店和龙口静海路店 2 个分店，在全市累计设立 23 个门店，构建起城乡一体、双向流通的便民服务体系。龙口市嘉元农贸市场一期建设项目完成投资 5.7 亿元，冷链海鲜区和水果蔬菜区已全部建成，一期两个海鲜大棚和两个果蔬大棚于 3 月 1 日正式投入使用，建筑面积 2.3 万余平方米，其中包含门头房 240 户、格子铺 80 户、海鲜导台 1680 米（共计 320 个摊位），年内，门头房已营业 146 户、格子铺 65 户、海鲜摊位 223 个，总入住率达到 70% 以上。

嘉元市场果蔬区

【市场运行监测】 严格执行烟台市商务局《市场运行监测工作绩效考核办法》，实行样本企业备份监测人制度，启动短信、微信催报平台，加强对样本企业的培训和指导，督导样本企业及时准确报送各类报表，年内，监测样本企业总数达到 27 家，智能数据采集信息泵 1 个。做好烟台商务预报生活必需品信息报送工作，定期发布综合分析、动态分析等各类市场信息，准确反映全市市场供求和价格变化情况，总结市场运行变化规律，正确引导消费预期。

2019 年 3 月 1 日，嘉元市场海鲜区开业

【消费促进】 2019 年 9 月 25 日至 10 月 31 日，组织全市商贸流通和餐饮企业开展“激发市场活力，繁荣城市经济”为主题的“2019 烟台城市购物节”活动，购物节期间，全市重点商贸流通企业针对国庆 70 周年、龙口市孝德文化节、万圣节等节日消费特点，借节兴市，纷纷策划推出一系列主题促销

活动，为市民提供多元消费选择和购物体验。该次购物节以商贸为主线，联合饮食协会、旅游协会等单位，发动餐饮、影院、景区等休闲娱乐商家推出各项促销活动，餐饮、文化旅游消费升温。博商、振华、北方国贸、家家悦等商贸流通骨干企业不断调整发展思路，优化楼层布局和品牌结构，增加购物体验性元素，线上线下互动营销，充分利用店庆、节假日、旅游、会展等各种有利商机，积极培育新的消费增长点，各大商贸企业全年共举办60多次主题促销活动，有力促进了全市消费市场的繁荣。

【电子商务】 紧紧围绕“促发展、造氛围、育人才”的工作思路，通过镇、村两级联动，以龙口特色产业为重点，努力培育和引进一批电商人才和电商龙头企业，做好示范引领，促进电商扶贫，引导企业积极开拓电商市场。以“电商网络走进来，本地产品走出去”为目标，努力打造良好的电子商务氛围，培育更多电子商务人才，打造更专业的电子商务团队，创造本地电商品牌。全年市重点商贸流通企业山东博商股份有限公司独立App已经上线运营，“传统企业＋电商”的运营模式起到辐射带领作用。

撰稿：王　霞　审稿：曲洪辉

2019年3月6日，在七甲镇举办电商扶贫培训会

市场发展与集市贸易

【概况】 2019年，市场发展管理办公室共管辖4处市属市场，分别是河东农贸市场、百货服装市场、胶东家具装饰材料批发市场、龙口市果蔬批发市场。市场总占地面积22.4公顷，总建筑面积16.1万平方米，共有经营业户1000余户。

【市场管理】 安全管理　2019年，制定安全生产大检查实施方案，加强市场安全生产管理，排查整治安全隐患。在百货服装市场、装饰材料市场安装智慧用电监测系统；在装饰材料市场安装监控头8个，河东农贸市场安装监控头12个。做到定期检查与不定期检查及入户检查相结合，及时排除安全隐患。

卫生城复审迎检　开展卫生知识宣传普及工作，定期更换健康教育宣传栏内容，全年更换3期，在各市场安装卫生城公益广告牌10余处。清理卫生死角，动用机械、车辆清理市场卫生死角，清理垃圾80余立方米，清除市场野广告200余处，净化市场环境。修复市场破损地面100余平方米。为规范市场经营秩序，划市场摊位经营线、车位线2000余米。加强除四害工作，各市场增设毒饵站120个，修复破损毒饵站40个。通过深入开展市场卫生环境整治，努力改善市场卫生环境。

经营秩序管理　合理划分管理区域，强化分区管理

2019 年 1 月 10 日，检查百货服装市场安全生产情况

责任，实行网格化管理，定人员、定岗位、定责任，督促经营业户按照“门前三包”标准要求，提高规范化经营，清理出摊经营、货物乱摆乱放、车辆乱停乱放、堵塞消防通道等现象。加强消防通道和停车位管理，对不清晰的消防通道标识、停车位标线重新喷涂。安排专人疏通车辆，清理乱停乱放，保障通道畅通，解决消防通道堵塞占用问题。

市场关闭搬迁工作　根据市委、市政府的统一安排，市商贸市场发展服务中心担当负责、积极作为，圆满完成河东农贸市场、果蔬批发市场整体搬迁工作。2019 年 2 月 28 日下午 5 时，整个市场 370 户经营业户全部撤离，绝大部分搬迁到嘉元农贸市场；6 月 30 日 24 时，果蔬批发市场 70 户固定经营业户全部撤离，自 7 月 1 日 0 时起搬迁到嘉元农贸市场经营，自此两个市场达到无震荡关闭搬迁。

政府自有市场资产处置　根据 2019 年 2 月 11 日市长办公会议研究确定的重点工作——“市场搬迁后政府自有市场资产处置工作”要求，市场发展管理办公室研究制定工作方案，明确时间节点和阶段任务目标，完成 4 个市场的资产、租赁合同期限、人员结构等情况的调查摸底工作；市国资局委托第三方“烟台天宏有限责任会计师事务所”对商贸市场中心进行清产核资，政府自有市场资产处置的准备工作基本完成。

【市场设置与交易】 河东农贸市场　位于东莱街道小栾疃村西北角，沿河东路与北大街交会处。建于 1994 年，2007 年进行了升级改造建设。占地面积 2 公顷，建筑面积 1.3 万平方米。主要经营水产品、生熟肉食、果品、蔬菜、粮油、调料等。经营方式为批零兼营，是龙口市主要水产品经营市场。共有固定业户 370 余户，年交易额约 5 亿元。2019 年 2 月 28 日关闭。

百货服装市场　位于北大街与沿河西路交会处。始建于 1994 年，占地面积 1.8 公顷，建筑面积 3 万平方米。主要经营各类服装、小百货、小家电、鞋帽、布匹、针纺织品等。经营方式为批零兼营，其中针织品批发规模较大，是全市布匹的主要经营场所。共有固定业户 290 余户，年成交额约 2 亿元。2019 年 6 月 30 日关闭。

龙口市果蔬批发市场　位于龙泉路南侧，黄城西二环路与西三环路之间。2001 年 8 月建成投入使用，占地 5.4 公顷，建筑面积 1.4 万平方米。主要经营各地的水果、干果、蔬菜。经营方式以批发为主，辐射蓬莱、长岛、招远等县市，在同类市场中具有较大影响力。被烟台市人民政府授予“农业产业化经营十佳专业批发市场”称号，被农业部确定为“定点市场”，通过省、烟台市“诚信计量示范单位”创建工作现场检查验收。共有固定业户 120 余户，年成交额约 4 亿元。

胶东家具装饰材料批发市场　位于龙泉路南

侧，西一环路与西二环路之间。2001 年 12 月建成投入使用，总占地面积 13.2 公顷，总建筑面积 10.4 万平方米。主要经营范围各式家具、装饰材料、灯具、油漆、五金、卫生洁具、厨房用具、建筑材料等。经营方式为批零兼营，部分装饰材料如板材、胶等覆盖整个胶东地区。被烟台市政府确定为重点培育的“十个大型批发市场”之一。共有固定业户 260 余户，年成交额约 8 亿元。

【集市设置】 2019 年，全市按农历初一至初十逢集日的地方有 84 处，按天日有早市、白天市、夜市三类，按密度有天天市、隔日市、十天三市、十天两市四类。

2019 年龙口市主要集市设置情况表

表 9

农历时间	集市所在地
初一	李巷（黄城）、逄家市场（龙口）、闫家店（海岱）、南仲家（北马）、下丁家、归姜、台上（丰仪）、诸由、洼里、新嘉
初二	北马街、迟家沟、田家、黄城集、羊岚、诸高炉、东江
初三	李巷（黄城）、龙化（中村）、海岱、菠栾、大张家、谭家（丰仪）、唐家集（诸由）、大王（徐福）
初四	逄家市场（龙口）、黄山馆、大牟家、小陈家（北马）、芦头、河西（下丁家）、七甲、石良、诸由、乡城、兰高、九里
初五	李巷（黄城）、中村、北马、大张家、台上、徐格庄（羊岚）、欧头孙家
初六	龙化（中村）、闫家店（海岱）、南仲家（北马）、下丁家、归姜、黄城集、羊岚、洼里、新嘉、东江
初七	李巷（黄城）、逄家市场（龙口）、迟家沟、田家、石良、唐家集（诸由）、诸高炉
初八	北马、大张家、诸由、大王家、兰高
初九	李巷（黄城）龙化（中村）、黄山馆、大牟家、小陈家（北马）、菠栾、河西（下丁家）、七甲、黄城集、东江
初十	中村、海岱、芦头、石良、徐格庄、乡城、欧头孙家、九甲

撰稿：栾书胜　审稿：姜宗能

供销合作商业

【概况】 龙口市供销合作社联合社（以下简称“市联社”）是全市供销合作社的联合组织。2019 年，全市供销系统有 10 个中心供销社和 3 个社属企业。10 个中心供销社分别是城关、龙口、北马、黄山、徐福、兰高、石良、诸由、芦头、新嘉；3 个社属企业分别是龙口市鲁供三合农业有限公司、烟台市联一电子商务有限公司和龙口市恒源商城。

【改制公司情况】 2019 年，供销系统有 5 个改制公司，分别是农业生产资料、贸易中心、贸易公司、食杂果品、烟花日杂。市联社不参股改制公司，公司自主经营、自负盈亏，“人、财、物”的支配权全部归改制公司所有。市联社作为主管部门，帮助公司协调处理与政府有关职能部门的关系，同时负责改制企业的人事档案、职工养老保险、离退休老干部、信访、安全生产、党建、党风廉政建设、精神文明、计划生育、工青妇等群团工作。

【资产状况】 2019 年，各基层社资产总值为

13858万元。其中土地3337万元，共60宗，面积15.2公顷；房屋建筑物3868万元，面积84337平方米；车辆及设备180万元；流动资产6473万元。在全系统16.5公顷土地中，出让土地0.8公顷，占土地总面积4.8%；划拨土地14.3公顷，占土地总面积86.7%；无证及手续不全的土地1.4公顷，占土地总面积8.5%。全系统8.4万平方米的房产面积中，无房产证的2.2万平方米，占总面积25%。

【电商运营】 2019年，市联社秉持“求真务实、量力而行”的原则，把牢“节俭费用、压缩开支”这个底线，积极做好与省社电商运营中心沟通对接，落实其有关意见要求。全年实现供销e家线上交易额17万元，线下交易额8万元。电商创业服务中心新入驻企业10家，发展线下实体综合服务网点9个，维护线下实体综合服务网点总计88个。同时扎实做好为电商创业服务中心入驻企业提供配套服务工作，为企业提供完善的服务。

【三农服务】 农资经营　由于历史原因，各基层供销社化肥和农药经营没有自营项目，全部以租赁形式由租赁户进行经营。2019年，全市基层供销社农资经营网点92个。

农用成品油经营　农用成品油经营主要以加油站形式进行营销，全市供销系统共有5处加油站，供应汽柴油和机油，全部以承包租赁形式经营。

日用品经营　由于历史原因，各基层社经营的日用品生活资料主要以承包租赁方式进行经营。全市基层供销社日用生活资料经营网点70个，其中建筑面积在500平方米以上的日用品超市（商场）有9处，两城区3处，其他6处在北马、诸由、芦头、兰高、七甲镇驻地和徐福街道洼里村。

农产品经营　以黄山供销社、龙口供销社为主，主要为龙口南山、烟台张裕和正大、青岛华东等葡萄酒公司代购葡萄。龙口供销社全年收购葡萄1000吨。黄山供销社收购葡萄3000吨，加工葡萄汁1800吨。黄山供销社与省社农产品公司开展合作，用加工产出的葡萄汁开发出“鲁供庄园”干红葡萄酒系列，创建自己品牌。

【企业监管】 2019年，重新修订完善《进一步加强企业经营管理的实施意见》《基层企业工作目标考核办法》，切实加大对基层企业监管力度。从合同、印章、执照、安全生产等方面，进一步加强对各基层供销社农资和日用品经营网点的规范管理，共规范完善各类租赁合同177份，年租赁收入848万元。进一步加强对企业的财务管理和审计考核工作，保证企业承包租赁经营活动依法合规，促进企业健康稳定发展。

【助力扶贫】 2019年，按照烟台市供销社关于脱贫攻坚工作部署要求，更新扶贫户数、人数等数据，即龙口市七甲镇李家沟村9户贫困户和七甲镇廒子埠村10户贫困户，共计19户、33人。逐户逐人精准核实贫困户的姓名、身份证号码、联系电话等基本信息，全面完善精准帮扶人员档案。根据贫困户年老体弱、无劳动能力的实际情况，以“钱物走访帮扶”为主要帮扶措施，深入贫困户家中进行走访不少于2次，每户每年钱物帮扶不低于400元。

撰稿：张振军　审稿：张名毅

烟草专卖

【概况】 龙口市烟草专卖局（营销部）负责全市烟草专卖管理、卷烟经营工作，辖区有效持证卷烟零售户共计2718户，2019年实现利税2.15亿元。

【卷烟经营】 精准分析把脉市场需求，开通线上线下数据采集通道，汇总分析终端消费动态、社会库存等数据，准确定位市场真实需求，做好科学预测，为精准投放货源提供数据支撑。精细服务，抓好终端建设，“金字塔”模式分层、分区打造品牌店、精品店、标准店，综合地理位置、硬件设施、消费群体等因素，为零售户量身定制终端提升方案，满足多样化需求。党员挂靠抓实困难帮扶，党小组下沉一线常态化，积极与困难零售户结对，围绕经营思路、布局优化、商品陈列等方面进行挂靠指导，以实际行动解决零售户经营难题，推动党建业务融合发展。2019 年，销售卷烟 2.97 万箱，实现销售额 8.48 亿元，卷烟人均销量 10.79 条，实现单箱值 2.86 万元 / 箱，实现毛利额 2.17 亿元。

2019 年 3 月，市烟草专卖局工作人员开展普法宣传

【专卖管理】 突出联合执法，通过全市规范烟草市场秩序会议，专题研究“非法利用信息网络罪”法律适用，有效解决互联网贩售假私卷烟难题。突出辖区市场，深入推进“齐鲁利剑”专项行动，开展市场“净土”“深耕除莠”行动，每月随机抽查、重点检查结合，提升精准监管市场效能。突出破网打源，成立专门负责互联网涉烟线索搜集、情报研判和大数据分析工作组，对重点案件成立专案专班，加强案件串并和深度经营，提高情报导侦、案件侦办效率。突出创新服务，严格行政许可管理，优化许可证办理流程，审批期限缩短至 3 个工作日，规范案件处理程序和涉案物品管理，抓好案卷评查和执法监督，不断提升法律服务保障水平。2019 年，查获各类案件 187 起，查获卷烟 75.52 万支，烟丝烟叶 3.15 吨，涉案（标）值 113.08 万元，查获万元以上大要案 9 起，成功侦破“8 · 04”“2 · 15”两起国标网络案件。

撰稿：王　楠　审稿：韩文亭

2019 年 4 月，市烟草专卖局工作人员走访烟草经营业户

石油经营

【概况】 2019 年，全市共有 75 家加油站，6 家储油库。至年底，全市加油站三次油气回收完成 61 家，6 家储油库（含原油库）全部完成三次油气回收。

【中石化龙口石油分公司】

概况　2019 年，中石化龙口石油分公司紧紧围绕“扭亏脱困”“四聚四抓”为工作主线，统筹兼顾，深挖市场潜力，强化从严管理，不断提高加油站规范化管理和服务水平，确保加油站全年安全经营无事故，全年实现纯枪总量36435吨。

强化安全　结合安全生产月，邀请龙口消防大队对加油现场消防检查相关内容进行培训，传授加油站日常操作程序和注意事项。结合每月安全信息和事故案例学习，组织开展自查自纠，全面排查安全隐患，制定整改措施，坚守安全工作规范化、制度化。明确追责体制，提升全员安全意识，提高加油站安全管理水平。

业务经营　深入开展“不忘初心、牢记使命”学习教育活动，共召开11次支部党员大会、4次党课、12次支部委员会、11次集中学习。坚持通过“三会一课”制度，定期组织学习教育活动，带动青年员工开展加油站综合管理提升和“正作风、提效益、促发展”活动，通过服务示范培训、营销活动推广、销售竞赛等一系列活动，让广大客户得到优质全面的服务。9～10月，烟台市公司组织开展加油站现场管理服务竞赛活动，龙口分公司取得第一名好成绩，受到上级公司通报表扬。

撰稿：李　锋　审稿：于复德

【中国石油山东烟台销售分公司龙口支公司】　概况　2019年，中国石油山东烟台销售分公司龙口支公司共有加油站19座。面对成品油市场的严峻考验和市场化试点的艰巨挑战，深入开展“不忘初心、牢记使命”主题教育，坚持“以员工为中心”宗旨理念，完成19座加油站“八清八有”家文化建设，推进小厨房、小宿舍、小淋浴、小绿地、小娱乐“五小工程”建设，提升员工队伍归属感和向心力。

业务经营　遵循“客户至上”发展理念，19座加油站均通过安全生产标准化审核，在龙口疏港路加油站挂牌打造“6S管理及安全示范站”，在龙口九里城加油站创新打造“孝德文化主题站”，所属加油站面向全社会所有需求用户开放“爱心驿站”，提供饮水、热饭、充电等免费服务，建设和谐美好“人·车·生活”生态圈。全年油品销售量3.2万吨。

撰稿：张洪琪　审稿：史凤凯

邮　政

【概况】　2019年，龙口邮政认真贯彻落实龙口市委、市政府、邮政集团有限公司、省分公司和烟台分公司经营发展战略，深入开展“不忘初心、牢记使命”主题教育，坚持稳中求进和提质增效工作基调，以党建促发展，坚持创新经营，加强协同共享，全市邮政员工齐心协力、开拓进取，稳定、有序、高效地推进各项工作。全年邮政收入完成8058.72万元，占比101.64%，烟台市排名第二；同比增长9.21%，烟台市排名第三；加金融模拟收入完成8301.69万元，占比100.58%。被烟台邮政分公司分别授予“全市邮政先进单位”“全市邮政安全生产先进单位”和“2019烟台邮政机要专业”称号。

【邮政设备】　为更好地为地方服务，公司投入资金提升企业硬件水平。龙口邮政配置生产用车共计31辆。其中，敛款车4辆、用于投递面包车15辆、专业公司和后勤保障使用的小面包车5辆、物流公司送货用大面包车1辆、物流送货用厢式货车3辆、其他专用车3辆。不断加快邮政设备更新改造步伐，相继为各科室、生产单位和支局所配置办公和生产使用各型号计算机和终端191台；包裹和函件电子秤共计72台；全市25个金融网点和部分街区布放邮政储蓄ATM、CRS和卡折一体机共计41台；市局办公场所和25处支局开通电视监控系统和报警系统，26个邮政储蓄网点安装防弹玻璃。各种点钞机、验钞机、电视机、空调以及宣传台、单册架等设备，在各生产单位全部配备齐全。

【邮政区域网络】 全市服务面积为8936平方千米，投递路线总长度达2464千米。基本上满足龙口社会各界用邮需求。为最大程度提高邮政服务质量，为全市设计投递段道53条。其中36条为市局统一配置摩托车投递段道，17条投递员自配摩托车投递段道，建立了一套完整的管理体系，包括投递出归班条例、营业服务公约等为民服务制度。龙口市内自办邮路分东、西和南环路三条线路。邮路总长度为225千米。东线：市局—诸由—东江—南山—下丁家—田家—七甲—文基—丰仪—石良—黄城集—兰高，110千米；西线：市局—投递室—羊岚—新嘉—徐福—中村—金龙路—龙口—海岱—黄山—大陈家—北马—芦头，103千米；中片：市局—站前—南环路，12千米。

【业务经营】 寄递业务 寄递业务稳步增长，实现突破发展，较上年同比增长25%以上。加强资源整合，不遗余力加大运行成本管控，确保寄递翼整合工作顺利推进。充分发挥龙口地域经济特点和海鲜、樱桃、苹果等特产优势，主打线上+线下营销结合，积极推进开通直发邮路，扩大市场份额。确保三大板块联动，实现“一体两翼”协调发展；加深管理力度，严格成本管控，抓好审核把关，控制成本费用等方面，促进寄递业务良性发展。2019年，樱桃季业务增幅达到76%，为历年新高。苹果项目打造“标准箱+代理点”模式，构建全面覆盖客户需求的生态化发展模式，实现四大业务整合开发。快递包裹和普通包裹业务大幅度增长，得益于推广应用及轻小件客户的开发，应用于红酒、苹果、梨、地瓜、花生油、奶等行业开发。

分销业务 充分发挥邮政自身网络优势，本着“扎根农村、贴近农民、服务农业”的服务宗旨，使邮政服务“三农”工作在全市深入推开。制定优惠政策，加大宣传走访，提高农资销量。与厂家联合制定惠民农资销售政策，更多让利于直营店、服务站，提高站点的销售热情，增加农资销量，通过多场大规模的农资订货会以及支局为单位的小型产说会，结合金融业务开展“迪克苏”“八达岭”惠农套餐肥活动；针对农民对农业技术知识的渴望现状，迎合农民需求聘请实践知识丰富的农技专家开展50余场次“送农下乡”活动。

增值业务 发挥邮政历史悠久优势，线下网络覆盖全国，拥有完善的物流系统及代收货款一体化平台优势，大力发展邮乐（网上邮购）业务。以用户为中心，提供贴心服务，便捷售后服务，强大的物流支持，细密的零售接触点和促销渠道，广泛的付款方式，满足社会需求。增加代收公安交警罚没款业务、代征税业务、代开双税业务，保证服务质量。

集邮与文化 人民群众爱好用邮文化，为龙

2019年7月，在龙口开发区举行邮品鉴赏会

口市民提供集邮、报刊发行和包件寄递服务是邮政的本分业务。创新经营模式，围绕首季开门红项目和全年度经营方案展开营销，抓住集邮营销项目的工作布置，以生肖产品为抓手，细分市场，重点以邮票金、2019年熊猫金、福猪纳吉春等产品为主，为广大集邮爱好者提供良好的鉴赏和收藏氛围。集邮巡展举办5场，收到良好成效。

代理大金融业务　金融类邮储业务包括储蓄存款业务、银行卡业务、个人结算业务、电子银行4项业务。邮政储蓄通过与保险公司签订合作协议，借助中国邮政遍布城乡的网络优势，利用多年经营所积累的客户资源，实现保险公司产品销售和客户服务在邮政金融网点柜面的延伸。全年与16家寿险保险公司签署了合作协议。龙口邮政分公司下设24个金融网点。全年储蓄余额规模28.13亿元，金融总量年增4.77亿元，其中余额年增1.7亿元，保险年增2.45亿元，国债销量1.12亿元，基金销量0.15万元；金融业务全年收入计划为4551万元，实际完成收入4585万元，完成年计划的100.75%。

电商扶贫　龙口邮政分公司采取“线上与线下相结合的电商扶贫模式、日用品下乡与农产品返城相结合、农村电商与邮政业务相结合、农村电商与政府公共服务相结合、农村电商与精准扶贫相结合”的农村电商发展新方法。按不同的季节安排渠道平台办备齐农肥、农药等生产资料，让项目下乡点上门服务，送农科下乡。春季杏桃上市，秋季苹果大梨成熟，邮政提供电商销售服务。在帮扶农技培训中立足本地农业发展现状，以产业为依托、以市场为导向、以农民致富为目标，围绕优势产业及特色农业开展培训，取得良好效果，客户满意度达到98%以上。

邮政电商现场为果农发售水果

2019年龙口邮政分公司重点业务收入情况表

表10　　单位：万元

邮储收入	代理保险	集邮业务	商函广告	物流分销	报刊发行	电子商务	快包业务
3221.6	1081.21	324.75	231.1	860.62	362.84	98.23	937.58

撰稿：范延龙　审稿：王承利

通信业

【概况】　2019年，龙口市主要通信公司有三家：联通、移动、电信。联通公司有22个营业网点，用户47.63万；移动公司有14个营业网点，用户50万；电信公司有27个营业网点，用户6.7万。

【联通】　概况　2019年，龙口联通面临市场饱和、提速降费、4G流量红利逐步消退等严峻行业挑战。为此，龙口联通加强自律，坚持理性规范竞争，深化转型创新，打好基础，确保公司长远发展和价值最大化。从重点关注用户增长数量，改为重点关注用户发展质量和价值，持续加强互联网化和差异化创新运营，严控用户发展成本、低效无效产品和渠道。至年末，中国联通宽带用户达到10.96万户，移网用户达到23.8万户，固话用户达到9.12万户。用户发展质量和价值进一步增强。

信息化应用　2019年，继续完善龙口市电子政务网行政服务域项目开发，完成交通局及下属单位、司法局及下属单位电子政物网公共服务域项目开发，龙口一中智慧课堂项目全年新增用户1495户，年末完成3400户智慧课堂用户续约工作。龙口法院、龙口国税局、龙口邮政局、龙口公安局、龙口环保局、龙口党校、龙口水务局、龙口市委办、龙口农商行9个单位高端用户顺利续约，为业务收入完成打下良好基础。为第一运输公司、艾莱菲儿公司、龙口中宇机械等10余家单位开通钉钉共创系统。云计算方面，年度完成云通智安云数据库项目，引导康达集团财务软件上云项目，协助博商公司、嘉园物业原有App程序迁移，并跟踪使用情况，全程状态稳定，实现长期发展共赢。

网络建设　2019年，为提升网络能力，共完成201处L900基站新建工程，华为2G基站设备下电98套，新建4G口碑场景2处，4G新入网基站2个，扩容扇区53个，盘活4G基站2处，搬迁合并BBU共23台。室内建设开通中允大厦、工商联A/B/C座、阿波罗办公楼及裕龙岛酒店，有效解决了部分区域室内弱覆盖问题。5G基站建设至12月完成25处。10月18日，率先在烟台市开通第一个5G基站，经施工单位和厂家工程师现场测试，上下行速率达到设计要求。为开通网络专线，全年完成119条数字电路的开通、调测及数据配置，全年新开通IP专线80条，VPN节点190条，新增或扩容PON交换机184台，宽带电子工单一次性成功率达到99.8%。为适应宽带提速和新增宽带发展需求，动态监测宽带接入设备上联带宽流量，OLT上联中继流量超50%即进行扩容，全年共扩容OLT上联中继22条。优化OLT双物理路由，确保OLT设备运行稳定性。

网络维护　2019年，干线、本地网维护工作稳步推进，顺利完成“两会”、“海上阅兵”及“中华人民共和国成立70周年”等重大活动通信重保工作。加强C3网光缆线路及重点骨干光缆路由的巡防工作。经过对线路全程实地排查，确定37处必到点，2天一个巡视周期，及时发现、处理各种安全隐患，确保主干线路安全。全年完成线路预检预修项目271项。配合市政建设，做好线路迁改工作，完成通海路（牟黄路至嘉园路段）2千米架空线路落地割接工程、大莱龙铁路电气化改造工程以及南山集团在屺岈岛内道路规划重建、公司的架空光缆线路落地改造工程。大力实施线路整治工作，根据龙口市社会主义新农村示范村建设相关要求，完成诸由南村、桑岛、栾家庄、槐栾、馆前徐家等村的村内线路整治。对三处因外力损毁的线路、杆路彻底修复。对14处高度不足的过道线路进行整治，彻底消除安全隐患。

撰稿：孙　琳　审稿：于文军

【移动】　概况　龙口移动公司是全市网络规模最大、用户数量最多的全业务通信运营企业。2019年，手机客户规模超过50万，宽带用户到达8万多户，持续保持行业领先地位。

网络建设　2019年，龙口公司为烟台市三个率先建设5G基站的县市区之一，2月开通全市首个5G基站，全年累计开通5G基站88处，分布在东城区55个（绛水河至新一中区域）、西城区16个（龙港街道及开发区）、东海工业园区10个（高校区域）及南山工业园区7个。

移动服务　龙口移动始终坚持以“正德厚生、臻于至善”为核心价值观，以助力“智慧城市”建设、服务龙口经济发展为己任，持续提高信息名第 12。累计宽带 3.3 万余户；累计净增宽带 0.2 万余户。实现品牌客户规模发展，优势业务持续领先，企业和谐稳定发展。

移动公司开展服务能力提升活动

化服务水平。5 月 17 日，在港城路营业厅开通首个 5G 体验区，大力推进政务云、工业互联网平台项目建设，积极参与“政务信息系统整合”“企业上云”行动，结合自身优势推动“设备上云”；依托烟台移动大数据平台，以自身的信息化技术优势助力龙口智慧城市建设。持续开展电信普遍服务工作，在大量摸排调研基础上，启动电信普遍服务工作，全部农村及偏远地区实现 4G 网络信号全覆盖，有效助力精准扶贫、精准脱贫；积极配合上级部门抓好“实名制”工作的部署和落实，持续开展“防范打击通信信息诈骗”及“伪基站治理”行动，为广大用户营造安全、可靠的通信环境；深入贯彻“放管服”工作要求，开展业务受理流程穿越优化，促进营业快速便捷办理，提升窗口服务形象；继续开展总经理驻厅、惊喜服务等活动，借助“12345”热线监督、社会监督、服务暗访等监督手段持续解决存在的服务问题。

撰稿：曹积涛　审稿：张建强

【电信】　概况　2019 年，龙口电信新增移动网用户 1.2 万余户，累计发展移动用户 3.9 万余户；全年业务收入份额达 8.21%，收入增长率全省排

网络建设　2019 年，龙口电信公司在全网话务量快速增长的情况下，持续加强网络优化，网络服务能力不断增强，网络利用率得以提升。全年累计完成固定资产投资 752 万元，新增宽带端口 0.7 万个、4G 基站 23 个。进一步深化运维集中化改革，加快网管信息化建设，加强网络基础管理，提高预防性维护能力，故障预防和处理能力不断增强，网络运行质量稳中有升。

业务经营　2019 年，以“向存量要增量”为主线，连续参与全市“跨年行动”“春雷行动”“铸铅行动”“百团大战”“诺曼底登陆”等一系列主题营销活动。全年老移带动宽带新增 1293 户，老宽带动移动新增 1579 户。年内，发展翼支付绑卡用户 1 万余户，月均活跃近 6 万户，发展红包卡用户 1.5 万余户，带动移动业务发展作用明显。翼支付线下合作商户、线上民生应用迅速扩充，发展泛渠道 18 家，有效地扩大了翼支付消费环境和市场宣传的阵地，翼支付生态圈打造初见成效。

电信服务　年内推出天翼 4G 品牌业务和 4G 应用服务，企业扩大对外辐射提供信息化支撑，全程参与建设电子政务应用系统，助力政府信息化建设。推进旅游信息化，推出旅游综合频道，助力龙口扩大旅游宣传。推出全业务“商务领航”融合产品，发挥固网、互联网和移动网络优势，帮助中小企业运用信息网络技术，加快企业发展。丰富“号码百事通”业务，满足群众信息需求。推出商旅预订服务、总机服务、“关键字”

查询、法律热线等特色信息服务应用。开展“好宽带、好服务”活动，提升客户感知。实现城域网拥塞影响用户率低于1%、宽带端口速率达标率各乡镇城区均高于95%、宽带用户故障修复及时率100%，宽带网络质量保持行业领先。

撰稿：姜鹏宇　审稿：刘晓

对外及对港澳台贸易

【概况】 2019年，龙口市合同外资新批项目数44个，同比增长29.4%；完成合同外资4.1亿美元，同比增长48.4%；完成实际使用外资1.8亿美元，同比下降9.2%。

【利用外资】 2019年，面对商务部利用外资统计口径改变、经济增长放缓的不利局面，龙口市转变利用外资工作思路，挖掘城市建设项目利用外资的潜力，推动产业项目与城市建设利用外资“两条腿走路”。从单一依赖工业制造业生产项目引进利用外资转向“产业+城建”并重，促进龙口市利用外资形式、渠道、来源的多元化发展。

【进出口情况】 2019年，在中美贸易摩擦和金融杠杆收紧的不利局面下，商务局坚持以新旧动能转换为主线，以行业龙头企业为主体，以特色产业集聚区为依托，努力培育特色产业企业，形成一批产业优势明显、具有核心竞争力的企业。全年完成外贸进出口总额270亿元，同比增长4.0%。其中出口177亿元，同比增长6.4%；进口92.4亿元，同比下降0.2%。进出口、出口、进口额均位居烟台各县市首位，其中进出口、出口增幅分别高于烟台市平均增幅8.8个百分点、8.6个百分点。南山集团等前30户重点企业出口额、香驰粮油等前10位重点企业进口额分别占全市总额的86.2%、89.1%，龙头企业带动作用显著。

【加强政策扶持资金力度】 积极组织基地内符合条件的外贸企业申请外经贸发展各项政策资金。2019年，组织40多家企业，申请2019年度市级商贸发展专项资金、2019年省级国际市场开拓资金、2019年省级外经贸和商贸流通专项资金、2019年中央外经贸发展专项资金等。通过真金白银鼓励基地内企业转方式、调结构、拓市场、树品牌、搞创新，进一步加快特色产业转型升级之路的步伐，全力推动全市新旧动能转换工作。

【提升营商环境软实力】 加快推进外贸综合服务平台建设，龙口市特达经贸有限公司成功申报烟台市级外贸综合服务企业，促使其发展成为服务全市、辐射周边、通关便捷高效、物流成本低廉的外贸综合服务桥头堡。实施派驻重点外经贸企业联络专员制度，筛选有色金属材料、汽车零部件、化工新材料、食品深加工、纺织服装等重点行业外经贸企业。商务局定期走访企业，全年走访60多次，收集化解基础设施建设、土地指标调整、海关业务办理、投资政策咨询、扶持资金争取等方面问题，办理各类疑难问题50余件。

【增强竞争意识和国际影响力】 积极组织企业境外参展，重点对接省商务厅“境外百展计划”。2019年，组织外贸企业参加广交会、第二届国际进口博览会、美国拉斯维加斯汽配展等多个境内外重点展会。开展半年外经贸信息发布会、季度行业形势分析会、外经贸政策下基层等业务培训交流活动20余次。通过走出去打品牌、找差距，坐下来学政策、谋发展，使企业充分掌握国际市场走势和国家政策动向，强化危机意识和国际竞争意识，持续提升国际市场影响力。

【树立自主品牌意识】 用好政策支持创品牌，市政府鼓励企业积极开展商标注册、专利申请、专利许可等国际自主品牌建设基础性工作，推动企业从价格竞争转向以品牌为中心的差异化竞争。年内有南山、丛林、道恩等6家企业入选“山东省国际知名品牌”；威龙一家企业入选烟台市国际知名品牌，特达经贸入选烟台市外贸综合服务企业。龙口市新达工具有限公司成功申报2019烟台市出口名牌。利用多种渠道推销龙口品牌，充分利用“香港山东周”、广交会、进博会等境内外活动，不断宣传“龙口创造”“龙口制造”等城市名片和龙口企业的自主品牌，扩大自主品牌出口份额。通过品牌企业的示范作用，带动广大中小企业形成产业规模化转型升级态势。

撰稿：王　霞　审稿：曲洪辉

投资促进

【概况】 2019年，龙口市委、市政府始终把“双招双引”作为高质量发展的“一号战略”。年内，开展境内外招商活动340余次，走访接待三类500强企业250批次，举办深圳（龙口）“双招双引”推介会、南美洲投资恳谈会等双招活动40余场。实际到位内资和外资分别达到170.1亿元和1.8亿美元。引进中石化LNG、中海油LNG、港华LNG、华为大数据产业园等过10亿元项目13个、三类500强项目8个。

【投资促进活动】 2019年1月14—18日，市委常委、开发区党工委书记林阳带队，组团赴日本开展招商引资工作。到访大阪燃气、日本石油资源开发株式会社、日本赛山株式会社等公司，就LNG接收站工程建设、集装箱堆场、LNG贸易等项目进行推进，达成相关合作意向。3月30日至4月8日，市委副书记、市长吕波率团赴新加坡、印度尼西亚等国及中国香港地区开展招商引资、招才引智和项目洽谈工作，并与当地经贸理事会和工商界人士对接交流。代表团一行先后赴新加坡丰益国际有限公司、新加坡—山东经贸理事会、裕廊集团、印尼宾坦氧化铝有限公司及香港华鲁集团有限公司、香港易大宗控股有限公司、中集集团有限公司等企业单位走访，在项目选址、项目建设、政策扶持等方面进行广泛交流，增进友谊互信，扩大合作共识，取得丰硕成果。6月20—27日，市委书记韩世军率团赴德国、挪威开展招商引资、项目对接活动，拜访戴姆勒梅赛德斯—奔驰、巴斯夫、海德鲁铝业、沃斯、奥比维克等集团和公司，重点推介全市新旧动能转换项目，推进南山铝业电解铝项目、山东裕龙石化项目、建设装配式建筑生产线项目，全面深化“双招双引”工作。

【经贸活动】 2019年6月28日，龙口（深圳）招商引资招才引智推介会暨华为龙口城市产业云上线仪式在深圳举行。会议期间，全市共签约华

2019年7月16日，举行中国龙口·南美洲招才引智专题推介会

为城市智能体和大数据产业园项目、产城融合项目、智能家电产业园项目、三元铝材项目、产学研合作项目、纳米包覆颜料项目、部经济项目、中海油 LNG 项目 8 个项目，投资总额 371.5 亿元。7 月 16 日，龙口市与美国康威公司共同组织召开中国龙口·南美洲投资恳谈会。哥伦比亚、智利等多家南美洲工商企业与龙口港集团及市海盟机械、玮辰实业、恒通股份、道恩集团、正仁集团等多家企业进行相关交流洽谈。外商们先后考察道恩园区、龙口港、鲁东保税物流中心、裕龙岛、正仁集团及南山航材园等地。双方深入交流沟通，寻求合资合作。9 月 19 日，龙口市与华为技术有限公司在上海举行华为龙口城市智能化体和大数据产业园项目发布仪式。10月 20 日，市委副书记、市长吕波带队参加青岛跨国公司领导人峰会烟台路演活动，龙口市华为“一体一园”、LNG 储罐工程项目两个项目于会上成功签约。

撰稿：王东升　审稿：于艳丽

旅　游

综　述

【概况】 2019年，龙口旅游业坚持以推进全域旅游发展为主线，在旅游规划编制、宣传营销、文旅融合、行业安全和市场秩序监管等方面发力、协同推进，旅游工作取得显著成效。至年底，全市拥有国家AAAAA级旅游景区1处——南山旅游景区，国家AAA级旅游景区2处——龙口动植物园、龙口桑岛旅游景区；全国工（农）业旅游示范点1个，山东省工业旅游示范点1个，山东省旅游强乡镇2个，山东省旅游特色村10个，山东省精品采摘园5处；全年接待海内外游客700万人次，实现旅游总收入90亿元。年内，承办以“游学点亮世界”为主题的第二届世界老年大会，接待来自六大洲46个国家和地区的200余名代表；龙口桑岛旅游景区成功创建国家AAA级旅游景区；成功举办山东省第九届全民健身运动会“龙口·南山杯”大众广场健身操（舞）大赛，来自济南、枣庄、淄博、聊城、烟台等26个市代表队参赛；建成以康养中心、民俗大院、文化商街、美德广场等于一体的南山国际养生谷健康小镇。7月26日，“媒眼看烟台　聚焦文旅融合新发展”全媒体采访活动来到龙口，来自海内外的30余家媒体走进南山旅游景区、西河阳古村落，文旅大咖们纷纷用多彩的笔墨和图片展示龙口文化旅游之精髓，进一步扩大了龙口旅游的影响力。

【旅游规划】 2019年，委托浙江西城工程设计有限公司编制完成《龙口市全域旅游发展提升规划》，该规划在覆盖全面基础上，聚焦桑岛片区及泳汶河景观带，重点编制《桑岛旅游区重要节点概念性规划》《泳汶河景观带提升及重要节点概念性规划》。11月，该规划通过专家评审组评审，12月，经龙口市城乡规划委员会审议通过。

南山旅游景区

【旅游服务设施】 截至2019年底，龙口市共有旅行社9家，旅行社分社7家；旅游星级酒店5家；旅游汽车公司3家；旅游购物商店4家；旅游教育院校2所。旅行社9家，分别为南山国际旅行社、龙口国际旅行社、富龙国际旅行社、交通旅行社、报捷国际旅行社、假日旅行社、鹏海国际旅行社、东韵国际旅行社、恒大国际旅行社。旅游星级酒店5家，分别为南山国际会议中心、龙口海湾大酒店、南山宾馆、东方家园大酒店、龙口大酒店。旅游汽车公司3家，分别为富龙旅游汽车公司、烟台交运集团龙口分公司、烟台万邦运业龙口有限公司。旅游购物商店4家，分别为龙口博商购物广场、博商购物广场南山店、利群新源购物广场、南山旅游纪念品商店，4家购物商店被山东省旅游局命名为“山东省金牌旅游购物商店”。旅游教育院校2所，分别为烟台南山学院旅游管理学院、南山职业技术学校。

旅游市场开发

【概况】 2019年，龙口市文旅局采取“走出去、请进来”方式，以联合推介、媒介合作、网络营销等途径，全面加大旅游市场开发力度。

【旅游推介】 4月27日—30日，由市级分管领导带队参加中国（义乌）国际旅游商品博览会；4月27—29日，组织南山旅游景区、龙口动植物园等旅游企业参加烟台市文旅局组织的赴淄博、青岛、临沂旅游营销活动；5月30日至6月2日，参加山东（济南）国家旅游交易会文化旅游商品展；5月21日，组织南山旅游集团、泰山管乐、绿杰股份等10余家文旅企业参与龙口市“双招双引”上海推介会文化旅游产业专场，推介会主题是“龙腾之地·口碑善城　山海福地·福寿龙口”，集中展示推介龙口“非遗”传承人、民间艺人和吕剧表演、泰山乐器，希雅斯葡萄酒、朗源食品、龙须粉丝、万龙食品、晟美食品、绿杰以及南山旅游等龙口代表性文化和旅游资源的产品项目和知名企业，市人才办负责人专题介绍龙口“双招双引”政策，邀请上海文化和旅游局部门、上海高校、旅游协会、文化馆团等单位和知名人士参加；6月20—26日，参加烟台市文旅局组织的“仙境海岸·鲜美烟台”赴东南亚文旅促销团，开展城市形象宣传和文化旅游营销推介活动；8月4日，组织南山旅游景区、动植物园景区、西河阳村等旅游企业走进旅游大世界开展“2019烟台国际海岸生活节”龙口文化旅游专场推介；12月8—14日，参加烟台市文旅局“冬游烟台·品味鲜美”烟台冬季文化旅游推介会，先后走进兰州、西安、太原、郑州4地开展旅游促销活动，叫响“冬游烟台·品味鲜美”文旅品牌；10月18日，组织景瓷轩文

2019年5月21日，龙口市”双招双引“上海推介会文化旅游专场举行

化创意有限公司参加第八届北京国际旅游商品及旅游装备博览会。旅游宣传推介促进重点客源城市与龙口的双向合作，提升了龙口旅游城市的影响力。

【交流培训】 7月16—18日，组织相关部门、单位及部分旅游企业负责人，由市级分管领导带队赴日照乡村旅游和海洋旅游开展考察学习，学习日照乡村旅游发展理念、运营模式及政策措施，重点对特色小镇和民宿项目建设、投融资、运营、管理和服务等方面的先进做法经验进行深入学习；现场参观考察日照精品民宿片区、滨海休闲度假设施、旅游特色小镇和文旅小镇。9月10日，组织庵夼、桑岛等旅游特色村及下刘家省级旅游扶贫村负责人参加烟台市乡村旅游暨旅游扶贫培训会。10月9日至12日，组织南山旅游景区参加文旅部举办的全国5A级旅游景区高层管理人员培训。10月27日至11月2日，组织桑岛村主要负责人参加省文旅厅组织的乡村旅游带头人赴省外精准交流培训。11月9日至15日，组织石良镇尹村主要负责人参加省文旅厅组织的乡村旅游带头人赴日本精准交流考察，学习日本通过保护与利用古村落弘扬传统手工艺、传统文化与乡村旅游融合发展等经验做法。通过交流培训，对标学习先进地区发展经验，开拓思路，促进龙口旅游持续健康发展。

【旅游宣传】 充分利用机场、火车站、港口码头等地方加大宣传力度。2019年5月，在北京旅游观光3号线双层巴士开展广告宣传，时长4个月；6月起，在潍坊火车站进站口上方租用2块广告位，租用蓬莱国际机场国内到达夹层出口电梯上方灯箱媒体2块，完成烟台动车南站出站通道灯箱广告，完成烟台至大连客滚装船——龙兴岛、棒棰岛、海洋岛、中铁1号、中铁2号、中铁3号广告牌共72块，租用期均为1年；11月，完成荣乌高速跨桥广告牌一块，租用旅顺码头候客厅广告牌2块，时间至2020年11月，全部用于旅游城市形象宣传工作，提升城市品牌。2019年，将宣传工作的重心转向手机App、微信、微博自媒体、抖音等移动客户端，6月，与浙江创识灵锐网络传媒技术有限公司签约，举办“龙口市旅游区域抖音挑战赛”项目，命名“龙口抖起来”，活动设置特等和一、二、三等奖，激发抖音玩家的激情，截至活动结束，点击率达到1.8亿人次；利用微信公众号定期发出文旅企业的活动和信息，新媒体与传统媒体相结合，各媒体优势互补，全面提升广告投放质量。

【节庆旅游】 以龙口四季自然风光、人文风情、传统民俗、宗教文化、特色节庆、景区景点、历史古村落、古建筑、旅游特色村及城市建设等特色旅游资源为主题，联合龙口市委宣传部、市直机关工委举办“南山春季庙会”“烟台人游烟台暨尹村粉丝民俗文化旅游节”“桑岛海参捕捞季暨槐花旅游节”等活动。

【旅游惠民活动】 南山旅游景区、动植物园景区向社会推出会员年卡。5家星级饭店积极开展餐饮住宿打折、礼品赠送、限时抢购等便民优惠活动，利用微信、报纸等媒体开展宣传，为广大市民和游客提供优质便捷服务。

【旅游企业市场开发】 南山旅游集团在积极参与全市旅游推介和市场开发的同时，立足景区实际，按照“稳固老客户，开拓新客户”总的市场开发原则，确保客源持续稳定，同时新增重点营销及区代合作客户10家，增加景区客源，尤其是总体团队客源。结合景区“新春祈福”“财神节”“春季庙会”“长寿文化节”等特色主题活动以及“清明节”“五一”“端午节”“十一”等国家法定假日，与各市场新老重点合作社策划推出多样化的南山主题旅游线路产品，并联合线上、线下各渠道进行市场宣传推广，成功实现团体客源组织输入，同时提高景区市场知名度及美誉度，有效带动景区散客客源市场。暑期结合景区中华历史文化园历史研学、马术体验、航空体验、东海游艇体验、高尔夫体验等旅游资源，设计开发南山研学旅行产品，重点向教育机构、主做夏令营的合作社进行宣传推广，市场反响较好，学生群体客源较往年略有增加。进入淡季以来，结合公司淡季销售政策及禅修、周边温泉资源，重新设计包装淡季线路产品，联合直通车合作单位投入市场销售。结合市场逐步向自驾游客源转变的现状，积极组织开展“终端市场”宣传促销工作，主要与烟台市旅行社协会、青岛盛大国旅、山东众游国际旅行社等合作单位共同策划系列大型社区终端地推活动，结合景区主题活动进行市场宣传推广，提高终端市场南山景区市场曝光度、知名度。围绕传统节庆进行活动策划，如节庆类（财神文化节、春季庙会以及长寿文化节）、民俗类（清明节、端午节、中秋节等相关的民俗节庆）、文化体育类（缤纷赏花节、紫藤文化节、山杏采摘节、登山节、徒步大赛）等。同时结合时下流行的抖音元素，创新性举办新颖、时尚的“十一”主题活动，赢得市场美誉。

旅游节庆活动

【概况】 以“烟台人游烟台”活动为契机，高质量举办“南山财神文化旅游节”“南山春季庙会”“南山国际长寿文化节”“龙口国际马拉松大赛”“烟台人游烟台暨尹村粉丝民俗文化旅游节”“桑岛海参捕捞季暨槐花旅游节”等大型旅游节庆活动。策划季节性旅游产品，向社会推出春季赏花、暑期夏令营、浪漫七夕节、水果采摘、禅修之旅、研学旅行等旅游活动和产品。

【南山财神文化节】 民间历来有正月初五迎财神、拜财神的习俗，南山景区自2015年开始举办南山财神文化节，每年的正月初五当天举办开幕仪式，活动一直持续到正月十六。在此期间，广大市民可到南山旅游景区迎财神、沾财气，将财神请回家。开幕式当天除有财神迎请、开光法会和精彩的文艺演出外，游客还可得到南山禅寺方丈真龙大和尚随机派发的新年利事红包，更可参与摸金砖、一掷千金等互动活动，祈愿新的一年财源滚滚。

【南山大佛开光周年庆暨南山春季庙会】 4月18日，南山春季庙会是南山景区乃至整个山东省内影响力较大的庙会之一。2004年4月18日的大佛像下，数百级登云石阶遍插旗幡，法喜盈会，

南山春季庙会

一派吉祥庄严，南山大佛开光法会举行。南山大佛从此具有宗教意义上的神圣，此后每年4月18日即为南山大佛开光纪念日。每年的南山大佛开光周年庆典都有数百名高僧大德、善男信女共同祈福，纪念这喜庆祥瑞、贤德聚集的佛家盛事。明哲长老舍利入塔、真龙方丈升座等圣举都在这一日举行。2019年庙会特别邀请民间奇人异士绝技亮相，极速飞车、海城高跷、飞绳、太空漫步等舞台杂技表演吸引数千观众驻足观看；胶东大秧歌、舞龙舞狮、锣鼓、杂耍轮番上演，更有新奇的皮影戏首次亮相，各类民俗热闹开展，呈现一场欢乐的民俗盛宴，活动接待游客5万多人。

【龙口市第八届孝德文化节·第十九届南山国际长寿文化节】 中国·烟台龙口南山国际长寿文化节是中国500强企业南山集团创办的福寿节日，创办于2001年，于每年的九月初九重阳节期间举办，至2019年已连续成功举办了十八届。南山国际长寿文化节旨在弘扬中华民族尊老敬老的传统美德，并充分利用“福如东海，寿比南山”的吉祥含义，大力推动南山老年人旅游文化的发展，培育特色旅游节庆品牌。历届南山国际长寿文化节通过金婚庆典、千人秧歌表演、书法绘画展、大型文艺演出、健身器材展销、登山比赛和健康养生讲座等活动来展现当代老年人多姿多彩的生活状态，倡导社会注重老年人的物质、精神文化生活，进而提升老年人的生活品质，增进老年人的身心健康。2012年开始，龙口市将“孝德文化节”与南山国际长寿文化节一并举办，进一步丰富活动内容，提升影响力，使福寿文化更加深入人心。2019年长寿文化节期间还举办“重阳祈福寿”大型祈福法会、“齐风鲁韵”旗袍秀、齐鲁医院健康养生论坛、健康养生素食文化节、精彩文艺演出等丰富多彩的活动，一起分享属于老年人的快乐生活。

【“烟台人游烟台”暨尹村粉丝民俗文化旅游节】 5月1—2日，在石良镇尹村组织“2019年‘烟台人游烟台’启动仪式暨龙口市第二届粉丝（尹村）民俗旅游文化节”活动，活动主题：突出2019年“烟台人游烟台”、全域文化旅游发展成果展示和宣传，展示粉丝的历史文化、发展过程和粉丝的种类及衍生产品，同时展示龙口非物质文化遗产项目和传承人及龙口博大精深的民俗文化。活动内容包括粉丝文化展示、村史展览、党建长廊展览、紫藤长廊观赏、文艺演出、非遗项目传承人展示和以农产品为主打的产品售卖等，2万多名市民观看活动。

【桑岛海参捕捞季暨槐花旅游节】 5月1—20日，在徐福街道桑岛村组织“2019年桑岛首届海参捕捞季暨‘槐花旅游节’”活动，活动主题：突出2019年“烟台人游烟台”、全域文化旅游发展成果展示和宣传，展示桑岛渔民海产品捕捞、加工和发展过程，同时展示龙口非物质文化遗产项目和传承人及龙口博大精深的民俗文化。活动内容包括海产品文化展示、灯塔景观、火山岩地貌、海参养殖区、槐花林、文艺演出、非遗项目传承人展示和以海产品为主打的产品售卖等，活动接待游客1万多人次。

除以上节庆之外，南山旅游景区还举办踏青春游季、缤纷赏花季、山杏采摘节、动植物园景区梦幻灯光节等特色鲜明的主题活动来丰富全年活动内容。

旅游行业管理

【旅游市场监管】 坚持日常监管和联合检查方式，加强对旅游市场的巡查监管，联合市综合行政执法局集中打击、清理、整治一批严重扰乱旅游市场经营秩序的违法行为，净化旅游发展环境。联合市综合行政执法局、市场监管局先后2次对东海旅游度假区旅行社进行现场检查。加强旅游诚信建设，结合明察暗访、旅游投诉处实时监测旅游企业服务质量状况，督导旅游企业改进提升服务质量。做好星级旅游饭店年度复核工作。组织开展重要节点重大活动专项整治行动、“两会”和庆祝中华人民共和国成立70周年期间文化和旅游市场专项行动。

南山景区中华历史文化园

【安全生产监管】 强化对旅游市场的安全监管工作，签订《安全生产责任状》《安全生产承诺书》，压实安全生产主体责任。聘请安全生产专家对全市星级饭店、旅游景区和旅行社等企业开展安全生产隐患排查整治，确保旅游市场形势安全稳定。

【普法宣传】 利用“五一”小长假、“十一”黄金周等旅游旺季开展针对旅游市场经营单位的普法宣传教育，大力营造法治宣传氛围。加强各经营单位的守法经营认识，自觉维护旅游市场的经营秩序，有效促进旅游市场稳步健康发展。

主要景区景点

【南山旅游景区】 龙口市古称卢山，素有“东莱第一山”之美誉。是一处自然景观与人文景观相融合的旅游胜地。景区分为宗教文化园、历史文化园和东海旅游度假区三大部分。世界第一锡青铜坐佛——南山大佛坐落在南山景区内。以历史文化为经、吉祥文化为纬，按朝代顺序建设历史文化园。位于历史文化园南侧的藤萝坡上有一株千年紫藤，茎蔓绵延，攀附岩上，半山皆是。每年花期到来，遍布半山的紫色吸引游人无数，是龙口一大景观。

东海旅游度假区海岸线长达20千米，分为海滨旅游区、疗养休闲区、别墅住宅区、商贸服务区、文化教育区等，是集居住、旅游、休闲游艇、人文教育于一体，科技含量高、生态环境好、人与自然和谐发展的综合性旅游度假区。

【龙口动植物园景区】 位于龙口市徐福故里，临近黄水河湿地公园、月亮湾、东海旅游度假区、徐城遗址以及乾山古遗址等知名旅游景点，区域路网较为完善，交通便捷。项目占地17.92公顷，总投资约3.76亿元。分为五大板块：以熊猫、老虎、大象、斑马、长颈鹿等高端动物观赏为主的动物园板块；以摩天轮、自控飞机、大摆锤、滑行龙等高端游乐设施为主的游乐园板块；以青少年动植物认知体验和参与为主的青少年教育园板块；以高档的银杏、白蜡、红杉、樱花、古槐、崖柏、椰子树、老人葵、棕榈树等珍稀植物为主的生态植物园板块及大型配套旅游商业综合体板块。

【龙口桑岛旅游景区】 龙口市唯一离岸海岛，地理位置优越，水陆交通发达。海岛离岸距离不足1海里，陆岛通勤方便，有大型轮渡、观光快艇频繁往返。桑岛历史悠久，气候宜人，景色优美，民风淳朴，是中国北方独具特色的休闲旅游生态岛，素有中国的“济州岛”“马尔代夫”之称。海岛夏季温热多雨，无高温酷暑天气，一年四季比大陆平均温度相差2℃左右，冬暖夏凉，是旅游、度假、避暑胜地。海岛已有3万多年的历史，自古岛上就有八大自然景观：房五石、美人石、老鹅石、蛙石、钓鱼台、黄石江、揽马江、双江子环绕在岛的周围，兀立水中，形肖神似，岛翠礁奇，岛上还保存火山岩自然地貌、百年老宅，留下了百年的人文历史以及风土人情。岛南金沙铺底，是天然的海水浴场，阳光沙滩，蓝天绿水，浅滩金沙，令人心旷神怡；岛北怪石嶙峋，如切似削，涨潮时惊涛拍岸，玉碎珠溅，落潮时碧海荡漾，岛翠礁奇，令人心飞神往；岛西北800米处有一天然无人岛取名为依岛，面积0.0375平方千米，四周礁石嶙峋，无人破坏，保护完好。桑岛村民安居乐业，民风淳朴，拥有浓郁的渔乡风情，可称为世外桃源，是旅游度假的好去处。

桑岛水产丰富，桑岛海参远近闻名，周边万亩海域全是天然海参养殖基地，年产量10多万千克。桑岛海参被农业部授予无公害农产品，桑岛海域被山东省农业厅授予无公害农产品养殖基地称号。“桑岛刺参”农业部通过农产品地理标志登记，桑岛海参在2009年成功注册“小依岛”商标。

【丁氏庄园（丁氏故宅）】 位于龙口市东莱街137号。丁氏家族在食足钱丰时，建造大批豪华宅第和花园。鼎盛时期的建筑共有3000余间。庄园被一条老街分成东西两区，东区爱福堂和履素堂两院落坐西面东，西区崇俭堂和保素堂院落坐南面北。各院落由五进四合院组成。房屋青瓦覆顶，饰以龙头吻兽，室内雕梁画栋。廊下、厅内均挂有名家的漆金楹联，院内石雕、砖雕、木雕玲珑剔透。东区花园内亭台楼阁、水榭长廊。故宅复原，再现丁氏家族昔日的辉煌面貌，体现儒商文化的特色，展示胶东的民俗风情。丁氏庄园为全国重点文物保护单位，是展示清代民居建筑艺术及丁氏家族发展历史的专题性景点，是“山东省农村青少年教育基地”和“山东省历史优秀建筑”。

桑岛景区

【黄山馆镇馆前后徐家村】 山东省旅游特色村，现存有辛亥革命先驱——徐镜心烈士的故居，为省级文物保护单位，是烟台市首批红色旅游景点。后徐家村民居古老悠久，主要有清朝房70余栋10500平方米、民国建筑30余栋4500平方米，古建筑占村建筑面积的三分之二以上。后徐村西邻龙招路，交通便利，河流环绕，古朴幽静、环境优雅。后徐家村因地制宜发展乡村旅游业，硬化村路，村内小巷用石子和水泥方砖进行铺设，保存了古朴风格。依托徐镜心故居进行复原改造和布展，开设徐镜心纪念馆，成为广大中小学生和机关干部、社会团体开展革命教育的红色基地。结合美丽乡村建设，实施了徐镜心生平文化墙、竹篱笆围栏等工程，将徐镜心事迹以及村庄的变迁进行宣传。

【诸由观镇西河阳村】 位于龙口市诸由观镇，紧邻264省道，地理位置优越，交通便利。西河阳村作为明代移民建立并逐步发展起来的传统村落，被命名为“山东省旅游特色村”“中国传统村落”。西河阳历史辉煌，人杰地灵，保存有200多处完好的哈瓦房建筑，始建于清乾隆年间，是黄县房的典型代表，布局考究、功能齐全、主从有序，完整体现了当时的封建礼教传统。村中有“吉元号”“同德店”“马氏故居”“张氏故居”等老房；一棵拥有六百多年历史的古槐树，以其槐中新生幼槐而称奇。2016年，新落成的西河阳民俗博物馆以其独特的传统黄县房建筑风格为基础，以西河阳村的历史变革、发展道路、人文情怀、民俗风情为展示主体，向游客充分展现黄县传统民居的独特历史和文化内涵。

撰稿：赵　兵　审稿：栾永杰

金　融

综　述

【概况】 2019年，龙口市实现直接融资总额142.56亿元。银行业金融机构（含外资）本外币各项存款余额976.3亿元，其中人民币各项存款余额947.7亿元；本外币各项贷款余额594.8亿元，其中人民币贷款余额587.7亿元。保险业金融机构全年保费收入18亿元，赔付支出7亿元。

【金融服务】 严格转贷基金审批清单要件，强化银行承诺要求，确保资金安全运转，全年为23家企业提供50笔约6.3亿元资金支持。开展烟台市“金桥”计划企业筛选工作，确定入选企业13家。积极推动农村贷款业务扩展，印发《关于拓宽涉农资产融资渠道促进金融服务农业农村的通知》，对农村两权（农民房屋所有权、土地承包经营权）抵押融资范围、程序和借款人、贷款人及村委会职责进行确定，推动农村农业资产两权抵押业务顺利开展。

【金融人才】 为全面落实中央经济工作会议、全国金融工作会议精神，增加政银企互信，有效处理政银企日常工作面临的各项问题，龙口市委组织部会同龙口市金融服务中心于2019年10月28日至11月1日联合举办“政银企融合发展与创新管理”专题培训班，组织全市有关部门领导干部、金融机构负责人、骨干企业有关人员共37人赴上海财经大学开展专题培训。

【地方金融】 2019年末，全市小额贷款公司累计发放贷款2.83亿元，其中涉农和小微企业贷款占比达到95%以上。全市融资性担保公司在保户数4600余户，在保余额4.46亿元。

撰稿：王亭涵　审稿：许敬宏

银　行

【概况】 2019年，人民银行龙口市支行以习近平新时代中国特色社会主义思想为指导，深入贯彻中共十九大以及中央经济工作会议、人民银行上级行工作会议精神，坚持党对金融工作领导，坚持稳中求进工作总基调，坚持新发展理念，积极传导稳健货币政策，着力防范化解区域金融风险，全面落实金融改革创新要求，统筹推进稳增长、促改革、调结构、惠民生、防风险工作，有效履行新时代基层央行职责。

【货币】 2019年，人民银行龙口市支行认真履行人民币管理职能，对9个网点开展小面额人民币工作暗访，及时发现并解决存在的问题，调查核实拒收人民币举报3起，对1家银行拒收问题进行核实通报。联合公安、工商部门对2家违规使用人民币图样的祭祀用品商店进行整治，对违规使用人民币图样经营者进行批评教育。组织银行业金融机构对50元以下新版人民币防伪特征进行培训，制订《2019年龙口市50元以下新版人民币宣传方案》，以网点为阵地积极开展宣传活动，组织开展机具升级工作，确保全市现金设备能够识别新版人民币。做好假币鉴定和收缴工作，全年收缴假币23.28万元。

【存款】 2019年，全市本外币存款余额976.46亿元，比年初增加130.51亿元，同比多增89.65

亿元，其中人民币各项存款余额为947.87亿元，比年初增加125.23亿元，同比多增86.68亿元。从存款结构分析有三层原因。住户存款大幅增加，且同比大幅多增。年末，住户本外币存款余额为609.56亿元，比年初增加68.65亿元，同比多增24.42亿元。居民收入持续增加、理财对储蓄的分流减弱以及大额存单倍受青睐是住户存款增加的主要原因。非金融企业存款大幅增加。年末，非金融企业存款余额为311.60亿元，比年初增加61.48亿元，同比多增53.98亿元；受国际环境复杂以及国内经济增速下滑等因素影响，企业项目投资和规模扩张较少，资金除保证正常经营外，转存定期存款、大额存单的比例提升。部分临时性因素导致存款增加。例如南山集团出售青岛航空股权，收到转让款15.50亿元。

【贷款】 2019年，人民银行龙口市支行认真贯彻中央经济工作精神，落实各项宏观调控政策，支持民营和小微企业发展，不断优化信贷结构，积极提高金融服务质量，促进全市金融平稳运行。至年末，全市人民币各项贷款余额为597.67亿元，比年初增加22.91亿元，同比多增39.40亿元，在烟台各县市中继续排名第一。结构分析表明，住户贷款和非金融企业及机关团体贷款共同拉动各项贷款增长。住户贷款大幅增加，年末，住户贷款余额为110.21亿元，比年初增加12.11亿元，同比多增3.22亿元；个人消费贷款尤其是个人住房贷款增加是住户贷款增加的主要原因。非金融企业及机关团体贷款小幅增加，12月末，非金融企业及机关团体贷款余额为477.46亿元，比年初增加10.79亿元，同比多增36.17亿元。全年各机构不良资产处置较多，南山集团等企业日常经营周转资金需求大幅增加，使得非金融企业及机关团体贷款小幅增加。

【结算】 2019年，人民银行龙口市支行通过召开专题会议、金融宣传和督导检查等方式，全面做好取消企业银行账户许可工作。组织涉农银行对全市880个助农取款点开展2轮摸排，筛查空白村125个，不达标助农取款服务行政村37个，制定包村工作方案，组织收单机构进行签字认领，采取每月调度按季通报的措施，督促落实，下发工作简报2期。9月末，实现助农取款服务点行政村全覆盖。加强与市扶贫办、民政局和金融办的协调配合工作，将金融“精准扶贫”工作落到实处。至年末，共组织银行业金融机构查询低保人员银行资产15000多户，为民政部门提供了有效参考数据。配合中国银联开展移动支付便民工程调研2次，摸清全市移动支付便民工程现状，为下一步工作奠定基础。组织银行业金融机构开展防范电信网络诈骗宣传及典型案例编报工作，下发风险提示5期，有效防范电信诈骗风险案件的发生。

【金融监管】 2019年，人民银行龙口市支行立足辖区实际，以重视、防控金融风险、守住不发生区域性风险为底线，强化对外履职，推进完善风险防范与化解工作机制，密切关注地方法人机构经营风险以及大企业、担保圈风险，积极参与和协助地方政府的金融风险化解工作，维护全市经济金融安全。扎实落实存款保险制度，对3家法人机构进行央行金融机构现场评级工作。严格执行重大事项报告制度，按季度对金融机构贯彻落实金融稳定相关制度情况、风险运行监测情况、反洗钱工作等情况实施全面评价考核。认真履行金融消费者权益保护职责，全年受理消费者投诉6起，接受消费者咨询160余次。

【外汇管理】 2019年，外汇管理局龙口市支局按照稳中求进的工作总基调，扎实落实重点领域改革开放措施，强化资金流出流入动态均衡监管，构建完善“宏观审慎管理与微观市场监管”两位一体的管理体系，防范跨境资本流动风险，严厉打击外汇违法违规行为，维护规范有序的外汇市场环境和经济金融安全。通过现场培训、政策宣讲、银企座谈、“一对一”窗口指导等形式，第一时间把外汇政策传达到企业、银行，政策宣传覆盖面达100%。开展“外汇服务进万企”活动，走访企业90户，为13户企业解决实际问题。加强监测分析与调研，提高事中事后监管能力，通过对331家货物贸易重点监测企业和34家服务贸易重点监测企业进行非现场核查，完成信息调研报告36篇。强化依法行政和内部管理水平，通过对操作环节进行梳理简化，既方便涉外企业业务办理又保证了依法行政，顺利推动涉外经济平稳健康发展。至年底，共完成龙口市涉外收入申报20413笔，申报金额247164万美元，同比增长8.63%，对外支出申报2964笔，金额69635万美元，同比下降39.22%；全市进出口总额432566万美元，外币存款余额40990万美元，外币贷款余额10188万美元。

2019年龙口市银行业存贷款情况表

表11

项　目	各项存款	比年初	住户存款	比年初	各项贷款	比年初
人民币（万元）	9478685	1252258	6074911	692464	5976719	229089
外　币（万美元）	40990	7018	2962	-913	10188	-696
本外币（人民币万元）	9764640	1305056	6095574	686532	5947792	225461

撰稿：王政　审稿：陈平平

【中国银行龙口支行】 概况　2019年，中国银行龙口支行深入落实龙口市委“一五五七”工作思路以及中国银行烟台分行2019年工作部署，坚持“三比三看三提高”工作方法，围绕“两增一降一调、四聚焦、一全面”工作主线，全面提升经营管理水平。龙口支行积极支持当地经济，支持实体经济，为贯彻党和国家“保增长、扩内需、调结构”推动经济又好又快发展的要求，实现政银企三方互信共赢。8月20日，龙口支行成功举办“中国银行龙口支行政银企交流座谈会”，第一家成功入驻龙口口市行政审批中心，实现了企业账户一站式服务。是年，支行积极践行普惠金融重点领域支持落实，加大对当地小企业的扶持力度，至12月末，普惠金融贷款6178万元，较年初新增2960万元。

存款业务　2019年，龙口支行通过公私联动抓源头，巩固农村市场，党建共建助力等方式，抓源头，拓渠道，实现存款业务快速发展。至12月末，人民币存款余额为50.94亿元，较年初新增4.68亿元，其中人民币公司存款余额为13.52亿元，较年初新增1.09亿元；人民币储蓄存款余额为37.42亿元，较年初新增3.59亿元。另外，人民币同业存款余额为7.17亿元，较年初新增6.88亿元。

贷款业务　2019年，龙口支行人民币贷款余额为40.76亿元，较年初新增3.71亿元。其中人民币公司贷款余额为33亿元，较年初新增2.38亿元；人民币消费贷款余额为7.76亿元，较年初新增1.33亿元，其中个人贷款累计投放1.63亿元，增幅87%，银行卡分期累计投放12895万元，较同期增幅79%。

利润情况　2019年末，龙口支行实现营业净收入10992.5万元，拨备前利润8003.12万元，税后净利润12467.87万元。

服务民生　2019年，为龙口市益民置业有限公司核定7.83亿元信用总量，发放棚改项目贷款1.6亿元。实现来聚财商户3108户，发放ETC 6900户，手机银行用户月活达到2.3万户。在偏僻农村设置助农业务点44个，发放POS机44台。

撰稿：迟克波　审稿：闫振杰

【工商银行龙口支行】 概况 2019年，中国工商银行龙口支行以旺季营销活动为契机，积极应对新挑战、抢抓新机遇、落实新举措，努力实现转型发展新突破，积极应对资产新规变化，把基础类业务产品作为增收工作重点，以重点产品特别是增收潜力较大的重点产品为抓手，在强化优质客户营销的同时，扩大银行卡发收单、工银信使、第三方支付和对公结算等增收业务，不断提升综合盈利水平。全年完成中间业务收入7606万元，系统内排名第二，四行占比第一；实现拨备前利润15301万元，系统内排名第二。

存款业务 2019年，龙口支行坚持以存款为核心的战略导向，不断加大存款争揽力度，高点定位，重点营销，大力推进。抢抓源头，渗透营销，推动储蓄存款稳定增长。以“获客吸金”营销为抓手，把代发工资客户、拆迁补偿客户、社保客户、个贷客户、新农村市场和商品批发交易市场等重点区域客户作为营销重点，积极争揽新资金、新客户，扩大源头营销；以存款创新产品营销为推手，重抓大额存单、结构性存款、节节高、保本随心e、保本理财、薪金溢1号等创新产品营销，吸引挖掘行外资金，拓宽增存渠道。年末储蓄存款时点增加83782万元，日均增加83569万元，系统内排名“双第一”，四行排名第二。争揽大户，重点营销，公司存款保持同业系统“双领先”。着力抓好上市公司、拟上市公司等重点客户存款营销，深化与上市公司业务合作，大力争揽上市公司定向增发资金。积极沟通对接房地产领域、区拆迁办等重点领域项目，大力争揽房地产商资本金及预售监管资金等大额存款。扩大无贷户存款营销，开辟增存新渠道。加强有贷户存款提升与裸贷户治理，有效落实贷款资金留存度。年末公司存款时点较年初增加46940万元，日均增加99010万元，时点日均增量四行占比均第一，系统内排名“双第一”。年末各项存款较上年增加120969万元，四行排名第一。

融资业务 2019年，面对新的经营形式，龙口支行主动调整工作思路，牢固树立全融资理念，坚持“抓大、抓优、抓小”战略不动摇，转变工作重心，主动求变，推动各项融资业务协调发展。强化项目贷款营销，为龙口重点项目建设提供资金支持。以项目贷款为依托，把基础设施建设、公共事业、新能源建设、先进制造业项目等作为贷款重点投放领域，着力打造信贷投放新的增长极。全年成功营销并审批贷款项目9个，金额27.02亿元，发放贷款12.78亿元，项目贷款发放创历史新高。大力发展金融资产服务业务，推动债务融资工具业务发展。成功为南山集团发行短期融资券10亿元，争取南山集团注册超短融15亿元主承销权和短融5亿元

工商银行龙口支行对辖内网点员工进行规范化服务培训

的发行权。着力发展表外融资业务，多种渠道为企业提供资金支持。在做大表内融资业务同时，支行积极营销表外融资业务。全年签发银行承兑汇票业务12954万元；完成票据贴现20029万元。开立国内信用证1.1亿元，开立国际信用证0.29亿美元，大力支持重点企业发展。坚持抓大不放小，助力小微企业发展。对小微企业经营业主、个体工商户等目标客户，以“经营快贷”“E抵快贷”“线上供应链”“工银E帖”“科技型企业贷款”“跨境贷款”等优势产品为抓手，有效解决部分小微客户融资难、无担保和抵押物等难题。全年发放普惠贷款1800万元，营销票据池质押低风险贷款业务970万元，办理小微企业贴现业务1220万元。大力推进个人贷款业务发展。坚持“以贷获客、以贷促存、以贷促收、防控风险”为工作思路，深挖市场潜力，立足存量楼盘，加强与在建楼盘开发商、售楼处联系，大力推介工行产品和服务优势，实现个人贷款业务新突破。年末，个人贷款较上年增加30010万元。全年发放质押贷款267笔，金额3721万元。累计发放个人住房贷款1577笔，金额52174万元，发放笔数系统排名第一，发放额排名第三。年末，各项贷款较上年增加53421万元，四行排名第一。

撰稿：董海明　审稿：王奎效

2019年9月17日，省农行领导到龙口走访南山集团

【农业银行龙口市支行】 概况　2019年，龙口支行认真贯彻落实上级各部门决策部署，履行支持和服务地方经济职责，严把风险，不断创新、合规经营，全行各项指标持续向好，经营业绩实现突破发展，各项经营指标均达到监管要求，全年实现营业收入2.1亿元，中间业务收入3127万元，居同业第2位，实现拨备后利润3.79亿元；实现税收1010万元，较上年同期增长6.3%。被龙口市政府评为2019年度“经济社会发展综合考核突出贡献企业”。

存款业务　年末，龙口支行各项存款124.11亿元，较年初增加6.04亿元。其中个人存款余额103.3亿元，较年初增加9.91亿元，增量四大行占比38.35%，居四行首位；对公存款余额19.34亿元。

信贷业务　年末，各项贷款余额47.22亿元，其中个人贷款余额22.89亿元，市场份额34.69%，较年初增加6.77亿元，增量市场份额60.84%，余额、增量均居四大行第1位。对公贷款余额24.31亿元，法人贷款无一不良。

助力“三农”　加大普惠贷款投放力度，把普惠业务作为全行重点业务来抓，全年共发放惠农e贷1.1亿元，累计发放农户贷款3.16亿元，年末余额4.39亿元。精准扶贫不断深入，对挂包的126户建档立卡贫困户多次走访、逐户对接，对有劳动能力、有致富愿望、有生产经营项目、有信贷需求、符合农业银行信贷要求的建档立卡贫困人口信贷需求进行大力支持。用消费带动贫困地区增收，全年帮助贫困地区销售产品累计877

份，金额合计68845元。完善农村支付结算体系建设，为179个村设立惠农通服务点，在城乡设立24小时自助服务银行23处，配备自助设备62台，代理发行社保卡7600张，为农村农民提供金融服务便利。助力农村经济发展，联合农担公司为党支部领办合作社制定“强村贷”业务，为47户农村集体经济组织开立结算账户。

扶持小微企业　积极为小微企业降低融资成本，落实减费让利有关政策，主动承担抵押登记费和评估费，降低企业融资成本。针对小微企业经营特点，依托互联网和大数据技术应用，积极营销推广纳税e贷、抵押e贷等线上产品，为企业提供高效率、低利率的服务体验。全年新增小微企业用信87户，累计发放小微企业贷款8357万元。优化企业开户服务，大力推广线上预填单，减少开户时现场填写的工作量，上线对公开户超级柜台作业模式，全年新增对公账户1127户，同比增加569户，交易银行折效账户净增930户。

加强风险防控　认真落实从严治贷基本要求，坚守信贷业务政策制度，从严准入、从严管理。围绕真实性核心，落实各个环节管控职责，严防各类违规问题。加大不良贷款处置力度，全年共处置法人不良贷款8.38亿元，其中批转不良贷款6.55亿元，核销不良贷款1亿元，债务重组8300万元，实现法人不良贷款清零目标。

撰稿：罗永贤　审稿：高玉进

【建设银行龙口支行】概况　2019年，是龙口建行三年发展规划承上启下关键之年。全行上下统一思想，坚定信心，凝心聚力，砥砺前行，一手抓风险管控，一手抓业务发展，核心业务、战略业务、资产质量、转型发展、内控合规、机制改革、工作作风、队伍建设、人才培养9大版图齐头并进、竞相发力，开启龙口建行跨越赶超、科学发展。

业务开展　2019年，全面落实“风险管理职责进党委”的要求，全行“讲真话、做真事、求真实”的健康信贷文化逐渐形成；加大不良贷款处置盘活力度，风险管控取得重大进展，资产质量“七率”指标全面向好，不良贷款率快速下降，资产质量持续向好。立足服务实体经济，积极践行新金融理念，以发力三大战略、提升三个能力、奋力开启龙口建行转型发展的第二曲线为抓手，把转型发展向纵深全面推进。实现普惠金融同业领先，住房租赁稳健发展，金融科技全面推进。通过深化网点转型，实现客户线上线下、场内场外一体化经营。坚持用户思维，打造网点服务模式，为广大客户提供更优质的金融服务。

业务效益　2019年，全行一般性存款余额63.3亿元，其中对公存款余额13.9亿元，个人存款余额49.4亿元；各项贷款余额58.2亿元，其中个人住房贷款余额19.2亿元，全年实现利润1.15亿元。

撰稿：张　波　审稿：梁群升

2019年7月，金融服务乡村振兴工作组走到田间地头了解农户融资需求

【山东龙口农村商业银行】 概况　2019年，山东龙口农村商业银行股份有限公司以“面向‘三农’，面向中小微企业，面向社区家庭”的市场定位，创新推行“平台化、生态化”的管理模式，已成长为龙口市营业网点、从业人员最多，经营规模最大的金融机构。全行资产总额达到303亿元，负债总额282.6亿元；各项存款余额265.3亿元，较年初增加26.1亿元，各项贷款余额134.5亿元，较年初增加1亿元，进一步巩固了龙口银行业领头羊位置。全年实现各项收入14亿元，实现拨备前利润4亿元，不良贷款占比1.95%，稳居烟台农商行系统首位。主要监管指标均保持较高水平，资本充足率达12.5%，拨备覆盖率155%，拨贷比3%，内控管理保持零发案、无事故，监管评级连续8年保持在2级。

业务经营　2019年，公司继续加快智慧型、营销型网点建设，全面推进网点创新转型，分类建设综合型网点、基本型网点、自助型网点和布设智能钱柜，加速推广银行IC卡和电子银行业务；加快涉农、小微贷款投放步伐，认真做好产品加工流通、交通运输、批发零售等特色优势行业和新兴产业贷款投放。通过创新“一次核对、随用随贷、余额控制、周转使用”的信贷政策、“渔船抵押+联保”的担保方式、实施果品行业的一条龙服务等信贷模式，确保实现涉农贷款“两个不低于”、小微企业贷款“三个不低于”。至年末，涉农贷款91.3亿元，小微企业贷款86.8亿元。不断扩大零售业务和基础客户群规模，狠抓客户走访基础工作，结合“整村授信”信息采集和“龙闪贷”“信e贷”客户走访，坚持“定格、定员、定标、定责”的原则，累计走访7.6万余户，其中有效客户占比41.51%，综合获客能力显著提升。进一步优化信贷结构及流程全面优化，严控新增大额贷款，优先满足小、微、散基础客户融资需求。全年全行零售类贷款37.5亿元，零售类贷款占比28%。

撰稿：姜敬文　审稿：孙文杰

保　险

【概况】 2019年，龙口市保险业有分支机构43家，其中寿险16家，财险27家。全年共实现保费收入18亿元，其中寿险12.5亿元，财险5.5亿元。全年赔付支出7亿元。

2019年10月，召开信贷产品新闻发布会

【中国人寿保险股份有限公司龙口市支公司】 概况　2019年，中国人寿保险股份有限公司龙口支公司深入开展“行业规范建设年”活动，加强员工、销售队伍排查力度，坚决打击非法集资、销售误导行为，坚持合规经营，保护消费者权益。总保费4.5亿元，同比增长8.4%，首年期交保费4876万元。短险保费2769万元，赔付1532万元，长短险共赔付1.07亿元。缴纳各类税金

对工作人员开展诚信教育

223 万元。销售人员数量突破 1100 人。

业务经营　2019 年，龙口支公司开展扶贫特惠保险，承保全市贫困人口 10967 人，每人保额 33.5 万元，包括意外伤害、住院医疗等保险保障，为精准扶贫提供助力，杜绝因病返贫现象发生，全年共补偿 8863 人次，支付 284 万元。学生平安保险承保平稳增长，承保比例 90% 以上；收取银龄安康保费 460 万元，增长 66%，在 50 岁以上人群中努力实现烟台政府“60，80”（承保比例 60%，人均保费 80 元）目标，赔付 405 万元。新农合和居民保险二次报销共补偿 41896 人次，赔付金额 2852 万元。配合市妇联继续推进女性安康、男性安康保险，全年收取保费 235 万元，赔付 269 万元，越来越多的家庭从中获得保障。提高服务客户能力，改善客户体验，提升保全理赔效率，平均理赔结案时间提高至 1 天以内。增设自助设备，优化网上业务办理流程，客户使用手机 App 进行投保、保全业务占比超过 90%，在销售人员、公司内勤人员帮助下，绝大多数客户实现保险业务随时随地办理。

撰稿：唐家勇　审稿：刘　涛

【中国人民财产保险股份有限公司龙口支公司】　概况　2019 年，中国人民财产保险股份有限公司龙口支公司按照总公司“以市场为导向，以客户为中心”的总体要求，以“人民保险、服务人民”的服务宗旨，为龙口人民生活质量和经济发展提供保险保障。全年实现保费收入 15403.34 万元，同比增长 17.67%，其中车险保费 10331.96 万元，企业财产保险、运输保险、责任保险、家庭财产保险、人身意外伤害保险等保费合计 4656.78 万元，农险保费 414.6 万元。理赔款支出 11537.53 万元，赔付比例 75%。缴纳税金 1929.58 万元。

业务经营　2019 年，龙口支公司贯彻落

人保财险理赔大厅

2019 年 8 月，烟台交警大队及人保烟台分公司到龙口调研

实“以客户为中心”理念，深化客户服务体系建设，提高“山东人保财险”微信公众号注册客户数量，实现业务办理线上化。实施理赔内部专业垂直化管理，明确车、物和人伤专业条线职责和工作目标，加强对理赔员工培训，增加硬件投入，使各项服务承诺落到实处。全面优化经营措施和高质量服务水平，全年结案率达到93%。推进“警保联动”，与龙口市公安局交警大队签订独家战略合作协议，通过 6 个营销服务部为车主提供 6 年免检车辆年审服务 10 万多辆。以“警保联动”开展特色服务为契机，依托交警互联网平台，通过服务部提供代办服务，实现简易交通事故快速处理、快速撤离和快速理赔，提升查勘效率，真正“让数据多跑路，让群众少跑腿”，努力方便群众办事。为保障全市驾驶电动车市民的人身财产安全权益，推行电动车责任保险，为 20 多万辆电动车提供 3.7 亿元风险保障。通过办理电动车保险，促使电动车驾驶人规范驾驶行为，自觉遵守交通法规，减少交通违法隐患，净化市容市貌，更好地维护道路交通安全和社会治安稳定。

撰稿：李　娜　审稿：高　超

【中国平安财产保险股份有限公司龙口支公司】 概况　2019 年，中国平安财产保险股份有限公司龙口支公司主要承保南山集团、龙口富龙客运有限公司、龙口第二汽车运输有限公司、龙口市华运物流有限公司 4 家企业的保险业务。以客户为中心，深化完善客户服务体系，全面优化经营措施与高质量服务水平，获龙口市委、龙口市人民政府“金融工作先进”称号。

业务经营　2019 年是平安第二个 30 年的开局之年，随着“金融 + 科技”战略转型的持续推进与深化，更加关注车主日常用车生活，推出多家车主中心服务网点、直升机救援、就近故障救援、车辆检测、代办年审、一站式服务 6 种增值服务，以科技赋能金融，进一步做好综合金融一站式服务，提升消费体验满意度，持续为客户和股东创造价值。“平安好车主”App 稳居国内汽车工具类应用市场第一位，注册用户数已突破 1 亿。公司拥有国际领先的科技型个人金融生活服务集团，一个客户、多种产品、一站式服务。平安积极研究前沿科技布局未来决心不变，将持续推进科技创新，坚定走智能化、数据化经营之路。公司全年保费达成 5800 万元，同比增长 16%，市场占有率 14%，同比增长 1%，龙口市财险公司保费规模位列第二。

撰稿：丁　莉　审稿：崔建顺

【中国大地财产保险股份有限公司龙口支公司】
概况　2019 年，完成保费收入 5138 万元，其中车险业务收入 4023.60 万元，财产险业务收入 943.70 万元，意健险业务收入 170.70 万元。已决赔款 3355.80 万元，未决赔款 743.80 万元，满期赔付率 61.2%。

业务经营　中国大地财产保险股份有限公司龙口支公司作为“国”字品牌的保险公司，紧紧围绕“互联网 +”“客户导向”“产业链”三大战略，秉承“诚信为先、稳健经营、价值至上、服务社会”四大理念和“立足大地、携手创业、共享未来”三大精神，开拓进取，锐意创新，积极为客户提供风险保障服务。在服务过程中，与各集团客户每年采取高层拜访、中层交流、基层培训等 4 种方式进行多层次互动，并在承保服务、保中防灾防损、赔案处理上为客户提供优质的服务。在理赔服务中实行“微信理赔、简易快赔、人伤理赔、非事故道路救援”四部曲，让理赔快捷高效。

民生保障　2019 年，公司履行社会责任，为高危行业承保安全生产责任保险，提供风险保障 23 亿元。关注市民居住环境安全，为全市小区 1500 余部社区民用电梯提供责任保险，承担风险 74 亿元，为居民的出行提供安全保障。承保龙口市公共交通集团有限公司车辆近 400 辆，车辆保额近亿元，同时提供承运人责任保险近百笔，承担风险近 10 亿元。为 173 家企业承保企业财产险，承担风险金额 132 亿元，努力为企业的经营规避风险。同时为企业承保各类责任险 2544 笔，承担风险 205 亿元，解除企业经营中的后顾之忧。

撰稿：丁　莉　审稿：崔建顺

证　券

【概况】　2019 年，全市实现直接融资总额 142.56 亿元，其中从资本市场融资 67.56 亿元；南山集团全年发行各类债务融资工具 14 支，实现债务工具融资 75 亿元。

【资本市场】　2019 年，企业挂牌上市和规模企业规范化改制方面，龙口市从资本市场融资 67.56 亿元。中际旭创再融资募集资金 15.56 亿元，山东中际投资控股发行可交债 5 亿元，龙口市城乡建设投资发展有限公司发行公司债 12 亿元，南山集团发行公司债 35 亿元。南山智尚完成辅导验收并上报材料。宏远机械、丽波绝缘材料、润林家电 3 家公司在齐鲁股权交易中心挂牌。全年共完成 76 家公司的规模企业规范化公司制改制。

【中泰证券股份有限公司龙口环城北路营业部】　2019 年，中泰证券龙口环城北路证券营业部秉持“以客户为中心”的核心服务理念，为客户提供股票、债券、基金、理财、融资等多元化服务。全年开户投资者接近 6 万户，融资融券开户 2000 多户，实现营业收入 1700 多万元，实现重销基金 3500 多万元，代销理财产品 1 亿多元。

撰稿：杜其洋　审稿：王信玉

城乡建设

城乡规划

【概况】 把科学性作为规划工作的基础，把权威性作为规划工作的保证，把群众性作为规划工作的方向，严格落实“多规合一”要求，强化规划的战略引领，实现“一张蓝图绘到底”。从全力推进国土空间总体规划编制、加强专项规划编制、开展好村庄规划编制等方面着手，构建以国土空间总体规划为总纲领，以控制性详细规划为法定依据，各专项规划为支撑的城乡统筹、层级分明、协调一致的完善的规划体系，打造山清水秀的生态空间、集约高效的生产空间、宜居适度的生活空间。

【国土空间总体规划】 启动《龙口市国土空间总体规划（2019—2035）》编制工作，同步搭建龙口市国土空间规划信息平台，已形成初步成果。

【城市总体规划】 组织编制完成《龙口市城市总体规划（2018—2035年）》，经山东省人民政府批复实施。

【专项规划】 启动《龙口市市域村庄布局规划》《教育设施专项规划（2019—2035）》《龙口市殡葬设施专项规划》3项专项规划，已形成初步成果；指导诸由观镇等镇街区组织编制7个试点村村庄规划。

【重点区域规划】 完成《山东裕龙石化产业园总体规划》《龙口市大数据产业园概念性规划暨详细规划》的审议和批复工作。

【测绘地理管理】 完成31座测量标志分类维护，《龙口市行政区划图》（《龙口年鉴2019》）地图审核，审图号烟台S（2019）001号。

城市建设

【概况】 2019年，龙口市以新型城镇化工作为重点，进一步完善城市基础设施配套，加快镇村建设，优化城镇化发展质量；以依法治建为目标，提高质量安全管理，规范建筑市场秩序，确保市场稳定发展；以文明城市提升工程为契机，提升精细化管理水平，精心进行保洁、管护、管理和整治等工作，有效提升城市容貌。2019年，全市城镇化水平达到70.3%，同比增长1%，超过全省平均城镇化率8.3个百分点；东、西两城区总接暖面积达到1480万平方米，供暖普及率达到82.3%；改造老旧小区2个，改造面积7.8万平方米。

【道路】 2019年底，东城区建成市政道路44条，总长度96.19千米，车行道面积228.9万平方米，均为沥青混凝土柔性路面；人行道面积85.65万平方米，铺装材料以理石板和水泥砖为主。西城区建成市政道路38条，总长度70.9千米，车行道面积143.96万平方米，为沥青混凝土柔性路面及水泥砼刚性路面；人行道面积约74.59万平方米，铺装材料以理石板和水泥砖为主。

【桥涵】 至2019年底，全市城区共有桥梁27座。东城区有桥梁16座，其中绛水河沿线6座，分别是与264省道、北大街、花木兰街、南大街、港城大道、牟黄路交叉口；矫家河沿线7座，分别是与港城大道、府北一路、北一东路、府北二路东段、府南二路、车站西路交叉口及九里现代城北入口2座；泳汶河沿线2座，分别是与府西四路、港城大道西延段交叉口。西城区有桥梁11座，其中北河沿线4座，分别是与龙港路、和平路、振兴中路、环海中路交叉口；恒河桥沿线4座，分别是与逢牟路、和平路、振兴南路、环海南路交叉口；河口于河沿线3座，分别是与龙水路、政海路、沟头路交叉口。

【管网】 2019年，为充分利用和节约用地，方便管线的维护和管理，结合府东一路、府西一路等道路建设，新建地下综合管廊0.6千米。至年底，东城区已建成并投入使用的管线沟21条，总长度为26.6千米；其中实验路、通海路、港城大道管沟墙体采用砖砌方式，断面为3米×4米；南山管沟墙体采用石砌方式，断面为3米×4米；新区港城大道、府后街、建设路（诸高回迁区段）、兴华路（羊高段）、明德街（东段）、芝阳路、之莱山路、长安路、新民街和威龙大道管沟墙体采用钢筋混凝土浇筑，断面多为3米×2.6米。进入管线沟敷设的管线主要包括给水、电力、通信、供暖和广播电视等。

【美化绿化】 2019年，完成之莱山路（嘉元市场段）和常伦街（嘉元市场段）绿化工程等项目的园林绿地建设，累计栽植法桐、栾树、雪松等乔木18865棵，金银木、榆叶梅、连翘等灌木2309棵，小龙柏、红叶石楠、石竹、金焰绣线菊、玉簪、白三叶等地被植物54252平方米，逐步建立起以公园绿化为亮点，以道路绿化为网络，以居住区、单位绿化为依托的城市绿化体系。围绕海绵城市建设，2019年，完成嘉元市场、锦绣兰庭、龙城一号、西海岸、星海国际5个片区绿化建设任务，完成绿化面积2.556平方千米。至2019年底，全市城市建成区面积为45.6平方千米，建成区绿地面积为1614.47公顷，建成区绿地率为35.4%，绿化覆盖率为36.13%，人均公园绿地面积为14.62平方米。

【旧城改造】 2019年，继续推动棚户区改造工作，启动实验路片区棚改项目，涉及房屋1417栋，协议签订率达到95%以上，完成省级1600套安置房开工建设任务；曲家片区、庄子村、枣市村、闫家疃片区、崖头村片区、九北片区、炉后王家片区、张郑村片区8个2018年开工的棚改项目稳步推进。截至年底，实验路片区项目已全面开工，曲家片区、枣市村、闫家疃片区、九北片区、炉后王家片区安置楼主体已完工，其他项目工程进展顺利。

城区绿化管护

【老旧小区改造】 2019年，全市共改造老旧小区2个，

崖头村片区棚改施工现场

涉及 20 栋楼、住户 646 户、建筑面积 7.8 万平方米。改造内容主要为：进行雨污分流、公共门窗维修、楼梯间粉刷，以及水、电、暖等基础设施改造，其中，东城区改造老旧小区 1 个，栋数 9 栋、住户 198 户、建筑面积 2.3 万平方米；西城区改造老旧小区 1 个，栋数 11 栋、住户 448 户、建筑面积 5.49 万平方米。

【房地产开发】 2019 年，全市在建项目施工面积 378.5 万平方米，新开发嘉元锦里 7 号 5 区、天鸿二期、数码科技大厦等项目，开工面积 137.78 万平方米；锦里 7 号 7 区、碧桂园龙游台、龙城壹号等项目完工，竣工面积 65.85 万平方米，完成投资 28.87 亿元。

城市管理

【城市排水】 东城区排水大致分为四大区域，以泳汶河、矫家河、绛水河和黄水河为依托进行雨污水的排放。排水设施按 50 年一遇的标准进行建设，南山路以东排水采取雨污合流方式，新区采取雨污分流制。2019 年，实施港城大道、通海路和黄县大道的雨污分流工程，新建污水管网 8.55 千米，实施矫家河两侧污水管网工程，新建污水管道 4 千米，至年底，已建成雨水管沟 161.61 千米，污水管沟 104.65 千米。雨水排水一般以石砌沟为主，污水排水以混凝土管为主。西城区排水大致分为三大区域，以河口于河、恒河、北河为依托进行雨污水的排放。至 2019 年底，已建成雨水管沟 124.34 千米，污水管 77 千米。雨水排水一般以石砌沟为主，污水排水以 HDPE 缠绕管、玻璃钢夹砂管及 UPVC 管为主。

【供热供气】 2019 年，共完成新建建筑接暖 214 万平方米。至年底，两城区总接暖面积达到 1480 万平方米，供暖普及率达到 82.3%。年内，新增供气管线 37.66 千米，其中中压 18.4 千米、低压 19.26 千米；新增天然气居民用户（通气）16513 户，主要为梁家矿小区、油管厂小区、官曲小区、龙丰小区等住户，新发展工业用户 9 户，商业用户 98 户；新发展 CNG 加气汽车 64 辆。至年底，共计敷设管线 669.95 千米，其中次高压 34.68 千米、中压 303.1 千米、低压 332.17 千米。全市建有天然气门站 3 座，高中调压站 9 座、CNG 汽车加气站 3 座；管道覆盖诸由观镇、兰高镇、石良镇、七甲镇、北马镇、芦头镇、黄山馆镇、东莱、龙港、新嘉、东江、徐福等镇街区。为 11.06 万户安装供气设施，通气总户数 9.8 万户，发展工业用户 92 户，商业用户 613 户，CNG 加气车辆 3806 辆。

【路灯亮化】 2019 年，新增长安街工商联段路灯 126 盏。至年底，东城区安装路灯 5898 杆、

雨污分流改造

11679盏，变压器91台，总功率2851.8千瓦；西城区安装路灯3260杆、5065盏，变压器32台，总功率759.75千瓦。根据节能减排需要，合理设置多种夜间亮灯方式，主要有隔一亮一、隔二亮一、亮单侧、双火亮单火等方式。打造林苑、通海路、港城大道、东莱街等标志性灯光景区和夜景景观特色街，全年安装各类霓虹灯和景观灯600余盏，悬挂LED流星灯750套共30000支，维护更换3500支。

【环境卫生】 道路保洁　2019年，城市道路清扫保洁面积为600.5万平方米，其中东城区345.6万平方米，西城区254.9万平方米，两城区共84条主次干道，由610名环卫保洁人员负责清扫。结合国家文明城市和卫生城市复检工作，进一步提升标准，强化管理，保洁人员清晨配合清扫机械完成普扫后，白天在责任路段不间断巡扫，重点清理树盆、楼缝、路沿石跟、垃圾箱周边等边角处垃圾，实现精细化保洁全覆盖，同时在主要路段实行14小时洒水作业，减少路面扬尘、提高清洁度，2019年，城市道路湿扫率和洒水率已达到83%以上。在此基础上，结合重大节日、重大活动等组织多次城区环境综合整治活动，突击清除生活垃圾3120吨。

垃圾清运　为进一步规范城市生活垃圾收运方式，提高收运质量，一方面利用城区移动联体式压缩站进行清运，实现每日清刷、垃圾日产日焚烧、集运全程无洒漏；另一方面，提高白天垃圾巡回清运车辆的清运频次，2辆压缩车全天全城不间断巡查，发现满箱立即清运，确保日产日清。2019年，全市生活垃圾清运量约24万吨。

垃圾处理　2019年，全市共处理生活垃圾约24万吨，其中送蓬莱蔚阳余热发电有限公司焚烧处理7.6万吨，卫生填埋处理16.3万吨，全市生活垃圾无害化处理率达到100%。垃圾渗滤液处理量达到6.6万吨，达标排放5.2吨，全部达到环保和城建行业标准要求。

环卫基础设施建设　截至2019年底，龙口市城区公共厕所共74座，环卫工人休息室25个，联体移动压缩式垃圾收集转运箱70个、660L垃圾箱790个、240L垃圾箱116个、果皮箱469个。年内，对东、西两城区的地埋箱进行改建，拆除原有地埋箱54个，改建、新建移动联体压缩站46处。完成凤凰山垃圾填埋场二期膜覆盖工程，垃圾场生活垃圾填埋作业进入“膜日覆盖”状态，6月，全部完工并投入使用。

城乡环卫一体化　深入推进城乡环卫一体化市场化健康运作，组建“市、镇、企”三级管理体系，设立数字化监管系统，实现问题实时管控和及时整改。进一步强化考核，完善考核内容，细化、量化考核标准，严格按照考核结果拨付运行费用，逐步形成常态化、长效化的监督机制。在此基础上，定期不定期组织开展全市大环境综合整治活动，突击清理镇村卫生死角，各村环境

建设工地扬尘治理

卫生质量明显提升。

【扬尘治理】 2019年，结合卫生城、文明城复审，按照各级扬尘治理行动要求，进一步明确扬尘治理“六个百分之百”要求，认真制定推进措施，并跟踪抓好督促落实，确保建筑工地扬尘治理工作各项措施落到实处。先后对近20家企业进行约谈，对于扬尘治理不达标的项目，责令限期整改，严格整改标准与时限。整改期限结束后，安排人员按照扬尘治理标准严格进行二次复查，仍不能达标的，停工整改。

镇村建设

【概况】 2019年，龙口市将全市小城镇建设放在城乡一体化大盘中统筹考虑，科学定位，全方位布局，全力以赴推进城乡建设发展，高标准指导小城镇建设。年内，全市完成小城镇建设投资3.2亿元，加快实施供水、排污、基础设施和公共服务设施建设，提高城镇承载能力。投资454.99万元，完成危房改造338户。截至年底，全市农村硬化道路面积321万平方米，完成绿地面积386万平方米。

【小城镇建设】 2019年，诸由观镇以山东省重点示范镇建设为抓手，加快推进城镇建设，基础设施与公共服务设施不断完善，城镇承载能力与服务水平逐步提高。年内实施重点项目3个，投资1亿元建设中铁集团山东铝模板生产基地项目，项目于4月正式投产，年内生产各种规格铝合金建筑模板25万平方米，实现销售收入4800万元；投资1.5亿元建设丛林混凝土建材环保节能技改项目，年底正式投产；投资6000万元建设宏润机械项目，年内完成厂房及配套设施建设。继续实施观澜花园小区工程，年内完成9栋住宅楼主体和地下车库建设，所有工程全部按计划推进。

【乡村建设】 统筹推进城乡发展，乡村建设步伐加快。深入实施农村“六化”工程，进一步加大村级垃圾集中处理、村容村貌综合整治、城乡一体化供水等民生工程推进力度。投资1000万元，打造西吴家、黄家、东羔、东尚家等多个示范特色村，累计硬化道路25.7万平方米，栽植苗木7000多棵，新上路灯360盏，浆砌排水沟2000米，粉刷墙面7.46万平方米，打造特色文化墙1600平方米，村居环境进一步改善。指导村庄积极开展美丽村居创建 2019年1月，组织开展第二批美丽村居建设省级试点村庄评选、推荐工作。通过认真筛选，下丁家木厂村入选山东省第二批美丽村居建设省级试点名单，成为烟台市入选的8个村庄之一。

【农村厕所改造】 龙口市自2016年全面启动8个乡镇农厕改造工作，每户补助1000元。2019年，改造工作继续推进，充分利用广播、电视、报刊和宣传标语等多种形式动员发动，提高村民改造积极性。至年底，8个乡镇累计完成改造49529栋，涉农街区完成改造11872栋，农村用厕条件极大改善。

建筑业

【概况】 2019年，严格抓好安全生产责任落实，推动建筑安全生产形势持续健康发展。全市办理监督手续工程404个，建筑面积276万平方米，办理竣工验收备案301项，建筑面积145万平方米。至年底，全市具有资质等级的建筑业企业84家，全年建筑业总产值55.11亿元，同比增长14%。

【建筑工程设计审查】 2019年，完成69个工程项目444个单体工程的施工图设计文件审查，总建筑面积225万平方米，审查地质勘查报告27份，审查出各类问题5200余条，其中违背强制性标准的100余条，上半年完成抗震专项审查7项。

【队伍资质管理】 2019年，全市共有建筑业企业84家，其中施工总承包企业49家（一级企业4个，二级企业18个，三级企业27个），专业承包企业35家。为16家企业办理资质变更，注销5家企业资质；为4家企业办理建筑业企业资质。

【设备与建材】 2019年，龙口市新增1家墙体保温企业进入山东省建筑节能技术产品应用认定申报系统，并通过省审核；3家墙材企业新增产品。至年底，全市拥有各类新型墙材企业（获得山东省认定的）11家，产品包括混凝土保温墙体砌块、加气混凝土砌块、自保温砌块、钢丝网架板、聚苯板等，年生产能力达到4亿标准砖。

【优质工程】 2019年，创山东省优质结构工程1项，烟台市优质工程奖31项，烟台优质结构49个，其中，嘉元170双创中心项目9#楼被评为山东省优质结构工程；天鸿·首府1—31#楼被评为烟台市优质工程奖；东莱街道闫家疃棚户区改造项目（商品区）10#、22#、23#楼，中南熙悦小区一期2#—5#楼、9#楼、17#楼，果岭小镇一期，龙口碧桂园凤凰台2#、3#、11#、12#、13#楼项目，嘉元锦绣兰庭29#、35#、41#住宅楼，嘉元170双创中心项目（嘉元城市广场）1#—9#楼49个单位工程被评为烟台市优质结构工程。

【安全生产】 安全责任落实 2019年，注重强基础、保安全、抓创建，通过全面增强安全责任意识、加大施工现场管理力度、抓好安全生产基础工作，全面提升安全文明施工档次和质量。开展施工扬尘专项整治“雷霆行动”、住建领域“利剑”行动、在建房屋工程质量安全巡查以及山东省、烟台市环保督察等活动，层层落实安全生产责任，增强安全生产责任意识。围绕全面落实2019年度全市建筑施工安全生产责任目标，年初以签订《安全生产文明施工责任书》形式，与施工企业签订施工安全、消防责任状176份；在施工企业中推行“一岗双责”，将安全管理责任层层落实；建立建筑工程安全管理微信群，实时发布恶劣天气、安全警示信息，及时提醒各方责任主体做好工地安全防范工作。

安全生产检查 2019年，结合开展的安全生产综合整治大行动，建筑领域大检查、大排查、大整治等活动，改以往的定期、分散式检查变为由主要领导带队的不打招呼、不通知式的联合突击检查，有效防止企业为迎检提前准备、做表面文章、掩盖问题的弊端，提高隐患查处率。年内，对全市56个在建工程项目深入安全生产大检查和专项检查7次，查出隐患1512条，对于安全生产管理混乱、存在隐患较多的8个工程项目，下发停工整改通知单，责令立即停工整顿，并建立台账，实行销号管理。

起重机械管理　针对大型建筑起重机械设备使用强度大、频率高现状，通过第三方检测机构对全市在建工程项目正在使用的塔式起重机、施工升降机等起重机械设备进行定期检测，共检测塔式起重机、施工升降机521台，提供特种设备检验意见通知书521份，拆除不合格塔机、施工升降机6台，确保每台起重机械安、拆规范，运行安全。为确保国庆期间安全生产，从企业抽调人员，逐个塔吊进行排查，对存在隐患的立即组织整改。

安全生产基础性工作　召开专门会议，与31个项目的项目经理、企业负责人和项目总监进行约谈，对企业安全生产管理提出明确要求，要求企业按规范管理，按规矩办事，进一步增强企业的安全责任意识。督促各施工企业落实好安全生产三级安全培训、岗前安全教育等制度，检查中及时向一线工人发放安全教育手册，现场纠正从业人员不符合安全生产要求的行为。落实安全资料管理，要求施工单位加强施工现场安全技术资料管理，保证安全资料真实、齐全、同步，能准确、实时地反映安全施工状况。加强建筑工地宿舍生活区的安全管理，要求工地现场宿舍内不得存放易燃、易爆、剧毒等化学危险品，做到安全用电，配备足够的灭火器，以确保工人的人身安全。创新管理方式，引入科技手段，启动“智慧工地”建设，先行以崖头村棚改项目为试点，利用远程监控、起重机械人脸识别、扬尘在线监测和工人实名制管理“四大系统”，实现全天候、全方位、全流程的监控。

【招投标管理】 2019年，完成各类房屋建筑工程和市政基础设施工程招投标项目21项（施工17项，监理2项，勘察设计2项），中标金额约3.9亿元。

【工程质量管理】 工程质量大检查　2019年4月，对全市在建主体工程集中开展为期两周的春季质量大检查，重点检查各参建责任主体质量行为、工程实体质量、工程质量控制资料等内容。共监督抽查16个工程项目部，下发整改通知单16份、整改意见101条。从检查情况看，各参建责任主体质量意识进一步提高，质量行为进一步规范，质保体系基本健全，开发建设单位更加注重住宅楼的品质和口碑；工程主体质量结构安全，钢材、成品混凝土质量整体稳定可靠，住宅工程质量常见问题治理成效显著。

监理专项检查　年内，开展监理专项检查2次。6月下旬开始，对全市在建工程的64个监理项目部进行专项监督检查，主要检查监理项目部的标准化建设情况，包括监理人员的配备情况和项目监理机构的工作条件情况；监理工作的实施情况（包括监理行为和质量控制方法、措施）和监理资料的管理情况。针对检查的问题共下发了60份整改通知，提出问题318条，责成监理企业限期整改，对问题严重的青岛雍达建设监理有限公司要求自8月开始不允许在龙口市范围内承揽新的监理业务。自9月开始，根据全市建筑领域综合整治工作要求，采取“四不两直”方式，对各监理项目部及施工现场进行集中抽查，共抽查监理项目部26个，将屡不整改的青岛雍达建设监理有限公司清出龙口市场。

预拌混凝土（砂浆）企业管理　完成府西四路两家搅拌站的搬迁工作。开展预拌混凝土（砂浆）企业专项整治，把混凝土质量及扬尘治理作为工作重点，加大对全市15家商品混凝土（砂浆）企业的检查抽查力度。主要抽查原材料质量及试块强度、企业扬尘治理情况，召开全市预拌混凝土（砂浆）企业质量及扬尘治理工作会议，对管理混乱及扬尘治理不到位的企业进行点名批评，同时对当前该行业存在的问题进行总结分析，对下一步工作提出新标准、新要求。

检测管理　2019年，稳步推行检测试验自动化管理系统，仪器设备严格按检验（校准）周期表进行检校，加强样品流转过程的控制管理，建立完善样品管理制度。重新制定完善“人员岗位职责”“实验室管理”“培训考核”“保密工作”“检测结果和检验报告校核管理”等制度，实现日常管理整洁有序、安全生产严谨细致、专业操作符合规矩。通过市场调研和行业定位，围绕施工企业的需求，不断完善更新设备，购置智能钢筋扫描仪、数字回弹仪、管材耐压测定仪等6台（套）仪器设备，检测能力进一步增强。全年共完成样品检测9万余份，检测出不合格样品326份，年内一次性通过资质延期审查，有效保证建材质量。

【标准定额管理】 2019年，通过竣工结算登记备案，使建设单位和施工单位共同确定工程造价，保证建设单位能够及时将合同工程款拨付到位，有效维护施工企业的合法权益。全年共办理建设工程竣工结算登记备案项目32个，工程造价13.46亿元。

【建筑业市场整顿】 2019年，认真落实《龙口市治理建筑业拖欠农民工工资问题意见》精神，进一步加强农民工工资管理，完善应急预案，建立企业诚信体系档案，从多个方面进一步加强农民工工资管理，明确工资支付各方主体责任，严格加强对企业各方主体的监管，落实好清偿欠薪各方责任，并集中人力重点解决历史积案。同时，大力推行建筑工人实名制管理，协助市人社局建立省级实名制管理平台，全市在建项目采集工人身份证信息，基本实现在建工程项目全覆盖。进一步加强农民工工资发放管理，对全市在建项目逐一检查合同签订、工资打卡支付情况，进行规范化管理，监督在建工程项目的农民工工资发放情况，实施监管账户打卡，工资按月支付。全年共受理各类农民工工资举报投诉案件85起（主要是历史积案），涉及农民工810人、金额1150万元，基本处结。加强劳动用工管理，全市56个在建工程项目劳动合同签订率达100%。

【建筑节能】 2019年，大力推广绿色建筑，努力提高绿色建筑发展水平，研究制定《龙口市加快推进装配式建筑发展的实施意见》，对装配式建筑发展提出实施意见，加大政策支持力度。全市建成节能建筑88万平方米，完成一星级绿色建筑设计标识82.4万平方米，所有新建建筑设计、施工全部达到绿色建筑一星级标准，新增太阳能光热建筑一体化应用53万平方米。

住房管理

【房产管理】 2019年，完成龙口市商品房网签系统升级改造、存量房网签系统和房屋租赁系统建设。接收归档各类房屋产籍资料32314份，移交不动产商品房转让备案表18351份，出具各类证明材料3142份；承办各级司法机关的查封、协执、查询业务1535宗；承办各级纪检组织部门查询304批次，6847人；协助民政部门完成低保数据比对8批次，提供各类有效数据16366条；协助住房保障科相关数据比对8批次，提供各类有效数据311条；协助法院完成数据比对2326条，涉查人员约2000人次；导入楼盘1439幢，建立销控楼盘319幢，出具楼盘备案表475幢，产权楼盘检查433幢。

【住房保障】 在烟台市修订出台住房保障管理办法的基础上，由市住建局牵头，民政、财政、人社、税务4部门共同参与，于12月制定《关于进一步推进城市住房保障家庭租赁补贴工作的实施意见》。2019年，实施保障的公租房实物配租及住房租赁补贴家庭共计208户，其中享受实物配租的家庭183户，享受住房租赁补贴的家庭25户。

【房屋中介市场管理】 按照省市有关政策规定要求，2019年，对龙口市区域内的房地产中介市场进行排查整顿，并下发文件和通知，规范二手房中介市场经营行为和市场秩序，新增的二手房中介机构在取得营业执照后，要及时到房管部门进行备案。对二手房中介机构网签业务进行培训，并开展中介机构日常巡查检查工作，对存在不规范经营行为的中介机构，按照管理规定进行整改处理。

【房屋安全管理】 白蚁防灭治　2019 年，共完成白蚁预防施工 172.9 万平方米，计 288 栋楼。完成芦头镇封家村、埠上村、高新区北路村 3 个村、589 户民居的白蚁灭治施工，施工建筑面积约 5.22 万平方米，占地面积约 8.8 万平方米。对高新区北山村、庙周村白蚁蚁情进行详细调查并制定灭治方案。

危房鉴定管理　2019 年，开展全市房屋安全大检查，对龙港街道、商务局、广播电视台等 11 个单位上报的数据进行统计，建筑面积约 12.5 万平方米，下发房屋安全隐患整改通知书。台风期间，根据危房档案中记录的危险房屋具体情况，对东莱街道、龙港街道、高新区、新嘉街道、卫计局、商务局、广播电视台等部门单位做好危险房屋防风加固及人员转移工作，确保台风期间不出现意外事故。10 月，组织全市各相关单位参加烟台市建设局组织的 2019 年业务培训。

直管公房管理　加强直属公管房日常管理和修缮，定期开展房屋普查，对全部直管公房登记造册，确保国有资产保值增值，租户居住安全。全年完成直管公房腐烂门窗整修更换 57 户，修缮小草房 56 户，草房平台防水 28 户，抢修更换自来水管道、电力照明线路及污水管道设施 21 处，协同办理沁园小区、西生活区、南生活区、房管小区、政法小区、南涧小区不动产证土地证过户手续 65 户。结合龙口市市场房屋租赁价格，合理确定商业房屋租金标准，增加租金收入，全年收取租金 425 户，共计 175 万余元。结合全市直管公房使用年代较长且破旧现状，创新工作方法，同时设置专职安全员，对房屋安全、防火、防汛等需要注意的安全隐患问题，实行不定时巡查，保证各项安全隐患消灭在萌芽之中。

撰稿：李潇怡　审稿：姜银波

自然资源·环境保护

土地资源管理

【概况】 2019年，全市土地总面积90594.51公顷，其中农用地62351.98公顷，建设用地22739.73公顷，未利用地5502.8公顷。

【用途管制和耕地保护】 2019年，在划定全域14813.2公顷永久基本农田的基础上，开展现有永久基本农田梳理、摸底、核实工作，为全面整改补划工作做准备。核实确定了451.13公顷永久基本农田储备区并逐级上报烟台市自然资源和规划局、山东省自然资源厅、自然资源部审核，为“十四五”期间的国家级、省级重点项目占用永久基本农田进行调整补划，实现永久基本农田数量不减少、质量不降低。为增加有效耕地面积，开展农村低效用地调查，据此开展耕地后备资源开发利用，实施北马镇、黄山馆镇、七甲镇、东江街道土地治理项目，增加耕地15公顷，通过山东省自然资源厅审核并录入山东省耕地监测监管系统，可作为“耕地占补平衡指标”用于全市各项经济建设占用耕地的补充指标。是年，山东省自然资源厅对耕地保护工作成绩突出的乡镇进行表彰，龙口市徐福街道名列其中，获省厅100万元耕地保护激励资金，专项用于耕地地力培肥、道路、沟渠、电力、灌溉等设施建设和维护，进一步促进群众保护耕地、爱惜耕地的自觉性和积极性。

【开发利用】 贯彻有保有压的用地政策，重点支持“三重一大”项目和民生项目用地。全年报批土地118.0818公顷。供应国有土地110宗，面积521.0732公顷，土地出让金20.4654亿元。

【不动产管理】 坚持优化登记流程，商品房转移登记、抵押登记办理时效由上年5个工作日压缩至3个工作日。部分业务即时办结，商品房转移登记业务提交材料由上年的6种减少至4种，审核环节由3步缩减至2步。创新业务模式，针对群众已办理房产证、需补办土地证的情况，开发商提前在不动产登记中心备案后，群众无需开发商配合即可办理。全年完成不动产登记业务89613宗，提供档案查询服务59000余次，清点档案46000余件，接收档案83457件。

【安全生产】 2019年，对全市10处地质灾害隐患点进行汛前巡查排查工作。督导各镇街区成立汛期地质灾害防治工作领导小组和应急救援分队，完善相关镇街区地质灾害监测网络建设工作，并向灾害隐患点的监管责任单位和部分邻近灾害体的群众发放防灾工作明白卡和防灾避险明白卡。全力做好“利奇马”台风对全市矿山会造成隐患的防范工作。根据有关气象预报和领导指示，提前做好有关预案，对可能发生隐患的地点提前做出预警，检查前期警示标示的设置情况，同时加强监测，做好应急准备。台风来临时，在局党组的安排下，各组靠在第一线，24小时坚守岗位，应对可能发生的各类突发事件。台风期间，未发生任何地质灾害事件和人员伤亡事件。根据上级关于开展地质灾害隐患点排查治理的有关部署，针对全市矿业开采历史，在前期调查摸底基础上，对全市可能发生地质灾害隐患点的区域进行全面调查，编制印发《龙口市2019年汛期地质灾害防治方案》，为全市汛期开展地灾防治提供技术支撑，整个汛期未发生一起地灾事故。

【执法监察】 强化督导检查，将查处违法用地列入各镇街区年度考核，严格落实奖罚措施，违法占地得到有效遏制。严格按照上级部署，扎实开展“大棚房”问题专项清理整治行动、年度自然资源卫片执法、违建别墅问题清查整治专项行动，增强全社会依法管地用地和保护自然资源的意识。

【政策法规与行政许可】 着力推进依法行政，认真贯彻执行自然资源管理法律法规和信访条例的有关规定，秉公执法、热情服务，结合“3·19”矿法宣传日、“4·22”世界地球日、“5·12”防灾减灾日、“6·25”土地日等纪念日，通过悬挂横幅、发放明白纸、宣传折页、宣传扇等形式，组织开展“五进”普法宣传教育活动，向群众宣传自然资源法律法规和不动产登记办理程序，散发宣传资料3000余份。完善山东省行政权力运行系统相关要素，维护运行权责清单系统，受理行政复议8件、应诉11件，无一败诉；完成人大建议10件、政协提案11项，满意度100%。

地质矿产资源管理

【生态修复】 2019年，完成《山东省龙口市黄山馆镇耩下刘家——开发区海岱苗家废弃采石场矿山地质环境治理》项目，通过市级业务主管部门组织的专家组验收。完成工程量主要有：削坡、清除残丘、废石清运、采场回填整平、水塘砌筑、砌排水沟、铺设排水管道、覆土绿化等。完成《龙口市采煤塌陷地（北皂路西局部）综合治理》项目，通过省厅级业务主管部门组织的专家组验收。完成的工程主要有：对塌陷区回填粘土、酥石，整平压实，修建排水管，沉降观测等。加快推进关闭露天矿山的恢复治理，治理区域面积113.33公顷，各级治理资金投入近2792万元，5处销号，4处正在治理。开展全市石材行业环境质量综合整治工作，高标准完成全市石材行业综合整治任务。完成全市24处采石场共38个工作面的关停任务，撤离采矿设备及附属设施219台套，拆除涉矿房屋277间，总面积约3300平方米。完成全市188家石材加工厂综合整治任务，共拆除各式切割、加工设备1767台套，拆除锯房车间430余处。全市石材行业对周边环境造成的污染问题得到遏制，环境恢复成效明显。对全市已封堵废弃矿井进行集中检查，全市废弃矿井475处（范围内128处，范围外347处），封堵治理341处，6处改为民用。

【矿产资源保护监督】 2019年，对全市辖区内8处采矿权人履行法定义务情况及合理开发利用矿产资源情况依法进行公示。对全市探矿权项目进行全面公示制度，共有8个有效勘查年度项目，公示率为100%。推进采矿权规范管理工作，完成丛林水泥有限公司采石场采矿权延续登记工作。完成矿产开发利用年报统计，按照省厅随机抽查名单，配合烟台市局完成对3个生产煤矿、2个金矿和1个露天采石场的现场实地核查工作。按照烟台市局批准的梁家煤矿采矿权出让收益分期缴纳计划，收取梁家煤矿出让收益2090万元。对处于生产状态的3处矿山资源开发利用情况及依法办矿情况开展督查工作，现场检查6次，在检查中要求相关企业工程建设必须按照专家组审查通过的开发利用方案进行施工建设，采矿作业必须在采矿许可证划定的矿区范围内进行，严禁超层越界开采矿产资源；同时积极按照绿色矿山建设标准推进绿色矿山建设工作。根据上级矿业权管理文件要求，在符合《龙口市第三轮矿产资源规划》和相关政策的前提下，做好全市矿业权出让工作。为保障裕龙岛项目建设石料供应，市府确定在东江街道大于家村附近区域出让一处露天采石场。

林业资源管理

【概况】 2019年，通过实施森林生态修复与保护、退耕还果还林、森林生态廊道建设、森林质量精准提升、城乡绿化美化等工作，进一步改善生态环境。将自然保护区问题整改与国土绿化统筹推进，完成保护区生态修复。年内，完成造林2900亩，退化林修复5000亩；新增林地2800亩；新增绿化面积900亩；完成中幼林抚育5000亩，全面提升2500亩。

【林政管理】 完成森林资源管理“一张图”更新，林业生产用地面积36678公顷。2019年，完成新增（更新）造林6600亩，生态修复5000亩。其中对烟台沿海防护林省级自然保护区内整改迹地实施生态修复，对林带进行完善提升。针对保护区内的整改需求和立地条件，采用大苗、壮苗，提升造林成活率及景观效果，完成造林2900亩，退化林修复5000亩。坚持因地制宜，宜林则林，宜果则果，在基本农田范围外的沙化土地、重要水源地、受污染的耕地及不适宜耕作土地上拓展造林空间，在北马、徐福、新嘉、兰高、石良等镇街新增林地2800亩。

【绿化带建设】 结合泳汶河、矫家河综合治理，对河流两侧进行绿化。泳汶河中村桥至徐福滨海桥段两侧各宽10米，栽植法桐、月季、冬青球、火炬等，形成乔灌花搭配，层次分明，兼顾绿化与美化；矫家河城区段建设高标准绿化节点，提升市内景观。将港城大道逄家段新建公园、疏港高速屺㟂岛段停车场治理、丛林高尔夫练习场整治新建绿地作为道路节点，丰富城市绿化纹理。年内，完成新增绿化面积900亩。

【林木抚育】 严格按照森林抚育规程，科学编制森林经营方案，构建健康稳定的森林生态系统。在下丁家镇、石良镇完成中幼林抚育5000亩，全面提升2500亩。

【保护地管理】 制定《龙口市省级自然保护区问题整治工作方案》，523个问题点位销号511个，销号率97.7%。开展“绿盾2019”行动，查处违法违规问题9处，全部完成整改。龙口黄水河河口湿地省级自然保护区、龙口依岛省级自然保护区总体规划获得省自然资源厅批复，5个保护区全部设置界桩、界碑。

撰稿：王　勇　审稿：王　田

环境保护机构改革

【概况】 2019年1月9日，按照省、烟台市关于环保垂改工作的要求，龙口市委、市政府印发《关于龙口市市级机构改革的实施意见》，将市环境保护局的职责，市发展和改革局的应对气候变化和减排职责，市经济和信息化局的推行清洁生产相关职责，市国土资源局的监督防止地下水污染职责，市水务局的编制水功能区划、排污口设置管理、流域水环境保护职责，市农业局的监督指导农业面源污染治理职责，市海洋与渔业局的海洋环境保护职责整合，组建烟台市生态环境局龙口分局，为烟台市生态环境局的派出机构。

2019年1月21日，烟台市生态环境局龙口分局正式揭牌，标志着龙口市生态环境事业开启新的征程。

【机构改革】 2019年4月26日，龙口市机构编制委员会印发《关于烟台市生态环境局龙口分局机构编制事项调整的通知》，对烟台市生态环境局龙口分局机构编制进行调整，确定为正科级规格，行政编制由9名调整为10名；将龙口市环境监察大队调整为烟台市龙口环境执法大队，副科级规格，编制 57 名；将龙口市环境监测站更名为烟台市龙口环境监控中心，副科级规格，编制 24 名。

环境监测

【常规检测】 2019 年，烟台市龙口环境监控中心共取得环境质量监测数据 7204 个，质量保证数据 468 个，质控合格率 99.5%。

环境空气质量 2019 年，龙口市的二氧化硫、二氧化氮、一氧化碳和臭氧年日均值分别为 13 微克 / 立方米、22 微克 / 立方米、1.0 毫克 / 立方米和 92 微克 / 立方米，符合 GB 3095—2012《环境空气质量标准》中的二级标准，而可吸入颗粒物 PM_{10} 和 $PM_{2.5}$ 的年日均值分别为 71 微克 / 立方米和 46 微克 / 立方米，超过 GB 3095—2012《环境空气质量标准》中的二级标准。2019 年，全市降尘量均值为 5.6 吨 / 平方千米・月，范围值为 4.1 ～ 11.2 吨 / 平方千米・月，东城区降尘量均值为 4.7 吨 / 平方千米・月，西城区降尘量均值为 6.5 吨 / 平方千米・月。2019 年，龙口市没有受到酸雨的影响，降水 pH 值范围为 6.52 ～ 6.86，无酸性降水（pH<5.6）。

2019 年 7 月，执法人员在嘉元热电厂开展大气监测

水环境质量 2019 年，河流监测黄水河和泳汶河共 11 个断面，包括黄水河 6 个断面、泳汶河 5 个断面，其中，黄水河兰渠柳家、烟潍路桥、黄河营和泳汶河中村桥、泳汶河入海口 5 个断面因全年断流，不参与评价。其余参与评价的 6 个断面中，达到Ⅲ类标准的百分率为 50%，达到Ⅳ类标准的百分率为 50%。黄水河水质状况优，均为Ⅲ类水质；泳汶河水质呈轻度污染，3 个断面符合Ⅳ类水质标准。

监测的水库为王屋水库和员外刘水库。王屋水库库区内设 3 个监测断面，员外刘水库内设 1 个监测断面。其中王屋水库为龙口市的饮用水源地。王屋水库枯、丰、平水期各监测两次。员外刘水库枯、丰、平水期各监测一次。总氮、总磷不参与水库水质类别评价，只作为评价水库营养状态的指标。2019 年，王屋水库水质符合地表水环境质量标准Ⅲ类标准，员外刘水库水质符合地表水Ⅲ类标准。

城市集中式饮用水为地表水，监测点设在王屋水库出口，常规监测项目共 61 项。2019 年，王屋水库水质符合《地表水环境质量标准》GB 3838—2002 中Ⅲ类水质标准。

2019 年，地下水监测东城区李巷、南巷、张家沟 3 眼地下水井，枯水期和丰水期各监测 1 次。3 眼水井均有硝酸盐氮超标现象，水质均达不到《地下水质量标准》（GB/T 14848—2017）中Ⅲ类。

近岸海域水质监测例行监测的点位 7 个，每年 5 月、8 月、10 月进行 3 次监测，2019 年，7 个站位监测结果表明，龙口市近岸海域水质优，全部达到《海水水质标准》（GB 3097—1997）中二类海水水质要求。

声环境质量 2019 年，

两城区的区域环境噪声普查结果为：东城区和西城区的环境噪声状况尚好，全市昼间年均值为54.2分贝，符合《声环境质量标准》第2类声环境功能区标准。影响区域环境噪声的声源主要是生活噪声和交通噪声。2019年，共设置交通干线噪声监测点位19个，其中包括东城区5条主要道路交通干线上的10个测点，西城区3条主要道路交通干线上的9个测点，监测道路总长度14.65千米。全年两城区主要道路交通干线19个测点监测到的噪声值均分布在66.9～70.9 dBA之间，质量等级“好”和“较好”的路段分别占38.6%和43.7%，“轻度污染”和“中度污染”路段分别占13.7%和4.10%。

2019年10月，在龙口港参加应急演练

【污染源监测】 监测范围　龙口市依据《重点排污单位名录管理规定（试行）》等确定的重点排污单位主要有龙口市污水处理厂、龙口市第二污水处理厂、龙口市黄水河污水处理厂、华电龙口发电股份有限公司、东海热电厂、玉龙纸业等。

监测项目　监测项目按照执行的排放标准、环评及批复和排污许可等的要求确定。龙口市污水处理厂、龙口市第二污水处理厂、龙口市黄水河污水处理厂的监测项目主要有化学需氧量、生化需氧量等21个项目；玉龙纸业、渤海纸业、道恩钛业等直排海污染企业的监测项目主要为化学需氧量、生化需氧量、悬浮物、pH值、氨氮、总磷、总氮7个项目。华电龙口发电股份有限公司、东海热电厂等废气污染企业的监测项目主要有烟尘、二氧化硫、氮氧化物、烟气黑度等。除通过人工监测外，国控重点污染源均安装在线监控系统，对废水废气的排放进行24小时实时监控。

监测频次　国控重点污染源监督性监测按照要求为每年度至少1次。执行的排放标准、法律法规和排污许可等有相关要求的按相关要求确定，龙口市污水处理厂、龙口市第二污水处理厂、龙口市黄水河污水处理厂、玉龙纸业、渤海纸业、道恩钛业等重点污染企业按照直排海污染源的规定每季度监测1次。自动监测设备比对监测的监测频次，根据污染源在线监控平台数据，重点选择在线数据异常的排污单位进行自动监测设备比对。2019年监测结果表明，所有国控重点污染源均能达到各自的排放标准要求。

一般污染源监督性监测　2019年，烟台市龙口环境监控中心围绕生态环境重点工作，积极配合环境执法大队、中队做好一般污染源监督性监测及明察暗访、污染纠纷等工作，共监测废水污染源样品789份，获得各类监测数据4656个，出具各类监测报告23份，为环境管理执法行动提供有力的技术支持。

环境管理

【建设项目环评审批】　2019年，严格按照《建设项目环境保护管理条例》的有关要求，在项目审批过程中严把项目审批关口，按照“预防为主，防治结合”的原则，认真贯彻执行环境影响评价和“三同时”管理制度，始终坚持“三个不准”和“五个不批”，切实做到布局不失误、审批不失控、环评不漏网。全年共受理建设项目环评审批147个，拒批11个不符合现行产业政策、环保政策的建设项目。

【危废和放射源监控】 严格危险废物管理计划备案制度，全年共对全市237家企业进行危险废物管理计划备案，对105家企业危险废物转移计划进行审批；加强对全市放射源及辐射项目管理，完成4家企业辐射环评项目预审，完成2家企业辐射安全许可证审核。

【大气自动监测站】 2019年，龙口市有大气自动监控站18个，其中县级站点3个，分别为市政府站点、龙口矿务局站点、南山站点；乡镇站点15个，覆盖全市15个镇、街、区，于2018年12月底前建成，2019年1月正式上传数据。乡镇站点采取BOT模式，18个站点全部由华通力盛（北京）智能检测集团有限公司负责运行维护和数据上传。

【污染源普查】 2019年初，利用审核工具对录入系统内数据进行审核，发现问题并修改；3月开始，根据国家下发产排污系数手册开展产排污系数试核算交流会；5月开始，在线填报系统上线核算模块，开展名录库比对工作，将普查数据与电力数据库、四经普数据库、12369信访名录、排污许可证发放企业名录、环境统计名录、重点排污单位名录、大气强化督查名录、重污染天气应急预案名单等相关名录清单进行对比，查漏补缺，最终确定龙口市调查工业源普查对象1902户、规模化畜禽养殖场151户、生活源（锅炉）60台、集中式污染处理设施11户、移动源（包括加油站、地下储油库、油品运输企业）78户、行政村592个、工业园区2个。至6月20日，完成全部工业源、农业源、移动源、生活源、集中式污染物产排污核算，核算率达到100%。6月底，完成关闭、关停企业建档工作，全市共关闭企业1户、停产企业160户，均按照要求由乡镇政府统一盖章存档。8月底，顺利通过烟台市、山东省及国家普查办数据审核验收工作。10月至年底，参加山东省组织的档案整理培训、总结报告、数据分析报告编制培训，完成自评估报告、普查总结报告、数据分析报告的编制工作。

【排污许可证核发】 2019年，对淀粉及淀粉制品业、污水处理及再生利用、汽车制造业、电池制造、调味品、发酵制品制造、酒的制造、饮料制造、家具制造、食品及饲料添加剂制造、废弃资源综合利用业、环境治理业及通用工序锅炉和电镀设施，共计11个行业和2个通用工序，发放72张排污许可证，其中因政策变更注销13张。

【推进结构调整】 全面落实“四减四增”三年行动工作要求，扎实推进产业结构、能源结构、运输结构和农业投入结构调整。

产业结构调整　贯彻落实《工业绿色发展规划（2016—2020年）》《绿色制造工程实施指南（2016—2020年）》，加快推动绿色制造体系建设，继续打造绿色制造先进典型，引领相关领域工业绿色转型，推荐指导隆基机械、道恩高分子两家企业申报绿色工厂并通过。至2019年底，无电解铝等落后和过剩产能行业新增产能，战略性新兴产业主营业务收入预计约230亿元。

能源结构调整　为减少煤炭消费，增加清洁能源使用，龙口市在2018年新接入供热面积78.8万平方米，2019年再接入供热面积50万平方米，累计接入供热面积1480万平方米。2019年，制定《龙口市2019年农村清洁取暖实施方案》，完成清洁取暖改造1700户。推广绿色建筑，全市建成节能建筑142万平方米，建成一星级绿建136.2万平方米，完成龙海新区二星级绿建5.6万平方米；新增太阳能光热建筑一体化应用83万平方米。

运输结构调整　截至2019年底，淘汰国二及以下车辆289辆。龙口市公交公司新能源和清洁能源公交车235辆，占比达76%。在全市道路运输企业中大力推广LNG天然气汽车应用技术，累计新购置LNG天然气车辆600余辆。全市442辆出租车已全部实现“油改气”，使用CNG应用技术，新能源出租车数量占比达到100%，实现节能降耗，最大限度减少出租车尾气排放对环境造成的污染。

农业投入结构调整　积极建立水肥一体化示范区，以点带面。通过2017年和2018年的项目带动，建立两处水肥一体化项目示范区，面积达266.7公顷。2019年，龙口市水肥一体化实际推广面积达1539.3公顷。依托植保专业化防治组织和合作社，租用无人机飞防，结合现有的大、中、小型喷雾机等设备，针对小麦、玉米等作物高产示范区、绿色防控项目区等进行统防统治。2019年全市统防统治面积4130公顷，比上年增加800公顷，其中小麦1670公顷，玉米1300公顷，果树1000公顷，蔬菜130公顷。使用无人机防治小麦病虫害10余次，防治面积1200公顷以上。增加有机肥使用量，2019年全市商品有机肥的使用量5万吨，较上年增加了0.73万吨。全市畜禽养殖粪便利用率为100%，污水处理利用率为98.69%，规模养殖场粪污处理设施装备配套率为100%。

【信息公开】　通过烟台市环保局大气质量监测网站公示全市大气环境监测信息；全年通过“龙口市政府信息公开平台”公示企业环境违法处罚信息106条，公示建设项目审批信息136条。2019年，106家企业环境违法处罚信息被录入山东省企业信用评价系统，198家企业完成整改申请核销环境违法信息。

【环境宣传】　为增强社会各界的环保意识，年内积极采取各种方式和措施面向全社会开展环保宣传。“六五”世界环境日期间，环保志愿者走进松园社区，向市民宣传日常生活中垃圾分类、节能减排等环保知识，并向市民们赠送了环保购物袋；向龙口市一中赠送“六五”世界环境日宣传画册一套，通过校宣传栏向在校学生进行环保理念宣传，协助龙口市一中组织学生步行前往蓬莱蔚阳余热发电有限公司实地参观垃圾发电项目。12月4日国家宪法日，在花木兰街设立咨询台，发放宣传资料100余份，解答来往群众环保投诉问题。全年共为镇村、企业、绿色学校和绿色社区免费赠送价值6万余元的《中国环境报》160份，鼓励和支持社会各界及时了解环保政策、法规和环保动态，提高全民环保意识，强化企业防污、治污的环保主体责任意识。

2019年6月5日世界环境日，在松园社区开展宣传

监督检查

【环境执法】 2019年，累计立案106起，行政罚款796.49万元，行政拘留2起，涉嫌环境犯罪移送公安机关1起。年内，分别围绕燃煤锅炉和窑炉整改、挥发性有机物防治、扬尘污染防治、泳汶河沿线纳管企业等开展了11次专项行动。根据工作进展动态维护信息库和数据库，完成159家重点源、一般源企业双随机抽查。结合专项行动，一并对排污许可证企业、群众信访和在线超标企业开展了随机抽查。不定期抽查各环境执法中队"一企一档"档案建设情况，持续督导各环境执法中队及时更新完善档案。依托移动执法终端制作调查询问笔录，规范行政执法文书。

【环保综合执法】 为全面落实生态环境保护综合执法"双随机、一公开"制度，根据省厅实施方案要求，积极探索深化落实"双随机"抽查工作，努力打造常态化、规范化的监管新模式。2019年，结合辖区实际，继续更新增加双随机抽查企业名单，全市共有551家企业纳入"双随机、一公开"生态环境执法，其中一般工业污染源518家，重点工业污染源33家。年内，共开展双随机抽查执法291家次，发现问题162处，完成问题整改162个，立案处罚1家，信息公开数量291条。

2019年8月，执法人员进行夜间巡查

【环境综合整治】 锅炉低氮燃烧改造　年内督导列入烟台市治理计划的4家企业共7台燃气锅炉完成低氮燃烧改造。

挥发性有机物治理　按照上级要求，6月，成立专项检查组，以化工、表面涂装、家具生产、包装印刷、汽车维修等行业企业为重点，展开挥发性有机物专项执法检查。除1家长期停产外，其余企业全部配套建设挥发性有机物治理设施，有效杜绝挥发性有机物直排和治理设施运行不正常的环境违法行为。

油气回收治理　根据上级要求，龙口市所有75家加油站、6家储油库（含原油库）必须于2020年上半年完成三次油气回收工作。截至2019年底，全市共有61家加油站、6家储油库完成三次油气回收工作。

柴油货车联合执法检查　为改善和提高环境空气质量，减少机动车污染物排放，年内烟台生态环境局龙口分局联合公安、交通部门连续开展了12次柴油货车联合执法行动，共检查500余辆，对其中6辆超标车辆进行处罚。为加强对在用柴油货车监测，龙口市投资180余万元，在213省道东羔村碑处建设一处机动车遥感监测点，2019年12月建设完成并上传数据。

入海排污口排查整治　2019年6月，生态环境部组织开展对河北唐山、天津（滨海新区）、辽宁大连、山东烟台4城市入海排污口现

2019 年 8 月，工作人员排查入海排污口

场排查工作，烟台市根据国家环渤海入海排污口排查情况确定龙口市 10 个问题点位，其中包括龙矿技校养殖场向北马南河排水口、北皂后村梁维勋养殖场、黄山馆镇黄山新村西北角处排污口、隆韵集团门前（牟黄路南侧水沟）、北河环海路桥处、唐家集村渤海路东水沟、香驰大豆公司南铁路桥下、北皂前村生活污水处理站排放口、北皂后村生活污水排放口、后田村临时处理设施泳汶河排污口。针对 10 个问题点位，辖区政府积极研究制定整改方案，黄山馆镇组织人员对泄漏点进行修补整改，污水不再漏入雨水沟，一周内将黄山馆镇黄山新村西北角处排污口整改完毕。隆韵集团门前（牟黄路南侧水沟）通过将该处污水接入城市污水管网，达到整改要求。诸由观镇政府组织人员对排水沟进行清淤，铺设专门的雨水管道，保证排水通畅，同时加强监管，确保周边村生活污水不再排入水沟，实现雨污分流，完成对唐家集村渤海路东水沟问题点位的整改。龙口市泳汶河污水处理厂已建成投用，后田村临时处理设施泳汶河排污口污水已全部接入龙口市泳汶河污水处理厂进行处理，此处问题点位完成整改。截至 2019 年底，已有 8 个问题点位完成整改。

农村水环境治理　2019 年，烟台生态环境局龙口分局会同农业农村、住建部门及各镇街区对全市 15 个镇街区的 533 个村庄的农村生活污水现状进行调查，列入饮用水水源地整治清单内的 36 个问题全部完成整改，并通过生态环境部现场检查。强化饮用水水源地安全保障，会同属地完成 11 个饮用水水源地保护区环境问题整改后验收销号工作。

危险废物排查整治　按照上级工作部署，3 月开展一次危化品企业危险废物环境隐患排查整治行动，针对危险废物产生、贮存、转移等环节，组织力量对全市所有危废经营、产生单位不落一家地进行排查。整治行动期间，共出动执法人员 200 余人次，检查企业 20 家，并督导问题企业完成整改。

【环保执法力度】 2019 年，环保、公安两部门充分发挥联勤联动效能，通过联合办案、召开案情分析研究会等方式积极开展案件调查取证，及时完成移送对接等相关程序，有效地打击环境违法犯罪行为，维护群众的环境权益。3 月，联合查处林某涉嫌利用渗坑排放电镀废水案；5 月底，联合查处烟台丽峰精细化工有限公司异地倾倒化工废水案。

撰稿：于　妮　审稿：张成钻

交　通

基础设施建设

【概况】 2019年，龙口市交通部门在市委、市政府的正确领导下，担当作为，砥砺前行，各项工作顺利推进，交通管理服务水平全面提升。年内，市交通局被评为烟台交通运输系统政务信息工作先进单位；市公路中心继续保持“全国模范职工之家”“省级文明单位”等称号。

【公路建设】 概况　2019年，全市公路骨架网络日趋完善，已形成以荣乌高速、滨海路、成龙路、蓬水路、黄水路等国省道为主，县乡路为依托，干支纵横、东西相连、南北贯通的“六横七纵”公路网络主框架。至年底，全市公路里程1831.4千米，公路密度203千米/百平方千米。其中，高速公路43.8千米、国道59.5千米、省道69.6千米、城镇道路106千米、农村公路1552.5千米（县路277.3千米、乡路200.3千米、村路1074.9千米）。全市所有镇街区的595个村居全部实现通村公路硬化，通行能力稳步提升，群众出行条件不断改善。

县乡公路大修改造工程　2019年3月，3条县乡公路大修改造工程开工建设，分别是石黄公路邢家至黄山馆段、黄水公路G228至隋家段、石河公路七甲至河西马家段。石黄公路邢家至黄山馆段大修工程全长5.4千米，设计时速为40千米，三级公路标准，总投资300万元；黄水公路G228至隋家段大修工程全长2.1千米，设计时速为40千米，一级公路标准，总投资1626万元；石河公路七甲至河西马家段大修工程全长8.6千米，设计时速为80千米，三级

农村公路

公路标准，总投资832万元。至年底，3项工程全部完工。

国道206烟汕线龙口段大中修工程　国道206烟汕线龙口段大中修工程于2018年4月8日开工，为2018—2019年跨年工程，烟台市公路中心专门成立工程项目管理办公室，全面负责工程项目的日常管理工作。国道206烟汕线龙口段大中修工程全长35千米，主要维修方案：处理原路面病害，视路面状况分别采用4厘米沥青混凝土罩面、8厘米大粒径透水性改性沥青混凝土+4厘米细粒式沥青混凝土、10厘米沥青碎石+4厘米细粒式沥青混凝土等方案。项目总投资约14431.25万元，其中省财政投资约13300万元、龙口市配套资金1131.25万元。在施工环境发生变化、工程进度一度滞后的情况下，龙口公路中心加强调度，通过优化施工方案、加大机械投入、夜间施工等多种方式加快工程推进。2019年10月30日，完成路面施工任务，并组织了交工预验收工作。

四好农村路“三年攻坚”专项行动　“三年攻坚”专项行动于2018年6月开工建设，预计2020年12月结束。计划提档升级工程60千米、

公交站棚109个，公路状况改善330千米，危桥改造3座，总投资1.12亿元。至2019年底，累计完成提档升级工程40千米、公交站棚109个，新建公交站点103个，公路状况改善220千米，危桥改造3座。

【铁路建设】 *潍烟高铁前期工作* 潍烟高铁设计线路长度为237千米、全线共设车站9座、设计时速350千米、双线全封闭全立交、电气化高速铁路，设计建设工期48个月，项目可研估算投资总额约492亿元。潍烟高铁站与龙烟铁路龙口市站合并使用，项目途经龙口市境内黄山馆镇、北马镇、芦头镇、东江街道、高新区、东莱街道、兰高镇、诸由观镇8个镇街、48个行政村，线路全长34.2千米。2019年6月，国铁集团与山东省商定，将京沪高铁二通道天津至潍坊段以及潍烟高铁两个项目合并为一个国家项目，合并后的项目名称为新建天津至潍坊（烟台）铁路，其等级由城际铁路调整到国家干线铁路；10月中旬，就避绕丛林水泥厂采石场进行线位调整并对调整线位进行勘探、补测，8月、12月分别召开可研审查和可研鉴定后修改审查会议，最终确定线位走向；就扩大龙口市站高铁站场规模问题，龙口市积极争请将龙口市站站场规模应由2台4线调整为2台6线，增加始发、到达功能，最终取得专家支持；10月，开始配合设计部门进行潍烟高铁的环评和文物调查评估工作。

大莱龙铁路扩能改造工程 大莱龙铁路扩能改造工程在龙口市境内共两个工程段，第一工程段龙口、招远界河至龙口西站，全长8.9千米，工程投资约1.6亿元；第二工程段龙口西站至龙口港站，全长16.7千米，工程投资约2.8亿元，设计建设工期为24个月。2019年4月下旬，完成6宗26.7亩集体土地征地补偿，项目正式开工建设，并交付施工单位进场施工，进行桥梁加固、路基加强、设置电气化设施、更换枕木和钢轨等工程。至年底，工程仍在施工中。

【港口建设和水路运输】 2019年，龙口市紧紧围绕“以港兴市”发展战略，全力加快港口基础设施建设。至年底，全市主要港口有5个，分别是龙口港、屺岬岛港、胜利港、中海油、中集来福士。全市岸线总长70.1千米，已建设利用码头岸线8600余米、港口装卸企业6家、生产泊位44个。主航道水深-16.0米，底宽300米，10万吨级船舶可正常进出港，港口通过能力达到6000万吨，形成以大莱龙、益阳、胶济、寿平铁路为骨架，以荣乌、济青、东青、滨博等高速公路为脉络，以青州、李鹊、兴福“无水港”为货源集散中心，以寿光、大家洼、羊口等站点为节点，以环渤海港口至龙口港区的转水航线为呼应的龙口港区集疏运体系。夯实港口转型升级基础，年内，完成了龙口港客滚中心工程3#、4#泊位客滚改造工程，建成了南山屺岬岛港5#、6#2个10万吨泊位工程，港口吞吐能力得到进一步提升。龙口南山LNG接收站一期工程（码头工程）前期工程稳步推进。至年底，全市水路运输企业达到9家，其中货运企业4家、轮渡公司1家、游艇公司4家，货运船舶总数10艘、总运力14.48万吨。全年共完成水路运输货物955万吨，货物周转量45.25亿吨千米。

【交通枢纽建设】 客运场站枢纽建设成效显著，通行效率进一步提高。至2019年底，公交充电桩总数达59个，具体包括九南营运中心20个、公交公司10个、公交维护中心10个、西城区公交枢纽站10个、田家场站5个、石良场站4个。新建公交站点103个、站棚79个、站牌103个，城乡公交网络的通达深度和广度显著提高，广大农村群众乘车环境得到较大改善。全市共有货运场站6家，其中，一级货运站1个、二级货运站1个、三级货运站2个、四级货运站2个。至年底，规模以上（20辆以上）道路

公交站棚

货运企业达到 53 家。

公路运输

【公路运输能力】 2019 年，全市共有客运公司 4 家、客车 100 辆、旅游包车 61 辆、客运线路 35 条，平均日发班次 300 余个，日运送旅客 3000 余人次。共有道路货运企业 135 家，其中，规模以上道路货运企业 53 家、有危化品运输资质的 10 家，在运政系统注册的货运车辆共 6409 辆，总吨位 94422 吨，其中，普通货运车辆 7372 辆、危险货物运输车辆 893 辆，从业人员达到 20864 人。公交线路 49 条，城乡公交客运车辆 313 辆，年运营里程 1400 多万千米，年运送乘客 1800 余万人次。出租车 442 辆。

【信息化建设】 构建营运车辆安全运行预警与紧急避险系统 恒通物流股份有限公司旗下的云通智安安全科技有限公司致力于车辆安全与智慧交通研究与推广，旨在通过创新科技研发，提升行业安全管理，解决交通安全管理难题，真正实现科技强安，平安交通。车辆安全运行与紧急避险系统基于司机专业素质的提高、科学严谨的现代企业制度建设、平台核心大数据的统计、有效的政府监管各方面考虑，从人、车、企业、政府监管 4 个方面来提供全方位的服务。2019 年，公司推出创新业务“保险—监控—企业”模式，为运输企业降低安全生产事故，提升安全生产效益，成为山东省全新的创新方式方法。系统的推广应用有效地降低了两客一危等营运车辆的事故发生率与故障赔付率，显著地提高了山东省的安全生产运输，为国民的安全提供了保障。

构建“无车承运平台” 恒通物流股份有限公司旗下的一点科技有限公司凭借“无车承运人”资质，依托互联网技术开发业务共享及信息交互平台，通过完善的物流运输管理流程、安全监控手段、结算对账体制等，匹配多模式的运输业务要求，打造客户、承运商、平台、司机四方共赢的完美闭环生态链。一点物流信息平台根据公路干线物流的现状与需求，成功完成了传统公路物流产业的转型，真正践行了“互联网 + 物流”模式。从货主发货到承运商接单调度，再到货主实时查看车辆位置、承运商管理车队以及双方对账结算，所有物流交易环节均可在线完成。不仅为传统物流提高效率节省成本，也为传统物流带来新的发展契机。试点以来，平台整合并完成运输量 2112.77 万吨，平台完成运输订单 1495182 单，共整合 18340 台历史承运车辆，完成收入 109243 万元。

【公交线网布局优化】 为进一步扩大公交覆盖面，填补公交运营盲区，优化市民出行环境，公交公司九南营运中心于 1 月初启用，同时完成了 3 路、

10 路、102 路等线路的调整优化工作。5 月，公交 26 路终点向南延伸 200 米在龙口芦头镇与招远市交界处设站；公交 9 路向南延伸约 3 千米至下丁家镇与招远市交界处设站。6 月，公交 1021 路线路微调通行大李家、逄鲍两村；公交 22 路延伸 3 站至龙族海天福景；公交 25 路延伸 4 站至龙族海天福景。7 月，开通公交 20 路东城区—庵夼公交线路；调整优化公交 13 路，由平价超市站点向西绕行世纪花园；公交 17 路运行南山养生谷。11 月，公交 29 路延伸 6 站至庙马村；309 路延长 7.5 千米延伸 6 站至水夼村。

【公交站棚牌升级改造】 站棚牌升级改造有序推进，共完成改造 20 个。石黄线站棚原有 27 个，新制作安装 6 个，单幅改装两幅 14 个；庙东、蒋家桥、石板丁家、圈子、大陈家、木厂下行改造站牌 7 个；蒋家、庙北马家、石板王家、圈子改造站牌加护栏 4 个。

【公交便民惠民举措】 公交车支付宝、云闪付等移动支付方式纳入年度工作计划并全力推进，为 2020 年 1 月 9 日正式启用奠定坚实基础，丰富乘客支付渠道，满足乘客多样化出行需求，用公交方便快捷的新优势吸引客流。5 月，爱心药箱上公交车，驾驶员接受医务急救培训，在乘客遇有突发身体状况时发挥作用。8 月起，常驻龙口口市年满 60 周岁而未达 65 周岁的所有老年人，持市公交公司办理的老年优惠卡刷卡（过渡期除外）乘坐全市所有城乡公交车辆享受半价优惠。9 月，公司开通 7 条一中学生定制公交线路，让学生上学回家更方便。8 月底，增设西城区公交卡办理处，方便乘客办理老年卡、优抚卡和老年优惠卡。积极与民政沟通协调，做好亡故乘客老年卡的注销工作。

公路与交通运输管理

【运输管理】 日常运输监管　2019 年，市交通运输局加大运输管理力度，严格行政许可，按照“谁主管谁负责、谁审批谁负责、谁发证谁负责”原则，严格把关行政许可和审批条件，不符合条件的坚决不予许可和审批，坚持“谁主管追谁的责”，严格落实审批审核、年审年检、考试发证等管理环节的责任。加强驻港、站管理，长期严格落实“三不进站，六不出站”“逢六不开”等规定，重点时段在各车站、码头派驻安全监督员，督促落实各项安全营运规定，在龙口港常年派驻工作人员现场办公，重点对危化品充装环节进行督导。

专项整治行动　2019 年，市交通运输局积极开展危险货物运输车辆集中整治活动，大力查处道路危险化学品运输车辆的违法行为，全年未发现违章危险品车辆违法运输行为。开展多次出

2019 年 3 月，开展道路交通执法检查

租车专项整治活动，在东城区振华博商附近和车站路口、西城区嘉元购物广场和中心医院等人口集散点对出租车经营行为进行检查，重点查处出租车不按规定使用计价器、乱涨价、拒载以及强行拼车等行为，同时，充分利用投诉中心“8880110”的投诉信息，对无营运手续的黑出租进行严厉打击，共查处正规出租车27辆、黑出租10辆。开展客运市场专项行动，检查客运车辆不按规定线路行驶、乱停乱靠、倒客甩客、超员等违章问题，共查处违章客车13辆。多次开展非法网约车集中整治行动，对未经许可擅自从事网络预约出租汽车经营的非法网约车进行重点查处，维护出租车市场秩序，保障乘客的合法权益，共处理非法网约车34辆。与公安实行联合执法，坚持依法严管，强化路面执法，严格落实强制卸载制度，严禁只罚款不卸载，杜绝超限车辆二次违章上路，坚持落实违法超限车辆抄告制度，确保“一超四罚”制度的落实，共查处超限车辆21辆，卸货345吨。

路政管理　进一步加大路政巡查力度，充分利用公路数字化管理平台，严格规范，高效执法，实现公路动态管理。2019年，对国省干线公路两侧违章建筑以及废弃、私开路口等问题进行专项整治，已拆除活动板房50余处，挖填路口20处，清理国省干线公路两侧无手续、废弃广告牌300余块。全年累计巡查里程59689千米，处理路政事案10起。路政宣传月活动期间，开展丰富多样的宣传活动。

安全管理　建立健全安全组织机构，及时调整安全生产委员会和消防安全工作领导小组。组织开展“安全生产责任落实月”活动，分别与烟台市业务上级和龙口市政府签订安全生产目标管理责任书各1份，签订对外租赁房屋安全消防协议书36份，签订各类责任状329份。全年共做“安全检查记录”215份、领导带队“检查记录”35份，下达“隐患整改通知书”52份。充分发挥安全信息平台作用，按要求及时上传各类信息，共上传“安全科工作日志”380份、“隐患现场处理单”30份。

【驾校管理】　2019年，新增众合1家驾校，全市驾校数量增至9家。各类教练车数量达到402辆，教练员460人。全年共计参审各类教练车402辆，合格363辆，39辆未参加审验，分别为公交驾校4辆C1教练车未到有效期，平安驾校27辆C1报停，畅通驾校新增8辆C1不用参加审验。年内，继续加大对驾校的管理力度，持续推进驾培计时管理，严格按照要求对全市教练车进行道路运输证年度审验。严格落实驾校学员办卡制度，结合计时系统与公安考试部门正式联网，为学员的后期训练学时与学员维权提供可靠的保障，也有效杜绝学员“混课时”的弊端。严格组织教练员资格培训，对在培训中受到学员投诉的教练员，责令驾校坚决清理出教练员队伍，通过明察暗访杜绝教练员在培训中“吃

2019年8月10日，市公路中心开展应急防汛演练

拿卡要”等不良行为，规范驾驶人培训行为，提高驾驶人培训质量。

【维修管理】 2019 年，全市机动车维修企业达到 132 家，其中，一类维修企业 11 家、二类维修企业 22 家、三类维修业户 99 家，其中 4S 店 10 家。城乡客运方面，严格执行各项车辆维修管理制度，做到车辆责任到人，车辆的安全检查、使用、维护、保养和维修均有专人负责处理，使车辆始终保持良好的状况，有效提高安全运营水平。

2019 年 11 月，进行公路日常养护，清理边沟

【公路管养】 市交通运输局不断完善管理养护机制，积极推行管养分离，养护大中修工程建设全部推向市场，健全市、县、乡、养护承揽人、养护员五级管理养护管理网络体系，全面扩大养护范围，大力推进包括日常养护、小修保养、大中修养护工程在内的管理养护。2019 年，处理路政赔偿案件 167 起，收取损坏赔偿费 29060 元。清除漏撒及雨天冲刷泥沙 2300 余立方米，对县乡公路的边沟边坡进行维护以及对桥涵、泄水孔（槽）进行清理和疏通，清理淤积边沟 30 余千米。对全线路肩、边坡白色垃圾及生活建筑垃圾清理 378 次台班，用人工 2300 个工日。对群众反映较多的黄草公路归姜村内段 600 余平方米进行修补。雨后修复水毁 870 余平方米，更换排水地篦子 20 块。对全线非公路标志、标识进行 5 次集中整治，清理横幅 300 余面，拆除悬挂广告 763 面，清理移动广告 570 余次，劝阻打场晒粮 87 起。补植乔木 3124 棵、灌木 1000 余株，对所管辖范围内的县级公路行道树进行 2 次涂白、涂药环作业。

年内，市公路中心以路面清扫为重点，切实抓好路面、路肩、边坡、边沟及路域范围内的全方位保洁工作。加大机械保洁力度，对辖区内的 129.11 千米路面全面实行机械化保洁。完成 S213 龙青线清理两侧边沟 67 千米、G517 长莱线清理边沟 13.5 千米、G228 丹东线清理边沟 10.5 千米、S304 烟招线 31.8 千米。加大资金投入，确保公路安全设施完善，全年累计更换包头 36 个、护栏板 242 米；增设爆闪灯 4 套、示警桩 29 根；划设标线 18000 平方米。

撰稿：孙璐瑶、王童　审稿：刘连润、周鲁奇

龙口港

【概况】 至 2019 年底，龙口港拥有码头岸线 15000 余米、生产泊位 30 个，港口占地面积 6.5 平方千米、港区库场面积 330 万平方米、液化品仓储能力 206 万立方米、粮食仓储能力 26 万立方米；公司资产总额 76 亿元、员工 4000 余人、装卸队伍规模约 2000 人；有 AAAA 级物流企业 3 家、AAA 级物流企业 2 家；拥有“大包水泥效率”“中非杂货班轮”“木材全程物流服务”“港口现代物

2019 年 8 月 9 日，“丽娜”轮装载 319 台中通集团生产的校车从龙口港顺利启航

承”党建品牌，传承港口红色基因，提升港口党建工作的引领力和聚合力。推进学思型组织创建，引导干部职工勤于学习、善于思考、勇于实践，提升团队整体工作效能。举行首届中国石油大学（华东）管理干部培训班，着力提升关键岗位人员的综合素养和履职水平。优化薪酬分配机制，增加一线员工工资收入，充分激发关键岗位员工拼搏干劲。

信息化全覆盖　坚持“全局统筹，急用先行”原则，以契合港口发展实际为根本遵循，统筹长远规划和现实需要，不断加大科技创新领域人、财、物的投入，推动港口信息化水平稳步提升。2019 年，完成 3 号门、5 号门改造，实现行政车辆、作业车辆的自动放行；完成客滚车辆手检通道建设，为客滚航线运营提供技术保障；自主开发外租机械计费系统，提高计费准确率，降低账目核对的劳动强度。至年底，龙口港已经建设完成集

流融资支持平台”“环渤海黄金水道集装箱运输服务”5 个山东省级服务名牌。2019 年 8 月 6 日，山东省港口集团挂牌成立，龙口港成为山东省港口集团的下属单位。全年实现吞吐量 8066 万吨；实现收入 30.2 亿元，同比增长 14.5%；利税 1.17 亿元。年内，龙口港被山东省质量管理协会评为“山东省用户满意服务先进单位”；在第十四届全国交通运输文化建设高峰会上，被中国交通企业管理协会授予“2019 年度全国交通运输文化建设卓越单位”称号；被全国工商联石油业商会授予“年度杰出企业”称号，是全国唯一一家获此殊荣的港口物流企业。

【内部管理】　党建引领　2019 年，龙口港坚持“新”字为纲，充分发挥改革创新的推动作用，进一步更新理念、创新模式、理顺机制，推动企业管理效能不断提升。创建“百年栈桥 红色传

2019 年 6 月 26 日，龙口市 2019 年度码头溢油防污染综合应急演练在龙口港 24# 码头举行

装箱场站码头生产系统、集装箱理货系统、设备物资系统和 GPS 货运管理系统等物流管理系统，实现码头生产的信息化全覆盖。

安全新生态建设　2019 年，龙口港安全管理工作以“改革创新年”为主线，以建设港区“安全新生态”为目的，在夯实“双基工作”的基础上，加大安全活动创新力度，同时，引入“审计”思维，全面开展安全审计工作。在强化港口安全文化建设工作的基础上，组织开展安全责任月、用电安全月、安全生产月、夏季“四防”及防汛等一系列活动。6 月，以“安全生产月”为契机，在全港范围内开展隐患随手拍活动，充分调动广大员工全方位查找港内安全隐患，做到“隐患随时拍、隐患立即改”，形成隐患排查工作的协同效应。港口公安分局完成改制后，安全、消防、交通工作进入融合阶段，其间，成功举办烟台市第一届危化品技术比武，港口消防队取得 4 个集体项目的团体第一，随后代表烟台市危化品队伍参加全省危化品竞赛，取得化工装置初期火灾处置二等奖，并被赛会授予“优秀组织奖”。

2019 年 6 月 3 日，龙口港粮食现代物流项目（一期）开工建设

【基础设施建设】 码头及航道建设　2019 年，龙口港着眼于未来发展，扎实推进基础设施建设。坚持挂图作战，加快 3#、4# 客滚泊位改造工程，年内投入试运行，为客滚业务发展壮大奠定坚实基础。加紧办理 20# 泊位工程和 5000 吨级泊位工程的前期手续，力争尽快实现试运行。至年底，龙口港共有生产泊位 30 个，其中 15 万吨级 1 个、10 万吨级 7 个、5 万吨级 4 个，核定通过能力 6000 万吨以上。

锚地和航标　2019 年，龙口港海域共设 8 块锚地，其中综合锚地 5 处、危险品锚地 3 处，总面积 79.7 平方千米。港口拥有灯塔 1 座、导标 2 组、灯桩 4 个、灯浮标 36 座。

【生产设备投入】 2019 年，龙口港继续推进港口现代化建设，加大生产设备投入，机械设备更新换代，向大型化、专业化方向迅猛发展。至年底，港口设备总资产达 14 亿元，主要生产设备 356 台（套），具备多功能、高效率的装卸能力。是年，港口生产综合能源单耗 3.496 吨标煤 / 万吨，同口径计算比省港航系统指定的指标低 28.7%。

【进港铁路】 2019 年，龙口港港区有铁路装卸线 14 条，其中 4 条为油品装卸线，10 条为散货装卸线，港内铁路总长 13.459 千米。港内使用铁路道口远程集控系统，道口无人值守，有效降低成本投入，同时实现道口标准化管理，安全性和通过效率进一步提高。年内，铁路运量受大莱龙铁路扩能改造影响，铁路集疏港总量为 1201.15 万吨，主要货种为铝矾土、铁矿砂、油品、煤炭等。

【业务拓展】 2019 年，龙口港继续深入推进转型升级战略，加快新旧动能转换步伐，着力拓展贸易、物流、金融等业务，推动港口功能由传统装卸向现代物流中心转变。年内，公司贸易货种涵盖液化品、煤炭、木材、粮食等诸多领域，操作触角延伸至运输、仓储等物流环节，贸易业务呈现多元化发展。年内，公司实现贸易收入16亿元，占港口收入比例达53%，成功取得国家AAA-级担保存货管理及质押监管企业资质，成为目前国家质押监管行业资质最高的企业之一，全年累计为客户解决资金需求2.3亿元。

2019年1月12日，中石化烟台龙口LNG接收站项目举行签约仪式

【招商引资】 年内，新引入老虎燃气LNG（罐箱）调峰储配中心项目；与中石化燃料油公司签署战略合作协议，合作运营低硫船舶燃料油项目；与山东海洋能源签订战略合作框架协议，合作推进海洋能源LPG罐区项目。同时，公司加快推进已有项目进度，中石化LNG接收站项目、齐港LPG项目等重大项目有序推进。

【集装箱发展】 2019年，持续发展支线运输，依托中创物流的全球物流渠道和龙口港集装箱服务优势，与中创物流全方位合作，共同开发市场。7月，开通烟台港集龙口—烟台航线，龙口中远海及烟台港集的货物通过烟台港干线船中转，全年集装箱箱量完成78.02万TEU。年内，继续坚持以内贸为主导、外贸为补充的发展理念，大力发展内外贸同船运输，拓展渤海湾区间航线网络布局，通过港港、港航合作，创新理念，完善机制，增强实力，全面提升集装箱整体发展水平。与中远、中海、中外运、大新华、信宏、中谷、安通、环渤海、合德以及海丰、京汉等集装箱船公司建立稳定的合作关系，至年底，有集装箱内外贸航线10余条，外贸航线通过大连、青岛中转世界各地，内贸航线已形成覆盖所有国内沿海、沿江集装箱港口的完善航线布局，并获“环渤海黄金水道集装箱运输服务”省级服务名牌，成为山东半岛至渤海湾港口之间航线最密集、服务最完善的枢纽港口。

2019年龙口港集装箱航线情况表

表12

区域	航线名称	挂港顺序
外贸航线	大连外支线	龙口—大连及中转世界各地
	青岛外支线	龙口—青岛及中转世界各地

续表 12

区域	航线名称	挂港顺序
南下航线	中远海烟台线	龙口—烟台可中转泉州、广州、海口等
	合德京唐线	龙口—京唐中转泉州、福州、漳州、宁波等
	港通宁波线	葫芦岛—龙口—宁波可中转乍浦、温州等
	环渤海大连线	龙口—大连中转上海、泉州、广州、海口等
	中创青岛线	龙口—烟台—青岛　可中转泉州、宁波、海口、南沙等
环渤海航线	环渤海大连线	龙口—大连—东北各口岸（内贸支线）
	信风营口线	龙口—潍坊—葫芦岛—营口（接东北三省、内蒙古等地）
	合德京唐线	龙口—京唐—葫芦岛、盘锦两港辐射东北区域
	寿光支线	龙口—寿光

【客运服务】 2019 年，龙口港重点推进、培育甩挂业务，开发维护大宗支柱货源，挖掘增量货源，强化改革创新，以确保安全运营和提高发展质量、效益为中心，主动适应客滚发展新常态，全力做好市场开发、超值服务。是年，龙口港旅客运量 36.3 万人次，其中发送量 20.4 万人次，滚装车运量 13.3 万辆，其中发送量 6.6 万辆。龙口港客运站按照国家一级站标准设计，配套站前广场、旅客候船大厅、停车场、客梯、滚装桥等设施，具备售票、验票、安检、候船、小件寄存等服务功能，拥有现代化的实名制售检票和安检系统。客运站致力于实施人性化、差异化服务，秉持“用心服务、无微不至”理念，推行“首见首问”负责制，开通特殊旅客绿色通道。设立“军人候船室”“爱心妈妈小木屋”，服务台配备便民工具箱、医药箱等应急用品和小件寄存等服务功能。

【外贸服务】 2019 年，公司共代理外贸船舶 480 余艘次，市场占有率达 56%。实现外贸船舶加油 135 艘、9.2 万吨。

撰稿：唐玉建　审稿：刘晓勇

科学技术

科　技

【概况】 2019年，全市新增国家高新技术企业22家，总数达到63家；全市高新技术产业产值占规模以上工业总产值的比重达到59.96%。争取烟台市级以上各类科技计划项目16项，共获批资金5925万元。龙口市第五届科技顾问团正式成立，确定21名专家学者、行业领军人物为龙口市科技顾问。新增院士工作站2处，成功引进中国工程院院士2人。

【高新技术开发】 2019年，全市新增国家高新技术企业22家，总数达到63家；入库烟台市高新技术企业培育库企业19家，入库国家科技型中小企业信息库企业59家。创新主体的发展和壮大，有力推动高新技术产业的发展，年内，高新技术产业产值占规模以上工业总产值的比重达到59.96%。

【平台建设】 2019年，新建烟台市级以上科技创新平台10处，其中创建院士工作站2处。全市3家企业参加省重点实验室绩效评估，全部合格，其中山东南山铝业股份有限公司被评为优秀。南山铝业与中国商飞上海飞机设计研究院合作共建民机铝合金材料联合研究中心，旨在打造独具特色的新型科技创新平台，共同推动中国航空材料研制技术的进步。

【交流与合作】 2019年，累计走访清华大学、中科院部分研究所等重点高校院所45家，达成合作意向28项，签订合作协议7项；2人获得省创业大赛优胜奖；11月下旬，龙口市第五届科技顾问团正式成立，确定21名专家学者、行业领军人物为龙口市科技顾问，将为龙口市经济社会高质量发展提供强大的智力支撑；创建英才工作站1处；中际装备的“车用高功率密度驱动电机定子绕组制造数字化成套装备及关键技术研究”获省科技进步奖三等奖。

【科技计划管理】 充分发挥科技计划项目对企业自主创新的带动作用，坚持把科技项目作为培育创新主体、推动新旧动能转换重大工程的切入点和着力点，积极组织辅导科技型企业申报各级科技项目，以财政资金引导、撬动企业研发资金，

2019年11月20日，龙口市第五届科技顾问团成立

以科技项目实施带动科技研发投入，以科技项目的增加、科技研发投入的增加为高质量发展增潜力、蓄后劲。2019年，7个科技项目列入2019年度烟台市重点研发计划，其中2个项目列入烟台市重大科技创新工程类项目；9个科技项目列入山东省科技计划，其中5个项目列入山东省重大科技创新工程，共争取资金5925万元，是历史上最多的一年。

【专利技术管理】 2019年，组织14家企业、2个个人的62件专利申报山东省第一批专利资助；龙口市4家企业的5个项目获得烟台第一批次市级知识产权奖补资金共计95万元，龙口市2家企业的2个项目获得第二批次市级知识产权奖补资金共计11万元。组织山东南山铝业股份有限公司、龙口中宇机械有限公司、山东龙新建材股份有限公司等企业申报第二十一届中国专利奖，其中，中宇机械有限公司的安全式四速电磁风扇离合器及其控制装置、控制方法发明专利获第二十一届中国专利奖优秀奖；组织龙口中宇机械有限公司、烟台恒源生物股份有限公司、山东道恩高分子材料股份有限公司3家企业申报2019年山东省关键核心技术知识产权；组织龙口中宇热管理系统科技有限公司等4家企业申报国家知识产权优势企业，新认定国家知识产权示范企业3家；组织中宇机械开展专利质押融资工作，融资2000万元。2019年，全市完成发明专利申请300件，发明专利授权120件，有效发明专利594件，万人有效发明专利拥有量达到8.49件。

【技术市场管理】 全面加强对技术市场的运行管理，提高企业技术成果转化能力，2019年，登记科技成果20项，登记技术合同成交额13.6亿元。

【科技孵化器】 通过免费提供服务、科技项目支持等措施着力培育科技型中小企业，持续提升科技孵化器建设水平。2019年，龙口市高新技术创业服务中心新引进2家小微企业入驻。3个项目列入2019年度烟台市中小微企业创新竞技行动；2个项目列入2019年度山东省技术创新引导计划。

撰稿：姜　浩　审稿：孙兆刚

地　震

【监测预报】 2019年，龙口市应急管理局认真贯彻落实上级关于地震防御的工作部署，做好地震监测工作，及时准确上报台站的监测数据。对重点台站运行情况进行巡检，做好地震监测设施与地震观测环境的保护。围绕地震灾情速报网格建设，实行市、镇、村三级联动，每个镇街区确定1名防震减灾助理员，每个村或社区均设立1名灾情速报员，具体负责震情上报工作。

【机构建设】 2019年，龙口市进行机构改革职能调整，龙口市应急局根据《龙口市地震应急预案》要求，承担抗震救灾应急指挥部办公室职责，成立应急救援科，配备4人负责地震等自然灾害突发事件应急处置工作。

【应急演练】 2019年，组织全市中小学校举行地震逃生疏散演练。演练现场由教师讲解地震的概念等基本知识，现场示范地震发生时应急避险、

2019年10月28日，在东海外国语学校举行地震逃生演练

2019 年 12 月 11 日，在红旗小学举行地震逃生演练

紧急疏散和医疗救护的模拟演练。全面提高全市师生的防震减灾意识和应急意识，让学生掌握基本的防震避震知识和技能，提高师生的紧急疏散能力，严防拥挤踩踏等事故的发生，最大限度地减轻地震灾害造成的损失。

【防震减灾宣传】 2019 年 5 月，龙口市应急局在博商南门外广场开展防震减灾教育宣传活动，活动现场发放防震减灾宣传材料 1000 余份，现场答疑解惑，向市民介绍有关震时应急措施、震后自救互救技能等相关知识，让市民全方位、多角度地了解防灾减灾的重要意义，增强防灾减灾意识和自救互救能力。

撰稿：张泽光　审稿：曹政强

气　象

【气候概况】 2019 年，平均气温 14.2℃，偏高 1.4℃；年极端最高气温 36.5℃，偏低 2.7℃；年极端最低气温 -8.3℃，偏高 8.8℃。年降水量 291.9 毫米，比常年偏少 291.5 毫米，比最多年份偏少 648.4 毫米，比最少年份偏少 92.9 毫米。年日照时数 2410.3 小时，偏少 371.6 小时。年平均气温明显偏高，降水明显偏少，创历史极值，光照稍差。

【气象服务】 2019 年，龙口市人工影响天气办公室申请空域作业 6 次，实施 6 次人工增雨作业，共发射增雨炮弹 50 发。人工增雨作业增雨效果显著，使当季的旱情得到明显缓解，有效缓解春季森林防火压力。

2019 年 4 月，市气象局开展人工增雨作业

【探测设施建设】 2019 年，安装酸雨自动观测仪器，多个区域自动站改造升级，气象装备向智能化、微型化、综合化方向发展，探测装备对气象要素、大气环境的感知能力显著提升，气象观测基本实现自动化。已发展成以气象卫星、多普勒雷达、闪电定位仪及自动气象站为骨干的立体气象监测网。气象为农服务更有针对性，更精细化，建成土壤湿度自动站、设施农业小气候站，实

2019 年 3 月，小记者到市气象局进行学习实践

时监测农田数据，提供更准确预报服务。

【重大自然灾害】 2019 年 6 月 4 日，受雷阵雨夹杂冰雹的袭击，龙口市北马镇、芦头镇、黄山馆镇、高新区部分果树受灾，冰雹给樱桃、杏等果树造成灾害，造成一定经济损失，初步统计受灾人口 3754 人，受灾面积 520.3 公顷，经济损失 1085 万元。8 月 10—12 日，受台风影响，龙口市北马镇、徐福街道、诸由观镇、黄山馆镇、高新区、新嘉街道、东莱街道、龙港街道部分农作物受灾，台风给玉米、苹果、梨、葡萄等农作物造成灾害，造成一定经济损失，统计受灾人口 7692 人，受灾面积 2942.2 公顷，经济损失 752.1 万元。

撰稿：甄　晴　　审稿：金　岩

教育·体育

综　述

【概况】 2019年，全市各级各类学校54所，其中普通高中3所，初中8所，小学23所（包括教学点1所），九年一贯制学校15所（包括竞技体育学校1所），特殊教育学校1所，职业学校3所，教师进修学校1所，在校生约6.97万人，在职教职员工6023人。有幼儿园93所，在园幼儿约1.62万人。是年，市教育和体育局获评教育部基础教育质量监测中心授予的“县级优秀组织单位”等称号。

2019年9月11日，全市教育大会在龙口一中召开

【党建引领】 率先垂范　2019年，局党组以身作则，推动全系统“不忘初心、牢记使命”主题教育走心走实。局领导班子、学校领导班子共上晚自习，坚持问题导向，强化分类指导，推动主题教育与机关作风建设、组织队伍建设以及教育教学工作相融合。

品牌创建　抓规范创特色，推动全系统党建工作提质增效。坚持“典型引路、示范带动、整体推进”的工作思路，积极谋划实施党建规范化建设工程，指导建成龙口一中等5个党建示范点，成功召开全系统“党建规范化建设”现场观摩会，推动培基学校等38个基层党组织完成规范化建设。围绕“红烛映党旗”主题开展机关党的建设，并积极开展“一校一品”党建特色品牌创建活动，并将其作为党组织书记抓党建的突破项目加以推动落实。

工作成效　年内，累计开展学习教育400余次，围绕“加快义务教育优质均衡发展”“教育系统意识形态工作”等主题开展调研60余次。润新小学和北皂学校党支部被评为烟台市教育系统先进基层党组织，明德学校党支部被授予“烟台市先进基层党组织”称号、获烟台市“一校一品”党建特色品牌学校、“不忘初心、牢记使命”主题教育示范点等称号。

2019年3月29日，教师参加“巾帼红”文明实践义务劳动

【综合改革】 全面落实教育综合改革，坚持立德树人、质量为先的核心理念，统筹推进改革与稳定、质量与效率、均衡与特色等关系，通过政策拉动，制度促动，提升学校、教师质量意识、科研意识，使教学研究、教育科研成为学校发展新

引擎。注重凝练德育特色，丰富德育内涵，推进德育工作品牌化、特色化发展。根据“学科核心素养研究年”工作要求，紧紧围绕“研究、指导、管理、服务”职能开展各项工作。以党建工作和队伍建设为根本，狠抓教育教学质量提升，目标明确，措施到位，方法优化，有效提升教研品质，提高教师专业素质，为全面提高龙口市教育质量提供坚强有力的保障。

【教育经费】 2019 年，生均公用经费财政拨款标准为：高中每生每年 900 元，特殊教育学校每生每年 8000 元，初中每生每年 1010 元，小学每生每年 810 元，公办幼儿园每生每年 710 元。全年教育经费拨款 100639 万元，占财政总支出的比例为 10%。全年征收教育费附加 10728 万元，其中用于职业教育的比例为 31.5%。

【学生资助】 年内，发放学前、普通高中、中职助学金 5949 人次 467.1 万元，义教生活补助 387 人次 41.05 万元，高校各项奖助学金 9087 人次 1294.485 万元，为民办中职学生免学费 1.2776 万人次 1565.125 万元，为高级技工学校学生免学费并补助学校公用经费 2896 人次 456.09 万元，为南山学院 204 名山东省户籍建档立卡贫困大学生拨付免学费补助资金 81.6 万元，为学前和普通高中建档立卡贫困学生 205 人次拨付免学费补助 22.3 万元，为龙口户籍在省外上学的建档立卡贫困大学生 14 人发放免学费补助 6.26 万元，向 72 名来自建档立卡贫困户、低保和低保边缘家庭的大一新生发放救助金 27.8 万元，为 150 名大学生办理生源地信用助学贷款 131.76 万元。市教育和体育局被烟台市教育局授予“烟台市学生资助工作先进单位”称号。

【教育装备】 通用技术考核　高中通用技术学业水平考试顺利完成。2019 年是高中通用技术学科的首考年，龙口市先期规划，提前介入，指导高中学校自筹资金配备通用技术器材，通用技术教室建设配备达到 I 类标准。年内，全市学校学生通用技术考核合格率达到 99.23%，名列烟台市前茅。

信息化建设　顺利完成龙口教育城域网出口整合和链路升级改造。超前规划，采用下一代安全网关，实现防火墙、IPS 入侵防御、上网行为管理、带宽控制、链路负载均衡和日志审计等功能，并增配日志审计系统。在山东省 2019 年网络学习空间优秀区域和优秀学校推荐活动中，龙口一中成为省内唯一一所入选高中。在烟台市教育信息化大会和教育部信息化展评活动中，龙口一中代表高中段作典型交流。在烟台市 2019 年校园影视作品评选中，龙口市推荐的作品全部获奖，六个评选大类中，有三个大类（微电影、校园专题和综合类）获得第一名。龙口一中的校园影视作品《我和我的祖国》，被山东省教育厅推荐在山东省委组织部主办的“灯塔在线”学习平台展播。龙口市申报的案例获评“全省基础教育信息化区域典型示范案例”。《为教育插上信息化翅膀》案例入选山东省教育信息化应用优秀案例。

信息技术研究　信息技术与学科教学深度融合于优质课评选，龙口市推荐的 13 节课例参加烟台评选，全部获奖，其中 11 节课例被烟台技术中心推送到省级评选，并参加教育部数字化学习支撑技术研究中心第十七届全国信息技术与教学融合创新展示与培训活动，获全国一等奖 3 节，二等奖 6 节，三等奖 1 节，成绩列烟台市前茅。烟台市首届电教资源应用优质课观摩评选活动在市明德学校成功举办，龙口市三位教师的授课被评为烟台市电教资源应用优质课，龙口市参赛人数和获奖人数均列烟台市首位。在烟台市实验教学优质课评选活动中，龙口市推荐的 13 节课例全部获奖；在山东省实验教学说课活动中，龙口市推荐的 2 节课例全部获奖。烟台市普通高中学生科学实验比赛中，市教育和体育局及龙口一中双双获“优秀组织单位”称号。

信息技术创新　在烟台市中小学电脑作品评选中，龙口市获 2 个一等奖，9 个二等奖，1 个三等奖。

在烟台市第三届中小学航模竞赛活动中，龙口市获一等奖9个，二等奖12个，三等奖4个。在烟台市中小学机器人大赛中，龙口市60人参赛，14人获一等奖，29人获二等奖，17人获三等奖，其中6人入围山东省创客大赛竞赛类决赛，最终获得一等奖2个、二等奖1个、三等奖2个。在全省青少年“创意编程与智能设计”大赛中，龙口市获得一等奖2人，三等奖1人。在第五届全国青少年创意编程与智能设计大赛山东赛区决赛中，龙口市获Scratch项目一等奖2个，三等奖2个，获奖数量列烟台市各县市区之首。在iCAN国际青少年创新创意大赛中国区总决赛中，龙口一中学生团队入围全国总决赛，获2个一等奖、1个二等奖。在山东省新媒体、新技术中小创新课堂教学实践交流展示活动中，龙口市选送的《智能风扇》获得二等奖。

【校舍改造】 2019年，龙矿学校新建教学楼及室外工程建设完成，9月投入使用，共新增班级28个，新增学位1400个。新民学校新建工程，至年底中小学教学实验楼（5幢）、中小学办公楼（2幢）完工，正进行内部设施配套；中学餐厅、礼堂、小学餐厅、体艺楼、图书馆主体完工，正进行装饰施工；室外附属工程正进行施工。培基学校二期工程，至年底中小学综合教学楼（2幢）完工，正进行内部设施配套；餐厅主体完工，正进行装饰施工；室外附属工程正进行施工。

【队伍建设】 招录创新 年内，通过考录招聘新教师176人，其中硕士研究生22人。首次独立开展进校园公开招聘工作并尝试“面试前置”做法，与51名优秀考生签订就业协议，开拓了龙口市教师招聘新模式。

教师培训 注重青年教师培养，开展入职未满三年的新教师课堂达标活动，有效促进其课堂教学水平提高。组织开展师德主题和师德师风专题学习教育活动，加强相关法律法规学习教育，增强广大教师底线意识，激发工作热情，争做“四有”好老师。采取城乡学校互派教师支教、培训的措施，优化教师区域结构，推动城乡师资力量均衡。

优师培养 龙口一中吕玉巧被授予“全国优秀教师”称号；田家小学姜丽萍被授予“全国模范教师”称号；实验小学宋玉姬被授予“山东省优秀教师”称号；明德学校校长胡立厚被授予“山东省优秀教育工作者”称号。明德学校温少波和下丁家学校丁广春当选2019“烟台市教书育人楷模”。

【教育科研】 2019年5月，在首届山东省基础教育教学改革项目评选中，龙口市“初中数学思维律动课堂的探索实践”“整体推进县域义务教育均衡发展的‘学校发展共同体’构建与实施”两项被立为省级一般项目。6月，南山双语学校“互联网环境下促进初中生深度学习的教学策略研究”“幼儿“健康领域”游戏课程体系的构建与实施研究”以及龙口市教学研究室“农村学校劳动教育本土资源开发和利用的研究”三项被立为山东省教育科学规划课题进行研究。9月，进行龙口市第二届教学成果奖

2019年10月，小学生参观“胶东小延安”——黄城阳村

评选，遴选出一等奖 8 个，二等奖 14 个，三等奖 22 个。12 月，龙口市进行全市教育科研总结年会，对各级教育科学规划“十三五”课题和研究项目进行梳理提升，并进行教育科研骨干业务培训。12 月，山东省基础教育学会基础教育科研培训暨优秀科研成果表彰会议在青州举行，龙口一中做“生涯规划教育”方面的典型发言。

【教育赛事】 2019 年，组织开展全市中小学生及教师读书、古诗文吟诵比赛、“我是小小传承人”观摩、初中经典诵读观摩、高中“小小百家讲坛”“儿童阅读推广人”培训班、“我家春联我来写”等活动。6 月，举行龙口市第三届“国学达人”挑战赛，选拔出实验小学姚易恒、龙口一中安婉宁、龙口一中东校李沭锴 3 名学生参加烟台市第六届“国学小名士”决赛。在第二十一届“语文报杯”全国中学生作文大赛中，龙口一中获 1 个一等奖，3 个二等奖，并获“作文教学先进单位”称号；龙口一中东校有 4 位教师获得山东赛区国家级特等奖，10 名学生获得省一等奖，12 名学生获得省二等奖，16 名学生获得省三等奖。龙口一中拍摄的微电影《我和我的祖国》在烟台市教育局举办的 2019 年校园影视节目评选活动中获一等奖，在山东省文明办举办的“新时代文明实践”微视频大赛中获优秀奖。

【招生考试】 2019 年，龙口市教育招生考试中心积极贯彻落实“关于净化考试环境”专项行动要求，始终坚持依法治考，从严治考，力求务实高效，服务考生。圆满完成普通高考、中考、高考模拟与高中学业水平考试、自学考试、教师资格证考试等 8 次国家教育考试的报名、考务组织工作。组织夏季普通高考考生 2999 人、春季高考考生 2100 人顺利参加考试，共为 5099 名考生建立档案并进行体检；组织 16441 名考生顺利参加初中学业水平考试；组织 3050 名考生报考成人高考；组织自学考试报名 2 次，并于 4 月、10 月组织 2 次南山学院自学考试考务工作；1 月、9 月组织教师资格考试报名 2 次，并于 11 月组织教师资格证考试考务工作；为南山学院做好 6 月和 12 月大学英语四六级考试试卷安全保密工作。

【教育督导】 督导评估 2019 年，迎接烟台对龙口市义务教育段学校和高中学校督导评估各 1 次。根据《2019 年教育教学工作督导评估细则》，对全市中小学校开展教育教学年终督导评估活动。评估活动分镇街区和市直两个评估小组，通过实地查看、查阅档案、问卷调查等形式，对全市中小学进行普查。评估结束后，召开专门会议，对评估结果进行通报，指出问题与不足，同时对各学校取得的成绩和经验进行总结推广。

质量监测 2019 年，龙口市作为国家义务教育质量监测样本县之一，完成质量监测实施工作。市教育和体育局被教育部基础教育质量监测中心授予“县级优秀组织单位”称号。

【学校安全】 严格遵循“党政同责、一岗双责、齐抓共管、失职追责”和“管行业必须管安全，管业务必须管安全”的工作要求，以全面创建烟台市“三星级安全校园”为目标，以校园安全“三清单”和“两个体系”建设为主抓手，以“卡实责任，强化措施，狠抓教育，严抓重点，细抓检查，跟踪整改”为工作主线，全面构建“主要领导负总责，分管领导具体负责，其他领导一岗双责，全员参与，齐抓共管”的校园安全管理体系。年内，组织召开幼儿校车专题会、教师安全教育网络培训研讨会、学校安全管理工作会、安全管理工作现场观摩会、学校幼儿园安全教育平台操作培训暨管理经验交流会、校方责任险工作会等专题会议，加强安全管理人员培训工作。组织全市学校、幼儿园开展地震、消防、校车等各类安全应急演练 800 余次，参与师生 50 多万人次。联合市消防大队开展消防安全专项检查 2 次，联合市场监督管理局开展食品安全专项检查 4 次，开展全市范围内校园安全大检查活动 4 次，开展不定期抽查、回头看等活动 10 余次。全

2019 年 11 月，在明德学校开展预防校园欺凌和暴力法治讲座

市共配备保安 398 人，配备安保器械 2497 件。全市学校视频监控系统达到校园全覆盖，全部配备一键报警装置，并与 110 接警中心及各属地派出所联网。切实保障全市学校和谐稳定，为全市教育体育事业持续稳定健康发展营造良好环境。

学前教育

【概况】 2019 年，全市幼儿园总数为 93 所，在园幼儿约 1.62 万人，其中，公办园数为 54 所，在园幼儿 8810 人，幼儿园数和幼儿数占比分别为 58.1% 和 54.15%；民办园 39 所，在园幼儿 7459 人，占比为 41.9% 和 45.84%，其中，普惠性民办园数 27 所，占民办园总数 69.2%；全市普惠性幼儿园数 81 所，占比为 87.1%，在园幼儿数占比达 90.2%，位居烟台市前列。全市学前三年入园率 100%，实现普及普惠学前教育目标。全市省级示范幼儿园 13 所，省级一类幼儿园 15 所，实行“骨干园 +”办园模式，加大城区公办幼儿园“集团化办园”和乡镇中心幼儿园“镇村一体化”管理覆盖面，学前教育公共服务网络不断完善，逐步形成以公办幼儿园为主体，多种办园形式并存的学前教育发展格局。

【教学管理】 深入实施第三期学前教育行动计划，多次召开相关部门参与的联席会议，对《关于加快乡镇公办中心幼儿园建设的实施方案》的奖补政策延期一年，全力推进乡镇公办中心幼儿园建设。强化对学前教育的监管，根据《龙口市城镇居住区配套幼儿园专项整治工作方案》《龙口市无证幼儿园专项整治工作方案》，圆满完成两项专项整治任务。学前教育三年行动计划各项工作有序推进。制定《关于开展普惠性民办幼儿园认定工作的通知（试行）》，引导民办幼儿园提供普惠性服务，增强学前教育的公益性和普惠性，促进区域学前教育健康、有序、优质、均衡发展。

幼儿园小朋友热烈庆祝中华人民共和国成立 70 周年

世界读书日，幼儿园小朋友在认真看书

基础教育

【概况】 坚持立德树人，五育并举，深化素质教育。制定《关于进一步提高义务教育教学质量的指导意见》《关于评选龙口市素质教育红旗单位和先进单位的意见》，从落实教学常规、优化教学方式、强化责任意识、优化作业管理、立体化考核评价机制的建立等方面提出要求和指导性建议，进一步规范学校办学行为，教育生态明显改观。2019年7月，龙口市与新教育研究院正式签约，成为新教育实验区，进一步借助新教育实验平台提升办学理念，助力学校发展，引领师生成长。

【教学成果】 2019年，全面贯彻落实《3～6岁儿童学习与发展指南》，在市县两级教科研引领评比活动和烟台市幼儿园课程资源、一师一优课和优质课评比活动中，龙口市推荐23个优秀课例，获得一等奖7个，二等奖9个，三等奖7个。在烟台市幼儿园优质课评比中，龙口市推送7节教育活动课，6节获评烟台市优质课，1节获评烟台市公开课。龙口市被确定为山东省省级游戏实验区（烟台市唯一一个）。龙口市4个基于学生核心素养发展的基础教育课程与教学改革研究核心素养课题组参加烟台市幼儿园该课题的子课题中期成果汇报会，实验幼儿园作为代表进行分享交流。实验幼儿园和南山幼儿园被列为山东省省级游戏教育实验园。各种活动的开展，提高了教师组织指导幼儿活动的能力，推进了全市幼儿教师的专业化成长，保教质量不断提升。年内，黄山馆镇中心幼儿园等3所幼儿园晋升为省级示范幼儿园，兰高镇第二幼儿园等5所幼儿园晋级为省级一类幼儿园。

【义务教育】 五育并举　推进德育课程一体化工作纵深发展，构建德育课程实施体系，落实全员育人、全科育人、文化育人、实践育人目标。通过一系列常态化活动坚持和引领，规范学校办学行为和教师教学行为。借助集体备课、质量监测，继续推

2019年5月8日，全市加强学校思想政治理论课座谈会召开

2019年5月17日，龙口市中小学德育课程一体化工作现场会召开

进课堂教学改革，努力提高课堂教学效率，促进龙口市整体教学水平得到有效提升。建立作业监测与展评机制，进一步减负增效。通过习惯养成教育现场会，构建养成教育科学模式，促进核心素养落地生根。初中学段实施培优工程，成功举行全市非毕业年级学生能力测评活动，拉动各项工作稳步提升，学业水平考试成绩有了新突破，优生率稳居烟台市前列。继续加强共同体建设，对共同体工作推进中的重点、热点和难点问题进行专题调研，对共同体建设现状进行分析，细化评价重点，向优质均衡发展转向。评价制度有效调动共同体学校积极性，最大程度发挥引领校带头作用，促进义务教育学校高质量发展。润新小学、实验小学、实验中学3所学校的经验做法被烟台市教育局以简报形式予以推广。龙口市共同体建设经验在《中国教育报》刊登，国务院妇女儿童工作委员会、教育部、光明网、省教育厅、河南教育、成都教育等多家网站转发此文，引起强烈反响。

教师研训　2019年，对173名中小学（含幼儿园）教师开展为期一年的实习期培训。组织中小学（含幼儿园）65名名师开展送教下乡活动。组织中小学（含幼儿园）教师全员参加山东省“互联网+教师专业发展”工程学习，小学数学第1工作坊等6个工作坊的活跃积分占据全省县级工作坊积分排名前6名，其他研修数据均在烟台市名列前茅。第四期齐鲁名师建设工程人选遴选，邹常志成功入选。多次组织义务教育学校校长后备人才、校长任职资格和提高、龙口市名班主任提升等多项高研班培训活动。遴选、组织28名教师作为“种子教师”参加烟台市中华文化涵养师德提升工程学习。龙口一中和徐镜心故居纪念馆入选烟台市师德涵养基地。

综合实践　积极构建“点—线—面”相结合的综合实践教研模式，小初高三个学段基本实现至少一次的专业培训，综合实践教师的专业技能明显提升。充分利用地市各级学科骨干教师资源，组建团队，加强引领，全市中小学校的综合实践活动实现质的飞跃。进一步挖掘和利用龙口市综合实践学校潜能，在扩大学生参与率、提高活动项目内容、更新硬件水平等方面迈出新步伐，广受师生及家长好评。有效利用社会资源，发挥综合实践活动基地作用，打通“校内+校外”，顺畅“学校+社会”，尤其在促进劳动教育落地生根方面发挥重要作用，全市所有中小学均实现校内劳动教育常态化，校内劳动园地、校园劳动基地、家庭劳动项目三者相互补充、有机统一，劳动教育开展有声有色。

家庭教育　健全机构，家教组织水平有了新提高。成立家庭教育指导师工作室3个，全面指导全市家庭教育工作开展。工作室有成员58人，采取“远程学习+名师指导”方式，依托网络平台，聚集、整合优质资源，相互学习、切磋、交流、探讨，实现资源共享，共同提高，对家教工作起到指路引航作用。

【高中教育】　全面育人　全市普通高中秉持全面育人理念，促进学生全面发展、健康成长，呈现多样化、特色化、优质化发展。2019年7月，龙口一中

2019年1月16日，举行中小学生"我家春联我来写"活动启动仪式

致远　砥砺前行——龙口一中生涯教育进行时》典型发言，并获4个一等奖，2个二等奖，1个三等奖；龙口一中在中国教育学会管理分会年会上做《基于学生核心素养的普通高中综合实践活动课程实施》典型发言。

学科竞赛　2019年，在全国高中数学联合竞赛中，龙口一中获得1个一等奖，1个二等奖，龙口一中东校获得2个二等奖。在全国物理联赛中，龙口一中获得10个二等奖，龙口一中东校获得2个二等奖。在山东省中学生生物联赛中，龙口一中东校获得3个二等奖。在山东省首届普通高中学生科学实验比赛决赛，龙口一中获生物学科高一组比赛二等奖。在烟台市高中学生科学实验比赛中，龙口一中获1个一等奖，3个二等奖，2个三等奖；龙口一中东校获3个二等奖，1个三等奖。

教育成果　2019年，夏季高考全市自主招生上线939人，上线率33.2%；本科上线1908人，上线率67.5%。优生培养方面，龙口一中1名学生

获评"山东省田径特色高级中学"；9月，获评烟台市教育局"烟台市教育系统先进集体"；10月，获评烟台市教育局"烟台市体育美育先进学校"；11月，龙口一中化学学科被认定为学科示范基地，地理学科被认定为"烟台市高中地理学科课程基地"。年内，龙口一中成为"南开大学优秀生源基地""齐鲁工业大学（山东省科学院）优秀生源基地""西南石油大学优质生源基地""江南大学优质生源基地"。龙口一中东校获评浙江大学"新时代人才培养战略伙伴中学"，成为"中国人民大学优秀生源基地""中国海洋大学优秀生源基地""大连海事大学优质生源基地""兰州大学优秀生源基地""西北农林科技大学优秀生源基地""西北大学优质生源基地"。

教研教改　在山东省教育督导学会2019年会暨教育督导评价高端论坛上，龙口一中作为全省唯一高中学校做交流发言，并在科研优秀成果评选中获4个一等奖，4个二等奖，2个三等奖；龙口一中在山东省基础教育学会基础教育科研培训暨优秀科研成果表彰会议上做《行路

2019年8月14日，举办"爱在龙口　桑梓情深"2019龙口籍青年人才家乡行活动

被北京大学录取。春季高考本科上线人数1764人，本科上线率达到68.43%，其中5名学生的成绩在服装、机械、汽车、信息技术、旅游专业分列山东省第一名，春季高考本科上线数和本科上线率连续八年稳居烟台各县市区首位。11月，龙口一中获烟台市教育局“普通高中教学工作先进学校”和“普通高中优生培养先进单位”称号。

特殊教育

【设施建设】 2019年，龙口市特殊教育学校总投资70万元建设山东省安全教育科普示范教室，购置送教上门训练系统8套，更新学生课桌凳60套，进一步改善了办学条件。

【免费教育】 龙口市特殊教育学校承担龙口市听力残疾儿童和智力残疾儿童共40人的康复训练工作，实行全部免费教育，每人每年发放2000元的生活补贴。对辖区内76名残疾儿童开展送教工作，每人发放救助金1500元。

【教育教学】 2019年9月，龙口市特殊教育学校被山东省科协命名为山东省科普师范学校、山东省地震科普师范学校，并为龙口市中小学提供现场教学。年内，进一步改进课堂教学，加大对残疾学生检测力度，实施个别化差异化教学。年内举办校级康复技能大赛2次、教案评选活动2次。分批派出教师赴烟台、济南、北京等地参观学习，促进教师专业化成长。年内，教师吕妮参加烟台市特殊教育优质课评选并获奖，1名教师获评烟台市优秀教师，1人获评烟台市教育系统优秀党务工作者。

职业教育

【概况】 2019年，全市有全日制中等职业学校3所，其中，龙口市高级技工学校（烟台电子工业学校）为公办中等职业学校，烟台市南山职业技术学校、烟台南山高尔夫球学校为南山集团出资兴办的民办学校。在校生9000多人，承担8000多人次的社会培训。

【教学与就业】 主动面向社会、面向市场办学，深度融入地方经济发展大潮之中。共开设数控技术应用、机电技术应用、会计电算化、计算机应用、学前教育等19个专业，全市共有烟台市级示范性专业6个。烟台电子工业学校的计算机应用专业是省级品牌专业。共有专任教师584名，其中，专业专任教师404人，文化课教师180人，师生比为1:13.93。专任教师具有硕士以上学历83人，占专任教师的8.56%；“双师型”教师310名，占专业课、实习指导课教师比例为76.73%。2019年，毕业生有2636人，初次就业率98.56%，就业形势良好。拥有实习实训工位5752个，校内教学、实习仪器设备资产总值达7318.4万元。积极充实图书馆藏书，职业学校图书馆藏书总计58.62万册。

【办学形式】 积极推动集团化办学，深化校企合作。全市职业学校与南山集团、中际电工、博商公司等20多家市内著名企业开展密切合作。参加烟台市和山东省组织的学科教研活动100多人次，承担编写烟台市《网页制作实训》教材。全市中职学校面向社会开放教育培训资源，积极开展继续教育、就业技能培训，逐步形成全日制与非全日制并重、学历教育与职业培训共同发展、学校教育与社区教育有机结合的新格局。全市中职学校依托广播电视大学开放教育和成人学历教育培训各类学员300多人。组织开展农村和城市社区“两委”成员专科学历教育，培训学员48人，提升了学员的理论水平和学历层次。烟台电子工业学校被山东省广播电视大学授予“社区教育联盟理事单位”称号。

【技能竞赛】 2019年10月，烟台电子工业学校在

2019年山东省职业院校中职学生技能大赛“互联网Wifi移动互联”项目中，获团体二等奖，在“网络搭建与应用”“工业产品设计与创客实践”项目中获得2个三等奖，在“会计信息化”“沙盘模拟企业经营”项目中获2个一等奖，实现财经商贸类专业省赛金牌零的突破。11月，烟台市南山职业技术学校在山东省中职学生技能大赛“液压与气动系统装调与维护”项目中获得2个二等奖。市教育和体育局获2019年烟台市职业院校教学能力大赛“优秀组织奖”。

撰稿：曹玉桥　审稿：王丽霞

高等教育

【概况】 烟台南山学院是由国家大型企业集团南山控股投资兴办、教育部批准的全日制普通本科院校。学校占地面积3028亩，建筑面积77.23万平方米。东海校区面向大海之滨万亩黑松林，南山校区紧邻国家AAAAA级旅游风景区。学院内设工学院、商学院、人文学院3个综合二级学院，航空学院、音乐学院、健康学院、化工学院4个特色二级学院，开设75个本、专科专业，26个系（部、中心），涵盖工学、管理学、经济学、文学、艺术学、医学等多个学科门类，有全日制在校生2万余人。

【设施配套】 图书馆建筑面积近3.8万平方米，馆藏纸质图书200万余册。学校建有各类实验室200多个，配套机械实训中心、电气信息实训中心、商科实验实训中心等教学场地，具备铝合金压力加工工程技术中心、高水平纺织工程综合实验室等科研设施。

【校政建设】 2019年6月26日，在江西省井冈山举办的全国民办学校党建特色项目交流会暨“不忘初心、牢记使命”主题教育活动中，烟台南山学院获全国民办学校第一批党建特色建设项目建设基地称号，烟台南山学院《传统文化与社会主义核心价值观融合培育项目》成功入选全国民办学校第一批党建特色主题教育项目，是山东省唯一获此殊荣的普通本科高校。7月上旬，山东省委教育工委发布《关于命名表彰山东教育系统优秀共产党员、优秀党务工作者、先进基层党组织的决定》，烟台南山学院工商系教师党支部被表彰为“山东教育系统先进基层党组织”，烟台南山学院商学院党总支书记兼副院长王纪悦被表彰为“山东教育系统优秀共产党员”。9—12月期间，学校积极开展“不忘初心、牢记使命”主题教育，广大党员干部深入调研，“学、做、改”齐头并进，开展庆祝中华人民共和国成立70周年系列活动，领导干部讲党课、班子成员外出学习等10项重要活动。2019年12月，学校牵头组织山东省民办教育协会党建工作，并在该校举行山东省15所民办教育协会党建专业委员会第一次工作会议，山东省教育厅二级巡视员张士俊出席会议。山东省15所民办学校加入山东省民办教育协会党建专业委员会并参加会议，会议对推动山东省民办高校党建工作具有重要意义。

【德育工作】 2019年，烟台南山学院广泛组建新时代文明实践志愿服务组织30余个，开展志愿服务活动100余次，基本形成完备的文明实践志愿服务管理体系，践行“奉献、友爱、互助、进步”的志愿者服务精神。开展社科普及、关爱特殊群体、“读书月”、绿色环保、“三下乡”活动、参观爱国主义教育基地等系列德育活动，提升师生思想觉悟、道德水准、文明素养和文明程度。6月4日，烟台南山学院社会科学教学部思想政治理论课实践教学基地揭牌仪式在龙口市七甲镇常伦庄任常伦纪念馆举行，常伦庄党支部书记、学校党委书记等领导干部及40余名师生代表共同参加活动，该思政课实践教学基地立足龙口本地优质红色教育资源，为做好思政课实践教学提供良好平台和支撑。

【教学工作】 烟台南山学院围绕人才培养中心任

务，秉承“校企一体、协同育人、德育为先、能力为重”的办学理念，以大型企业集团为依托，以校企一体化建设为抓手，推动教学工作不断突破。铸就出特色鲜明的“12345”办学思路，即围绕“一个”人才培养中心，狠抓教学、科研“两条”主线，大力开展学科专业建设、师资队伍建设、校园文化建设“三大”建设，坚持公益性、地方性、应用型、以工为主“四点”办学定位，全力推进专业建设与产业发展一体化、师资队伍建设一体化、科学研究工作一体化、教学体系建设一体化、实验实训基地建设一体化等“五个”一体化工作。学校坚持围绕地方骨干产业，建设与发展相关专业，使产业链对接专业群，形成鲜明的教学特色。2019 年上半年，烟台南山学院大批学子通过硕士研究生入学考试，全校上线人数 280 人，录取人数 203 人，录取人数占上线人数的 72.5%。研究生录取数连续 5 年上升，各项考研指标呈逐年上升的良好态势。9 月，学校与青岛科技大学在材料工程、控制工程两大学科领域实施联合培养硕士研究生计划。两校资源共享、互帮互助，共同参与研究生培养工作。

【科研工作】 *概况* 2019 年，烟台南山学院构建产、学、研、用协同创新体系，与南山控股共 15 支建科研团队，共同申报课题，共同开发技术，共同申报专利，培育出一批高层次科研成果。2019 年 5 月下旬，烟台市社会科学界联合会公布《2019 年度烟台市社会科学规划研究项目立项课题名单》，学校推荐课题中有 54 项获批立项。9 月 14 日，中共山东省委宣传部、山东省社会科学界联合会《关于公布第十二批山东省社会科学普及教育基地的通知》，烟台南山学院获批“齐鲁十二圣”旅游文化外宣 ESP 研究基地。基地开展专门用途英语（ESP）体裁分析理论与“齐鲁十二圣”旅游文化外宣翻译的跨学科研究，促进齐鲁圣贤文化的内在教育，提升新时代齐鲁旅游的国际化水平，深化文化教育传承和文化自信。11 月中旬，烟台南山学院在中国科教评价研究院发布的《2019 中国民办本科院校及独立学院科研竞争力评价研究报告》中以 56.5 分、A 级评价，位列全国 161 所民办本科院校和 254 所独立学院第 10 名。

产学研融合体系 2019 年，烟台南山学院落实“人才强校”战略，全职引进大批高职称、高学历教师，建设成一支以专家教授为引领，硕、博研究生为骨干的高水平教师队伍。大力开展企业专家上讲台、大学教师下车间活动，建立起一支既熟悉企业生产和高教规律，又具有较高理论水平和动手能力的教师队伍。2019 年，学校聘任 60 多名企业专业技术和管理人员作为学校双师型教师。

产学研融合成果 根据教育部 2019 年 3 月下发的《关于公布 2018 年度普通高等学校本科专业备案和审批结果的通知》，烟台南山学院获批本科专业化学工程与工艺专业，成立化工学院，于 2019 年秋季正式招生，产学研融合一体化建设取得重要进展。5 月 26 日上午，山东省高等学校（对接产业类）协同创新中心高端航空铝合金材料协同创新中心揭牌启动会在南山航空产业园举行。省教育厅科技处、山东大学、山东省机械设计研究院、南山集团、主要协同单位等相关领导专家 40 余人参加会议，烟台南山学院成为入选山东高校协同创新中心唯一一家民办高校。8 月，山东省科学技术厅文件公布，烟台南山学院和南山铝业股份有限公司联合实施的《汽车结构件用高强耐蚀 7000 系铝合金薄板关键技术及产业化》获得省重点研发计划（公益性，科技攻关类）立项。该项目基于汽车车身结构件用高强铝合金薄板的应用需求，结合热力学计算、微观组织观察等研究手段，研究产品的成分体系设计、强化相析出行为等性能，以形成高精度控制技术，为产品开发和应用提供理论依据。是年，烟台南山学院积极参加各级各类科技竞赛，获省级以上奖励 246 项，其中国家级奖励 48 项。12 月，烟台南山学院科学技术研究院获 2019 年“中国产学研合作创新奖”，连续两年获得该荣誉。

撰稿：蒋郭晶　审稿：李增兵

中小学学校体育

【概况】 中小学体育教学切实保障学生每天1小时体育活动。在回归人文教育、深挖教师内在潜力、保证课堂教学质量、切实提升学生体质健康水平的基础上，逐步形成学校自身相对明显的体育特色。年内，选派教师赴鲁东大学体育学院参加烟台市校园足球师资（置换）培训班；组织第一中学等9所学校赴上海参加国家社科基金（教育学）重点项目——（ALA150010）聚焦深化教育综合改革中的青少年体育问题及对策研究的课题研究的课题结题答辩，并顺利通过答辩；并参加全国青少年校园足球师资培训班培训。

【校园足球】 龙矿学校、新港路学校、七甲学校被评选为国家青少年足球特色学校；实验幼儿园、市直第一幼儿园被评选为国家级足球特色幼儿园。组织学生参加烟台市校园足球冬训营和夏季训练营，组织教师参加校园足球国家级师资培训。通过培训，切实提高学校对校园足球发展的认识，提升教师的足球理论基础与业务能力，从而推动校园足球长足发展。

【竞赛活动】 2019年，成功举办龙口市中小学生春季田径运动会、阳光体育竞赛、“市长杯”校园足球联赛、中小学篮球联赛、中小学生游泳联赛、中小学生乒乓球联赛、中学生排球联赛、中小学生国际象棋比赛、全市教职工运动会、龙口市“红星体育杯”足球联赛、“青创杯”龙口国际马拉松比赛等12场赛事活动。7月，在烟台市中学生体育联赛暨青少年田径比赛中，龙口市获田径项目高中组冠军、初中组季军，县市区学校组总体团体亚军，并获体育道德风尚奖。在烟台市“体育彩票杯”中学生体育联赛篮球赛比赛中，南山双语学校和七甲学校分获初中男女组第四名，并获体育道德风尚奖；龙口一中获高中男子第五名，女子第三名。在三人篮球赛国家篮球特色学校比赛中，龙口一中获高中女子组第四名。在烟台市市长杯校园足球联赛中，龙口一中获高中组季军，学生仲伽洋获高中男子组最佳射手奖。

2019年5月15日，龙口市中小学生春季田径运动会在明德学校举行

群众体育

【概况】 在上级体育部门正确领导和关怀支持下，龙口市始终坚持民生为首理念，在全力抓经济、保增长的同时，高度重视全民健身工作，强化服务意识，坚持问题导向，加强和完善体育设施建设，把提升体育工作水平作为丰富市民文体生活、打造宜居生活环境的重大举措。大力开展群众性体育活动，扎实推进全民健身运动，积极推动各项体育事业协调发展，取得显著成效。

【全民健身】 2019年2月，组织龙口市庆新春棋类比赛；5月，组织全民健身月启动仪式暨市直机关运动会；7月，组织交通系统篮球赛，龙口市“体彩杯”全民健身第七届国际象棋等级赛；8月，组织全民健身日文化广场展演，组织龙口市三级社会体育指导员培训，培训 100 余人；9 月，组织创建文明口岸乒乓球赛；10 月，组织机关篮球赛，龙口市国际马拉松赛；11 月，参加山东省健身气功比赛，组织参加烟台市第九届全民健身运动会乒乓球、武术节、象棋、围棋、国际象棋、航模比赛、气排球、足球赛等比赛。

2019 年 9 月 27 日，省体育局领导到市竞技体校调研

【国际马拉松赛】 2019“青创杯”龙口国际马拉松由中国田径协会、龙口市人民政府主办；龙口市教育和体育局、烟台日报传媒集团、华夏传媒集团承办，主题为“活力马拉松，美丽新龙口”。10 月 20 日，作为烟台市第一个与中国田协共办的 A1 赛事和烟台市唯一全国银牌级别的 2019“青创杯”龙口国际马拉松开赛，1 万多名跑友在“最美赛道”上活力开跑，约 2000 名龙口教师及其家属参加。经过两个多小时的比拼，肯尼亚选手保罗获男子全程组冠军，中国选手温雪莲获女子全程组冠军。男子半程组的冠军获得者为中国选手王佩林，女子半程组的冠军为肯尼亚选手佳音他。

竞技体育

【概况】 全市参加省级以上体育比赛共获奖牌 60 枚，其中金牌 27 枚，银牌 19 枚，铜牌 14 枚。市竞技体校被评为 2019 年—2022 年全国青少年手球高水平后备人才基地，并获 2019 年全国中学生手球锦标赛“一等奖”、山东省手球锦标赛“体育道德风尚奖”等称号。

【手球赛事】 2019 年 5 月，在蓬莱举行的山东省青少年手球锦标赛上，市竞技体校手球队获女子甲组冠军和男子乙组亚军；8 月，在内蒙古举行的全国手球业余体校比赛和沙滩手球锦标赛上，市竞技体校手球队获女子 U16 冠军、男子 U15 亚军、女子沙滩手球 U15 季军；11 月，在北京举行的 首届全国青少年后备人才基地南北对抗赛上，市竞技体校手球队获男子手球冠军和女子手球冠军。

【国内赛事】 在广东四会全国柔道锦标赛上，龙口市获团体冠军，原绍童获得 +100 公斤级个人冠军。在无锡全国跆拳道锦标赛系列赛上，曲楚昀获得 67 公斤级冠军。在天津全国场地自行车锦标赛上，张虹洁获得成年女子团体追逐赛冠军。在内蒙古全国手球锦标赛上，尹杰、姜春晖获得男子手球冠军。在江苏常州全国手球锦标赛上，吴作扬、吕青纹、路畅、张悦获得女子手球亚军。在安徽合肥全国女子手球冠军杯赛上，吕青纹、路畅、石萍、邓雅楠、张悦获得季军。

【国际赛事】 2019 年，在武汉第七届世界军人运动会上，龙口市于小凯获得射击、男子飞碟等多项团体冠军，李照艺获得跆拳道女子 49 公斤级个人季军。在德国青年世界杯射击赛上，张常鸿获得男子气步枪团体冠军、个人亚军、50 米三姿团体冠军、个人季军；在卡塔尔亚洲射击锦标赛上，张常鸿获得男女混合团体冠军。

撰稿：曹玉桥　审稿：王丽霞

文化

综述

【概况】2019年，龙口市文化和旅游局以打造“文化龙口”为统领，以国家文明城市提升为主要工作着力点，弘扬社会主义核心价值观，保护传承优秀传统文化，不断满足广大群众的精神文化需求，持续增强龙口文化软实力，全市97个镇街固定演出点、498个村级演出点全年累计演出7000余场，极大地丰富了市民精神文化生活，群众满意度不断提升。

【服务体系建设】2019年，围绕贯彻落实《中华人民共和国公共文化服务保障法》，以全国文明城市提升为抓手，推进城乡一体公共文化服务体系建设。认真实施“三馆一站”免费开放工作，村级综合性文化服务中心实现全覆盖。积极推进文化体制改革，建成文化馆图书馆分馆12个，新建城市书房1处。

【文化市场管理】2019年，市文化和旅游局紧紧围绕市场管理工作和任务，全方位开展文化和旅游市场监管工作，推动全市文化旅游事业繁荣发展。联合相关部门开展“集中开展文化和旅游安全大检查”“重点行业领域大体检大排查大整治行动”“‘迎接中华人民共和国成立70周年’文化和旅游行业安全生产督导检查”“全市旅游行业安全生产专项整治行动”“文化和旅游市场经营秩序大检查”“扫黄打非、清源、固边、剑网、护苗”等6大系列行动，配合全国卫生城市复检、全国文明城市复检开展文化和旅游市场经营环境专项整治行动，共出动检查人员200余人次，检查生产经营单位400余家次，圆满完成上级交办的各项任务，有效保障了全市文化和旅游市场安全生产和经营秩序。

【文化产业】增强品牌影响力　2019年，在多方助推之下，龙口市管乐器成功入选烟台“十大”县域特色文化产品，拥有“泰山”品牌的泰山管乐器制造有限公司入选山东省级文化产业基地、山东省优质产品基地龙头骨干企业、烟台市“十大”文化企业名录，摘得山东省科技型中小企业、烟台市“专精特新”中小企业的桂冠。

发挥协会作用　2019年1月15日，龙口市管乐器协会正式成立。以协会带产业，用开拓的思路和理念创新驱动，转型发展，激发行业动力和活力，在大李家村迅速打造乐器特色一条街，使龙口市管乐发展正式进入科学规划、聚力发展阶段。同年，协会入选山东省优质管乐器基地。

促进产业间合作　2019年，带领和组织文化企业参加上海文旅推介会、沈阳乐器展、青岛乐器展、济南文博会和上海国际乐器展览会等6大展会。其中10月上海国际乐器展览会龙口管乐器达成2亿多元订单，较上年同比增长31.7%。

撰稿：乔美红　审稿：崔登旭

社会文化

【概况】2019年，龙口市文化艺术部门及广大文艺工作者弘扬社会主义核心价值观，以国家文明城市为着力点，努力打造“文化龙口”新气象，全年文艺演出7000多场，村级综合性文化服务中心实现全覆盖，举办各类文化艺术展览14次。

市吕剧团创排的大型红色现代吕剧《突围》剧照

【文化艺术创作】 文化艺术类协会活动 龙口市文化和旅游局与市文联积极组织大力协调全市各艺术团体的文化艺术活动，踊跃参加市级、省级、国家级的各类创作赛事，皆取得可喜成果。

其中，由烟台日报传媒集团主办的《今日龙口》、市文化和旅游局主办的《龙口文学》季刊、市作家协会主办的《龙口作家》月报与《龙口作家》季刊是龙口市主要的文化艺术创作媒介和平台，为省市国家级报刊提供了优质文化艺术作品。

创作改编 龙口市吕剧团与山东省艺术研究院合作创排了大型现代吕剧《突围》，于2019年5月18日首演，随后在济南、潍坊昌邑、东营、威海、烟台5个地区巡演12场；为配合第二批“不忘初心、牢记使命”主题教育活动，在龙口市区巡演71场，全年共演出了83场。该剧成功入围烟台市委宣传部、烟台市文化和旅游局举办的“双演工程”，列入烟台地区巡回演出剧目。龙口市吕剧团根据河南曲剧移植改编成大型现代吕剧《惊蛰》，一月起在全市开展巡回演出。

创作辅导 2019年，文旅局选派优秀文化干部深入镇街区对基层群众文化活动进行创作辅导，培训辅导达3000多人次。龙口市文化馆辅导7家庄户剧团和民间文艺团体，创作出16部戏曲作品。现代吕剧《娘亲》、音乐小品《和谐一家人》、情景剧《英雄任常伦》、喜庆秧歌《庆丰收》、小品《懒汉相亲》、山东柳琴《文明实践咱齐争先》《烈火中抢出一条命》等戏曲的演播，为市民增添了丰富的文化食粮。

龙口市各类文学艺术协会2019年活动创作情况表

表13

协会名称	会员人数（人）	活动人数（人次）	创作作品
书法家协会	395	1308	880副
舞蹈家协会	382	1230	55曲
音乐家协会	224	200	95首
民间艺术协会	277	2770	1000块
曲艺家协会	345	360	66块
美术家协会	346	3460	1730副
作家协会	165	245	658篇
戏剧家协会	433	18000	20部
摄影家协会	372	2604	1200张

元宵节游园灯会夜景

【群众文化活动】 创新群众文化活动载体和内容，以举办市民文化节为抓手，实施市镇村三级联动，举办市民读书朗诵大赛、广场舞大赛、市民书法大赛、市民绘画大赛、民间剧团大赛、市民器乐大赛、市民合唱大赛和市民摄影大赛8大赛事，以及书画展、国学讲堂、“春之声”“夏之舞”“秋之韵”“冬之乐”4大篇章系列市民文化活动千余场。在尹村粉丝文化旅游节、桑岛海参捕捞季暨槐花节等大型文旅节庆活动中，注重发挥村级带动作用，发动广大群众参与活动，逐步推进和实现“文旅融合、群众受益”的目的。推进“书香龙口”建设，依托尼山书院开展12次国学讲堂活动，以市图书馆和农村农家书屋为主阵地，组织全民阅读活动。结合“文化龙口欢乐行”系列活动，开展面向农村的公益性文化活动，加大送文化下乡力度，全年戏曲进乡村覆盖率达到100%。组织春节文艺晚会、道德模范颁奖晚会、秧歌巡演等文化活动，激发市民参与的热情，提高群众的思想觉悟。

【文化艺术展览】 文艺作品展 2019年，龙口市文化和旅游局、总工会、文学艺术界联合会、龙口画院、美术家协会、摄影家协会、油画学会、书法家协会、老年书画研究会、画廊协会、收藏家协会等文艺团体在龙口画院展厅、嘉元盛世艺术中心开展大型书画、摄影等艺术展览达16次，展出时间共60多天，观展人数达9000多人次。2019年7月19日，由中共烟台市委宣传部、烟台市文化和旅游局、中共龙口市委宣传部、龙口市文化和旅游局联合主办，烟台市文化馆、龙口画院承办的“文化烟台·最美瞬间摄影大赛作品展”在龙口画院展厅开展，展出时间6天，观展人数达800多人。11月10日，由龙口市政协主办，龙口市文化和旅游局、市文联、市档案馆、市美术家协会、市书法家协会、市摄影家协会、上海寅彬企业服务中心协办的“中华人民共和国成立70周年龙口发展成就展”和“文化走亲·情系故里”书画摄影作品展在北京民族文化宫盛大开幕，展览持续10天时间，观展人数达6000多人次，龙口籍的书画摄影作品作者悉数登场，为首都北京带去龙口大新大美的清新印记。12月17日，龙口市文化和旅游局、龙口市文化馆承办的龙口市非物质文化遗产展览在市文化馆活动中心开展，龙口市非遗继承人51人，山东省级非遗项目4项，烟台市级8项，龙口市级21项参加展览。展演作品、才艺广受好评，5天时间，观展人数达2000多人，非遗文化传承得到进一步扩展。

送书画下乡活动 2019年4月17日，龙口美协组织13位书画志愿者深入莱山脚下下丁家镇蒋家村，举办“大美龙口·探春莱山书画名家笔会”活动，现场为基层群众写书作画50余幅。4月29日，龙口美协组织5位画家走进龙口南山旅游景区，助力紫藤节，在千年紫藤花下现场挥毫泼墨，一展传统文化的独特风采。5月10—13日，龙口画院组织5位画家参加龙口市政协书画摄影联谊会举办的“文化走亲·乡梓情怀”活动。5月23日，龙口美协组织7位书画志愿者到常伦庄进行书画名家笔会活动，现场为基层群众写书作画50余幅。7月30日，龙口画院、美协组织8位书画家到黄河营边防派出所，举办送书画进警营笔会。12月27日，“我们的中国梦”文化进万家——山东省新时代文明实践文艺志愿服务美术分队走进了龙口。该活动由山东省文联主办，山东省美协、烟台市文联、烟台市美协、中共龙口市委宣传部、龙口市文联等单位共同承办。省美协常务副主席张宜，龙口市委常委、宣传部部长冯雪梅，省美协顾问、省美协人物画艺委会主任梁文博，省美协副主席、烟台市美协主席孙成河，省美协副主席、省文化馆副馆长徐永生，省美协花鸟画艺委会副主任、济南市美协副主席韩英伟，省美协副秘书长、省画廊协会秘书长刘仲原，烟台市美协副秘书长、烟台画院创作部副主任王大力，省美协山水画艺委会委员殷永胜及龙口市文联副主席仲崇宜、牟文超，龙口市美协主席王冶等共同参加。在东莱街道泉水疃村、东江街道锦里社区活动现场，美术家们挥毫泼墨，通过一幅幅火红的春联、“福”字等书画作品表达对龙口人民的美好祝愿和新年祝福。

讲座辅导　2019年7月30日，烟台市民文化节“我同祖国共成长”市民书法大赛龙口赛区复赛评审在龙口画院举行，烟台市开发区、龙口书协名家对龙口市68副作品作者进行复评辅导。7月31日，烟台市民文化节“丹青献祖国”市民绘画大赛龙口赛区复赛现场在龙口画院举行，江仁元评委和美协主席王冶对56副作品作者进行复评辅导。8月17日，由龙口画院、龙口美协、烟台画院举办的“烟台美术大讲堂——中国画的鉴赏与创作”志愿者培训班讲座在幸福里大酒店二楼会议室举行，烟台画院院长孙成河主讲了国画的鉴赏与创作。12月27日，山东省、烟台市的美术家们在嘉元盛世艺术中心现场，梁文博、孙成河、徐永生、韩英伟等专家从美术创作选题、技法的运用、笔墨关系处理以及落款题字的位置等方面与龙口市美术骨干进行探讨交流，并根据现场作品展开一对一点评。

【文艺作品获奖】 美术作品　2019年，在龙口画院、美协的组织下，全市共有19人次参加全省及全国各类美术展赛，美术作者在山东省及中国美协主办的各项重大展览中参展获奖40余次。年内，龙口市在国家级或中国美协主办的大型赛事中获展获奖的美术作者有16人次，分别是刘晓慧的作品《收获》、王云鹏的作品《蓄势待发》、王思考的作品《好吗》、隋荣钰的作品《好风凭借力》《飞天入海》《梦拓洪荒》、杜正坤的作品《冬月》、矫健的作品《风动荷香》、张会成的作品《幸福家园》、曹成智的作品《天伦之乐》、张益涵的作品《二胎时代》、唐淑珍的作品《秋意浓》《一带一路之歌》、于静的作品《晨曲》、邹英的作品《浮世凌清宵》、吕振婧的作品《阶》。在山东省级入选获展获奖的作品有3人次，分别是曹成智的作品《蒙山情》、彭建新的作品《醉金秋》、谭思顺的作品《写生课》。

书法作品　陈希军的书法作品《周邦彦词》入展中国书法家协会举办的第十二届全国书法展。陈月寒的篆刻作品《刘长卿诗》入展中国书法家协会举办的第十二届全国书法篆刻展。

曲艺作品　杨德富谱曲的《不能忘》在中国大众音乐协会举办的“放歌新时代——纪念改革开放40周年大型歌曲征集活动”中获评最具号召力作品，谱曲的《快递小哥》获峥嵘岁月创新歌曲奖，谱曲的《风雨同舟》在中国政协举办的庆祝人民政协成立70周年歌曲征集活动中入选作品集，并获歌曲微视频公益片二等奖。

【会员发展情况】 2019年，新增中国美术家协会会员9人，分别为张维建、韩良武、陈美璇、于鲁瑶、李奎德、王宁、张红梅、隋荣钰、宋祥美。新增国家级摄影家协会1人，为柳艳春。龙口市各类协会国家级会员达到 75 名。

撰稿：乔美红　审稿：牟文超　崔登旭

文博图管理

【文博管理】 概况　龙口市历史悠久，文物遗存丰富。全市有不可移动文物 461 处，其中全国重点文物保护单位 2 处，山东省级文物保护单位 6 处，烟台市级保护单位 14 处和龙口市级文物保护单位 25 处。已公布的 47 处文物保护单位均已树立保护标志，划定保护范围，建立文物“四有”档案，成立市、镇（街道）区、村三级文物保护组织，加强文物保护力度；龙口市可移动文物繁多，弥足珍贵，主要收藏于龙口市博物馆内。

馆藏文物　龙口市博物馆有馆藏文物 9090 件 / 套，其中国家一级文物 1 件，二级文物 7 件，三级文物 84 件。馆藏文物以青铜器、陶器、瓷器、玉器、书画、杂项等分类，面向社会展出。建立健全文物库房管理制度和安全检查制度，馆藏文物总账、分类账分明。每件文物分别编目造卡，方便文物的查找与保管。

古遗址、古墓葬、古建筑　龙口市已公布的 47 处文物保护单位中，古遗址 15 处，古墓葬 2 处，古建筑 13 处。龙口市博物馆 2019 年度为归城城址、鲁家沟遗址、庄头墓群等文物保护单位聘请文物看护员，卡实责任落实专人看护，做到定期巡查，确保文物安全。

文物保护　为抢救维护文物古迹，重点对归城莱子古国城址现存三段城墙进行抢救性维护并对周边道路铺设硬化。2019 年 8 月，山东省文物局与烟台市联合专家组对归城城址现存三段城墙抢救性维护及周边道路铺设工程进行竣工验收，经过专家组审议，该工程完全合格。年内，完成裕龙石化项目原油管线工程、招远变电站送出工程、山东管网东干线天然气管道工程、潍烟高铁线路等工程相关文物考古调查工作，为工程沿线文物保护提供相关资料，对潍烟高铁线路走向提出建设意见，确保工程周边文物安全。

撰稿：崔　婧　审稿：崔登旭

【图书管理】 概况　龙口市图书馆是龙口市公立图书馆，属全民事业单位，县级国家一级馆。建筑面积 2600 平方米，位于龙口市港城大道 596 号，文化广场西侧。馆藏图书资料 19.7 万册，其中普通图书 12 万册，古籍书 2300 册，电子图书 6 万册，报刊 1.5 万册。图书馆内设外借室、青少年阅览室、电子阅览室、报刊阅览室、地方文献阅览室、古籍特藏室、采编部、辅导部、国学讲堂、国学阅览室、国学活动室等。共有阅览座席 300 个。其中少儿阅览室座席 96 个。全馆共有计算机 78 台，其中提供读者使用的有 66 台，存储容量 6TB，网络对外接口是 20M 光纤专线接入。图书馆全部免费开放，向社会提供报刊阅览、图书借阅、自习室、资料信息查询、古籍保护、地方文献征集、国学推广、送书下乡、图书馆业务辅导、单位培训等免费服务。在全国图书馆评估定级中被评为县级国家一级馆。2019 年，年流通

公共文化服务体系建设——城市书房

18万人次，图书外借15.5万册次，送书下乡6次，送书到部队2次，共送出图书1300多册。

城市书房建设　2019年，图书馆在锦里七号社区高标准建成全市第二个城市书房，在烟台验收评比中获得一等奖。城市书房的建成，对社区读书活动的开展有着极大的促进作用。

读者活动　2019年春节期间，举办“我们的节日”读者活动。正月十五日，举办“闹元宵，猜灯谜”有奖猜谜活动。3月30日上午，首届“烟台市民文化节”龙口分会场在文化广场开幕，50多名学生参加图书馆举办的“国学大讲堂”公益讲座。图书馆派出小分队，带着绘本到南苑幼儿园，开展绘本阅读推广活动，送国学到课堂，享受书籍带来的快乐。4月12日，图书馆工作人员带领国学老师到润新小学5年级班，上了一堂以“感恩，爱国”为主题的国学课。4月19日，图书馆工作人员到部队，为官兵送去各类专业书籍，专业老师为官兵上了一堂阅读课。4月23日，图书馆工作人员在润新小学、龙口一中东校和图书馆阅览室三个不同地点，同时开展“同城共读”活动，一起诵读赞美党、赞美家乡、赞美祖国的精美文章，树立道路自信、理论自信、制度自信、文化自信的民族自豪感。5月4日青年节，图书馆举办“祖国颂”龙口市第五届读书朗诵大赛决赛，比赛选拔的优秀选手在烟台进行了为期3天的总决赛，龙口选手在三个组别分别获得二等奖、三等奖和优秀奖。烟台文化节期间，古诗词朗诵和讲烟台故事是八大赛事之首，图书馆积极筹备，选手参加莱州分区复赛及烟台总决赛，所有选手都取得好成绩。

撰稿：张佰超　审稿：崔登旭

【新华书店】　概况　新华书店有营业楼4幢，办公及营业网点4处，建设校园书店3处（龙口一中、龙口一中东校、南山双语学校），在万松浦书院建设社区书店一处，总营业面积20290平方米，陈列图书刊物85大类5.1万个品种，各类文创产品、电子产品、装饰用品0.5万个品种。总藏书量16万余册，日均进店读者达860多人。2019年，主营业务收入5088.22万元，完成利润775.41万元。其中，一般书销售731.73万元，音像制品销售30.56万元，教材教辅销售4137.14万元，非出版物商品94.58元，期刊94.21万元。

图书经营　2019年，全力担负着龙口市各高中初中小学教材、教辅、教师用书征订发行及一般图书、政治读物、重点图书、电子音像产品的发行工作。根据山东出版集团及省新华书店集团公司“三三六五”发展战略要求和“五个年”工作部署，调整工作重心，加大工作力度，全面推进门店结构调整，积极探索校园书店运营新模式和数字平台建设管理模式，加快提升教育服务质量，推进研学旅游和红色教育业务发展，不断创新文化活动载体和内容，抓住机遇，加快发展，推动分公司各项业务再上新台阶。在“五个年”全年考核工作中，获得“数字平台建设年”、“文化活动创新年”和“校园书店提升年”三个示范单位称号。

公益活动　龙口新华书店打造具有地域特色的品牌文化活动“话东莱·品书香”及“绘本故

话东莱·品书香活动现场

一花一会之梨花诗会现场

事会”两项公益活动，贯穿全年，活动达24场，满足读者的体验和个性化需求。2019年3月，龙口新华书店实验路门店联合龙口市电视台在梨花盛开之际举办“一花一会系列之梨花诗会”活动，众多读者参与了此次活动，让读者从心底向往诗词、热爱诗词、接触诗词、欣赏诗词。

撰稿：于焕垒　审稿：范圣彦

广播电视

【概况】 2019年，龙口市融媒体中心承担全市广播电视无线发射传输网络等领域的建设、管理工作，贯彻执行国家广播电视技术政策标准，推动国家及省、烟台市等各级无线信号的全面覆盖。电视综合覆盖人口约70万人，综合覆盖率98%。承担广播、电视等频率频道资源的申报和使用工作，管理摄录、制作、演播、发射等重要技术装备。承担《今日龙口》等纸质媒体版面内容的策划、采编和发行工作。承担融媒体中心新媒体、广播、电视、“龙口网”、云上龙口App等媒体平台的广告经营工作。依法做好网络视听、广播电视呼号、节目制作等项目的申报、使用和管理。依法申报建立、撤销、管理新媒体信息平台。承担融媒体中心各类节目和纸媒、新媒体作品的创新创优工作。管理指导所属电影公司做好电影发行放映工作，完成市政府交给农村公益电影放映工作。全年投入10多万元对设备进行更新换代，放映电影7164场次。

【体制改革】 2019年7月，经市委批准在龙口广播电视台的基础上成立龙口市融媒体中心。该中心为市委直属正科级单位，受龙口市委宣传部直接领导。内设总编部、重大活动部、综合服务部、技术保障部与产业发展部5个机构，核定编制113人，下属电影公司为自收自支事业单位。融媒体中心“党管媒体”和“内容为王”的原则不变。新成立的融媒体中心在宣传渠道上坚持“移动优先”，即新闻信息优先在微信、微信公众号、App客户端等移动端发布，增强了新闻的鲜度和热度。由传统的广播、电视宣传转变成融广播、电视、报纸、网站、客户端、微信公众号、微博等为一体的全媒全息“传播矩阵”式宣传。彻底打通了策、采、编、发（播）各平台系统，实现流程再造，做到重大选题统一策划，采访记者统一调度，对外宣传统一口径，新闻信息各平台共享、分类别制作、多元化传播，公共服务的功能更强。依托“龙口融媒”App客户端，大力拓展“媒体+政务”“媒体+党建”“媒体+民生”“媒体+文化”“媒体+商务”5大公共服务渠道，开展信息查询、市政服务、交通出行、医疗教育、文化旅游等公共服务，落实“一屏智享”理念，打造“指尖上的服务中心”。

【舆论宣传】 围绕贯彻落实习近平新时代中国特色社会主义思想、贯彻落实十九届四中全会精神，创优求精，坚持“做强内宣、做大外宣”的工作理念，不断创新工作方法，积极向烟台电视台、山东广播电视台、中央广播电视总台推送一大批题材重大、内容新颖、形式多样、意义深远的高质量电视稿件。2019年，努力宣传庆祝中华人民共和国成立70周年、“全国两会”、扫黑除恶、拆除违建、群众文化建设5大重点工作。

【意识形态建设】 强化党建引领，自觉提高政治站位，全年安全播出8700多个小时无事故。切实抓好意识形态工作，党建频道7个栏目共播出311期节目，及时传达党和政府主张，做好基层舆论导向工作，牢牢把握全市意识形态领域的主导权和话语权。开设《民生70年》特别板块1个、专栏24个，专题宣传102期，现场直播活动20多个，对全市重点工程、重点项目进行跟踪拍摄，为市委、市政府加强对重点工程、重点项目的督导调度提供现场资料。2019年，在上级电视台发稿1237条，其中央视发稿26条，新闻联播3条。《关心帮助残疾人，实现美好生活——山东烟台“残疾儿童生活重建训练营在龙口开营”》在央视《朝闻天下》栏目播出。

网络直播 利用电视直（录）播和网络现场直播等方式，策划、组织、宣传全市重大活动36个。其中高质量发展观摩、录制吕剧《突围》、双招双引上海站暨龙口旅游上海推介会、“五福临门”农民新时代文明实践运动会等大型活动的策划、录播、直播，赢得央视、省台等合作方的高度评价，社会反响良好，浏览量超过300多万次。

公益播放 2019年，按照“中国梦”“孝德工程建设”等主题要求，结合各节日主题，深入推进公益广告展播，弘扬主旋律，全年各频道（率）公益广告播放1万多条次。

【依法管理】 2019年，强化依法管理，按照文明城市提升工作总体要求，协助龙口住建局等有关单位，对龙口各影院进行一次房屋质量检测，并对存在问题的龙口影院下达限期整改通知，整改完成后经检验合格取得加固工程验收单。推动各电影院各项标准落实到位。全部完成权责清单、政务服务标准化、政务事项管理标准化及上网运行工作。完成与审批局的权力划分。新创建“无小耳朵”社区3个。3次联合执法局、工商局对龙口非法销售卫星地面接收设施的商家进行专项整治。

【节目设置】 信息传播平台 2019年，开设《龙口综合》《龙口党建生活》2个电视频道，有《龙口新闻》《聚焦龙口》《乡里乡间》《书香龙口》《民生365》等8档自办节目。拥有101.6广播无线调频频率，有自办节目（栏目）11档。有手机台、“龙口广播电视台”微信公众号、“云上龙口”App、蜻蜓FM窗口等多个新媒体声屏信息传播平台。

《新闻发布会》栏目 发挥信息桥梁作用，推出《新闻发布会》栏目20期，涉及教育、司法、文化等领域的国家政策、地方规章、职能部门的工作举措等，促进群众和政府各职能部门之间的信息沟通，推动部门政务工作的透明度，保障群众的知情权、参与权、表达权和监督权，得到群众的广泛好评。

《问政龙口》栏目 在市委、市政府的领导下，经过周密的策划、调研，推出《问政龙口》栏目。通过问政栏目，倒逼职能部门加快步伐，在解决民生问题上出实招、见实效。首批确定10个问政单位，对自然资源和规划局采编的问政节目于2019年10月31日完成。完成期间采取问题整改跟踪、情况反馈及时、整改进度透明、成效结果亮相，得到群众好评。

【大型活动】 2019年10月20日，完成2019“青创杯”龙口国际马拉松赛事直播。10月26日，应邀对蓬莱国际马拉松赛事进行直播，迈出赛事直播市场化运作的第一步，直播质量得到蓬莱主办方及社会的一致好评。

【专业队伍建设】 2019年，以提高素质、优化结构、改进作风、增强团结为重点，坚持以习近平新时代中国特色社会主义思想和中共十九大精神、十九届四中全会精神为指导，严格落实“三会一课”“主题党日”“固定学习日”活动等制度，持续推进“两学一做”学习教育常态化，扎实开展“不忘初心、牢记使命”主题教育，原汁原味、不折不扣完成规定动作。深入推进省委巡视、市委巡察反馈问题的整改，以整改促提升，推动党建制度体系建设不断规范、完善。坚持以党建促队伍建设，抓住“关键少数”，引领“最大多数”，班子带头学习、带头实践，打造一支讲政治、重品行、守纪律、有能力、敢作为的宣传队伍。

撰稿：韩学志　审稿：王棵岷

《今日龙口》

【概况】 2019年，《今日龙口》旗下拥有平面媒体《今日龙口》、微信矩阵《今日龙口报》《老黄县》《龙口人龙口事》《时尚龙口》《今日龙口小记者俱乐部》《龙口报社长寿俱乐部》《烟报龙购》《龙口》等，拥有户外电子阅报栏、独立域名的门户网站龙口网（www.lkwww.net）以及手机报、今日龙口报微博、公交站亭等媒体（平台）。今日龙口报社是省级文明单位，2019年度蝉联“山东县市报‘十强’媒体”称号，连续9年获此殊荣。

【办报方向】《今日龙口》继续遵循“权威、靠谱、接地气”的办报宗旨，紧紧围绕龙口市委、市政府中心工作和龙口市重点工作，坚持“三贴近”和“走转改”，深入基层和新闻一线，继续发挥龙口主流媒体作用，服务地方经济社会发展，为建设“实力龙口”“幸福龙口”“生态龙口”“文化龙口”“法治龙口”，打造富美和谐、文明幸福的现代化新港城提供强有力的舆论支持和精神动力。

【版面设置】 2019年，《今日龙口》主要有“要闻”“综合”“基层”等28个版面。“要闻”每天一期，年内主要报道有《汇聚谋事干事成事正能量》《打好渤海综合治理攻坚战》等稿件，全年累计刊发600余篇。“综合”每天一期，年内主要报道有《法律顾问全覆盖 村村都有“明白人”》《保护区内违建，拆！》等稿件，全年累计刊发900余篇。“基层”主要报道有《从村民一说就摇头到村貌焕然一新 大张家村“变形记”》《攻难点 治痛点 拆堵点 诸由观镇加快违法建筑拆除进度》等稿件，全年累计刊发800余篇。

【重要报道】“逐梦新时代 再铸新辉煌 2018亮点回眸”系列报道　1月16日，《今日龙口》在头版开设《聚焦全国两会 奋进新时代 筑梦新征程》主题系列报道，先后刊发《龙口荣膺全国首批创新型县（市）》《筑巢引凤来 -- 我市推进“聚才兴龙”工程综述》《上年为民实事晒出成绩单》等稿件。

“在习近平新时代中国特色社会主义思想指引下”系列报道　1月18日，《今日龙口》在头版开设《在习近平新时代中国特色社会主义思想指引下——新时代新作为新篇章》以及《在习近平新时代中国特色社会主义思想指引下——大学习大调研大改进》专栏，先后刊发《镇政府职能大变脸》《乡村振兴，龙口绘出路线图》《推动党管治党政治责任落地生根》等稿件。

“干在实处 走在前列”系列报道　1月30日，在头版，开设《干在实处 走在前列》系列报道专栏，先后刊发《跑好新时代应急管理“第一棒”》《零事故零伤亡零危险零损失》《龙口市委、市政府荣膺“十佳先进集体”》《今年，办好这些为民服务实事》等稿件。

“全市2018年高质量发展总结暨2019年改进作风推进落实大会”专题报道　2月12日，《今日龙口》在头版二版三版开设《全市2018年高质量发展总结暨2019年改进作风推进落实大会》专栏，先后刊发《担当作为 强化落实 致力在新起点上实现新跨越》《全力保障重点项目顺利推进》《为龙口发展提供坚强纪律作风保障》《让群众少跑腿 让数据多跑腿》等稿件。

“推进综合试验 实现动能转换”系列报道　2月14日，《今日龙口》在头版开设《推进综合试验 实现动能转换》专栏，先后刊发《龙口：新旧动能转换满帆前进》《天蓝颜料的国际标准梦》《龙口“腾”华为“城市云”而飞》等稿件。

“担当作为 狠抓落实”系列报道　2月15日，《今日龙口》在头版开设《担当作为 狠抓落实》专栏，先后刊发《七成财政投向民生撑起百姓幸福感》《提振信心 携手共创事业辉煌》《今年我市敲定5项城区道路工程》《讲政治 敢担当 聚民心 强落实 全面掀起农村干部干事创业新高潮》等稿件。

“守护青山绿水 环保利剑出鞘”系列报道　2月19日，开设《守护青山绿水 环保利剑出鞘》专栏，先后刊发《严禁无关人员进山入林》《坚决打好打赢环境保护攻坚战》《打好渤海综合治理攻坚战》等稿件。

“开局就是决战 起跑就要冲刺 打好打赢违建治理战役”系列报道　4月1日，在头版、二版、三版开设《开局就是决战 起跑就要冲刺 打好打赢违建治理战役》专栏，先后刊发《打好打赢违建治理战役 全市城乡违法建筑治理工作动员部署会议召开》《全市拆除违建153处11万平方米》《违建拆了 路通了 交通安全了》《北马镇重拳整治石材行业污染》等稿件。

“最美退役军人风采录”系列报道　4月2日，《今日龙口》在二版开设《最美退役军人风采录》，刊登《乡村振兴中的“老兵”担当》《退伍回乡带领村民奔小康》《小事务 大担当》等稿件。

“寻标对标 奋勇赶超 担当作为 狠抓落实”系列报道　4月8日，在头版开设《寻标对标 奋勇赶超 担当作为 狠抓落实》专栏，先后刊发《为推进高质量发展释放财政动力》《市人社局为龙口高质量发展筑牢人才基础》《市水务局为建设生态龙口提供有力保障》《市自然资源和规划局当好绿水青山“大管家”》等稿件。

“红心合作社之书记谈”系列报道　4月11日，《今日龙口》在二版开设《红心合作社之书记谈》专栏，先后刊发《东江街道党工委书记殷波：抱团 品牌 多样化共赢》《下丁家镇党委书记单承瑞：学评 扩面 规范化发展》《七甲镇党委书记：定方向 渐进推 监督激励两手抓》等稿件。

“2019今日龙口 抓落实 勇担当 全媒体记者基层行”系列报道　4月18日，《今日龙口》开设《2019今日龙口 抓落实 勇担当 全媒体记者基层行》专栏，先后刊发《农民“众筹”桃花节》《我们的生活环境越来越好啦》《春雨过后地头活了》《循环复用超市 让闲置设备获“重生”》等稿件。

“红色纪事 龙口党史上的1949年”系列报道　7月1日，《今日龙口》在头版、二版开设《红色纪事 龙口党史上的1949年》专栏，先后刊发《不忘初心、砥砺前行》《高举革命旗帜，龙口党组织由弱到强》《灾害频仍，龙口掀起生产救灾活动》《投身解放事业，龙口儿女踊跃支前》等稿件。

“精准扶贫 共奔小康”系列报道　7月11日，《今日龙口》开设《精准扶贫 共奔小康》专栏，先后刊发《为帮扶责任人“充电”》《五千贫困户免费看上有线电视》《真情帮扶 炉房村变了样》《小康路上一个都不能少》《百名帮扶责任人“充电”》等稿件。

“壮丽70年 奋斗新时代 爱国情 奋斗者”系列报道　7月29日，《今日龙口》开设《壮丽70年 奋斗新时代 爱国情 奋斗者》专栏，先后刊发《从“要饭村”到全国文明村的嬗变》《闲下来的“爱心奶奶”》《“有机大王”和他的“一三四”》《田园追梦的心永远年轻》等稿件。

“壮丽70年 奋斗新时代 闪亮龙口”特别系列报道　9月4日，《今日龙口》在头版刊发《壮丽70年 奋斗新时代 闪亮龙口》系列报道，先后刊发《渤海之滨跃起“江北第一县”》《“好人之城”盛开文明花》《努力办好人民满意的教育》《做新时代的“报春鸟”》《城乡巨变绘就幸福画卷》《为高质量发展注入新动能》《家门口看病不再是梦想》《为群众撑起健康保障伞》《工业迈向高质量发展》等报道9篇。

“‘不忘初心、牢记使命’主题教育”系列报道　9月12日，《今日龙口》开设《不忘初心、牢记使命》主题教育专栏，先后刊发《市委常委会召开会议 研究全市“不忘初心、牢记使命”主题教育有关工作》《为市委科学决策提供智力支撑》《实现新时代纪检监察 工作高质量发展》《办好人民满意职业教育》等稿件。

“为了民族复兴·龙口英烈谱”系列报道　9月17日，《今日龙口》开设《为了民族复兴·龙口英烈谱》专栏，先后刊发《模范卫生员孙振旺》《高福胜：战斗到生命最后一息》《曲成田：魂系深蓝海田间》《第一代空军飞行员李宪刚》等稿件。

“壮丽70年 奋斗新时代 精彩龙口特别报道”系列报道　9月26日，《今日龙口》在头版开设《壮丽70年 奋斗新时代 精彩龙口特别报道》专栏，先后刊发《勾画县域发展“大写意”》《“两城”共建“双翼”齐飞》《人民至上 共创美好生活》等稿件3篇。

“为发展助力 为民生献计”系列报道　10月11日，《今日龙口》开设《为发展助力 为民生献计》专栏，先后刊发《归根到底，要给百姓实惠》《做群众满意的“当家人”》《落后村“逆袭”先进村》《聚土生“金”强村富民》等稿件。

“深入学习贯彻十九届四中全会精神”系列报道　12月2日，《今日龙口》开设“深入学习贯彻十九届四中全会精神”专栏，先后刊发《用过硬作风过硬实绩 交上优异“答卷”》《学思践悟 学有所获 我市学员参加烟台市党的十九届四中全会精神专题学习班》《党的十九届四中全会精神宣讲全面展开 推动全会精神走进基层走进群众》《北马镇 当好全会精神“宣传员”“践行者”》等稿件。

“为民办实事解民忧”系列报道　12月3日，《今日龙口》开设《为民办实事解民忧》专栏，先后刊发《我市年可节省医疗费用1745万》《为民服务触角延伸到最末端》《多元养老托起幸福“夕阳红”》《为退役军人开通就业“绿色通道”》等稿件。

“2019民生实事回头看”系列报道　12月11日，《今日龙口》开设“2019民生实事回头看”专栏，先后刊发《让城乡孩子享受优质教育 我市中小学和幼儿园校舍建设提档升级》《筑温暖幸福巢 圆百姓安居梦》《立体化保障 提升百姓幸福感》《全天候守护百姓安全》等稿件。

【专刊专栏】“节庆日”系列特刊　小长假、节庆日期间，在二、三版开设“节日庆”系列特刊，先后推出《新春走基层》春节特刊、《我们的节日》《我们的纪念日》节日特刊等。每个特刊都精心策划，文图并茂。

《文学》专刊　不定期刊发，先后刊发《那把三八大盖枪》《魅力芝罘》《颂歌献给党》《我的恩师》等稿件。设《人生感悟》《且行且歌》《案头随笔》《人间真情》《快板小段》《案头随笔》等专栏20余个，为龙口文学爱好者才华展示和交流作品提供舞台，拥有固定撰稿人上百人。

《村庄志》专刊　不定期刊发，先后刊发《打造现代版“富春山居图”——探访省级美丽乡村下丁家镇木厂村》《小小村庄藏着传奇故事——探访石良镇东庄头村》《小苹果撑起大产业》，向读者报道龙口经济生活，记录龙口重大经济事件、老百姓的消费观念和理财故事，是读者经济生活“信息管家”。

《文化龙口欢乐行》专刊　专刊跟随市里送戏下乡活动刊发，先后刊发《乡音吕韵情 好听味儿正——市税务局新嘉税务分局文化龙口欢乐行走进芦头镇前店村》《老年人乐呵呵 小孩子蹦得欢——龙口市税务局送文化下乡到望马史家村侧记》《好歌好舞好戏来——市人民检察院文化龙口欢乐行走进北马镇九甲村》《诸多欢乐 留在村里 -- 市总工会文化龙口欢乐行走进北马镇》等稿件。

《影像》专刊 不定期刊发，专刊用镜头记录时代，用图片讲述故事，让朴实和温暖在这座城市传递。先后刊发《寒风中，他们最美》《这个村沸腾了 -- 我市首届新时代文明实践农民运动会剪影》《西城秋韵》等照片作品。

《难办事，小男帮办》专栏 《今日龙口》开设《难办事，小男帮办》专栏，先后刊发《路遇一场车祸，行人感动你我》《父亲出走俩月多，急死我们了》《老人走失被好心人收留》《带着岁月痕迹老照片 等着重回主人怀抱中》等稿件。

《“德耀中华·龙口”》专栏 《今日龙口》在1 ~ 3 版推出《“德耀中华·龙口”》专栏，先后刊发《以单位为家 爱单位如家》《悉心侍候瘫儿十年》《继父膝下有孝子》《纵身一跃 托起家庭的希望》等稿件。

《小编说天气》专栏 《小编说天气》每天一期，贯穿全年。栏目一改以往呆板、僵化的天气预报模式，变身为由编辑根据天气情况结合龙口风俗人情等描写随笔，更具有知识性、趣味性，深受读者喜爱。

【媒体拓展】 2019 年，《今日龙口》坚持“采编、发行、广告、活动”四位一体工作思路，多路创新、稳中求进，推进报网融合，加快多媒体方阵建设和发展，多次对龙口网论坛、《今日龙口》进行改版，使其更适应受众体验需求。《今日龙口》报微信用户突破 14 万人。拓展青少年、中老年两端读者人群，依托龙报青少年服务中心，做优做强今日龙口小记者俱乐部和长寿俱乐部，同时做好长者食堂的运营工作。加速户外多媒体布局，建设户外灯箱电子阅报栏 39 处，港城大道西延公交车站点 21 处。

撰稿：路德政　审稿：杨国栋

卫生健康

综　述

【概况】 2019年1月15日，龙口市卫生和计划生育局更名为龙口市卫生健康局。2019年，龙口市紧紧围绕“健康中国行动”工作要求，深入落实“健康中国战略”，聚焦解决卫生健康事业发展不平衡不充分问题，全面深化医疗体制改革，认真落实各项惠民利群政策措施，进一步更新发展理念，深化改革创新，努力在更高起点上开创卫生健康事业发展新局面。至年末，龙口市有各级各类医疗卫生机构587处，其中三级医疗卫生机构2处，分别是龙口市人民医院、龙口市南山养生谷肿瘤医院；二级医疗卫生机构6处，分别是龙口市中医医院、龙口市第二人民医院、烟台市北海医院、烟台龙矿中心医院、龙口市妇幼保健院、龙口市心理康复医院；预防保健机构1处—龙口市疾病预防控制中心；疗养院1处—烟台市龙口荣军医院；城市社区卫生服务机构4处，包括1个中心3个站；镇街区卫生院12处，以及厂企医院8处、民营医院8处、村卫生室256处、个体医疗卫生机构289处。全市共拥有编制床位4998张（乡镇380张），每千人口拥有7.26张；市级公立医院共拥有编制床位2540张，每千人口拥有3.69张。

【体制改革】 医共体建设　2019年，4处医共体成立医共体理事会，制定医共体理事会章程和相关制度。以提供系统性、连续性医疗服务为目标，充分利用医共体、对口支援等条件，建立双向转诊通道。年内，共上转病人2170人次，下转病人675人次，市域内就诊率达90%以上。医共体牵头共开展培训11次，共计700余名乡镇医疗骨干参与培训。7名成员单位的卫生技术人员到牵头单位免费进修学习。到医共体内的镇街区卫生院坐诊50余次，服务患者达3000余人次。共完成远程影像550余例、远程心电130余例。

家庭医生签约服务　制定《关于做好2019年家庭医生签约服务工作的通知》，结合“世界家庭医生宣传日”组织大型广场宣传活动2次，参与龙口广播电台《在线民生》栏目3次，多种宣传手段的应用，提高了家庭医生签约工作的知晓率。全市签订家庭医生服务协议96091人，享受个性化签约的共32140人，其中60岁以上老年人签约69376人，贫困人口和计划生育特殊家庭实现应签尽签。

公共卫生服务均等化　2019年，龙口市基本公共卫生服务项目共14大类59项，人均项目经费增长至60元。全市的基本公共卫生服务工作由12个乡镇卫生院、城市社区卫生服务中心、南山医院及3个社区卫生服务站、249个村卫生室承担。通过门诊、入户等方式对已建居民健康档案复核更新，确保健康档案规范性、完整性和时效性。每季度组织专业机构对项目工作开展情况进行考核，根据考核成绩及各单位管理数量拨款，针对存在问题分项目进行培训，项目服务质量逐步提升。全市共复核更新档案49.6万份，管理高血压患者37115人、糖尿病患者21693人、重性精神病人3027人，产后访视4815人，系统管理0～6岁儿童35451人，为70689名65岁及以上老年人提供免费查体服务，使广大群众切实体会到国家惠民政策带来的实惠。

【卫生健康宣传】 2019年，围绕庆祝中华人民共和国成立70周年和重大卫生健康主题宣传活动，制作公益刊板18块、宣传横幅13条、滚动播放电子屏26处，媒体互动报道10余篇，营造气氛，掀起宣传高潮。以群众需求为导向，提升新闻舆论引导力，卫健系统在烟台市级以上媒体发稿 255 篇，龙口媒体发稿 326 篇，民生零距离上线直播 26 期，微信公众号发布信息 135 条，举办新闻发布会 1 场，向社会通报 2019 年重点工作进展成效，营造舆论氛围。完善典型宣传常态化，挖掘身边先进典型，龙口市援藏医疗队获山东省“敬佑生命·荣耀医者”2019 公益活动评选活动金牌团队奖，市城卫中心医生刘靖华获基层好医生奖；市妇幼保健服务中心退休医生栾少华当选 2019 年度烟台市道德模范（敬业奉献类）；市人民医院王菁、杨育凡当选烟台见义勇为医护群体上榜人物；推进社会宣传和文化传播，弘扬卫士健康奉献精神，在第四届全国卫生健康微电影节上，《戒掉你·拥抱爱》获剧情片类优秀奖；在全国卫生健康系统纪实摄影大赛上，《炕头会诊》（组照）获二等奖＋铜质优秀收藏作品奖；在山东省第四届“卫生健康行业风采”摄影比赛中,《和弦》（组照）获二等奖、《志愿者助力健康行动》《医者仁心》《凝心聚力 和谐医患》获优秀奖。加强健康知识宣传教育，提升市民健康素养水平，在重大节日和卫生健康纪念日期间，开展各类“健康中国行”等惠民实事、健康教育和公益宣传活动 260 余场次，健康大讲堂进机关、学校、企业、社区、农村宣讲 46 场，发放健康知识宣传资料 4 万多本，张贴健康文化墙报 2100 套，普及健康科普知识，扩大健康教育覆盖面，提高群众健康知晓率。年内，烟台市命名龙口市健康促进示范单位 85 个，其中，健康促进机关 24 个、健康促进学校 16 所、健康促进医院 12 个、健康促进企业 8 个、健康促进社区 25 个。

医疗卫生

【概况】 2019 年，全市各医疗卫生单位完成门急诊 211 万人次，住院病人 14.8 万人次，二级及以上医疗机构病床使用率为 71.13%，平均住院 8.82 天；一级医疗机构病床使用率 31.33%，平均住院日 12.9 天。

【服务环境改善】 龙口市中医医院改扩建工程 该工程是龙口市重点民生工程，并列入烟台市重点建设项目。项目占地 37.24 亩，投资 2.75 亿元，工程包括门诊楼新建、原病房楼改建及室外工程和附属楼内装改造。其中新建门诊楼面积 25401 平方米（地上五层建筑面积 17957 平方米，地下一层 7444 平方米），改建原病房楼面积 23800 平方米。项目于 2017 年 12 月开工建设，到 2019 年底，完成主楼建设、病房楼拆除等工作。

村卫生室标准化建设引领提升 以实现村卫生室服务能力和服务水平全面提升为目标，以房屋建筑、设施设备、运行机制、业务管理“四升级”和人员结构、收入待遇、服务能力、群众满意度“四提升”为重点内容，在全市实施村卫生室标准化建

2019 年 12 月 4 日，市卫健局在文化广场开展宪法日宣传活动

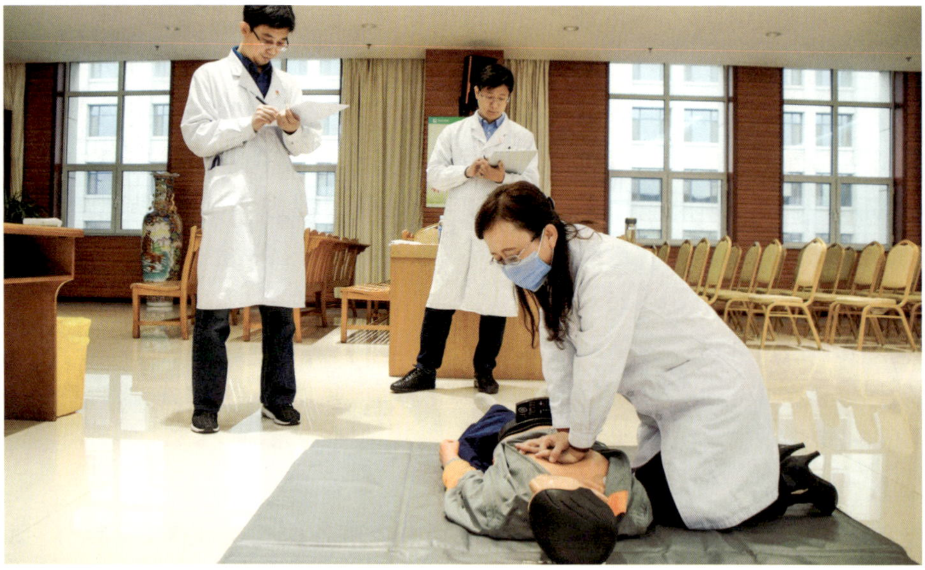

2019年11月13日，举办基层卫生技能竞赛

设引领提升工程，带动全市村级医疗卫生服务能力提升。2019年，完成3处省级、12处市级、24处县级示范标准卫生室创建工作，达到上级规定的年度任务目标。

顺利完成乡镇卫生院等级评价年度复核工作　按照烟台市卫健委的统一部署，龙口市坚定创评信心，加大投入，努力提升软硬件实力，全力打造满足基层群众需求的医疗新格局，2019年度乡镇卫生院等级评价工作进展顺利。11月中旬，全市4处参与一级甲等创评的卫生院全面迎接烟台市卫健委现场复核工作，经专家组认真核定，兰高中心卫生院、黄山馆镇卫生院、龙口经济开发区医院、石良中心卫生院成功获取一级甲等卫生院资质，顺利完成年度预定创评任务。

【服务能力提升】　通过定期在全市开展医疗质量安全专项检查等活动，使各医疗机构服务质量和能力进一步提升。年内，共成功化解各类医疗纠纷37起，申请医疗事故鉴定11例，完成尸检1例。在烟台市卫健委组织的检验技能、120急救技能、护理技能等竞赛中，龙口市代表队均获得优异成绩。通过在全市二级以上医疗机构开展预约诊疗、日间手术、临床路径、检验结果“一单通”等十二大项60条措施，让人民群众切实感受到医改成效。市中医院与301医院成立骨盆微创救治中心、市第二人民医院与山东第一医科大学附属内分泌与代谢病医院共同组建山东糖尿病专科联盟，提高医疗卫生单位的医疗服务水平。

【信息化建设】　2019年，完善市人民医院、中医医院、北海医院与13家基层医疗卫生机构建立的远程医疗服务网络建设，开展远程会诊、远程影像诊断、远程临床检验、远程心电诊断等医疗服务。根据《烟台市全民健康信息平台对接标准V2.0》标准要求，加强医院上传市平台数据质量情况。完善

2019年6月2日，乐真·龙口血管论坛在市人民医院举行

预约挂号系统建设，提高实名制就诊率，推进电子健康卡系统建设。

【献血与急救】 2019年，全市无偿献血75891人次，献血总量13199IU，占烟台市献血总量的11.9%。全市共有120急救站6处，配备120急救车15辆，由烟台市120急救指挥中心统一调度指挥。全年共出动急救车辆14759车次，急救接诊60109人次。年内，全市共捐献角膜7例、遗体4例。为捐献造血干细胞志愿者、角膜遗体捐献者家属、贫困户等发放米、面、油等慰问品，共计3000余元。

【中医药工作】 2019年7月，全国基层中医药工作先进单位复审评审专家组到龙口市对复审工作进行考核，专家组对龙口市中医药工作给予充分肯定，龙口市顺利通过全国基层中医药工作先进单位复审。持续推进基层医疗机构中医特色技术挖掘提升项目建设，遴选石良中心卫生院、经济开发区医院、兰高中心卫生院实施省、市、县级能力提升项目，着力挖掘推广中医特色诊疗技术，以典型带动提升全市基层医疗卫生机构中医药服务能力。

【行政执法和综合监督】 2019年，认真贯彻全省卫生计生综合监督工作会议精神，以深入开展“卫生计生综合监督规范年”活动为契机，扎实开展各项卫生监督工作。对辖区内505家公共场所经营单位进行检查监管并量化打分，对578家医疗机构进行全覆盖式监督检查。对265家医疗机构下达责令改正通知书。对13家公共场所单位、34家医疗机构下达行政处罚决定书，罚款16万余元。取缔非法医疗机构17家。加强对“四小”行业的卫生监管，采取“监督员划片责任到人、循环复查”的办法，督导各类公共场所按行业特点健全卫生设施，加强卫生管理，改善经营环境，有效保障消费者的健康权益。年内，共举办公共卫生监督、消毒产品和传染病监督、医疗卫生监督工作培训等业务培训23场，培训人员3235人次。开展主题普法宣教活动60余次，印发各种法律法规宣传材料等宣传品3.2万余份。

【健康扶贫】 2019年，为全市建档立卡贫困人口实行家庭医生签约服务，共签约9496人；全市17558人次享受“两免两减半”政策，为精准扶贫患者减免门诊医疗费用20.2万元；全市2198人次享受“先诊疗后结算”政策，为精准扶贫患者垫付住院医疗费用1890.8万元。2019年，与德州平原县通过学术交流、派驻医师等方式深度开展技术交流与人才交流，双方实现人员交流互访9人次。

2019年8月8日，开展“中医中药中国行——中医药健康文化推进行动”

【龙口市人民医院】 龙口市人民医院是一所集医疗、科研、教学、预防、保健、康复功能于一体的三级乙等综合性医院。2019年，设有15个综合管理机构，42个临床医技机构，3个后勤服务机构。员工总数1402人，有高级技术人员113人，中级技术人员348人，博士、硕士研究生80人。全年共完成门诊量61.5万余人次，同比增长

2.5%；出院4万余人次，同比增长3%；开展各类手术10037例，同比增长1.1%。

三级医院复审　建立“三级医院复审和医院整体绩效管理找差距抓落实”台账销号逐日推进工作机制，分层面督导落实，逐次进行大会点评。实践证明，台账销号机制对三级医院复审、整体绩效实际工作起到了积极的推进作用。12月23—25日高分通过省专家组现场评价，取得全省县级医院分值排前的好成绩，顺利通过复审工作。

绩效管理　在历经两年反复学习研究、论证调整、持续改进的基础上，结合意愿实际情况，形成意愿整体绩效管理实施方案，并进行半年多的模拟运行。经职工代表大会全票通过，新的绩效方案自2019年10月开始正式实施。

技术和科研　2019年上半年，国家标准化代谢性疾病管理中心获正式授牌；神经内科新开展全脑血管造影术、脑梗死取栓术、脑血管狭窄支架植入术，2019年已成功开展81例，获得满意疗效；泌尿外科开展尿动力学检查，为泌尿外科疾病诊断提供支撑；正式启动肿瘤MDT诊疗；开展呼吸睡眠检测，为睡眠呼吸暂停低通气综合征的后续治疗提供诊断依据。开展“乐真龙口血管论坛”“山东省上消化道癌早诊早治学习班”“呼吸疾病吸入治疗学术会议”“龙口市房颤初级继续教育培训班暨房颤百城巡讲”等大型学术会议4次；2项科研项目参与烟台市科研立项申报，现在处于待评选阶段。

DRG付费试点和医保控费管理　作为烟台市7家首批按疾病诊断相关分组（DRG）付费试点医院之一，市人民医院自10月15日名单公布以来，快速进入准备状态，包括病案书写、病案编码、病历首页及相关技术准备工作按时间节点稳步推进，同时全面加强医保控费管理，得到市医保局充分肯定和支持。

服务品质　开通微医诊疗，预约服务进一步到位。开展“去玻璃”服务，优化多项流程，多个角度体现对患者的尊重，医患沟通、医患安全、医患尊严得以有效落实。实施预约诊疗、首诊负责制、主诊医师组负责制，护理垂直管理，推动快速展开标准化门诊、标准化病房体系建设，形成预约—诊疗—住院—出院—评价一贯式服务模式，激励每个专业团队逐步形成“患者首先、患者中心”的服务模式。

健康扶贫　全院327名业务骨干作为精准扶贫第一责任人，先后入户走访8次计2600余人次。181名业务骨干参加“业务院长”帮扶和“百名专家”下基层活动。扎实开展健康扶贫，2019年“先诊疗后付费结算”764人次，“两免两减半”4864人次，按政策减免医疗费用10万余元。帮扶贫困村河崖王家村，2年合计投入11万元，用于自来水饮水工程改造。

【龙口市中医医院】　龙口市中医医院是一所集医疗、教学、科研、康复于一体的综合性二级甲等中医医院。占地面积7684平方米，建筑面积16652平方米，开放床位454张，2019年有职工

2019年4月27日，在市人民医院举行心内科房颤会议

582 人，其中专业技术人员占比 85% 以上。2019 年，完成门、急诊量合计 199370 人次，其中，门诊量 171026 人次，急诊量 28344 人次。出院人数 11215 人次，手术台数 5410 台，其中，住院手术 3596 台；门诊手术 1814 台。8 月，顺利通过二甲中医院复审。

新技术新业务开展　内一科获得十三五科技部重点专项国家示范区成员单位、国家卫生健康委员会县域内分泌学科发展助力工程试点项目实践基地称号；肛肠科获得全国消痔灵注射疗法培训示范基地、中国炎症性肠病联盟龙口分中心、首届齐鲁流派肛肠疾病学术可持续发展联盟理事单位、烟台市肛肠病专科联盟理事长单位、笑气镇痛山东培训中心称号；骨科获得山东省创伤骨科专科联盟会员单位、烟台市骨科专科联盟会员单位、骨盆微创救治中心理事单位的称号；康复科获得山东省儿童青少年近视、小儿推拿防控县级基地的称号，并与山东中医药大学第二附属医院签署山东省中西医结合康复医疗联盟加盟协议书；治未病科被授予第一批山东省中医治未病专科联盟成员单位；急诊科获得半岛急诊专科医联体、半岛急诊医学联盟理事单位称号；手足外科积极拓展足踝、康复、周围神经疾病、慢性创面管理等新业务板块，开展慢性创面诊疗，为数十位多年难以愈合的糖尿病足和褥疮患者解除了病痛，主任罗伟获得首批龙口市特别贡献青年专家称号；超声科开展超声介入新技术，共开展各种介入手术 110 例，其中 2019 年开展甲状腺结节微波消融术 21 例，得到临床的一致好评。

学术开展和技能竞赛　加大重点专科学术交流力度，人员、频次、级别相比往年均有显著提高。4 月 13 日，肛肠科成功召开烟台中医药学会肛肠专业委员会 2019 年学术会议、烟台医学会肛肠专业委员会 2019 年学术会议、烟台中医肛肠质控中心工作会议，手足外科孙振毅在第四届“三鹰杯”国际超级显微外科血管吻合大赛中，取得国内组第 12 名的优异成绩。检验科 2019 年度受到山东省临床检验中心表彰，获评省级质量评价先进集体；检验科乔风静和麻醉科吴昶伯在 2019 年度省级敬佑生命、荣耀医者颁奖活动中，获得金牌团队奖。

撰稿：王祖祺　常　颢　审稿：王　腾

【烟台市北海医院】　烟台市北海医院（烟台市呼吸

2019 年 3 月 21 日，中国胸痛中心认证专家到医院进行现场核查

2019 年 4 月 26 日，北海医院通过胸痛中心认证并颁发牌匾及证书

病医院）是一所集医疗、教学、科研、预防保健、康复急救为一体的现代化综合性二级甲等医院，是胶东地区唯一一所经省卫生厅审批成立的呼吸病治疗专科医院，是烟台市结核病定点医院。2019 年，医院设有行政职能科室 12 个、临床医技科室 43 个，开放床位 500 张。共有职工 446 人，其中正高级专业技术人员 20 人，副高级专业技术人员 57 人，中级专业技术人员 206 人，初级专业技术人员 106 人。全年门诊接诊 22 万人次，住院 1.8 万人次，床位使用率 84%。

2019 年，医院引进新技术、开发新项目，不断提升医疗技术水平和服务质量，推动医院整体水平迈上新台阶，为患者提供更优质更全面的诊疗服务，顺利通过二级综合医院等级复审。1 月，医院获国家呼吸与危重症医学科（PCCM）认证优秀单位称号、国家呼吸与危重症医学专科规范化建设项目认定二级医院优秀单位称号，是烟威区域第一家通过认证的优秀单位；4 月，正式通过中国胸痛中心认证，成为国家级基层胸痛中心，标志着医院在急性胸痛救治能力上达到了国家级水平；6 月，医院卒中中心取得中国卒中学会及卒中中心联盟 2019—2022 年度“卒中中心”认证并授牌；7 月，成为上海交通大学医学院附属瑞金医院呼吸专科医联体成员单位，在进一步提高科室诊疗水平的同时，广大患者足不出户就可以享受到大医院的专家服务。在结核病学术与实际诊疗中，积极创新、锐意进取，被认定为北京结核病诊疗技术创新联盟理事单位；10 月，取得互联网医院的执业许可并加挂互联网医院牌照；11 月，医院成为“烟台市溶栓地图 2.0 版”溶栓医院，并成为中国卒中急救地图成员单位。

2019 年，医院加强硬件建设，为临床诊断和治疗工作提供技术支持，完善信息系统建设，对医院微信公众号、支付宝生活号功能进行全面升级，实现预约挂号、在线充值、缴费、报告查询、医生出诊信息查询等功能，提高医院整体服务水平与服务能力，满足群众多方面就医需求。

撰稿：王昕　审稿：郑绪鹏

【烟台龙矿中心医院】 烟台龙矿中心医院是一所集医疗、急救、教学、科研、康复、预防保健于一体的综合性二级甲等医院。2019 年，中心医院设有 17 个病区、11 个医技科室，开放床位 400 张。共有员工 467 名，其中高级职称 88 人，中级职称 222 人，初级 117 人。全年医院门诊接诊 202137 人次，住院 11756 人次，床位使用率 75.4%，业务收入 16597.22 万元。

2019 年，中心医院顺利通过二级甲等综合医院等级复审。科研创新工作取得显著成效，心血管内科积极开展心脏介入技术，全年完成心脏介入 125 人次；开展急性心肌梗死的急诊介入治疗，完成急诊 PCI10 例；成功开展地区首例 ICD 植入新技术。神经内科持续推进急性缺血性脑卒中阿替普酶静脉溶栓工作，改良静脉溶栓流程，缩短了 DNT 时间，2019 年 4 月首批成功获得山东省脑防委卒中防治中心认证，全年共溶栓 82 例，疗效显著，明显降低患者致残率，取得良好的社会效益。肿瘤内科开展

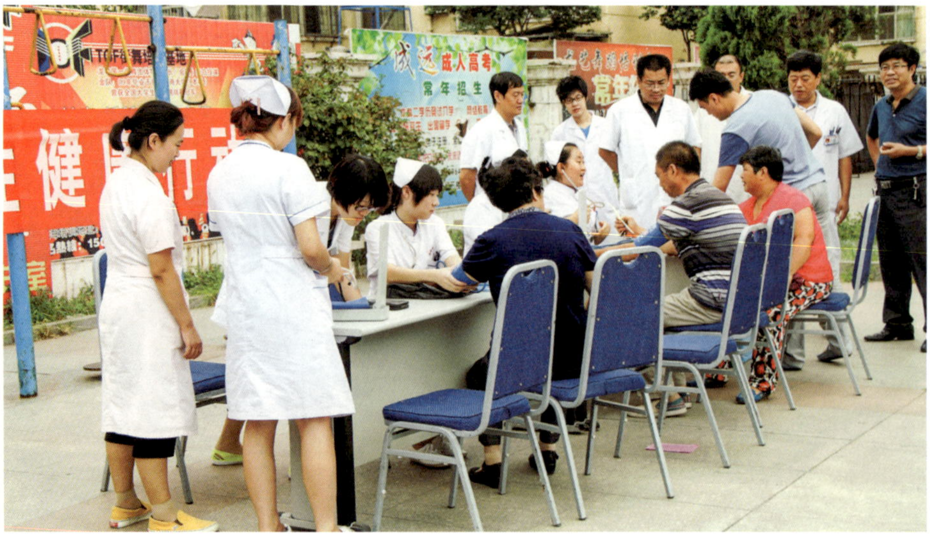

2019 年 6 月，开展服务百姓健康义诊活动

糖尿病规范治疗、胰岛素泵治疗210例，OGTT试验95例，癌痛规范化治疗29例。消化内科开展肿超声引导下定位抽液及脓腔注药治疗技术，抢救上消化道大出血、重症胰腺炎、化脓性胆管炎合并感染性休克、全身炎性反应综合征、重症肝损害、肝昏迷、重症有机磷中毒等危重患者180余例，均取得良好效果，抗菌药物规范化使用治愈多例巨大肝脓肿。呼吸内科开展床旁电子支气管镜检查技术，用于呼吸重症的诊疗，无创通气技术用于呼吸衰竭，慢阻肺、重症哮喘及重症肺炎治疗；顺利进行微创气管切开手术，为呼吸重症的诊疗打下基础。胸外科积极开展特色专业技术，脊柱PKP新技术在本地区遥遥领先，全年做脊柱PKP手术59例（64个椎体），继续开展脊柱微创通道手术和颈椎前、后路手术，股骨粗隆间及粗隆下骨折微创手术，效果非常明显。普外科开展大隐静脉曲张激光治疗术、PICC彩超引导下深静脉置管术，成功抢救多起严重复合伤患者。骨关节外科成功开展多例股骨粗隆间骨折的微创内固定治疗、关节镜下肩袖修补术、跟骨骨折微创钢板内固定手术、血管介入手术等。特检科开展超声引导下乳腺结节微创旋切术，能够独立完成各种结节的旋切。开展的甲状腺细针穿刺工作，是龙口市唯一能够独立开展此项目的医院，且手术例数呈逐年增长趋势。

成立于2015年、由党员干部组织的“中心医院义诊义工队”，多年来坚持利用空闲时间，深入周边村镇敬老院开展志愿者服务活动，2019年，义务开展为孤寡老人送医送药上门，免费为老人量血压、测血糖，开展医疗咨询、健康讲座等活动20余次，深受敬老院和社会各界的好评。

撰稿　赵国经　审稿　李连世

公共卫生

【传染病综合防治】 2019年，加大重点疾病综合防控力度，严格落实各项防控措施，重点传染病未发生爆发流行。年内，全市报告甲乙类传染病12种，共计1058例；报告发病率为149.27/10万，病毒性肝炎、肺结核、手足口病等重点传染病的发病率保持较低水平，本年度，全市报告1起传染病突发公共卫生事件相关信息。

【职业与放射卫生】 2019年，完善职业病监测报告网络，完成职业病发病情况统计报告和调查分析，开展职业病防治宣传教育及职业危害人群健康促进工作。年内，全市共网报审核重点职业病个案卡5493例、疑似职业病报告卡83例、职业病12例、尘肺病报告卡94例、农药中毒17例、有毒有害作业工人健康监护汇总149条。

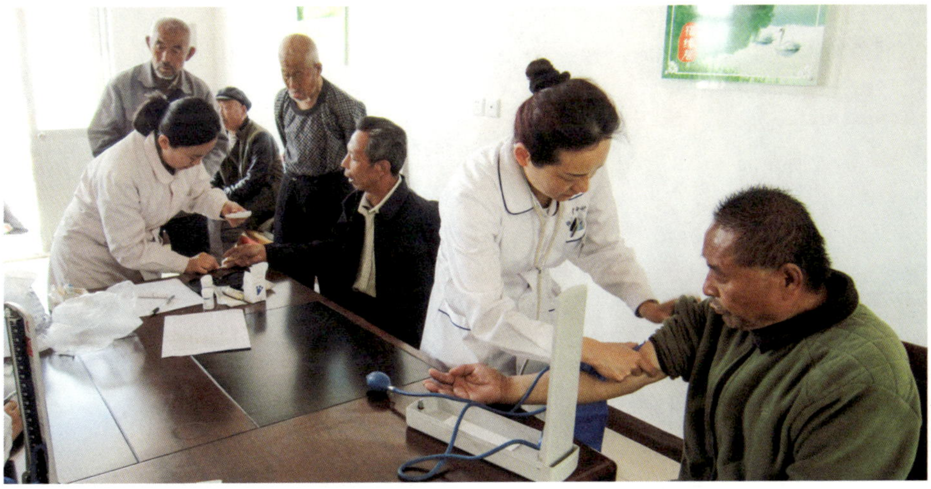

2019年11月，为敬老院老人送爱心

【食品卫生】 2019年，龙口市启动食源性疾病监测县乡村一体化工作，全市食源性疾病监测体系进一步健全完善。全市监测哨点在原有18家医疗机构基础上，又新增全市村卫生室、社区卫生服务站监测点。年内，获得食源性疾病监测病例数据4428条、食源性疾病事件15起。

【慢性病防治】 2019年，开展居民死亡登记报告工作，户籍居民死亡登记报告5372人，死亡率为834/10万，户籍居民平均期望寿命79.34岁，居民死亡前三位死因是心脏病、恶性肿瘤和脑血管疾病。继续做好省级慢病综合防控示范区相关工作，政府主导、多部门协作、全社会参与慢病防控工作。对高血压和糖尿病患者开展健康管理，高血压患者健康管理率41.68%，糖尿病患者健康管理率39.92%。开展“一评二控三减四健”专项行动，引导居民践行健康的生活方式。

2019年7月14日，市长吕波（前排左一）现场督导国家卫生城市复审工作

【精神卫生管理】 2019年，全市注册精神科医师共23名，医务人员心理咨询师22人，设有精神疾病诊疗资质的机构，基本具备提供精神疾病患者住院治疗的服务能力。做好严重精神障碍患者报告和管理工作，全市在册严重精神障碍报告　患病率4.88%、管理率95.72%、服药率95.6%。

【爱国卫生工作】 国家卫生城市复审工作 2019年，龙口市开展国家卫生城市复审工作，复审期间，制定下发《龙口市国家卫生城市复审工作实施方案的通知》等一系列文件，召开国家卫生城市复审动员大会、暗访动员会等会议，持续加大宣传力度，协调相关部门、单位、商铺等利用电子屏滚动播放国家卫生城市复审宣传口号。市级领导实地督查检查30余次，6个市级督导组对复审范围内区域展开拉网式排查，督导问题9200余个，共印发通报43期。经过全市上下共同努力，扎实推进卫生城复审工作的开展，9月，高分顺利通过全国爱卫会的暗访检查。

卫生和健康示范创建工作 2019年，持续开展卫生村镇、健康细胞工程创建工作，创建工作纳入年度国家卫生城市复审工作进行考核。定标明责，制定详细的奖惩考核措施，切实推进卫生和健康示范创建工作的开展。截至年底，龙口市共创建国家卫生乡镇1个、省级卫生乡镇2个，省级卫生村40个，省级卫生单位6个，健康社区5个，健康企业9个，健康学校8个。

2019年3月14日，全市国家卫生城市复审工作动员会议召开

【老龄工作】 2019年，共为拥有龙口市户籍、年满70周岁及以上的78356名老年人

发放生活津贴2600多万元；协调公交部门，为年满60～64周岁的老年人实行半价乘车制度；为符合条件的老年人免费办理“山东省老年人优待证”10036个；深入实施“银龄安康工程”，全市入保人数55166人，投保总额460余万元；通过媒体宣传积极开展老年人防范电信网络诈骗宣传教育活动；开展系列老年主题健康活动，按照省通知要求，开展好寻访健康老人活动，推荐5名“健康老人”。开展敬老月活动，在全市上下弘扬“尊老、敬老、爱老、孝老”的传统美德，营造家庭和睦、社会和谐的良好氛围。依法维护老年人的合法权益，严格落实《山东省老年人权益保障条例》《烟台市老年人优待规定》等法律法规和政策，较好地维护老年人在交通旅游、养老保障、补贴津贴、保险理赔等各方面的合法权益。

计划生育服务管理

【概况】 2019年，全市共出生人口5232人，人口出生率8.23‰，自然增长率-0.3‰，性别比105.3，统计合格率100%，信息准确率100%，全面完成人口目标责任书各项指标。

【计划生育服务管理】 实施全面两孩政策，着力提高统计质量，开展“容缺受理”服务，实行“能办推定”工作法，推行上门服务一条龙、婚育证明电子化、网上办证等新举措，免费为4405对夫妇办理生育登记，发放《生育服务手册》，登记率达100%。加强部门基础信息共享平台和WIS信息管理工作，每月对相关部门上报接生信息、孕情信息、公安迁出迁入、落户信息、民政结婚离婚、法院离婚等信息跟踪比对，提高出生统计上报合格率。推进流动人口基本公共服务均等化建设，全面推行流动人口基本公共卫生计生服务，开展春节期间流动人口关怀关爱活动、宣传服务活动，落实流动人口市民化待遇。

【计划生育政策】 全年发放特殊家庭住院护理保险、城乡医疗保险补助、失独家庭一次性慰藉金、退休职工一次性养老补助、城镇奖扶、农村及城区独生子女费等共计7085万元。根据《关于进一步完善计划生育特殊家庭扶助关怀工作的意见》，年内，与民政局、12349养老服务信息平台协调、沟通，将全市1090名60周岁以上特殊家庭成员录入养老服务信息平台，并免费发放老人机1台；为167名特殊家庭夫妇做失能、半失能鉴定，76人符合鉴定标准，每人发放500元服务券。

【妇幼健康服务】 2019年，贯彻实施《中华人民共和国母婴保健法》《烟台市妇女儿童发展“十三五”规划》，坚持“以保健为中心、以保障生殖健康为目的，保健与临床相结合，面向群体、面向基层和预防为主”的妇幼卫生工作方针，依法为全市妇女儿童提供健康教育、预防保健、计划生育技术服务、妇女儿童常见病筛查、妇幼卫生信息管理、妇女保健、儿童保健服务及妇幼卫生适宜技术等公共卫生服务。

【落实妇幼惠民政策】 2019年，为符合条件的13500名农村妇女进行宫颈癌免费筛查，为符合条件的2000名农村妇女进行乳腺癌免费筛查。继续实施“优生六免费”政策，为全市1914对新婚和再生育夫妇提供免费婚检，婚检率74.62%，共为1726对夫妇进行孕前优生检查。为2131人免费发放叶酸，免费发放《母子健康手册》5568本，为具有龙口市户籍的3225名孕妇实施免费产前筛查，筛查率90.4%。积极开展无创产前基因检测工作。进一步调整完善产前筛查与诊断优惠政策，与烟台市妇幼保健院合作，为夫妇一方为龙口市户籍35周岁以上的孕妇减免200元检测费用，全年共检测939例，发现可疑染色体异常17例，确诊性染色体异常4例，为进行早期干预提供依据。在持续做好新生儿四种遗传代谢性疾病免费筛查的基础上，为预防出生缺陷，与中国妇女发展基金会共同开展新生儿48种遗传代谢疾病筛查公益

2019 年 9 月，在人民医院举行出生缺陷防治技能竞赛

项目（列入为民办实事项目）。全年 4 种遗传代谢性疾病已筛查 5741 例，筛查率 100%，48 种遗传代谢性疾病已筛查 5877 例。新生儿听力筛查 5877 例，筛查率 99.94%，有效降低出生缺陷。落实预防艾滋病、梅毒和乙肝母婴传播工作，艾滋病、梅毒、乙肝检测 5018 人，检测乙肝阳性个案 163 人、梅毒阳性个案 17 人，注射乙肝免疫球蛋白 223 人。

【出生医学证明】 严格《出生医学证明》签发、换发、补发等程序，规范签发印章的管理，全年首次签发 5761 份。

【儿童保健】 启动新生儿先天性心脏病筛查项目，建立筛查网络，培训筛查诊治专业技术人员，提高筛查治疗能力。全市开展新生儿先心病筛查 3932 例，发现阳性 171 例。积极推广“互联网 + 妇幼健康”模式，对 3 ～ 6 岁儿童体检进行系统化管理，开展体格检查、营养评价、常见病筛查、缺铁性贫血和佝偻病筛查，新增口腔涂氟防龋治疗项目。共进行儿童查体 17440 人次，提高儿童健康水平。建立健全高危儿系统管理网络，加强高危儿专案管理，降低 5 岁以下儿童死亡率，减少病残儿发生。高危儿童筛查覆盖率 80%，高危儿童登记管理率 95%，高危儿童监测随访率 90%。启动 0 ～ 6 岁儿童眼保健和视力检查工作，将此项工作纳入基本公共卫生服务范围，项目检查人数 19077 人，检查出视力不良 1891 人，检查覆盖率 57.11%。孕产妇、儿童系统化管理率不断提高，孕产妇健康管理率达到 95.39%；0 ～ 3 岁儿童健康管理率达 94.94%。

【计划生育协会】 2019 年，龙口市计生协会集中开展“计生助福——进村入户宣传月”活动 18 场，发放计划生育政策知识、优生优育、生殖保健等科学知识折页 3000 余套；开展家庭健康促进教育进社区活动，在东莱街道、兰高镇、东江镇和兰高中学开展慢性病防治、青春健康教育等为主题的“大讲堂”进社区、进学校系列知识讲座；开展 0 ～ 18 岁唇腭裂患者免费治疗工作，调查摸底、免费术前筛查，安排患者赴济南千佛山医院免费手术治疗。参加省青春健康主持人优秀微课视频评选，市高级技工学校王蔚蔚获一等奖，市计生协获优秀组织奖。募捐省人口关爱基金 4.9 万元，救助计生特困家庭 100 户；龙口市发放人口关爱慰问金 25 万元，覆盖全市 1762 户计生困难家庭。

撰稿：王祖琪　常　颢　审稿：王　腾

2019 年 10 月 30 日，在市妇幼保健院举办出生医学证明签发管理培训会

社会生活

人力资源管理

【人才引进】 2019 年，认真落实“聚才兴龙”工程意见和人才工作要点要求，通过各种形式帮助市内企业引进聘用人才 2938 人，其中硕士以上学历和副高级以上职称 291 人。加强网络平台引才力度。征集龙口市重点企业高端技术人才和管理人才需求，以全国高校毕业生网上招聘活动为契机，加强与各级网站合作，帮助企业引才引智。先后为 100 余家企业免费办理注册登记手续，发布岗位需求信息 2000 多条次，组织南山集团、道恩集团等 52 家企业参加省和烟台市各级网上招聘活动，为企业招工和劳动者求职提供网上就业签约“一条龙”服务。开展“百校千才龙口行”等引才活动。根据市人才工作要求，积极主动地开展“百校千才龙口行”等多形式引才活动，不断提高引才工作实效。2019 年 3—5 月，分别在兰州理工大学、武汉理工大学和龙口市南山国际会议中心举办 3 场“百校千才龙口行”回访、招聘及洽谈活动，全市共有 70 多家重点骨干企业、省内外近 40 所高校和近千名在校大学生参与相关活动，较好地促进校地、校企深度合作。2019 年 8 月，牵头承办“2019 年国家高层次人才服务行——走进山东龙口”活动，14 名国家高层次人才应邀参加；9 月下旬，市公共就业人才中心与山西科技大学就业处签订就业合作协议，山西科技大学在龙口市设立大学生实践基地，龙口市在山西科技大学设立“人才引育基地”；11 月，邀请 15 名龙口籍在外高层次人才在南山国际会议中心举办“2019 桑梓人才家乡行”活动。加大高层次人才载体建设。积极做好 2019 年度烟台市高层次人才载体申报工作，对上推荐南山集团等 10 家企业为烟台市高层次人才载体单位。

2019 年 3 月 15 日，在兰州理工大学开展“百校千才龙口行”回访暨兰州理工大学专场招聘活动

【人事代理】 2019 年，为 573 人办理个人人事代理，至年底，个人人事代理人数已达 5136 人，单位代理 92 家，累计代理人员总数达 6224 人。为进一步提高办事和服务效率，将单位代理人员的个人信息全部录入计算机，个人和单位代理全面实现计算机管理。

【就业考录】 2019 年，公开招聘事业单位工作人员。按照公开、平等、竞争、择优的原则，面向社会公开招聘教育、卫生、综合类及公安事业单位工作人员，实际报名参考人数 6542 人，最终录用 268 人。

【岗位责任制考核】 按上级部门和市委、市政府要求，对全市 10529 名事业单位工作人员进行考核。

【管理和培训】 深化专业技术人员继续教育，组织不忘初心牢记使命砥砺奋进新时代公需科目和“知识产权法律法规相关知识”专业科目培训，全市共有 12000 余名专业技术人员参加。

【职务评聘】 全年共组织专业技术人员申报正高级职称 12 人，副高级职称 227 人，中级职称 39 人，研究生定职 1 人。组织工程技术中级评审 402 人，研究生定职 14 人，各系列初级职称评审 254 人，大中专毕业生定职 117 人。同时，承接莱州、海阳、蓬莱 3 市工程中级评审工作。

【人事资格考试】 2019 年 6 月，国家对专业技术人员资格考试报名证明事项告知承诺制试点正式启动，共承办执业药师、消防工程师、一级建造师等 25 类人事资格考试报名审核工作，组织各类资格考试报名审核 2597 人，办理各类资格证书 1427 个。

【考试鉴定】 2019 年，共组织职业技能大赛 3 次，涉及中式烹饪、数控车工、数控铣工、磨工、育婴师 5 个工种，共有 237 名选手参与大赛，通过大赛产生三级工以上 78 人、技师 2 人。

【职工福利待遇】 2019 年初，审批机关事业单位调动人员、职务调整人员工资，为新录用人员核定见习期工资、转正定级工资，开展工资统计年报。5 月，审批完成第五批公务员职务与职级并行，惠及公务员 70 人，其中市直机关 58 人，镇街区 12 人；晋升正处级 3 人，晋升副处级 14 人，晋升正科级 23 人，晋升副科级 29 人，晋升科员 1 人。5 月，完成 2019 年机关事业单位升级晋档审批工作及“吃空饷”治理工作，共惠及全市机关事业单位 1.4 万余名在职人员，其中，机关 2200 多人，事业 1 万多人，累计审批工资业务量 2.4 万人次。6 月，调整增加机关事业单位精简（减）退职人员生活困难补助费标准，每人每月增加 130 元，共惠及 120 余人。8 月，根据新公布最低生活保障线调整遗属补助标准，共审批 1200 余人次。10 月，审批住宅取暖补贴、老年人生活津贴。推动事业单位绩效工资制度全面实施，为义务教育、公共卫生事业单位核定绩效工资总量，逐步建立健全绩效考核办法。全年审批机关事业单位到龄退休人员 320 余人。

劳动管理

【劳动就业】 2019 年，龙口市把就业工作列入重要议事日程，作为事关全市经济发展和社会稳定的大事来抓，全面落实就业扶持政策，多措并举，千方百计扩大就业，促进群众增收，超额完成各项就业工作任务，较好地保持就业总量持续增长和就业局势稳定。全年实现新增城镇就业 14620 人，其中，城镇失业人员再就业 3067 人，城镇登记失业率 0.47%。开展各类职业培训 6137 人，其中，技能培训 3125 人，创业培训 3012，完成计划数的 120.4%。

【劳动就业服务】 2019 年，龙口市多形式多渠道宣传就业扶持政策，实施更加积极的就业政策，不断加大岗位推荐、就业援助、创业服务、技能培训工作力度，为全市各类型企业用工招聘和城乡劳动者求职就业搭建良好供需平台，推动实现更高质量的就业。

推介就业　依托覆盖城乡一体的公共就业服务机构，每周定期举办一次招聘会，春、秋两季组织开展“春风行动”“再就业援助月”“高校毕业生招聘月”“民营企业招聘周”等主题招聘活动，免费为广大城乡求职者提供信息咨询、求职登记、职业介绍、就业推荐等各项就业服务，为各类型企业提供用工招聘服务平台。全年组织开展“2019春风行动”“民营企业招聘周”系列招聘活动及周聘会58场次，提供就业岗位2万多个，求职登记1.5万人，成功介绍1.03万人次，网上登记招聘单位729个，网上推荐成交2640人次，较好地保障各类企业用工需求。

援助就业　突出帮扶困难群体就业重点，持续贯彻落实积极就业政策，引导各类型企业加大吸纳安置困难群体就业力度，鼓励“4050”等就业困难群体人员通过自谋职业、自主创业和灵活就业等多种方式实现再就业，落实各项社会保险补贴和岗位开发补贴，促进就业困难群体人员稳定就业和增收致富。全年共为458名灵活就业人员发放社保补贴242.8万元，为129家企业共计204人发放社保补贴176.85万元、岗位补贴14.15万元。

2019年12月3日，举办龙口市第十二届“南山杯”大学生创新创业大赛

创业带动就业　组织推荐12个项目参加多个创业大赛，其中，有两个项目参加“创业齐鲁·共赢未来”高层次人才创业大赛，分获三等奖和优胜奖，并取得来年泰山产业领军人才初步入选资格；有两个项目参加烟台海内外精英创业大赛，分获一等奖和三等奖，其中一个项目的研发及产业化项目在龙口注册落地。2019年12月，开展“创业之星”评选工作，联合烟台南山学院举办龙口市第十二届“南山杯”大学生创新创业大赛决赛，有18个项目分获各类奖项。加大创业扶持力度，优化创业担保贷款发放程序，重新启动贷款发放工作，全年共发放贷款200万元，拨付个人和小微企业贴息资金11.43万元，发放创业补贴6.6万元。

2019年2月11日至12日，举办2019年春风行动大型招聘会

技能培训　积极开展创业培训，鼓励、帮助自主创业，实现以创业带动就业；积极稳妥推进失业人员技能培训，努力提高失业人员再就

业率；积极开展农村劳动力转移培训，促进农村劳动力转移就业和稳定就业。结合新形势下精准扶贫工作要求，对省定贫困村中有劳动能力、有就业愿望的贫困户实行精准对接，引导农村劳动者特别是农村贫困人员主动参加培训，提高技能水平。组织龙口市龙翔职业培训学校在巫山县成立分校，开展就近培训贫困劳动力，全年培训涉农人员 344 人，同时，赴平原县组织扶贫培训 2 个班次，合计 127 人。

【劳动力管理】 龙口市开展劳动用工备案制度，督导用人单位及时进行劳动用工初始化备案、变更备案和注销备案。2019 年，各类用人单位新签订劳动合同 13552 份，企业劳动合同签订率 99.91%。开展企业工资集体协商制度，形成企业工资正常增长与制约机制，保障劳动关系双方合法权益，2019 年度指导 3065 户企业签订集体合同、工资集体协议。根据龙口市国民经济和社会发展状况及国家和省收入分配政策，确定龙口市 2019 年企业工资指导线，企业职工货币工资增长上线 (预警线)7%。不再发布企业职工货币增长上线、下线。明确实施企业工资指导线的标准要求，抓好企业工资指导线的贯彻落实，要求企业在报送工资集体协议时根据企业生产经营特点，就企业内部工资分配制度、工资标准和工资分配制定详细的具体实施方案。调查龙口市 107 户企业 2019 年人工成本情况和职工的工资报酬等情况，客观反映全市不同行业、不同经济类型企业的工资水平及人工成本水平情况。指导用工企业和劳务派遣单位严格执行劳务派遣行政许可规定，及时发现和纠正用工单位、派遣单位利用劳动合同法修正案实施之机恶意辞退派遣员工、不支付经济补偿金、侵害劳动者权益的行为，维护劳动关系的和谐稳定。

【劳动执法监察】 根据劳动保障监察条例规定，落实日常巡视检查，全年共巡查各类用人单位 440 余户；组织集中专项检查，开展根治欠薪夏季行动、根治欠薪冬季攻坚行动、人力资源市场整顿等检查活动，共计检查各类用人单位 359 户次，涉及劳动者 4.2 万余人，追回各类经济报酬 15 万元；进行举报投诉调查，依法立案查处 420 起，其中人社部交办案件 1 起，省委巡视组交办案件 2 起，省人社厅交办案件 2 起，市人社局转交案件 45 起，依法作出行政处理案件 9 起，申请法院强制执行案件 3 起，共涉及 3000 余名劳动者，追回各类报酬 1600 余万元；实施诚信等级评价，依据新颁布的企业劳动保障守法诚信等评价实施细则，评价出 79 户劳动保障守法诚信 A 级企业。全力做好治欠工作，提请市政府印发《龙口市保障农民工工资支付工作考核办法》，并牵头组织考核。联合建设局对在建的所有项目农民工工资支付情况进行回头看，针对存在的问题逐个项目进行反馈，并以建设局、人社局联合行文的方式进行通报，督促进行整改。牵头协调建设、交通、水务部门搭建山东省农民工工资支付监督平台，54 个在建项目、2800 余名农民工纳入监管。

【劳动仲裁】 2019 年 8 月 22 日，山东省人力资源和社会保障厅发布文件，要求自 2019 年 10 月 1 日起，启动要素式办案方式改革试点工作。全年市劳动人事争议调解仲裁院共受理各类劳动人事争议案件 802 起，其中 6 起案件中止，796 起案件按期结案。

社会保障

【调整养老金待遇】 按照文件要求，对 2018 年 12 月 31 日前已办理退休手续并按月领取基本养老金的企业退休退职人员、军转干部、城镇未参保企业退休人员调整基本养老金待遇标准。此次是连续第 15 次上调企业退休职工养老金待遇标准。该次调整惠及 6.91 万人，人均月增养老金 128.9 元，月需增发养老金 891 万元。

【社会保险管理】 扩面征缴 通过报纸、电视、网络等媒体平台，及时准确地将社保政策进行有效宣传，努力在全社会营造参保续保的浓厚氛围。通过多种途径加大扩面征缴工作力度，对全市企业的用工情况进行摸底调查，合理下达扩面计划，采取“以大带小”的方式，把符合条件的人员纳入参保扩面计划，做到应保尽保。2019 年，全市企业职工养老保险参保 12.34 万人，征缴保费 12.15 亿元，共为 7.2 万名离退休职工发放养老待遇 20.13 亿元。

社保稽核 不断加大对企业缴费基数申报材料的审核力度，坚决杜绝瞒报、漏报缴费基数情况，确保企业足额缴费。努力优化稽核模式，积极开展“线上”社会保险稽核，督促参保不充分的企业应缴尽缴，不断提升当期征缴率。全年通过系统审核的企业 243 户，审核参保缴费职工 34615 人，其中查出少报漏报未足额缴费 9031 人，缴费基数 745.9 万元。未参保职工 643 人，涉及 219 万缴费基数，少报漏报缴费基数以及未参保职工已经全部整改到位。

基金监管 严格实行收支两条线管理制度，针对“权、钱、人”等容易发生问题的重点环节、重点部位，建立风险预警预控机制，确保基金的安全完整和良好运行。

内控审计 加大社会保险风险防控力度，重点加强对重复领取待遇、违规向服刑人员等不符合条件的人员发放社保待遇等疑点数据的核查，建立制度化、常态化的数据核查机制。落实“三个全面取消”，强化风险源头管控。同时，针对社保基金监督检查发现的问题，举一反三，进一步排查梳理各项基金管理中存在的风险隐患，规范经办流程，强化内控管理，完善政策、经办、信息、监督“四位一体”风险防控体系，全方位提升基金管理和监督水平。

经办能力建设 从不断完善规章制度入手，加强制度建设、简化办事程序，规范全体干部职工的日常行为，真正发挥制度的制约管理作用，通过科学有效的管理，实现服务能力的整体提升。

【养老保险管理】 2019 年，全市城乡居民养老保险在保群众达到 31.5 万人，投保覆盖率达到 100%。当年缴费人数 9.6 万人，征缴保险 2.75 亿元；全年共为 11.77 万名参保群众按时足额发放城乡居民养老金 2.97 亿元，其中发放基础养老金 1.67 亿元，为 3950 名参保群众发放丧葬补助费 316 万元，有效保障城乡居民的基本养老需求。

【工伤保险】 根据烟台市人力资源和社会保障局《转发鲁人社发〔2019〕28 号文件做好 2019 年调整一级至四级工伤职工伤残津贴、生活护理费和工亡职工供养亲属抚恤金标准的通知》要求，调整一至四级伤残津贴、护理费及供养亲属抚恤金一级至四级伤残职工每月分别增加 190 元、180 元、170 元、160 元，护理费按 74062 元为基数调整，供养亲属配偶月增 65 元、其他亲属 48 元，孤寡老人或孤儿在上述标准上再增加 18 元。

【社会保险费征缴】 2019 年，全市机关事业单位参保职工 1.36 万人。全年累计征缴各项社会保险费 3.64 亿元，各险种参保率继续保持 100%，其中收缴基本养老保险费 2.72 亿元，征缴失业保险费 0.09 亿元，征缴工伤保险费 0.05 亿元、职业年金 0.78 亿元。

【养老金发放】 2019 年，全面做好离退休人员养老金社会化发放工作，发放率始终保持 100%。自 1 月起，按照上级规定为全市机关事业单位 9696 名退休（退职）人员调整（增加）基本养老金，人均月增养老金 198.2 元，同时对 10 名中华人民共和国成立前老工人月增基本退休费 200 元，并对增资部分按照 35% 相应增加住房补贴。全年共有 10173 名离退休人员和 900 名享受遗属补助人员享受社会化发放成果，累计支付养老金达 7.73 亿元，其中支付离退休人员养老金 7.49 亿元、遗属及丧葬抚恤补助 2415 万元，离休老干部增发 1～2 个月生活补助费 60 万元。

撰稿：孙学奇　审稿：王金光

2019年度龙口市社会保险单位缴费比例及缴费金额情况表

表14

单位类型	月份	养老比例		失业比例		工伤比例		最低缴费基数（元）	最高缴费基数（元）	年最低缴费额（万元）			年最高缴费额（万元）		
		单位缴费	个人缴费	单位缴费	个人缴费	单位缴费	个人缴费			单位缴费	个人缴费	合计	单位缴费	个人缴费	合计
一类	1—4月	18	8	0.7	0.3	0.24	0	3269	16346	2476.59	1085.31	3561.90	12383.73	5426.87	17810.60
企业	5—12月	16	8	0.7	0.3	0.24	0			4430.15	2170.62	6600.76	22152.10	10853.74	33005.84
二类	1—4月	18	8	0.7	0.3	0.48	0	3269	16346	2507.98	1085.31	3593.29	12540.65	5426.87	17967.52
企业	5—12月	16	8	0.7	0.3	0.48	0			4492.91	2170.62	6663.53	22465.94	10853.74	33319.69
三类	1—4月	18	8	0.7	0.3	0.84	0	3269	16346	2555.05	1085.31	3640.36	12776.03	5426.87	18202.91
企业	5—12月	16	8	0.7	0.3	0.84	0			4587.06	2170.62	6757.68	22936.71	10853.74	33790.45
四类	1—4月	18	8	0.7	0.3	1.08	0	3269	16346	2586.43	1085.31	3671.74	12932.96	5426.87	18359.83
企业	5—12月	16	8	0.7	0.3	1.08	0			4649.83	2170.62	6820.44	23250.55	10853.74	34104.29
五类	1—4月	18	8	0.7	0.3	1.32	0	3269	16346	2617.82	1085.31	3703.12	13089.88	5426.87	18516.75
企业	5—12月	16	8	0.7	0.3	1.32	0			4712.59	2170.62	6883.21	23564.39	10853.74	34418.14
六类	1—4月	18	8	0.7	0.3	1.56	0	3269	16346	2649.20	1085.31	3734.51	13246.80	5426.87	18673.67
企业	5—12月	16	8	0.7	0.3	1.56	0			4775.36	2170.62	6945.97	23878.24	10853.74	34731.98
七类	1—4月	18	8	0.7	0.3	1.92	0	3269	16346	2696.27	1085.31	3781.58	13482.18	5426.87	18909.05
企业	5—12月	16	8	0.7	0.3	1.92	0			4869.50	2170.62	7040.12	24349.00	10853.74	35202.75
八类	1—4月	18	8	0.7	0.3	2.28	0	3269	16346	2743.34	1085.31	3828.65	13717.56	5426.87	19144.44
企业	5—12月	16	8	0.7	0.3	2.28	0			4963.65	2170.62	7134.27	24819.77	10853.74	35673.51
挂档		20		0				3269	16346	7845.6			39230.4		

说明：因机构改革，医疗保险、生育保险自2019年8月起由医疗保障部门征收；自2019年起，挂档人员可以按最高基数缴费

医疗保障

【概况】 2019年1月9日，龙口市委、市政府印发《关于龙口市市级机构改革的实施意见》，将市人力资源和社会保障局的城乡居民基本医疗保险、职工医疗保险、生育保险职责，市民政局的医疗救助职责，市卫生和计划生育局的药械集中采购监督管理相关职责，市物价局的药品和医疗价格服务管理职责等整合，组建龙口市医疗保障局，作为政府工作部门。3月4日，龙口市医疗保障局挂牌运行。市医疗保障局完成人社局医疗保险、民政局医疗救助、物价局药品定价及卫生局药械管理等部门职能的相关联事项划转，实现集中、统一、高效的医疗保障体制，服务流程得到简化，服务效率大幅提高。2019年，全市共有62.6万人参加基本医疗保险，其中职工23.3万人，居民39.3万人。市医疗保障局不断推进医疗保障体系建设，优化医疗保障环境，落实医疗保障政策，形成基本医保、大病保险、医疗救助三者间相互连接、递进保障的有机整体，参保人员得到普通门诊医疗、慢性病门诊医疗、住院医疗和大病保险、职工长期护理保险、生育保险等多层次全方位的医疗保障。

【职工基本医疗保险】 2019年，全市职工基本医疗保险参保23.3万人，征缴保费6.25亿元，全年共拨付相关待遇3.46亿元。8月，职工医疗、生育保险费由医保部门征缴，接收2783个企事业单位征缴业务，征缴27025万元，实现人社部门到医保部门征缴体制转换的平稳过渡。

【居民基本医疗保险】 2019年，全市居民基本医疗保险参保39.33万人，征缴保费1.6亿元，全年共拨付相关待遇2.99亿元。

保费征缴 2019年度，居民基本医疗保险个人缴费标准为：一档每人每年340元；二档为每人每年490元；各类学校在校学生个人缴费标准为每人每年140元，享受二档缴费对应的居民基本医疗保险待遇。政府为参保居民每人补贴520元。居民通过医保办事大厅或微信公众号办理参保缴费，包括基本信息录入、户籍信息核对更正、普通门诊定点医院选择、缴纳居民医保费等业务。征缴期外居民也可补缴当年医保费用。自2019年度起，未在参保缴费期内及时缴费的居民，可以补缴当年的医保费用，补缴标准为个人缴费与政府补助标准之和，自补缴之日起三个月后发生的医疗费用纳入居民医疗保险保障范围。新生儿缴费由3个月延长至6个月，即新生儿出生6个月内缴纳基本医疗保险费可享受医疗保障待遇。

保障待遇提高 2019年，实行高血压、糖尿病（简称“两病”）门诊政策，将“两病”患者门诊降血压或降血糖的药品费用纳入居民基本医疗保险基金支付范围，为贫困人口121人集中办理门诊慢性病待遇。一个自然年度内，参保居民在定点医疗机构门诊发生的符合规定的药费按50%比例支付，不设起付标准。医保基金年最高支付限额为：高血压患者一档缴费的200元、二档缴费的300元，糖尿病患者一档缴费的300元、二档缴费的400元，同时患有高血压、糖尿病的患者一档缴费的400元、二档缴费的500元。2019年起，全部取消烟台市内居民转诊就医手续。

【生育保险】 2019年，职工生育保险参保11.1万人，征缴保费5049万元，全年支付待遇3681万元；居民生育保险实行定额补助1000元，补助1667人。2019年1月1日起，对生育定点医疗机构人次费标准进行调整，调整后的标准为：龙口市人民医院4000元、龙口市妇幼保健院3600元、龙口市中医医院3600元、烟台市北海医院3600元、烟台龙矿中心医院3600元、龙口市第二人民医院3600元、龙口南山养生谷医院3600元。

【医疗救助】 孤儿、特困人员（农村五保对象和城镇“三无”对象），政策规定范围内的普通疾病、重特大疾病住院医疗费用按100%、门诊医疗费用按50%的比例给予救助，每人每年救助金额限额为30000元，其中门诊救助限额为3000元。最低生活保障对象政策规定范围内的普通疾病住院医疗费用按70%、重特大疾病住院医疗费用按80%、门诊医疗费用按50%的比例给予救助，每人每年患普通疾病救助限额为10000元，患重特大疾病救助限额为30000元，其中门诊救助限额为2000元。享受政策期间的建档立卡贫困人口政策规定范围内的普通疾病、重特大疾病住院医疗费用按50%的比例给予救助，每人每年患普通疾病救助限额为5000元，患重特大疾病救助限额为8000元。从2019年6月7日开始对只有贫困人口一种身份居民政策规定范围内的普通疾病、重特大疾病住院医疗费用按70%的比例给予救助，每人每年患普通疾病救助金额一般不超过5000元，患重特大疾病一般不超过8000元。实行烟台市医疗救（补）助“一站式”即时结算系统，为全市孤儿、特困、低保、建档立卡等贫困人口提供7076人次、803.99万元即时救助。

【职工长期护理保险】 2019年，新增龙口市东莱街道敬老院、东莱街道遇家敬老院、城市社区卫生服务中心和龙港街道敬老院4家职工长期护理保险定点医护机构，全市职工长期护理保险定点医护机构达到10家，使更多失能失智参保职工能够享受到长期护理保险待遇。年内，全市共90人次享受长期护理保险待遇保障。

【居民大病保险】 2019年，居民大病保险人均筹资标准为81元，保障范围和补偿标准为：居民一个医疗年度发生的住院医疗费用和纳入统筹基金支付范围的门诊慢性病费用，经居民基本医疗保险补偿后，个人累计负担的合规医疗费用1.6万元以下部分不给予补偿；1.6万元以上（含1.6万元）、10万元以下部分给予60%补偿；10万元以上（含10万元）、20万元以下部分给予65%的补偿；20万元以上（含20万元）、30万元以下部分给予70%的补偿；30万元（含30万元）以上部分给予75%的补偿。一个医疗年度内，居民大病保险每人最高给予40万元的补偿。对建档立卡的农村贫困人口居民大病保险，起付标准为5000元，5000元以上（含5000元）、10万元以下部分给予65%的补偿；10万元以上（含10万元）、30万元以下部分给予75%的补偿；30万元（含30万元）以上部分给予85%的补偿。一个医疗年度内，贫困人口居民大病保险无封顶线。严格执行居民特药补偿办法，参保居民使用经省统一组织价格谈判的抗肿瘤分子靶向药和治疗其他疾病的特殊药品（简称特药）发生的费用，起付标准为2万元，起付标准以上部分给予60%补偿，一个医疗年度内，居民大病保险基金每人最高给予20万元补偿。对建档立卡的农村贫困人口不设起付标准。居民和职工特药种类有注射用依那西普、磷酸芦可替尼片、盐酸沙丙蝶呤片、盐酸达拉他韦片、注射用紫杉醇（白蛋白结合型）、盐酸多柔比星脂质体注射液、波生坦片。2019年，全市居民共享受大病保险补偿38577人次，补偿总额2852.24万元。

【扶贫特惠保险医疗商业补充保险】 按照《烟台市2019年度扶贫特惠保险实施方案》的要求，认真落实扶贫特惠保险的保费收缴和补偿，人均保费340元，由政府代缴；保障对象政策范围内个人住院医疗费用和慢性病门诊费用，经基本医疗保险、大病保险、医疗机构减免、医疗救助等补偿后，医疗商业补充保险按80%再给予补偿。一个医疗年度内的医疗商业补充保险赔付封顶线为30万元。2019年，补偿保障对象8863人次，共计284.1万元。

【医药价格改革】 自2019年12月1日起，根据国家、省、市统一部署，落实国家组织药品集中采购和使用试点扩围工作。全市18家公立医疗机构和医保门诊部执行国家联采办组织的“4+7”（4个直辖市+7个省会城市）药品带量采购，对涉及心血管系统、消化系统、肿瘤等慢性病常用的25种药品进行集中采购。集中采购后，药品平均价格降幅59%，最高降幅达96.8%；年可减少医疗费用支出1745万元，其中，患者个人减少支出960万元，医保基金减少支出785万元左右。2019年，市医疗保障局围绕深化医药卫生体制改革目标，通过取消医用耗材加成，调整医疗服务价格，建立公立医疗机构科学合理的补偿机制，优化公立医疗机构收入结构，着力解决医用耗材价格虚高、过度使用问题，减轻人民群众医疗费用负担。自12月10日起，全面取消各级各类公立医疗机构医用耗材加成，所有单独向患者收费的医用耗材，以实际购进价格为基础实行“零差率”销售。改革后，年可减少医疗费用支出2044万元，患者个人负担减少824万元左右，医保基金减少支出1120万元左右。

【医保基金监管】 市医疗保障局成立后，把加强医保基金监管作为首要工作任务，坚持堵漏洞、强监管、重惩处、严震慑。通过开展“打击欺诈骗保风暴行动”“新一轮打击欺诈骗保专项行动”“打击欺诈骗保百日攻坚”等行动，重点整治变通住院、超标准收费等违规违法问题，扼制医疗保障基金支出的不合理增长，维护基金安全。2019年，对全市定点医药机构现场检查覆盖率达到100%，共查出存在违规行为的医药机构150家次，终止服务协议5家，暂停服务协议1家，暂停结算48家，处理医保医师11名，追回医疗保障基金102.1万元。

【医保经办服务】 市医疗保障局全面落实“放管服”改革，以提质增效医保经办服务为目标，通过流程再造，简化医保经办手续，让群众“少跑腿”或“不跑腿”，提高人民群众的获得感和幸福感。8月，启动征缴医疗保障和生育保险费业务后，开通医保局官网、微信公众号、服务大厅自助等形式多样的收费模式，极大地方便了单位和个人缴费。通过医疗保障局官网或微信公众号，可以在线自助办理异地居住备案手续；开通市人民医院等10家定点医疗机构、6家定点零售药店省内刷卡联网结算业务，方便异地参保人员就医结算。

【医保精准扶贫】 市医疗保障局全面落实医保领域精准扶贫任务，推出健康扶贫“一站式结算”，使全市建档立卡贫困人口的基本医疗保险、大病保险、医疗救助、扶贫特惠保“四重保障”“一站式结算”实现全覆盖。全市建档立卡贫困人口实现应保尽保，医保对贫困人口在起付线、封顶线、报销比例等方面的倾斜性支付政策以及大病兜底保障政策得到有效落实，贫困人口住院医疗费用政策内报销比例达到90%以上，使医保精准扶贫政策全面落到实处。

撰稿：朱年航　审稿：周　斌

民政事务

【城乡社区】 2019年1月，在烟台市新备案城市社区8处，分别为东莱街道丽园社区、明德社区，龙港街道逄家社区、和平社区、海岱社区，新嘉街道天韵社区，东江街道锦里社区、九里社区。至此，全市共在烟台备案社区39处。2019年3月，出台《加强和完善城乡社区治理的实施意见》明确城乡社区治理工作的重点任务和责任分工，为全市社区治理体系建设和治理能力提升打下基础。2019年10月，龙口市民政局联合组织部、人社局、财政局等相关单位出台《龙口市社区工作者职业体系建设办法（试行）》，确定龙口市工资待遇和职业体系建设的相关制度，社区工作人员待遇进一步提升。2019年11月，为徐福街道滨海假日社区、新嘉街道府东社区、龙港街道海岸华府社区、东江街道九南社区共4处城乡社区申报烟台市级专项资金支持城乡社区服务能力建设项目，每处资助资金8万元。指导镇街区做好国有企业退休人员社会化管理相关工作，积极开展丰富多彩的活动，促进国有退休人员融入社区，取得较好的效果。

【行政区划】 全市辖东莱、龙港、新嘉、徐福和东江5个街道，黄山馆、北马、芦头、下丁家、七甲、石良、兰高、诸由观8个镇，595个行政村。东莱街道辖51个村民委员会，龙港街道辖46个村民委员会，新嘉街道辖41个村民委员会，徐福街道辖33个村民委员会，东江街道辖55个村民委员会，黄山馆镇辖12个村民委员会，北马镇辖79个村民委员会，芦头镇辖38个村民委员会，下丁家镇辖20个村民委员会，七甲镇辖37个村民委员会，石良镇辖67个村民委员会，兰高镇辖48个村民委员会；诸由观镇辖68个村民委员会。

【行政区域界线】 2019年5—6月，牵头开展龙招线行政区域界线联合检查工作，制定《关于龙口市与招远市行政区域界线联合检查工作实施方案》，成立招远市与龙口市行政区域界线联合检查领导小组，对东起招远市乐土夼偏西北1.5千米的招远、龙口、栖霞三市三交点，西至招远、龙口界河入海口中心线，全长66.7千米，沿边界线两侧9镇74个行政村（其中招远市4镇31个行政村，龙口市5镇43个行政村）的行政区域界线以及14块界桩进行实地检查，填写《界线联合检查记录表》《界桩联合检查记录表》《界线联合检查情况汇总表》，撰写《关于招远市与龙口市行政区域界线联合检查情况报告》，上报烟台市民政局，同时联合检查资料录入山东省界线界桩管理平台。龙口市与招远市，沿边界两市相邻的镇与镇、村与村均签订边界睦邻友好协议书。期间配合蓬莱市、栖霞市开展完成龙蓬线、龙栖线行政区域界线联合检查工作。督促检查行政区域界线13名界管员，按时完成每月对龙蓬线、龙栖线、招龙线三条边界线共14块界桩的巡视，并将巡视界桩照片上传至山东省行政区域界线界桩管理平台。

【社会组织管理】 概况 2019年，全市有社会组织531个，其中社会团体74个、民办非企业单位457个。社会团体中行业性协会商会类31个、异地商会1个、联合性协会9个、专业性协会25个、学术性协会5个、公益类2个、文化类1个。民办非企业单位中，养老机构34个、社会服务类12个、医疗机构222个、幼儿园83个、科技研究机构24个、培训学校40个、技能培训学校3个、文化类29个、体育类10个，分布在教育、卫生、民政、科技、水利、农业、经贸等领域，初步形成门类较为齐全，城乡分布较为广泛，覆盖经济社会生活主要领域，与民生需求密切相关的发展格局，在政治、经济、文化、社会和文明建设中发挥着越来越重要的作用。

社会组织监管 2019年3月，社会组织成立、变更、注销登记审批工作划归龙口市行政审批服务局，民政局保留管理职能。4月印发《关于做好2018年度全市性社会组织年度报告工作的通知》，为进一步深化龙口市社会组织领域“放管服”改革，优化社会组织政务服务环境，2019年不再对全市性社会团体和民办非企业单位（以下合并简称“社会组织”）进行年度检查，改为年度报告。包括年度工作报告、年度财务报告、党建工作报告三大部分。联合市行政审批局分批次对8个新成立社会组织进行现场查勘，指出存在问题并要求进行整改。11月，协同教育和体育局等15个部门，对全市95所幼儿园进行年度检查。9月，联合市场监督管理局对全市6个收取会费的行业协会商会进行现场检查，发现龙口市饮食服务行业协会、龙口市河南商会违反上级文件规定，收取会费超过四档，随即责令其整改，要求6个行业协会商会进行收取费用公示，进一步规范行业协会商会收费标准。

社会工作者管理 发动2019年考取社会工作师的22名社会工作者，在社会工作信息管理系统进行登记。确定第一届“龙口和谐使者”5名，征求纪委、组织部、公安局、人社局等相关部门意见，并在政府信息网站进行公示，由龙口市人民政府办公室发文《关于公布第一届龙口和谐使者名单的通知》予以公布。

【地名管理】 编撰上报《中华人民共和国标准地名词典》第2至第8部分龙口市释文31条，其中自然地理实体5条，交通运输设施8条，教育单位、医疗设施、文化设施3条，重点文物保护单位2条，名胜古迹和纪念地2条，农业和水利设施1条，工矿企业8条，服务业2条。编撰上报《山东省标准地名志》龙口市地名部分词条释文，行政区域居民点278条。编制并上报自然村名录735条。做好中国·国家地名信息库反馈问题审核修正工作。经与市场监督管理局等相关单位反复核实，修正企事业单位名称、地址等属性信息297条，充实2015年至2018年新增加的地名信息22条。做好地名清理整顿工作，印发《关于进一步清理整治不规范地名工作实施方案》的通知，明确各成员单位工作职责，对221块缺失地名标志和交通指示牌进行设置安装。完成第二次地名普查档案建库、建档工作，达到省普办和国普办验收标准，通过上级地名普查领导小组验收。

做好新命名、更名街路标志牌的安装设置工作，设置安装街路标志牌209块。配合创建卫生城市工作发现问题及时整改，对东西两城区原有街路标志牌发现损坏的即时进行维修，共对40块街路标志牌进行维修并重新设置安装。为庆祝中华人民共和国成立70周年，根据市委宣传部统一提供的公益广告和标语，制作10块街路标志牌，开展主题宣传。

【社会救助】 城乡低保对象实现应保尽保。根据低保标准自然增长机制，自2019年7月1日起，城市低保标准提高到每人每月615元，农村低保标准提高到每人每月440元，全市城乡低保标准之比缩小到1.4∶1。至年底，全市城市低保对象216户383人，年发放低保金205万元；农村低保对象4355户6714人，年发放低保金2358万元。

【社会供养】 自2019年7月1日起，城市三无标准提高到每人每月861元，农村特困人员标准提高到每人每月616元，是低保发放的1.4倍。年内，全市共有特困对象1606人、城镇“三无”对象17人，累计发放特困供养资金及各类补贴1668万元。

【养老工作】 2019年，龙口市继续执行《关于加快发展养老服务业的意见》，机构养老稳步发展。全市12所敬老院共设有床位1054张，社会力量兴办养老机构8处，床位1094张；社区养老服务进一步发展，拥有城市日间照料中心8处，床位154张，农村幸福院53家，床位数1165张，居家养老服务逐步提档。

【残疾人“两项”补贴】 严格执行民政局、财政局、残联联合出台的《关于全面建立困难残疾人生活补贴和重度残疾人护理补贴制度的通知》，按照镇级初审、市残联审核、市民政局核对的程序审批，市民政局按照政策对符合条件的及时发放两项补贴。加强动态比对，每月比对特困、孤儿、1—4级伤残军人、机关企业离休人员、军人因公致残人员数据强化动态管理。2019年，共有符合条件的困难残疾人2319人、重度残疾人4609人，共发放两项补贴5165080元。

【经济困难老年人补贴】 根据《山东省民政厅 山东省财政厅关于完善经济困难老年人补贴制度的通知》《关于完善经济困难老年人补贴制度的通知》文件要求，按照村、镇、市顺序逐级上报，由乡镇入户调查，市民政局按照政策对符合条件的及时发放高龄津贴。每季度加强数据比对，季度末比对残疾人两项、五保数据，查看经济困难老年人数据中有没有已经享受特困补贴的人，是否有与残疾人重度护理补贴重复享受的人员，并强化动态管理。2019年，共保障经济困难老年人3337人，发放补贴资金3660760元。

【救助管理】 持续开展好流浪乞讨人员救助管理工作，积极开展寒冬送温暖、夏季送清凉专项救助活动，发现滞留流浪乞讨人员，积极劝说、主动引导他们接受救助，2019年共救助生活无着流浪乞讨人员32人次，发放救助资金4万余元。持续开展“合力监护、相伴成长”专项行动，建立健全农村留守儿童关爱保护长效机制，完成社会体制领域相关改革事项，建立市镇村三级关爱保护网络，形成全社会关爱保护农村留守儿童的良好格局。及时发放孤儿、困境儿童生活救助金，保障孤儿、困境儿童基本生活，开展孤弃儿童走访关爱排查工作，全面掌握孤弃儿童现状，并以此为基础对孤儿档案进行完善。2019年共发放孤儿、困境儿童基本生活保障金32万余元。

【基层政权】 2019年1月，出台《关于认真做好村规民约和居民公约修订工作的指导意见》，为村居村民公约和居民公约修订工作提供具体指导。5月，对龙口市村务公开目录进行调整，重新发布《龙口市村务公开目录》，就村务公开的内容、时间、形式、程序、监督进行规范。6月，申报省农村社区治理实验区，聘请烟台工商学院的专家学者担任指导专家，制定《龙口市农村社区治理试验区实施方案》，年底，省民政厅批复龙口市为农村社区治理创新实验区。11月，为加快镇政府职能转变，提升服务能力，出台《关于加强镇政府服务能力建设的实施方案》，全面推进龙口市镇级治理体系建设。年底，龙口市总结的提升镇政府服务能力的经验材料《构建科学体系强化保障落实不断提升乡镇政府服务能力水平》，被民政部公布为“第一批全国乡镇政府服务能力建设典型材料”，并在民政部组织的会议上进行介绍。

【殡葬管理】 2019年3月，龙口市高新区公墓建设被烟台确定为民生重点工程，民政部门积极与高新区配合，多措并举推进高新区公墓建设，争取上级补助资金100万元，进行围墙修缮、墓区整治和生态墓区建设，工程项目于11月竣工。协助规划部门制定《龙口市殡葬设施专项规划》。2019年，持续推进丧事简办工作，在丧事简办补助审核过程中对发现的问题及时与镇街区和村居取得联系，予以提醒和纠正，促使全市丧事简办工作逐步走向规范化，群众满意度逐步提升。全市丧事简办1127例，海葬7例，丧事简办比例逐步提升。

【婚姻登记】 根据《山东省民政厅关于调整部分涉外、涉港澳台居民及华侨婚姻登记办理机关的通知》和《关于承接并做好涉外涉港澳台居民及华侨婚姻登记工作的通知》要求，自2019年4月1日起，常住户口在龙口市的居民同外国人及港澳台同胞以及华侨的婚姻登记，可以到龙口市民政局婚姻登记处办理。全年，龙口市共办理登记6721对，其中结婚登记3511对，包括涉外登记3对，离婚登记1514对，补办结婚证1696对，登记合格率达100%。通过建立延时服务、延伸服务制度，采用高峰期提前上班，延时下班，网上预约登记等贴心的服务机制，方便群众办事，提升服务水平。同时，为特殊群体开辟“绿色通道”，主动为不能前来登记办证的当事人提供上门服务，体现“以人为本”的服务宗旨，赢得群众的好评。

【慈善事业】 2019年，龙口市慈善总会坚持“依靠社会办慈善，办好慈善为社会”的方针，开拓创新，扎实工作，设立12万元的“龙口市守蓬奖学公益慈善基金”，用于救助徐福街道徐福中学困难学生，2019年度救助困难学生129人；联合泰山慈善基金会和新一洲龙口爱心义工队开展事实孤儿公益项目，募集善款4.58万元，救助事实孤儿27名。加强义工组织建设，大力打造义务服务项目，开展“迎新春送温暖”“我是你的眼 南山欢乐行”“齐鲁医院导医服务”“我当环卫工人一小时”“爱我龙口，保护环境”“文明交通劝导”等义务服务活动，使需要帮助的人士得到帮助和关心。在全市开展“合力助脱贫 真情化甘露”爱心捐助活动，截至2020年1月2日，共有640个单位、2.8万余人参与爱心捐助活动，共接收捐款1513万元。

撰稿：江春芳　审稿：于厚波

退役军人事务管理

【概况】 龙口市退役军人事务局于2018年12月25日正式挂牌成立。下设退役军人服务中心、军休所、军休二所、烈士陵园4个事业单位。主要职责是贯彻执行退役军人思想政治、管理保障和安置优抚等工作政策法规，贯彻执行退役军人工作相关政策。拟订全市退役军人事业发展规划，承担退役军人信息统计、核查工作，负责全市退役军人工作信息化建设。组织指导全市伤病残退役军人服务管理和抚恤工作，贯彻有关退役军人医疗、疗养、养老等机构的规划政策并组织实施。承担不适宜继续服役的伤病残军人相关工作。组织指导全市退役军人教育培训工作，协调扶持退役军人和随军随调家属就业创业。指导并监督检查全市退役军人相关法律法规和政策措施的落实，组织开展退役军人权益维护工作。负责烈士褒扬、纪念设施管理工作，依法承担英雄烈士保护相关工作。褒扬彰显退役军人为党、国家和人民以及为龙口市经济社会发展牺牲奉献的精神风范和价值导向，在全市营造尊崇军人的良好环境。

2019年9月20日，举行庆祝中华人民共和国成立70周年纪念章颁发仪式

【服务保障体系】 2019年，根据党中央的政策要求，龙口市退役军人事务局建设完善退役军人服务保障体系。按照有机构、有编制、有人员、有经费、有保障的“五有”要求，龙口市退役军人服务中心和16个镇（街、区）服务站已全部建成，建站村（社区）321个（其中村居275个，社区43个，大型企业3个），全部完成挂牌，实现以服务中心为枢纽，乡村、社区服务站“全覆盖”的服务保障体系，使基层对退役军人的服务保障水平全面提升。龙口市退役军人服务中心为副科级公益一类事业单位，核定编制25人，在编在职9人，借调10人。镇街区退役军人服务站多数设于党群服务中心，全部配齐办公设备，设有专门的接访室。服务站站长由党群服务中心主任（或副科级领导）兼任，每站配备2名专职人员。服务对象人数较多的东莱街道和龙港街道配备3名专职人员。所有专职人员名单一律报市编办登记备案，确保专职专岗。各服务站根据自身情况，适当增配工作人员。龙口市服务中心（站）职能职责、工作制度等均已明确，通过专题培训、边干边训、以会代训等方式，对工作人员进行多次政策及业务知识培训。市局依托各级服务站搭建平台，为广大退役军人提供全方位的服务，并围绕提升运行管理、深化服务内容等方面积极探索，不断建立完善与新时期社会发展相适应的服务保障体系，2019年11月，依托烟台退役军人培训中心开展一次为期7天的退役士兵适应性培训，多次开展退役士兵专场招聘、红色传承教育等多场活动，以多种服务方式满足退役军人多样化需求。服务中心不断优化工作流程、运行机制，通过提供“一站式”“窗口式”综合服务，使服务工作更加规范、便捷、高效，在退役军人群体中充分发挥凝聚人心、增进认同、化

2019 年 7 月 26 日，退役士兵专项岗位选岗

解矛盾、促进和谐的作用。

【保险接续】 2019 年，市退役军人事务局按照上级要求全面开展部分退役士兵保险接续工作，成立退役军人保险接续专班，并结合实际制定《关于解决部分退役士兵社会保险问题实施方案》，对做好退役士兵保险接续工作的基本原则、方法步骤、组织保障等环节作了明确部署和要求。及时组织业务人员进行业务培训，并积极与烟台市局进行沟通交流，确保部分退役士兵社会保险接续工作顺利开展；通过网络公告、发放宣传单等方式向社会发布公告，利用“全国退役军人和其他优抚对象信息采集系统”进行筛查，摸清底数；多次会同民政局、人社局、医保局、财政局召开会议，明确职责分工，实现“一门受理、协同办理”；在完善信息录入工作基础上，建立工作台账，做好退役士兵基本信息认定、断缴时间核查、费用计算补缴等工作，把每一个环节做精做细；在执行中严格统一政策标准，对符合条件的退役士兵及时纳入社保接续范围，对审查出不符合补缴标准的退役士兵及时给予政策解释，以严格审慎的操作确保社保接续工作平稳实施。2019 年，全市办结基本养老保险补缴手续使用资金总额 2462.5 万元。

【创建省级双拥模范城】 2019 年，龙口市委、市政府始终高度重视双拥工作，把双拥工作作为全市各级党委、政府的“一把手工程”，加强领导，健全组织，落实责任，真正把双拥工作当作一项事关全局的政治任务，纳入全社会发展总体布局通盘考虑，确保双拥工作全面深入开展。为加强对双拥工作的领导，根据人事变动情况及时调整龙口市双拥工作领导小组，保证双拥工作领导小组领导及成员不缺员、不缺位，工作有序开展。按照文件要求，提高未就业随军家属在部队补助标准，生活补助由每人每月发放 900 元提高到 1000 元，为驻军部队随军家属办理工作调动，解决驻烟部队适龄子女入学问题。2019 年为两名荣立二等功的现役军人送立功喜报。成立“龙

2019 年 9 月 3 日，市双拥领导小组领导为荣立二等功现役军人家庭送喜报

2019 年 9 月 2 日，迎接创建省级双拥模范城考核组检查

口市双拥培训基地”和“龙口市退役士兵培训基地”，定期为驻军和退役士兵培养人才，使退役士兵掌握一门手艺。市交通局驾校被龙口市定为双拥培训基地，全年培训退役士兵驾驶员。帮助驻龙口部队协调接通天然气并减免 3 万元费用；元旦、春节、“八一”建军节、市领导带队走访慰问驻龙口部队官兵和重点优抚对象，了解优抚对象和驻军的生活工作情况，帮助解决实际困难，提供资金物品超过 20 万元，有效推动全市双拥工作开展。落实现役军人立功受奖奖励政策，优秀士兵奖励优待按上年度农民人均收入的 5% 发放，三等功奖励 10%，二等功奖励 20%，为立功受奖人员发放奖励金 27.63 万元。义务兵家庭优待金提高，对现役军人家属发放 1426.9 万元优待金，调动现役军人在部队争先创优、建功立业的积极性。2019 年，龙口市开展迎接省级双拥模范城复检工作，全局上下集中全力搜集、完善 4 年来双拥工作全部的档案资料并整理成册，现场方面着力打造“双拥一条街”“任常伦革命纪念馆”等点位，经过 5 个月的不懈努力，圆满完成迎检工作，并受到省考评组高度评价。

【悬挂光荣牌】 2019 年，龙口市退役军人事务局将为烈属、军属和退役军人等家庭悬挂光荣牌作为推进军人荣誉体系建设的重要举措，在做实做细信息采集工作的基础上，于 1 月 29 日举行悬挂光荣牌启动仪式，市政府副市长杨文平带队上门悬挂光荣牌，各镇街区随后全部启动，做到应挂尽挂。结合悬挂光荣牌、大走访等工作，各镇街区搜集、整理多则退役军人英雄事迹，在新闻、网络媒体进行宣传，营造“关心国防、热爱部队、尊崇军人、敬重英雄”的浓厚社会氛围。

【红色教育】 2019 年，市局着力在全社会营造铭记英烈、学习英烈精神的浓厚氛围，成功组织开展“清明祭英烈”“烈士公祭日”“任常伦牺牲 75 周年纪念”活动。在烈士陵园举行祭扫仪式，同时在公众号、电视媒体大力报道宣传；结合“不忘初心、牢记使命”主题教育月活动，充分发挥爱国主义教

2019 年 2 月 13 日，市领导上门为现役军人家庭悬挂光荣牌

育基地传承红色基因、开展红色教育活动作用。积极开展“英烈文化进校园”活动，与市教体局进行对接，2019 年 9 月在培基中学和明德学校举行两场“英烈文化”教育宣讲活动，组织龙口市第五中学部分师生集体到烈士陵园开展爱国主义教育活动，传播红色文化，弘扬革命精神。

【退役士兵安置】 2019 年，龙口市退役军人事务局认真贯彻落实中央及省、市退役士兵安置政策，结合全市实际情况，积极探索新时期退役士兵安置办法，全面推行以扶持就业为主，自主就业、安排工作、退休、国家供养等多种方式相结合的退役士兵安置制度。接收自主就业退役士兵，接收安置退役士兵、军转干部。发放一次性经济补助 562.5 万元、发放待安置期间生活补助及保险 96 万元，移交 2018 年退役士兵档案。组织自主就业退役士兵适应性培训 1 次。积极为企业和退役士兵牵线搭桥，组织退役士兵参加大型招聘会 2 次、专场招聘会 1 次，有效促进退役士兵就业创业。

【优抚优待情况】 2019 年，市局扎实落实各项优抚政策。按照国家规定的优抚对象抚恤金和生活补助金计发标准，严格审核，认真指导各镇区街退役军人服务站及时增减人员，认真核算金额，按时足额发放各类优抚对象抚恤金和生活补助金。全市共有各类优抚对象 7294 人，全年共计发放抚恤金和生活补助金 10012 万元；为全市 1299 名参加居民医疗保险的农村和城镇无工作重点优抚对象发放医保参保补助 44 万元，定额门诊补助 26 万元；为 1665 名农村部分重点优抚对象发放优待金 388.6 万元。为享受抚恤定补优抚对象发放临时物价补贴累计 65.9 万元。在参加城乡居民医疗保险的重点优抚对象住院医疗医保范围内报销剩余部分按比例补助方面，继续实行“一站式”办理，出院时在定点医院医保窗口即时结算，“三属”、7—10 级残疾军人、在乡老复员军人按 70% 的比例给予补助；带病回乡退伍军人、参战参试退役人员按 50% 的比例给予补助。受理复退军人矽肺体检鉴定报名、补办评残、伤残提级、部队迁入伤残抚恤关系。审核认定病故军人遗属、农村 60 周岁退役老兵。组织申请认定带病回乡退役军人身份的人员集中到烟台市职业病医院进行体检鉴定，对经体检鉴定符合条件的人员及时办理相关待遇。

撰稿：刘子宽　审稿：李　向

镇·街·区

龙口经济开发区

【概况】 2019年，龙口开发区以习近平新时代中国特色社会主义思想为指导，坚持项目立区、以港兴区、创新强区、开放活区的发展思路，狠抓重点，埋头实干，全区经济和各项事业取得较快发展。2019年，完成GDP 562亿元，税收53亿元，外贸进出口总额26.8亿美元，实际到账外资1.55亿美元。

【重点项目建设】 抢抓新旧动能转换综合试验区建设机遇，举全区之力推进两个港口LNG、裕龙炼化一体化重大战略项目，为区域经济长远发展打好基础。2019年，开发区共实施全市重点建设项目10个，其中列入烟台市级重点项目4个，各项目均按建设计划有序推进。龙口南山LNG接收站项目已获国家发改委核准，项目建成后，将有力缓解胶东半岛乃至全省天然气供需紧张局面，推动全省能源结构优化调整；裕龙炼化一体化项目是山东省石化行业新旧动能转换、促进高质量发展的重大工程，项目和园区环评第一次、第二次公示以及项目稳评公示平稳；隆基轻量化汽车底盘制动件生产智能化技术改造项目部分设备试生产，进一步提升企业的竞争力，助力园区新旧动能转换步伐。此外，龙口港智能仓储中心项目、龙口港客货混装物流扩建项目、中集来福士ROPAX生产线项目、道恩精密模具及注塑加工项目也取得突破性进展，为园区和龙口市的发展续足后劲。华为城市智能体和大数据产业园项目、中石化LNG接收站及配套管网项目、中海油LNG项目、LNG罐箱调峰储配中心等在谈项目完成正式签约，为开发区发展带来新的增长点，增添园区经济发展活力。

【双招双引】 2019年，将双招双引摆在经济工作的突出位置。全年组织专业工作人员外出招商103天，接待客商到龙口考察、洽谈项目32次。"泰山产业领军人才"2名，"齐鲁金融之星"1名，"烟台市有突出贡献的中青年专家"1名；在新加坡等国及中国香港特别行政区设立引才工作站各1处；北海电气的"院士工作站"、蓝牙数控与山东大学合作的"车铣复合加工机床"和"汽车刹车盘生产线"项目，都在顺利推进。

【科技创新】 支持鼓励创新创造 引导企业积极开展对外交流，开展科研攻关，鼓励企业加大对科技研发费用的投入比例。国内群青行业领军者和群青国家标准制订者天蓝颜料，在通过召开国际会议进行层层审核之后，将领衔重新制定群青国际标准。壮大高新技术企业队伍。组织7家企业申报高新技术企业，联合开展申报培训1场，覆盖企业60多家。

企业发展质量持续提升 在全市通报的2019年度突出贡献企业中，开发区地方税收贡献上榜企业20个，全市共90个，占全市近四分之一；项目投入贡献上榜企业6个，全市共16个，占比超三分之一；出口创汇贡献上榜企业5个，全市共10个，占全市一半。开发区企业总体发展质量、发展势头良好，潜力大，后劲强，道恩高分子、隆基机械被认定为国家级"绿色工厂"，中宇机械跻身省制造业"单项冠军"。

稳妥化解金融风险 继续跟进及时介入存在金融潜在风险的企业，协调金融主管部门、金融机构等单位研究化解方案，确保不发生系统性金融风险。采取安排机关干部分组包帮企业的方式，及时了解企业工资发放、生产经营情况，确保企业风险可控。至年底，耀安机械、华东气体（天蓝颜料）金融风险已得到充分化解，蓄电池、龙达、佳裕等企业也在有序化解推进中。

【园区转型升级】 2019年，开发区在管理体制、人事制度、分配机制、管理模式、加快产业集聚等方面实施改革，深入落实17项改革举措。按照精简、统一、效能和“大部制”原则，设置招商、项目建设、经济发展和综合管理四大部门，6月份完成竞争上岗和全员聘任工作，人力资源得到大幅优化提升。推行“党工委（管委会）+公司”体制，培育市场运营主体，成立开发区港城开发有限公司，作为园区建设发展的市场主体。以山东裕龙炼化一体化项目为龙头，以集群化、园区化、基地化、高端化为方向，打造出国际一流、国内领先的高端化工特色产业集群，加快产业集聚。

撰稿：巩芮欣　审稿：赵长春

龙口高新技术产业园区

【概况】 龙口高新技术产业园区规划面积35平方千米，建成区面积4平方千米。作为龙口市的“高新技术密集区和新兴产业突破区”，先后引进境内外企业140家，其中规模以上企业24家，形成有色金属新材料、汽车零部件、食品精深加工、战略性新兴等四大主导产业。

2019年9月，园区负责人走访园区企业永安车窗

【经济状况】 2019年，全区实现生产总值45亿元，一般公共预算收入1.6亿元。实际到账内资25.4亿元；实际到账外资4000万美元；完成进出口1.79亿美元。

【双招双引】 突出双招双引主体地位，深入拓宽招商渠道，开展点对点招商活动20余次，对接考察中国电子集团、石四药集团、安姆科（中国）等20余家企业。接待中国长城、科大讯飞、中南建投等30余家企业到园区实地考察，收集大量项目信息。储备生物医药与大健康产业园、幸福连城产业园等过10亿元项目3个；金融小镇、农业机械生产、自动环保包装生产线等重点项目10个。与幸福连城项目签署投资协议，新签约落地项目4个。赴同济大学、北京邮电大学、南京农业大学、辽宁科技大学召开招才引智专题推介会4场，对接硕士以上人才120余人，成立引才工作站1处。引进ABC类高层次人才6人，组织5名高层次人才及相关企业申报中央及省、市人才工程，其中1人获省“泰山领军人才”优胜奖。

【重点项目建设】 牢固树立“项目立区”意识，强化项目服务理念，唱响“店小二”精神，全力打造重商、亲商、安商、富商的一流营商环境。严格落实机关干部“五包六协调”（“五包”：包企业党建、包企业安全生产、包企业环境保护、包企业“双招双引”、包企业宣传文化；“六协调”，即协调企业邻里关系、协调企业用工困难、协调企业信访问题、协调企业融资困难、协调企业水电气等基础设施、协调企业发展事务）包帮服务企业机制，帮助企业协调解决项目建设中出现的问题，凝心聚力服务项目，确保项目建设高效推进。积极做好工业智能装备制造、房车门窗及配件生产等9个已签约项目和总投资15亿元的德晋锂离子储能电池、总投资4亿元的托雷斯葡萄酒深加工及原花青素提纯等烟台市、龙口市9个重点项目的督导、调度、服务工作，确保项目早建成、早投产、早达效。

撰稿：王金鹏　审稿：蔡德建

龙口滨海旅游度假区

【概况】 龙口滨海旅游度假区总面积15.88平方千米、辖9个行政村，2019年末总人口6360人。园区位于龙口市东北部海滨，南起烟汕线，北至渤海，西接东海经济园，东邻蓬莱，滨海观光大道横贯境内，地理位置优越。海滨特色突出，拥有海、河、港、林、沙滩、湿地等多种自然资源，海岸线长约8千米，龙口市最大的河流——黄水河在此入海，并形成宝贵的湿地资源，依托这一资源，建成占地172.6公顷的黄水河湿地公园，已获批国家级海洋特别保护区和省级湿地自然保护区。沿海防护林总面积达303公顷，林带最宽处1500米，最窄处100米，树种以黑松为主，少量刺槐，属于省级沿海防护林带。区内人文资源底蕴深厚，西部区域已经出土距今5000年前的大汶口文化和西周等不同时期的古人类文化遗址，徐福养生、徐福东渡、黄河营古港等独特文化资源为生态文明建设提供资源保障和发展基础。

【经济状况】 2019年，实现地方财政收入1644万元。全区生产总值20.3亿元，一、二、三产业比为1.2∶83∶15.8。粮食平均每公顷产量7020千克，总产4.7万千克。农业总产值1092万元，其中种植业总产值355万元，林业总产值121万元，渔业总产值561万元。实现GDP 20.3亿元，工业企业销售收入5.91亿元、利税5263万元；实际到账外资720万美元；进出口3628万美元，其中出口2248万美元。人均可支配收入27052元。

【社会事业】 2019年，度假区在提升规范小河口沙地蜜薯合作社基础上，新增郭家村苗木基地、试驾庄村冻干草莓两个合作社，9个村年内集体收入全部稳定在5万元以上。完成旱厕改造405栋，安装节能取暖设备231套，由市、区、村三级投入资金250万元，打造福苑、福海两社区乡村振兴工程，建设室外健身广场1处、文化廊亭3处，安装门禁系统4套，扩建便民停车场6800平方米，增设景观灯39盏，修缮老年活动室1处等，11月底全部完工并投入使用，有效改善社区居民娱乐出行条件。是年，启动“好家风·好村风·好民风”

2019年12月，福苑社区党建文化长廊建成

三年创建工作，举办红色主题宣讲 4 场，开展家风、节日庆典等各类演出活动 30 余场，切实提高群众生活幸福感和满意度。

【地方特色】 按照《龙口滨海旅游度假区发展总体规划》，致力于发展旅游度假产业，以休闲旅游度假为功能定位，以发展滨海旅游度假产业为方向，以打造集休闲观光、文化养生、生态旅游于一体的旅游胜地为目标，突出经济发展主线，夯实党建基础，促进社会稳定，着力改善民生福祉，努力推动度假区各项社会事业持续健康发展。区内路网 17.75 千米，主、次路网已全部建成，景观布设和道路绿化面积达 276.8 万平方米，核心区大环境建设面积 6 平方千米。随着园区基础配套设施的不断完善和综合环境质量的不断提升，依托园区地理优势和独特的生态基础、人文资源，度假区已成为半岛最具发展潜力的滨海生态旅游发展区域。

撰稿：初松蔚　审稿：程　琰

东莱街道

【概况】 东莱街道地处龙口市中东部，总面积 33.81 平方千米，辖 51 个行政村（居）、17 个城市社区居委会，总人口为 10.99 万人。境内大部分为平原，东部为丘陵地带，北部地势低洼，呈东高西低、南高北低之势，最高点位于东部的凤凰山，海拔 85.4 米。绛水河、矫家河穿境而过，交汇于李格庄村北，并入黄水河入海。

【经济状况】 2019 年，街道地方财政收入 62680 万元；实现 GDP 124.8 亿元，一、二、三产业比为 1：17：87；粮食平均每公顷产量 6734 千克，总产 475.8 万千克；农业总产值 1.78 亿元，其中种植业总产值 4802 万元，林果业总产值 9679 万元，畜牧业总产值 3284 万元；进出口总值 6468 万美元，其中出口总值 6229 万美元；合同利用外资 2200 万美元，实际利用外资 1450 万美元。

【社会事业】 辖区内有幼儿园 15 所、小学 2 所、初中 1 所，九年义务教育覆盖率 100%；设有卫生室 31 个、卫生服务站 2 个，建有居民健康档案 8 万余份。城乡居民养老保险参保人数 8100 人，参保金额 2404 万元，参保率 87%；城乡居民医疗保险参保人数 29972 人，参保金额 1277 万元，参保率 99%。文化活动硬件不断升级，有体育场馆 4 个，公园及休闲健身广场 2 个，为辖区百姓提供良好的健身场所。

【基层党建工作】 2019 年，东莱街道基层党建工作成效明显，新打造西张家沟、小栾家疃、北涧、牛据 4 个农村党建示范点，充分发挥“以点带面”的示范带动作用；组织各社区开展“我爱我家”季度主题活动 120 多场次，打造泉水村“泉水叮咚”林苑社区“正心学堂”、润新社区“老郭工作室”、柳莺社区“柳莺学堂”等党建品牌。林苑社区“众筹益家”、润新社区“老郭工作室”系列活动被鲁

东莱街道“爱心奶奶”志愿服务队

祖轩烟台党建微信公众号、《烟台日报》等刊播；社区“中华人民共和国成立70周年”系列活动被“学习强国”“灯塔党建”刊播。林苑社区获评“烟台社会科学普及示范社区”，同时，东莱街道51个村居、17个社区实现文明实践站100%全覆盖，其中，泉水村、林苑社区、丽园社区、润新社区作为街道重点打造的文明实践站示范点，进行软、硬件提档升级，泉水叮咚、众筹益家、帮办联盟、爱心奶奶等文明实践品牌和优质服务项目已成型并发挥效用。

【特色产业】 东莱街道充分发挥地处城区的区位优势，坚持以市场为导向，重点发展大流通、大商贸、大市场，重抓棚户区改造，构建以“四圈四街”为代表的金融架构，形成多层次、多功能、外向型的第三产业发展新格局，并以博商购物广场、振华商厦、新源购物广场为代表的一大批商贸企业闻名胶东半岛。第三产业从过去单一的流通领域扩展到建筑、交通运输、商业、饮食服务、文化娱乐、修理业等八大行业，信息咨询、科技开发、广告设计等新业务也发展迅速。

撰稿：郑日颖　审稿：田雅楠

龙港街道

【概况】 龙港街道地处龙口市北部沿海，交通便利，“德龙烟”铁路贯穿全区，威乌高速、264省道穿境而过，资源优势明显。辖区总面积67.2平方千米，辖46个行政村（居）、16个社区居委会，总人口数为14万人。

【经济状况】 2019年，街道实现地方财政收入3.13亿元，生产总值233.35亿元，一、二、三产业比为2.05：42.05：55.9。进出口总值3600万美元，其中出口总值2000万美元，合同利用外资1300万美元，实际利用外资750万美元。农村居民人均可支配收入29963元。

【社会事业】 辖区有龙口学校、海岱学校、龙矿学校和新港路学校4所九年一贯制学校以及大牟家小学、小孙家小学、红旗小学3所完全小学，九年义务教育覆盖率100%。全街道参加城乡居民医疗保险29614人，参加农村社会养老保险7412人，龙港街道敬老院服务院收纳82位老人入住，其中五保老人40位。2019年，全街道有五保户105户，农村低保263户，一般贫困户人口735人。年内，街道46个村居16个社区新时代文明实践站全部建成，发展志愿者约1.8万人，开展各类志愿服务活动1000多场，参与人数达3万人次。为促进辖区经济、文化、旅游等事业繁荣发展，举办“千人广场舞”“七一晚会”“第六届广场舞大赛”“送戏下乡”等大型群众性文化活动20多场，群众参与2万余人。依托市送演单位、庄户剧团、戏迷俱乐部、各村文艺队以及上级送戏下乡等平台，组织镇级各类巡演452场。开展“好人之星”、“新二十四孝贤人物”、烟台“道德模范”、“山东好人”等文明活动，涌现好人之星7人、新二十四孝贤1人、烟台道德模范1人、山东好人2人。

【特色产业】 辖区工业企业实力雄厚，已形成以汽车配件、机械、化工、塑料、环保透湿材料、生物制药、厨具、建材为主导的支柱行业。海岸线绵延曲折，长达38.7千米，盛产对虾、梭子蟹、扇贝、海参等海产品。草莓、苹果、葡萄、黄金梨等水果种植面积1000余公顷，无公害种植面积333公顷以上，已形成以水产加工、精准种植、高档果蔬等全方位多品种综合开发的高效农业新格局。

撰稿：刘　磊　审稿：张名怡

新嘉街道

【概况】 新嘉街道位于龙口市中部，是龙口市行政中心所在地。总面积45.96平方千米，辖41个行政村、4个城市社区，4.5万人口，街道东距烟台蓬莱国际机场40千米，西距全国最大的地方港口龙口港15千米，264省道横贯全境，依托特有的区位条件和畅达的交通环境，新嘉街道积极抢抓发展新际遇，奋力登攀向上制高点，经济发展和社会各项事业取得长足进步。

【经济状况】 2019年，街道完成生产总值108.96亿元，地方财政收入9183万元。街道一、二、三产业比为2 ∶ 60 ∶ 38。粮食平均每公顷产量7926千克，总产1.62万千克。农业总产值5.3亿元，其中种植业总产值35080万元，林果业总产值1358万元，畜牧业总产值15500万元，渔业总产值740万元。进出口总值2762万美元，其中出口总值2761万美元。合同利用外资2000万美元，实际利用外资2500万美元。人均纯收入20806元。

【社会事业】 街道注重精神文明建设，广泛开展各类文化惠民活动，切实做好以文化人、文化熏陶的文章。有综合文化站1处，村民文化广场35处，农家书屋建成率为100%。庄户剧团1处，戏迷俱乐部5处，2019年，全年完成“戏曲进乡村”演出任务38场，覆盖率达92%，通过集中巡演、邀请专业文艺团体参演等形式，广泛开展“和美新嘉欢乐行”活动。街道聚焦群众所需，全力推进和高效保障学校、医院等公共配套设施建设，适龄人口入学率100%，九年义务教育覆盖率100%。域内龙口一中与明德中学等相继投入使用，培基学校扩建工程已开工建设，新嘉街道第二中心幼儿园已完成主体工程。市人民医院建成并投入使用，有各级医疗机构20个、门诊部（所）12个。全年共新办低保24户、27人，共发放低保金485人次、171.5万元，全域合作医疗参保率达100%；新办特困人员5户、6人，发放特困补助145人次、95.3万元；办理临时救助36户，发放临时救助金3.8万元；办理丧事简办152件，申请丧事简办补助15.2万元；新办理残疾人生活补贴22人，残疾人护理补贴全年共新办理81人。街道以完善农村基础设施、净化村庄环境卫生、提高村民生活品质为目标，集中开展村容村貌大整治。大力推进“厕所革命”，系统实施道路硬化、村庄绿化、自来水管线更新、排水沟渠浆砌封闭、墙体美化等工程，精心打造新嘉疃村、北石村等一批示范片区，王格庄村获“全国文明村”称号。街道全力服务服从新区建设，积极配合全市性基础设施建设和棚改项目。随着棚户区改造工作的深入推进，街道“旧貌换新颜”的局面正在打开，广大群众也正逐渐过上“城里人的生活”。

2019年6月，第四届广场舞大赛在新嘉广场举行

【特色产业】 街道以城乡统筹发展为主线，紧随产业转调升级，一二三产业协调共进。街道共建有高效农业大棚1209个，规模以上农产品加工产值1.28亿元，完成党支部领办合作社15个，打造示范社1个，村集体收入全部达到5万元以上；域内总投资6亿多元的裕东汽车零部件扩建、新能源车辆车体等一批重点项目快速“上马”、

加紧推进，全部达产后，可带动当地1000余人就业，实现利税5000余万元；投资2500万元的龙新养老公寓项目、投资6.8亿元的翰林学府商业开发项目，全部达到进度要求。

【征地拆迁工作】 街道地处新区，随着新区的快速发展，土地征迁压力较大。街道善于抓住土地征迁过程中的“关键点”“关键人”，知难而进、迎难而上，通过配齐班子、解决村级矛盾、换位思考等方式，多措并举，平稳推进土地征迁工作，全年完成征地1300余亩。

【环境整治】 强势推进黄县大道沿线拆违工作，完成202个点位的违建拆除、破除硬化、恢复绿化等工作。共拆除违建9万余平方米，破除硬化3.8万平方米，种植各类苗木17000余株，黄县大道沿线46米红线内所有违法建设全部拆除，并完成复绿工作。

撰稿：战泳静　审稿：解金宽

东江街道

【概况】 东江街道总面积75.98平方千米，4.1万人口，辖28个行政村。街道全域地形东南高、西北低，南为丘陵、北为平原，平原面积占64.8%，丘陵占35.2%。南有磨山、杏花山、玉皇山，西南有石围山、云台山，东北有凤凰山，皆属莱山支脉。境内主要河流有泳汶河、绛水河、矫家河。2019年，街道党工委被烟台市委评为“先进基层党组织”。

【经济状况】 2019年，东江街道生产总值177.5亿元，地方财政收入6300万元。进出口总额15.8亿美元，其中出口总额12.1亿美元。合同利用外资5400万美元，实际利用外资4000万美元。

【社会事业】 辖区内共有幼儿园10所，全日制小学3所，中学1所，国家民办本科大学1所（烟台南山学院是山东省首批民办高校）。九年义务覆盖率100%。辖区内有三级甲等专科医院1所，一级医院2所，社区卫生室17个。其中，山东大学齐鲁医院南山分院是一所集医疗、教学、科研、保健、康复、养生为一体的三级专科医院，总占地面积82亩，总床位510张。2019年，街道农村居民最低生活保障户数206户，人数300人，低保支出107.94万元。国家抚恤、补助各类优抚对象471人，抚恤事业费支出673.29万元。敬老院床位120张，收养农村五保人员65人。新型农村合作医疗参保率100%。

【民生项目】 2019年，民生项目持续突破，九北、崖头2个片区、3个村的棚户区改造工作平稳有序推进，协议签订率均达98%以上。党支部领办合作社积极响应，已成立农业服务类、果蔬种植类、畜禽养殖类、旅游类等领域专业合作社，带领群众集体增收致富。精准扶贫不止步，街道安排79名机关干部对街道306户贫困户进行包帮，“两不愁三保障”落到实处。农厕改造有序推进，其中贫困户改厕实现应改尽改，群众的获得感和幸福感得到进一步提升。

【特色产业】 东江街道工业基础雄厚，区位优势明显。以南山集团为龙头，通力汽配、查理斯堡、汇源果蔬等为骨干的中小企业发展集群初具规模，形成以铝业、纺织服饰、旅游、汽车零部件、农产品深加工等为主导的多产业并举的发展格局。

【乡村振兴】 突出“南部自然风光、中部人文情怀、北部新区风貌”主题，围绕南部山区5个村庄重点打造迟家仿古四合院、杏花山红叶谷、南夼亲水平台、赵王亭等景观，形成集采摘、赏花、游玩于一体的8千米特色景观线路；中部区域打造中智、北智、东江、西江和黄格庄、邵家、南二里、董家洼2条烟台市级观摩线。“农民实践运动会”“董家洼槐花节”等特色活动的开展，引领社会新风尚，助力美丽乡村建设。北部区域，在九里片区实施新型农村社区改造的基础上，坚持高起点规划、高标准建设，打造集声光电为一体的锦里社区党群服务中心，聚合党建力量，解决为民服务最后“一千米”问题。

【双招双引】 2019年，东江街道大举推进双招双引工作。总投资3000万元、占地13.5亩的“飞人运动乐园”项目顺利落地。恰接山东海逸公司拟与南山集团合作的占地150亩、年处理能力1000万吨的大宗工业固废规模化工程利用项目。街道成功引进高端创业型人才1人、高端创新型人才4人，新增烟台市英才工作站1处，引进博士研究生5人，硕士研究生41人。

撰稿：门彦明　审稿：王　阳

徐福街道

【概况】 徐福街道地处龙口市北部渤海湾畔，海岸线长12千米，辖32个行政村和东海园区，总面积63.3平方千米，常住人口10.5万人，流动人口7万人。徐福环境宜人，民风淳朴，先后被评为“全国环境优美乡镇”“省级卫生镇”“山东省绿化模范镇”“山东省级文明单位”“烟台市生态文明乡村建设工作先进单位”，拥有“国家铝合金压力加工工程技术研究中心”“国家级企业技术中心”“高性能铝合金板带材制造技术国家地方联合工程研究中心”“山东省海洋工程技术协同创新中心”。

【经济状况】 2019年，徐福街道完成生产总值69.95亿元，地方财政收入6158万元，出口总值4330万美元，合同利用外资2600万美元，实际利用外资1400万美元，人均纯收入26100元。

【社会事业】 辖区内有徐福小学、徐福中学，九年义务教育覆盖率100%。街道卫生院及村级卫生室为群众提供基本医疗服务。街道全面落实低保、五保、养老保险、合作医疗、精准扶贫等各项民生保障制度。深入开展“不忘初心、牢记使命”主题教育，实现农村、社区党员教育全覆盖，提升村干部和广大党员责任意识和担当意识，引导广大党员干部在乡村振兴、人居环境整治、脱贫攻坚等工作中发挥先锋模范作用。积极推进党支部领办合作社，先后成立桑岛旅游公司、北高旺民等16个合作社，推动村集体和群众稳定增收。稳步推进农厕改造，全年完成2818栋。对10条总计5.62千米农村道路进行提档升级。实施村级土地整理、电路改造、排水渠修建等民生工程，总投资近100万元。推进桑岛村垃圾一体化处置工作，新增垃圾箱330个，垃圾清运车2个，18吨垃圾压缩箱2个，新建公共卫生间2座。推进脱贫攻坚，落实好各项扶贫举措和惠民政策，完成扶贫对象动态调整、贫困户居住环境整治、肢残贫困户家庭无障碍改造等工作。结合卫生城复审、文明城提升，持续开展人居环境整治，推进秦家村美丽乡村建设提升，加大违建治理，不断改善村居环境。依托驻地文化广场和村级休闲广场等载体，开展广场舞大赛、重大节日文化会演、送戏下乡等文体活动，满足群众精神文化需求。

【特色产业】 积极推动域内产业发展，不断提升发展质效。项目建设上，重点推进南山铝业航空板材连轧生产线、南山铝业高性能高端铝箔生产线2个烟台市级重点项目和航空培训中心1个龙口市级重点项目，提供“保姆式”服务，保证项目顺利实施推进。招商引资方面，对标“十强产业”发力，引进东海财富大厦项目落户徐福，并主动跟踪服务新能源、医养服务、高端铝材料等产业项目，力促项目尽早落地。

【招才引智】 2019年，获批省“泰山”学者1人，全职引进创业型人才2人，柔性引进创新型人才2

人，新建平台载体4处，举办招才引智推介会4次，累计引进硕士及以上人才110余人，为街道经济发展注入活力。

撰稿：王传坤　审稿：殷　鹏

北马镇

【概况】 北马镇地处龙口市西南部，总面积88.01平方千米，辖79个行政村，5.8万人口。西距全国最大的地方港—龙口港4千米，紧靠德龙烟铁路龙口站，荣乌高速、疏港高速、龙青高速纵穿境域，港城大道、省道304、石黄线横穿境域，地理位置优越。全镇地势东高西低、南高北低，北部是平原，南部为山区、丘陵，平原、丘陵、山区分别占65.3%、23.3%、11.4%。有粮田1935公顷，是全市农业大镇、粮食主产区。

【经济状况】 2019年，该镇完成生产总值151亿元，地方财政收入6640万元。全镇一、二、三产业比为2 ∶ 58 ∶ 40。进出口总值9050万美元，其中出口总值6800万美元。合同利用外资1500万美元，实际利用外资720万美元。人均纯收入24286元。

【社会事业】 全镇有初中1所，小学3所，公办幼儿园2所（其中1所正在建设），民办幼儿园4所，九年义务教育覆盖率100%。有镇属医院1处，私立医院1处，卫生室29处，共同承担辖区内居民医疗保健和疾病预防工作。城乡居民养老保险参保1.01万人，城乡居民基本医疗保险参保3.2万人，全年为718户低保户发放补贴399万元，为253名五保户发放补贴167万元，为残疾人发放大病救助、项目扶持、困难救助等补贴共计100余万元，为符合丧事简办各项规定要求的家庭发放补助金14余万元，为635名优抚对象发放抚恤金715万元。建设79处新时代文明实践站，实现实践站镇域全覆盖，成立北马镇新时代文明实践志愿服务队，招募注册志愿者近2000人，开展“三关爱”等各类实践活动30余次。投资1527万元，在镇驻地建设龙口市社会福利中心项目，是一所以提供养老服务为重点，集养老居住、生活服务、医疗保健、康复护理和文体娱乐为一体的综合性服务机构；投资2000万元，建设开源康复中心项目，主要进行医养结合、康复治疗，至年底，这两项建设均已完工。

【特色产业】 北马镇作为全市农业大镇，种植业为全镇特色产业，粮食作物有小麦、玉米、地瓜、花生、小米等，果蔬种植以樱桃、苹果、草莓、大棚葡萄、大姜、韭菜、西兰花为主，另有中草药和茶业种植。全镇有龙口市北马富民种植专业合作社、龙口市恩泽粮食种植专业合作社、龙口市上夼地瓜种植专业合作社等粮食种植合作社、家庭农场20余个，有南村果园、春龙果园、军璐果蔬、绿蕾果蔬等果蔬种植园50余家。北马镇工业发展历史悠久，工业基础深厚，已形成以化工、新能源、汽车零部件制造为主导的三大产业集群，目前有规模以上工业企业13家，一般类工业企业270家，拥有特丝丽化工、山东振龙生物、泰进机械、中宇风扇离合器等一大批具有核心竞争力的企业集团，并培育出山东澳兴绝缘材料、麦德生物科技公司等多家新型工业企业，基本实现从以化工、机械制造等传统工业为支柱到以新材料制造、生物医药科技为主导的新型工业与传统工业协同发展的新局面。

撰稿：马　静　审稿：王洪浩

诸由观镇

【概况】 诸由观镇地处胶东半岛东北部渤海湾畔，总面积82.2平方千米，辖58个行政村，常住人口4.6万人，是全国千强镇、重点镇，山东省人民政府命名的中心镇，山东省文明乡镇，山东省首批“百镇建设示范行动”镇。

【经济状况】 2019年，该镇完成生产总值182.3亿元，地方财政收入1.59亿元。全镇一、二、三产业比为1.9 ∶ 82.3 ∶ 15.8。粮食平均每公顷产量1.8万千克，总产3960万千克。农业总产值3.44亿元，其中种植业总产值1.47亿元，林果业总产值1655万元，畜牧业总产值1.08亿元。进出口总值9936万美元，其中出口总值8240万美元。合同利用外资2200万美元，实际利用外资1200万美元。人均纯收入27513.4元。

【社会事业】 2019年，为5658人办理意外伤害保险，代缴保费47万余元。开展农业科技知识宣传、科技文化下乡活动80余次，及时发布就业信息，帮助750人完成就业。发放孝德扶贫基金奖补518人、12.4万元，设立公益扶贫岗位48个，为13名建档立卡贫困户学生申请“雨露计划”，全镇672户、1056人建档立卡贫困户全部实现“两不愁三保障”。加强文化阵地建设，建成文化大院、文化广场50余处，实现农家书屋、新时代文明实践站全覆盖；广泛开展广场文化活动，组织文艺下乡47场次。深入开展医院等级评价活动，推动提升诊疗水平和服务质量，为全镇5400名65周岁以上老人和228名计生特殊家庭人员进行免费健康查体。诸由中心幼儿园正式招生，运转良好，提升全镇幼儿教育水平。是年，全镇高中上线率达到54.6%。大力开展美丽乡村建设工作，投入1000万元，打造西吴家、黄家、东羔、东尚家等多个示范特色村，累计硬化道路25.7万平方米，栽植苗木7000多棵，新上路灯360盏，浆砌排水沟2000米，粉刷墙面7.46万平方米，打造特色文化墙1600平方米，村居环境进一步改善。

【特色产业】 大力发展工业经济，全镇共有工业企业190余家，规模以上企业20家，拥有联合化学、新焦点龙盛以及上市公司中际电工等骨干企业，形成高端铝合金、轨道交通、装备制造、汽车零配件、水泥建材、纺织印染六大支柱产业。诸由观镇工业园已有18家国内外知名企业落户，累计实施亿元以上项目35个，累积完成实际投入69亿元。大力推进特色农业，形成马家、冶基为中心的特色产业带，建成冶基名优果品生产基地、万亩“富岭”牌富有柿子基地、冷王优质苹果苗木基地、郝家韭菜和清汶大棚蔬菜等多处标准化无公害果蔬生产基地。

撰稿：王　晶　审稿：徐　键

兰高镇

【概况】 兰高镇位于龙口市中东部，总面积61.94平方千米，辖行政村48个、总人口3.6万人。全镇地域轮廓呈“苹果叶”状，地势南高北低，地形以山区、丘陵为主，气候温和，四季分明，资源丰富，环境优美。黄水河贯穿全镇，鸦鹊河、莱茵河等多条河流流经辖区内。兰高镇交通便利，国道206线和省道牟黄线横跨全境，距离龙口市高铁站8千米，距离高速路口9千米，距离烟台蓬莱国际机场40千米。

【经济状况】 2019年，兰高镇实现地方财政收入4127万元。全镇生产总值43.6亿元，一、二、三产业比为8.1 ∶ 35.2 ∶ 56.7。固定资产投资完成14.6亿元。进出口总值8961万美元，其中出口总值8541万美元。合同利用外资850万美元。人均可支配收入18081元。

【社会事业】 2019年，兰高镇在科学规划的前提下稳步推进各项民生工程。1.8万亩基本农田改造项目已完工；兰高中学临街楼改造项目完成改造；镇中心幼儿园项目开工建设，年底投入使用。年内，投资190余万元打造逄鲍村和椅子圈村2个美丽乡村特色村；投资380余万元完成唐家埠村、文姜村、大张家村、大堡村4个C、D类村庄的提升改造；投资220余万元完成东隋村、侧高村、圈杨村的B级村庄升级改造。对仪乐李家村、逄鲍村等7个村的村级活动场所进行提档升级，并全部通过验收。农村“厕所革命”基本完成，全镇累计厕改率达90%以上。完成9个村污水整治工作。按照有场地、有队伍、有制度、有计划、有活动、有成效“六个有”要求，依托镇政府机关、镇综合文化服务中心、兰高镇青年科技创业园党群服务中心建立3个新时代文明实践所，新时代文明实践站覆盖全部村。认真做好建档立卡贫困户的结对帮扶工作，全年共组织开展大规模走访13次，为贫困户发放米、面、油等慰问品；为648名贫困人口购买扶贫特困保；为339位老人签订孝善养老协议，给予每人每年240元的赡养补贴；为53名贫困人口开发设立公益性岗位；帮助4名学生成功申请雨露计划，每年3000元助学补助全部兑现到位；帮助20户贫困户完成危房改造。

【特色产业】 工业方面，围绕推进项目建设，以产业提升工程为抓手，大力振兴实体经济，把转方式、调结构放在更加突出的位置，推进经济发展方式从规模速度型向质量效率型转变。全镇有工业园区2个，共占地1500亩，驻园规模以上企业20家，其中进出口企业12家。已形成生物化工、食品加工、机械制造、文化艺术四大特色产业。农业方面，在龙口市苹果产业高质量发展工作中，兰高镇累计完成伐老建新1356亩，高接换头128亩，郁闭园改造1929亩，土壤改良600亩。高标准建设500亩以上的市级示范园一个，200亩以上的镇级示范园两个，为烟台苹果产业高质量发展观摩打造观摩现场一处。绿杰苹果高质量发展示范园现已成为龙口市苹果产业高质量发展的典型示范。

撰稿人：唐　越　审稿人：李玉浩

芦头镇

【概况】 芦头镇位于龙口市中区南1.5千米，总面积36.44平方千米，辖38个行政村，27266人。辖区内由南至北山区、丘陵、平原各占三分之一。南部山区以果业为主；中部丘陵地带以养殖业为主；北部平原地区大力发展大棚蔬菜、经济水果、大姜等农作物规模种植。

【经济状况】 2019年，全镇完成生产总值56.77亿元，地方财政收入6049万元。一、二、三产业比为3 ∶ 73 ∶ 24。粮食平均每公顷产量483千克，总产703万千克。农业总产值4.43亿元，其中种植业总产值6458万元，林果业总产值19181.8万元，畜牧业总产值18643万元。进出口总值6300万美元，其中出口总值4739万美元。人均纯收入23723元。

【社会事业】 2019年投入400万元，建成芦头敬老院，拥有床位50余个，占地面积2000余平方米，为镇域内五保户提供无偿养老服务，接受社会代养。投资约350万元，按照省级规范化幼儿园标准建成芦头村幼儿园，规划面积2364平方米，可为400名幼儿提供优质学前教育。完成韩家店村道路硬化工程，硬化面积约2900平方米；投资5万元在七夼村建设打井灌溉饮水工程；完成后店村自来水改造，500户村民实现一户一表；全镇农厕改造任务数5178栋，已改5751栋，占任务数比例111.06%。广泛开展群众性文化活动，新组建广场舞队和秧歌队伍6支，“戏曲进乡村”活动基本实现全覆盖；打造中小企业党群服务中心、芦头村、麻家村三个新时代文明实践站示范点；完成七夼、栾家庄美丽乡村建设示范点打造；全镇38个村庄均已注册志愿服务队，围绕文明城市提升、脱贫攻坚等重点领域开展环境整治、知识培训、关爱孤寡老人等主题志愿服务活动30余次。

【特色产业】 2019年，新建悦通机动车检测项目，总投资1100万元，占地10亩，新建服务大厅、检测车间等5000平方米，新上检测设备等共计20余

芦头镇封家村党支部领办合作社蟠桃花盛开

台（套）；投资1500万元新建胶东机械项目；芦头镇广林集团、龙口油管、福利车辆配件、车辆油管等四家企业获经济社会发展综合考核突出贡献企业。芦头镇持续加大对村集体干事创业增收项目培植力度，指导鼓励各村立足实际、因村制宜，拓展村集体增收渠道，积极引导党支部领办合作社，促进村集体经济增收，完成新备案合作社8个，对周家绿水青山合作社进一步扩大规模，提高效益；对中心泊大糖合作社规范提升，合作社产品已取得进入超市的全部资质手续，并向博商公司供货。

撰稿：吕　蕾　审稿：王　晨

石良镇

【概况】 石良镇地处龙口市东南部，东与蓬莱毗邻，南临栖霞，是进出龙口市的东大门。总面积128.9平方千米，东西最大宽度9.6千米，南北最大长度20.7千米。辖67个行政村，共有20565户，54067人。全镇城镇建成区面积139.5公顷，绿地42公顷，耕地面积1731.8公顷，农作物播种面积1189.1公顷。主要种植苹果、葡萄、梨、桃、樱桃，种植面积苹果32000亩，葡萄9000亩，梨1700亩，桃1000亩，樱桃500亩，杏、柿子等其他作物零星种植，种植面积100 ~ 200亩。2019年，被授予“平安山东建设先进基层单位”“山东省文明村镇”“全国环境优美乡镇”“山东省旅游强镇”等荣誉称号。

【经济发展】 2019年，全镇实现地方财政收入3753万元，完成计划的175%；完成GDP 528903万元，同比增长10%；完成项目投入1.04亿元，增长17%；到账外资776万美元，增长8%。水产品加工企业、华龙建安、德润纸制品等企业顶住压力，发展势头良好；新活新等企业扩大技术投入，产品不断升级；安德利浓缩果蔬汁加工建设项目成为全市首个“拿地即开工”试点项目，主体建设即将完成。“双招双引”成效显著，烟台吉佰士高端铸造项目、蓝孚高能电子辐照加工项目、天源农牧智能化繁育基地项目落户石良镇。

【农业发展】 全镇共有耕地2046公顷，果园2697公顷，各类果品总产达到10万吨，是龙口市名副其实第一水果大镇，盛产优系山东梨、板栗、柿子、桃、李等，是优系红富士苹果的集中产区，也是远近闻名的巨峰葡萄主产地。

【商贸发展】 镇内有石良集、黄城集、平里院集、谭家集等8处集贸市场，年贸易交售额5000多万元。商贸服务业户1200多户，形成以石良、丰仪和黄城集为中心的3处商贸圈，辐射范围涉及蓬莱、栖霞、招远等周边县市。

【旅游发展】 全镇森林覆盖率达70%，境内有庵下吴潜唐庵、“小延安”黄城阳革命老区等山区旅游项目。同时，积极利用地处龙口“东大门”、坐拥艾崮山系天然氧吧和王屋水库万顷碧波的优势，以威龙万亩有机葡萄园基地和张裕顶端万亩葡萄庄园为依托，大力发展特色农业观光旅游，建有亚洲最大的威龙酒堡，龙湖摄影基地、观光码头等一批旅游项目已全面开工建设，努力打造集红色游、农业游、观光游、体验游于一体的特色旅游产业。

撰稿：范　超　审稿：陈　昕

七甲镇

【概况】 七甲镇总面积81平方千米，辖37个行政村、2.55万人。域内蕴藏丰富的山水旅游资源，东有蓄水1.4亿立方米的王屋水库，西有海拔619米的之莱山主峰，山清水秀、生态优美，素有“天然氧吧”之美誉。

【经济状况】 2019年，完成GDP 15.52亿元，同比增长10.2%；合同外资420万美元，同比增长20%；一般公共预算收入256万元，同比降低10%；引进域外税源600万元。

【社会事业】 党支部领办合作社全面提升，深度挖掘常伦庄红色文化资源，依托常伦庄农产品销售合作社，以红色旅游、研学旅游、民宿经济等带动七甲镇特色农产品销售。大力开展土地流转工作，以敖子埠、西林、庙赵、圈朱家为切入点流转闲置土地，进行优质果园打造，大力发展果品种植、采摘产业。全镇已成立合作社10个，打造市级示范社3个。文化生活不断丰富，投资11.8万元在全镇启动文艺演出“村村进”送戏下乡消夏晚会37场；组织开展“百姓才艺大赛”、文明杯“广场舞比赛”、七甲镇“丰收节”等休闲文化娱乐活动。2019年，全镇建档立卡贫困户542户892人，已全部免费代缴居民基本医疗保险及额外商业保险；与381名60周岁以上建档立卡贫困老人签订孝善养老协议；筛选出12名符合“雨露计划”条件的建档立卡中高职贫困学生进行补助；有序推进扶贫公益专岗工作，累计安排公益专岗240个。村级建设持续改善，投资6万元，对西林家村老配电室进行拆除，新建休闲风景厅一处；投资6.5万元，开展雀山姜家村硬化、亮化工程；投资68万元，开展姜家沟村村级提升建设工程；投资1020万元，建设前迟家村大桥；投资9.6万元，开展镇驻地亮化工程。开展镇级大环境整治观摩评比5次，有力促进农村人居环境改善，镇村面貌焕然一新。高标完成农厕改造，全镇改厕总任务数为5119个，已完成整体验收农厕5643个，占比110.2%。建档立卡贫困户544户，已改厕贫困户481户，占比88.4%。

【特色产业】 大力培育地方特色种植品种，全镇共有各类果树1800余公顷，其中龙口长把梨100公

2019年6月，七甲镇圈朱家村党支部领办合作社蓝宝石葡萄长势喜人

顷，大泽山梨、洋梨360公顷、桃15公顷、蜜薯25公顷、紫弘苹果示范果园6公顷、蓝宝石葡萄3公顷，红富士苹果及其他各类干杂果1100余公顷，林果覆盖率达82%(包括生态林)，是龙口长把梨、大泽山梨、洋梨的主要生产和出口基地，素有“水果之乡”的美誉，其中龙口长把梨以皮薄、肉脆、汁多、甜酸适中、极耐贮存等特性，在九十年代曾经畅销东南亚及欧美各国。朱家大院的“龙口长把梨膏”享誉省内外，其由地瓜衍生的系列食品深受人们喜爱。王屋村周边县市区的地瓜芽几乎全是该村繁育，该村地瓜芽品种全、价格公道、质量好，占据大连市场。大草屋村的小草姜历史悠久，成立小草姜研究协会指导大姜种植，该村村民大多到临近的几个县市区承包土地进行大姜种植。姜家店村的映霜红桃子别具特色。特色文化不断发展，2019年4月12日至15日，举办第二届“龙口长把梨梨花节”，漫山遍野的龙口长把梨梨花绽开，如云似雪，铺天盖地，形成了著名的“梨花飞雪”美景，吸引大量当地及周边县市群众前来游玩观赏。同时，七甲镇政府联合龙口市文旅局、万松浦书院邀请中国作协及中国散文学会办首届莱山笔会，其间在《人民日报》、《人民日报》海外版、《大众日报》等高层次体平台发表多篇报道，全方位宣传七甲、推介莱山。不断推进红色文化特色旅游。

撰稿：姜永进　审核：付雅慧

下丁家镇

【概况】 下丁家镇位于龙口市东城区南10千米处，南以罗山为界与招远市接壤，东连七甲镇，西靠芦头镇，北与东江街道南山集团为邻，地势南高北低，为罗山山脉、莱山山脉所环抱，泳汶河穿境而过，奇峰突兀，绿水环绕，风景宜人。全镇总面积59.1平方千米，辖20个行政村，2019年底总人口1.54万人。省级公路“黄水线”纵贯南北，地理位置优越，距大莱龙铁路、龙口港21千米。境内自然和人文景观优美，山峦面积近5.6万亩，约占全市三分之一。

【经济状况】 2019年，全镇完成生产总值35亿元，地方财政收入840万元。一、二、三产业比为0.9 ∶ 72.8 ∶ 26.3。粮食平均每公顷产量10849千克，总产13.6万千克。农业总产值4400万元，其中种植业总产值700万元，林果业总产值2634万元，畜牧业总产值1066万元。进出口总值200万美元。合同利用外资420万美元，实际利用外资200万美元。人均可支配收入22750元。

【社会事业】 辖区有中学1处，小学1处，幼儿园2处，九年义务教育覆盖率100%。有卫生院1处，村（居）卫生所7处，方便群众就医。2019年，卫生院为2000多名65周岁以上老人建立健康档案并免费查体，为全镇1000多名患有高血压、糖尿病等慢性病人提供“家庭医生”签约服务；为2441户群众进行旱厕改造。镇驻地新上路灯30盏，排污管网建设共铺设污水管道920米；新建圈子村红白理事大厅190平方米并完成相应的配套设施；完成南邢家村灌溉系统水源地建设并铺设管线400米，铺设圈子村灌溉管道500米；完成木厂村自来水改造，大园村群众生产用水输水管道建设；完成西吕家、下丁家村美丽乡村示范村建设，脉落夼村完善净化水设施并铺设管道400米，大庄子村道路硬化2000平方米，蒋家村完成自来水管网建设、修路2500米；新打200米深井45处；储备党支部领办合作社项目9个。成立红色宣讲团等专业志愿服务队30余支，重点打造新时代文明实践分中心、西吕家村、圈子村3个观摩点。2019年共开展“妇联执委进千家”“乡村夜谈”“泳汶河畔党旗红”“爱心集结号”等六项新时代文明实践志愿服务活动170余次。

【特色产业】 2019年产业主要以果品种植和休闲旅游为主。果品种植方面，全镇有果园面积25000

亩，主要盛产大樱桃、小樱桃、扁桃、红富士苹果等多种水果，并以“下丁家大樱桃”“常胜、蒋家小樱桃”等果品闻名，年总产量7000吨。休闲旅游方面，以下丁家村和常胜庄村为代表，着力发展“红＋绿”两条旅游主线。红色以烟台市红色旅游景点下丁家村为核心，以二十世纪六七十年代“一心走社会主义道路的铁柱子”王永幸带领老一辈人自力更生、艰苦奋斗故事为载体，结合高山水库、下丁家大队、环山路等节点，高标准打造下丁家综合性党性教育基地；绿色以常胜庄村为辐射，该村历史文化悠久，风景秀丽，号称北方“小九寨沟”，连片打造石板丁家、木厂、庙东等村，重点发展旅游观光、休闲采摘等项目。2019年10月12—13日，由山东省散文学会、龙口市文化和旅游局、下丁家镇政府主办，山东省散文学会龙口创作之家、烟台创作之家承办的“山东省散文作家进百镇（乡、街道）示范基地”授牌暨“山东散文作家进百镇走进下丁家创作采风”活动启动。来自烟台、威海和全市各创作之家的24名散文作家、省散文学会会员参加授牌仪式。

撰稿：王瑞艳　审稿：郑广杰

黄山馆镇

【概况】 黄山馆镇位于龙口市西南部，为古交通要道黄山驿之故地，总面积28.44平方千米，辖12个行政村，人口1.14万人，是“省级文明镇”“省级历史文化名镇”“省级乡村振兴齐鲁样板示范区”“省级卫生镇”，拥有中国传统村落、省级旅游特色村馆前后徐村，山东省传统村落耩下刘家村，山东省级文物保护单位徐镜心故居、烟台爱国主义教育基地以及优秀的传统民俗文化和古老馆驿文化，盛产优质红富士苹果、鲜食酿造葡萄、大樱桃等农产品。

【经济状况】 2019年，完成生产总值10.3亿元，地方财政收入6451万元。全镇一、二、三产业比为1 ： 16 ： 3 。粮食平均每公顷产量7610千克，总产452万千克。农业总产值1.58亿元，其中种植业总产值2540万元，林果业总产值11230万元，畜牧业总产值2030万元。进出口总值17146万美元，其中出口总值17146万美元。合同利用外资760万美元，实际利用外资500万美元。人均纯收入31192元。

【社会事业】 2019年，开展“我推荐、我评议身边好人”活动和二十四孝贤、道德模范评选等活动，已涌现出47名镇级“好人之星”，25名龙口市级好人之星，1名山东省级好人之星。依托新时代文明实践分中心和10个文明实践站，探索出“3+4+X”实践模式，全力打造“志愿梦三角”文明实践品牌，成立9支功能型队伍和21支村级文明实践志愿服务队伍，成员1000余人。开展“乡村记忆”工程，对省级古村落进行修复，重点对徐镜心故居进行扩建，绘制400平方米徐镜心故事墙。重点做好以馆驿文化为代表，融汇农耕文化、红色文化和孝德文化“四篇文章”，打造7个村落路口特色馆驿标志，建设孝德广场、诗词墙等场所。是年，已创建1个国家传统村落馆前后徐村，1个山东省传统村落耩下刘家村，1个省级旅游特色村馆前后徐村，1处省级文物保护单位徐镜心故居，1处烟台爱国主义教育基地徐镜心爱国主义教育基地。全面开展农村人居环境整治“大排查、大改进”专项活动，彻底消除“四大堆”（柴草秸秆堆、生活垃圾堆、畜禽粪便堆、建筑垃圾堆）；发动农民群众3000人次、车辆300余台次，清理农村生活垃圾1000余吨、农业生产废弃物4吨；拆除违建192处、2.3万多平方米；创建“美丽庭院”90余户；对5.6千米主要道路进行升级改造，村庄主干道硬化率达到100%，公共场所路灯安装率达到100%。主动对接茂源果蔬专业合作社、格润富德农牧科技股份有限公司等企业，探索“党支部领办合作社”＋“大型农业企业”的合作经营模式，发展特色农业，引导抱团发展。入社村民可获得“每亩地400～600元保底分红”+“企业支付收益的10%～15%二次分红”的收益。年内，建成党支部领办合作社9个、联合社1个，计划2020年底实现镇域党支部领办合作社全覆盖。

【特色产业】 汽车零部件加工是黄山馆镇支柱产业，形成以海盟机械和鑫川铸造等骨干企业为龙头的汽车零部件加工产业群。特别是龙口海盟机械有限公司，产品远销海外。公司拥有自动及半自动化铸造生产线8条，机加工生产线60条，年铸造生产能力18万吨，机加工能力2000万片。黄山馆镇聚焦产业振兴，着力建设特色小镇。总投资6亿元的格润富德田园综合体项目，以“万头牧场”为主体，积极发展“农业+旅游产业”“农业+循环经济”的生态循环农业。已完成投资4.2亿元，存栏4000多头西门塔尔牛，最终存栏量可达1.5万头。依托生态茂源果蔬专业合作社，与神舟绿鹏农业科技有限公司进行战略合作，建成胶东半岛首家航天育种科普基地和航天育苗基地，培育航天水果、蔬菜20余个品种，建成蔬菜种植园20余亩，高标准冬暖式大棚10余处，成功举办航天育种产品展示会。与山东省物化探勘查院和河北昌黎果树研究所合作进行土壤改良，引进4个果树新品种。以“古驿乡韵，生态田园”示范片创建为抓手，打造连接7个村、长约10千米的民俗旅游观光带，栽植各类苗木30万余棵，因地制宜建设花海、观景台、镜心湖、樱花大道等特色场景，构建“旅游精品长廊”。

【双招双引】 引进华电龙口北马风电场二期项目，在黄山馆镇计划投资6000万元，共设置4个风机点位，全部风机投产发电。引进海瑞达新材料磨具项目，计划总投资4800万元，主要生产新型材料磨具系列产品，产品销售以出口为主。茂源果蔬专业合作社与戚发轫院士签约合作，设立航天科普和航天育种院士工作站，打造现代高效农业。引进神舟绿鹏农业科技有限公司、山东省物化探勘查院高层次人才4名。鼓励和支持5名乡贤返乡创业、3名青年人才创办农场。

撰稿：王欣伟　审稿：庄　越

2019 年荣誉榜

2019 年度经济社会发展综合考核先进集体

经济社会发展综合考核一等奖

（一）镇街区（7 个）

东江街道

徐福街道

东莱街道

新嘉街道

龙港街道

七甲镇

黄山馆镇

（二）市直部门（30 个）

中共龙口市纪律检查委员会、龙口市监察委员会机关

中共龙口市委办公室

中共龙口市委组织部

龙口市人民代表大会常务委员会机关

中共龙口市委宣传部

中国人民政治协商会议山东省龙口市委员会机关

中共龙口市委统一战线工作部

中共龙口市委政法委员会

龙口市公安局

龙口市人民法院

龙口市财政局

龙口市人民政府办公室

龙口市民政局

龙口市教育和体育局

龙口市住房和城乡建设管理局

龙口市人力资源和社会保障局

龙口市行政审批服务局

龙口市自然资源和规划局

龙口市金融服务中心

龙口市信访局

龙口市发展和改革局

龙口市市场监督管理局

龙口市工业和信息化局

龙口市交通运输局

龙口市综合行政执法局

龙口市商务局

龙口市海洋发展和渔业局

山东裕龙石化产业园筹建办公室

中共龙口市委巡察工作领导小组办公室

龙口市扶贫开发办公室

经济社会发展综合考核二等奖

（一）镇街区（6 个）

开发区

高新园

石良镇

北马镇

下丁家镇

高新区

（二）市直部门（16 个）

中共龙口市委机构编制委员会办公室

龙口市档案局

龙口市总工会

中共龙口市委市直机关工作委员会

龙口市妇女联合会

中共龙口市委党校

龙口市残疾人联合会

龙口市人民检察院

龙口市机关事务服务中心
龙口市统计局
龙口市科学技术局
龙口市应急管理局
龙口市农业农村局
龙口市审计局
龙口市投资促进中心
龙口省级农业高新技术产业开发区

支持龙口发展综合考核一等奖（5个）

国家税务总局龙口市税务局
中华人民共和国龙口海关
龙口公路建设养护中心
龙口市气象局
烟台龙口海事处

经济社会发展综合考核突出贡献企业（115个）

（一）地方级税收贡献
南山集团有限公司
龙口嘉元华诚房地产开发有限公司
道恩集团有限公司
丛林集团有限公司
山东能源龙口矿业集团有限公司
龙口港集团有限公司
华电龙口发电股份有限公司
隆基集团有限公司
龙口胜通集团股份有限公司
恒通物流股份有限公司
烟台锦辰房地产开发有限公司
烟台市顺成南山融创置业有限公司
国网山东省电力公司龙口市供电公司
山东龙新建设集团有限公司
山东龙口天鸿置业有限公司
威龙葡萄酒股份有限公司
龙口海盟机械有限公司
中际旭创股份有限公司
山东龙口三元铝材有限公司
龙口市龙族新安房地产开发有限公司
烟台正荣置业有限公司
兴民智通（集团）股份有限公司
龙口金正机械有限公司
山东中莱建设集团有限公司
龙口金利房地产开发有限公司
龙口曼胡默尔滤清器有限公司
龙口奥瑞金包装有限公司
龙口广林集团有限公司
山东龙口油管有限公司
龙口龙泵柴油喷射高科有限公司
龙口市海富房地产开发有限公司
龙口利佳电气有限公司
山东龙口博瑞特金属容器有限公司
龙口市中宇房地产有限公司
龙口中集来福士海洋工程有限公司
龙口市新达工具有限公司
山东正仁集团有限公司
中海石油（龙口）基地物流有限公司
朗源股份有限公司
烟台顺进南山融创置业有限公司
中国石化集团胜利石油管理局有限公司龙口社会化服务协调站
龙口科诺尔玻璃科技有限公司
龙口联合化学有限公司
山东福尔有限公司
龙口新龙食油有限公司
龙口华东气体有限公司
龙口市福利车辆配件厂
龙口玉龙纸业有限公司
龙口港华燃气有限公司
龙口市自来水有限公司
烟台恒源生物股份有限公司
山东烟台烟草有限公司龙口营销部
山东康达精密机械制造有限公司

山东中允集团有限公司
龙口东立电线电缆有限公司
龙口科达化工有限公司
龙口碧桂园西城置业有限公司
烟台兴铝金属材料有限公司
龙口金丰有限公司
山东龙口富龙汽车有限公司
龙口市永晖能源有限公司
龙口市澳帆汽车配件有限公司
龙口市江达汽车配件有限公司
龙口市恒泰运输有限公司
龙口市泓霖置业有限公司
龙口三明水产食品有限公司
龙口泰进机械有限公司
龙口市华龙建安工程有限公司
山东博商股份有限公司
龙口宇安建设有限公司
龙口佳宝水产食品有限公司
山东百特电机电器有限公司
龙口东宝食品有限公司
龙口市车辆油管有限公司
龙口市大川活塞有限公司
龙口和义置业有限公司
龙口市华仕慧宁果蔬有限公司
龙口市灵芝机械厂
龙口市荣地机械配件有限公司
龙口盛达玻璃制品有限公司
龙口市金城建筑按装工程有限公司
龙口宏大房地产开发有限公司
龙口嘉元商品混凝土有限公司
烟台义泰置业发展有限公司
乳山市翔海房产营销策划有限公司龙口分公司
龙口市环龙建设有限公司
龙口嘉元土石方工程有限公司
绿杰股份有限公司
龙口市天工机械配件有限公司
烟台北海电气有限公司

（二）项目投入贡献

南山集团有限公司
龙口嘉元华诚房地产开发有限公司
龙口港集团有限公司
华电龙口发电股份有限公司
道恩集团有限公司
隆基集团有限公司
山东德晋新能源科技有限公司
山东能源龙口矿业集团有限公司
丛林集团有限公司
龙口东宜风电有限公司
格润富德农牧科技股份有限公司
龙口市益友糖酒置业有限公司
龙口金丰有限公司
龙口中集来福士海洋工程有限公司
山东顺科建材科技有限公司
中际旭创股份有限公司

（三）出口创汇贡献

南山集团有限公司
龙口港集团有限公司
龙口香驰粮油有限公司
道恩集团有限公司
龙口海盟机械有限公司
隆基集团有限公司
龙口新龙食油有限公司
龙口现代星宇汽车配件有限公司
特丝丽化工有限公司
龙口佳宝水产食品有限公司

（四）金融服务贡献

山东龙口农村商业银行股份有限公司
中国工商银行股份有限公司龙口支行
恒丰银行股份有限公司龙口支行
交通银行股份有限公司烟台龙口支行
中国农业银行股份有限公司龙口市支行
华夏银行股份有限公司烟台龙口支行
上海浦东发展银行股份有限公司烟台龙口支行

中国建设银行股份有限公司龙口支行

兴业银行股份有限公司烟台龙口支行

中国农业发展银行龙口市支行

中国平安财产保险股份有限公司龙口支公司

中国人民财产保险股份有限公司龙口支公司

中国大地财产保险股份有限公司龙口支公司

中国人寿财产保险股份有限公司烟台市龙口支公司

中国人寿保险股份有限公司龙口支公司

安诚财产保险股份有限公司烟台中心支公司龙口营销服务部

中泰证券股份有限公司龙口环城北路证券营业部

经济社会发展综合考核特别贡献单位（8个）

为裕龙石化项目超常规推进做出了重要贡献（山东裕龙石化产业园筹建办公室）

完成市委、市政府确定的进京越级访总量退出烟台市前五名的重大工作目标（信访局）

龙口市圆满完成70周年大庆安保维稳工作，并获省委、省政府颁发的“全省中华人民共和国成立70周年安保维稳工作先进县（市区）称号”（公安局）

高标准完成全市石材行业综合整治任务（自然资源局、北马镇、芦头镇）

全市金融风险防范化解工作（金融服务中心、法院）

索 引

说明：

1. 本索引为综合性主题索引。
2. 索引款目按汉语拼音（同音字按声调）顺序排列。
3. 款目后的阿拉伯数字表示内容所在的页码。
4. 同一主题的内容在文中多处出现的，在其款目后用不同的页码标明。
5. 对特载栏目不作索引。

D

E

F

G

H

J

K

L

M

N

P

Q

R

S

T

W

X

Y

Z